材料力学

（第二版）

严圣平　马占国　主　编

沈晓明　赵慧明
钟卫平　董纪伟　参　编

科学出版社

北　京

内 容 简 介

本教材根据教育部高等学校力学教学指导委员会力学基础课程教学指导分委员会制订的“材料力学课程教学基本要求（A类）”编写。本版在保持第一版原有风格基础上，对部分内容进行了修改，并配有“课件”“习题提示”和“典型考题”的二维码链接。

本教材共分11章，包括：绪论，拉伸、压缩与剪切，扭转，弯曲内力，弯曲应力，弯曲变形，应力状态分析与强度理论，组合变形，压杆稳定，动载荷与交变应力，能量法。

本教材可作为高等学校本科土木、机电、能源、地质等专业80学时左右的材料力学课程教材；对本书内容进行相关的选择后，亦可适用于材料、测绘、安全、热能等专业64学时左右的材料力学课程；也可作为高职高专与成人高校相应专业的材料力学教材及工程技术人员的参考用书。

图书在版编目(CIP)数据

材料力学/严圣平，马占国主编. —2版. —北京：科学出版社，2018. 8
ISBN 978-7-03-058468-7

Ⅰ. ①材…　Ⅱ. ①严…　②马…　Ⅲ. ①材料力学-高等学校-教材
Ⅳ. ①TB301

中国版本图书馆CIP数据核字（2018）第178228号

责任编辑：王杰琼　杨　阳 / 责任校对：陶丽荣
责任印制：吕春珉 / 封面设计：耕者设计工作室

科学出版社出版
北京东黄城根北街16号
邮政编码：100717
http://www.sciencep.com

北京九州迅驰传媒文化有限公司 印刷
科学出版社发行　各地新华书店经销
*
2012年8月第一版　开本：787×1092　1/16
2018年8月第二版　印张：18
2022年8月第九次印刷　字数：411 000

定价：50.00元

（如有印装质量问题，我社负责调换〈九州迅驰〉）
销售部电话 010-62136230　编辑部电话 010-62135319-2031

第二版前言

本教材第一版自2012年出版以来，先后印刷5次，被多个高校选为“材料力学”课程教材，得到了广大教师和学生的认可。根据这几年的使用情况，听取师生们的意见和建议，现对此书再版。

本版以第一版为基础，在保持第一版的风格与特色不变的基础上，更新了教材中采用的相关国家标准，选用了最新的型钢表。本版增加了“课件”“习题提示”和“典型考题”的二维码链接：“课件”方便学生更好地掌握书中的内容；“习题提示”是对“习题”中的一些题的解题思路作了提示，对难题给出了详解；“典型考题”给出了一些经常考试的题目（选择题、填空题和计算题），方便学生检测学习情况和准备考试。本版将“平面图形的几何性质”移到附录A中，该内容应在“弯曲应力”之前讲授。

参加本版编写工作的有严圣平、马占国、沈晓明、赵慧明、钟卫平、董纪伟六位老师，由严圣平、马占国担任主编，中国矿业大学力学与工程科学系的领导及老师们给予了支持。

本次再版过程中参考了大量国内外优秀教材，并得到了中国矿业大学及中国矿业大学孙越崎学院的立项资助，在此一并感谢！

限于编者的水平，再版后的教材难免有疏漏和不妥之处，恳请广大教师和读者批评和指正，并请将意见、建议发送邮箱：80862563@qq.com，欢迎交流，不胜感谢！

编　者

2018年6月

第三版前言

第一版前言

材料力学是高等工科院校普遍开设的一门重要的技术基础课程，材料力学知识不仅对后续课程影响深远，而且在工程中应用广泛。许多高校将其列为硕士研究生入学考试科目。本书编写力求做到概念准确，内容精炼，重点突出，理论联系实际。为了提高学生分析问题和解决问题的能力，本书提供了一部分联系实际的典例。全书采用 GB 3100 ~ 3102—1993 中规定的有关量和单位的通用符号，书写格式规范。书中较多由浅入深的例题，尤其是量大面广的习题，对学生参加研究生入学考试和相关学科的竞赛都是非常有帮助的。

董正筑、茅献彪两位教授审查了书稿，提出了一些宝贵意见，科学出版社的编辑和编审对书稿的内容和版式提出了一些改进意见，在此对他们表示感谢。本书在编写过程中参考了国内外一些优秀教材，汲取了它们的许多长处，并选用了其中的部分例题和习题，在此对相关作者致谢。

全书由严圣平任主编并统稿。具体编写分工为：第 3、10、11 章由钟卫平编写，第 4、7 章及附录由杨静编写，其余章节由严圣平编写。本书插图力求清晰、规范、美观。所有插图均由严圣平使用 AutoCAD 精心绘制，然后直接转成 1 200 线的 TIF 图插入到北大方正排版系统中。为方便教师上课使用以及学生自学，本书另配电子教案及学习指导书。

限于编者水平，书中难免有不妥之处。欢迎读者批评指正，以便再版时改进和提高。

编　者

2012 年 7 月

第一版前言

目　录

1 绪　论

1.1　材料力学的任务

组成结构或机械的零部件，如建筑物的梁和柱、旋转机械的轴等，统称为**构件**。当结构或机械工作时，构件将受到载荷的作用。例如，矿山支护结构构件，其所承受的矿山压力是由于岩石自重、地壳构造运动、地下水压力、岩层中的瓦斯压力等因素引起的。又如，车床工作时主轴受齿轮啮合力和切削力作用，吊车起吊时梁受自身重力和悬挂物重力的作用。

为了保证构件能够正常工作，构件应具有足够的承载能力，构件的设计必须满足下面三个基本要求。

(1) **强度要求**。构件不发生破坏，即应有足够的抵抗破坏的能力。例如，支架梁承受矿压时不能断裂，压力容器或锅炉不能爆裂，冲床曲轴不能折断。

(2) **刚度要求**。构件不能产生过大的变形(不超出工程上的允许范围)，即应有足够的抵抗变形的能力。有些构件即使不破坏，即有足够的强度，但若变形过大，也不能正常工作。例如，机床的主轴若变形过大会影响加工精度。机床主轴的变形必须控制在一定范围内，才能保证加工精度，正常工作。

(3) **稳定性要求**。构件在微小的干扰下，不会改变原有的平衡形态，即应有足够的保持原有平衡形态的能力。一些受压力作用的细长杆件，如千斤顶的螺杆、内燃机的挺杆、矿用液压支架的柱腿等，当压力较大时会被压弯，失去了原有的直线平衡形态，不能正常工作。为了保证其正常工作，要求这类细长受压杆件始终保持原有的直线平衡形态。

构件如果满足了强度、刚度和稳定性三方面的要求，就可以正常工作，但同时还应考虑经济方面的要求，若片面追求安全性而一味地加大构件尺寸或选用优质材料，将增加构件的自重和制造成本，造成浪费，甚至会影响产品的工作性能。例如，飞机的安全性非常重要，但过大的自重会影响飞机的气动性能和飞行性能。在设计构件时，除了要求构件能正常工作外，同时还应考虑合理地使用和节约材料并减轻自重。因此，材料力学的任务是：在满足强度、刚度和稳定性的前提下，为设计既经济又安全的构件，提供必要的理论基础和计算方法。

一般地说，实际工程问题中的构件都应有足够的强度、刚度和稳定性，但就某一具体构件而言，对上述三项要求往往有所侧重。例如，风钻的钻杆以强度要求为主，车床的主轴以刚度要求为主，金属摩擦支柱则以稳定性要求为主。

对某些特殊构件可能会有相反的要求。例如，机器中的自控保护装置，当超载时安全销应当首先破坏而起到保护机器主轴的作用；车辆中的板簧变形越大减震的效果则越好。

研究构件的强度、刚度和稳定性时，应了解材料在外力作用下表现出来的抗变形和抗破坏等方面的性能，即材料的力学性能（又称机械性能），而力学性能则由试验来测定。此外，经过各种假设、简化得出的理论是否正确、可信，也需要通过试验来验证。所以，理论研究和试验分析都是材料力学解决实际问题的方法，旨在利用理论分析和试验保证构件在载荷作用下不破坏，不出现超过允许范围的变形，不产生失稳，保证构件能正常工作。

1.2 变形固体及其基本假设

构件是由固体材料制成的，固体在外力作用下要产生变形，故称为**变形固体**。固体有多方面的属性，研究的角度不同，侧重面亦不同。材料力学主要研究构件的强度、刚度和稳定性问题，为了简化分析，对变形固体作某些假设，抓住材料的主要属性，忽略一些次要属性，抽象出力学模型，但不可认为根据这些假设得出的结论一定是近似的或有误差。模糊数学有这样一句经典语录：过分的精确反而模糊，适当的模糊反而精确。

材料力学对变形固体作如下假设。

（1）**连续性假设**。认为组成固体的物质毫无空隙地充满了固体的体积。

固体由许多晶粒组成，事实上在固体内部一定存在着不同程度的空隙（包括缺陷、杂质等），但这种空隙的大小是以纳米计量的，与构件尺寸相比极其微小，可以忽略不计。这样就可以认为固体在整个体积内是连续的。

（2）**均匀性假设**。认为固体内任何部分的力学性能都是完全相同的。

实际上，不管是岩石、混凝土还是金属材料，不同部位的微粒的力学性能并不完全相同，但在构件内，各个微粒是错综复杂地排列的，材料的力学性能是所有晶粒力学性能的统计平均值，因此可以认为材料均匀性假设成立。有了均匀性假设后，若从固体内任意位置取出一部分，其力学性能都是相同的。

有了连续、均匀性假设后，就可以运用坐标的连续函数和微积分工具来分析和求解问题，并可从固体中的任何地方取出微小部分来研究。

（3）**各向同性假设**。认为固体在各个方向上的力学性能完全相同。

具备这种属性的材料称为各向同性材料。均匀的非晶体材料，一般都是各向同性的。在不同方向上，金属的单一晶粒的力学性能并不一样，但它的大小远小于构件的尺寸，且又是杂乱无章地排列，因此它们的统计平均性能在各个方向趋于一致。钢、铜和玻璃等都可认为是各向同性材料。

沿不同方向力学性能不同的材料，称为各向异性材料，如木材、竹材、胶合板等。

（4）**小变形假设**。认为构件在外力作用下所产生的变形远小于构件的原始尺寸。

构件受力后都要发生变形。大变形的力学问题大都是非线性的，所得到的理论结果都比较复杂。对于由满足胡克定律的材料制成的构件，小变形的力学问题大都是线性的。作为应用于工程设计的材料力学，根据小变形假设，当研究构件的平衡时，一般可以略去变形的影响，因而可以直接应用静力学方法。

图1.1中,杆1、2在变形前与铅垂线的夹角为θ。为求解杆1、2的伸长量,首先要求出杆1、2的拉力。本应按变形后的角度θ'计算杆1、2的拉力,但θ'是未知的(与杆1、2的伸长量有关)。如果假设是小变形,即变形远小于构件的原始尺寸,则可按变形前的原始尺寸计算杆1、2的拉力,以保证问题在几何上是线性的。

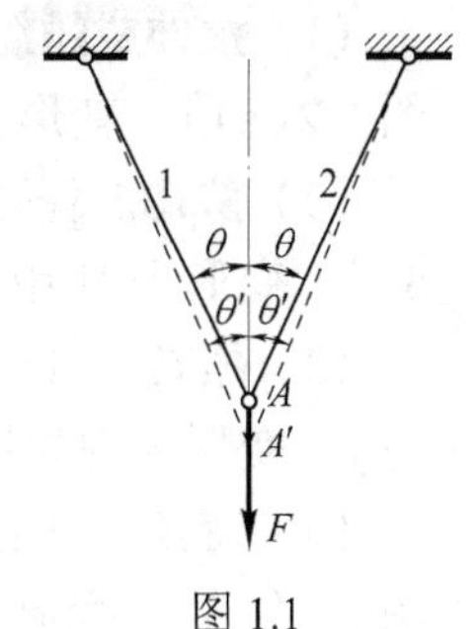

图1.1

在静力学中,事实上已经采用了上述小变形假设。因为实际构件都是变形固体,所谓刚体实际上是变形固体在变形很小时的理想化,即忽略了变形对平衡的影响。从这个意义上讲,在材料力学中讨论平衡时仍将沿用刚体的概念,而在其他场合则沿用变形体的概念。

1.3 外力及其分类

作用于构件上的外力(载荷和约束力)按其作用方式可分为表面力和体积力。表面力是作用于物体表面上的力,又可分为分布力和集中力。连续作用于物体表面积上的力即为分布力。例如,作用于液压支架油缸内壁上的油压力和岩石对支架梁的作用力都是分布力。若外力分布面积远小于物体的表面尺寸,或沿构件轴线分布范围远小于轴线长度,就可看作是作用于一点的集中力,如风钻头对岩石的压力就是集中力。体积力是连续分布于物体内部各点上的力,如物体的自重和惯性力等。

按随时间变化的情况,载荷又可分成静载荷和动载荷。若载荷缓慢地由零增加到某一定值,以后即保持不变或变动很小,即为静载荷。若载荷随时间而变化,则为动载荷。按其随时间变化的方式,动载荷又可分为交变载荷和冲击载荷。交变载荷是随时间作周期性变化的载荷。例如,截煤机的截齿工作时,煤体对它的作用力随时间作周期性变化。冲击载荷则是物体运动在瞬间发生突然变化所引起的载荷。例如,放炮时冲击波对岩体和支架的作用力。

材料在静载荷和动载荷作用下的力学性能颇不相同,分析方法也有差异。静载荷问题与动载荷问题相比较为简单,掌握静载荷的理论和分析方法,又是解决动载荷问题的基础,因此首先重点研究静载荷问题,在后面第10章专门研究动载荷问题。

1.4 杆件变形的基本形式

工程构件的形状多种多样。一个方向的尺寸远大于其他两个方向尺寸的构件,称为杆件,简称杆。杆是材料力学研究的主要对象,也是工程实际中最常见、最基本的构件。杆件长的方向称为纵向,与纵向垂直的方向都是横向。垂直于长度方向的截面称为横截面,所有横截面形心的连线即为杆的轴线,轴线与横截面垂直。轴线为直线的杆称为直杆,横截面的形状和大小不变的直杆称为等直杆。轴线为曲线的杆称为曲杆。

工程上许多常见的构件,如立柱、托架、传动轴、车轮轴、支架梁等,都可以简化为杆。

作用于杆上的外力有各种情况,杆件相应的变形也有各种形式,如对杆件的变形进行仔细分析,就可以把杆件的变形归纳为如下四种基本变形。

（1）**拉伸或压缩**。杆受一对大小相等、方向相反的纵向力，力的作用线与杆轴线重合[图1.2(a)]。变形表现为杆(拉伸时)变长变细或(压缩时)变短变粗。

（2）**剪切**。杆受一对大小相等、方向相反的横向力，力的作用线靠得很近[图1.2(b)]。变形表现为受剪杆件的两部分沿外力作用方向发生相对错动。

（3）**扭转**。杆受一对大小相等、方向相反的力偶，力偶作用面垂直于杆轴线[图1.2(c)]。变形表现为杆件的任意两个横截面发生绕轴线的相对转动。

（4）**弯曲**。杆受一对大小相等、方向相反的力偶，力偶作用面是包含轴线的纵向面[图1.2(d)]。变形表现为杆件轴线由直线变成曲线。

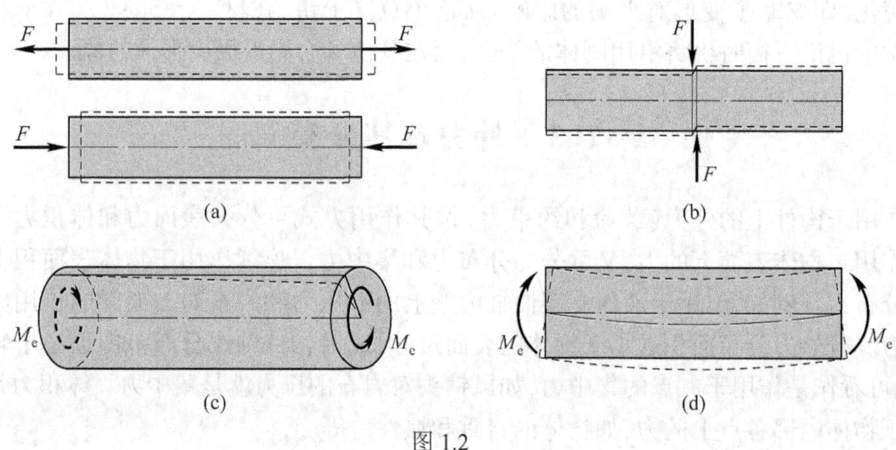

图1.2

如图1.3(a)所示简易吊车，在载荷F作用下，杆AC受到拉伸[图1.3(b)]，而杆BC受到压缩[图1.3(c)]。另外，悬索桥或斜拉桥的钢缆、桁架中的杆件、液压油缸的活塞杆等的变形，都属于拉伸或压缩变形。

图1.4(a)所示连接件，其螺栓受到剪切[图1.4(b)]。另外，机械或结构中常用的连接件，如铆钉、销钉、螺栓、键等都产生剪切变形。

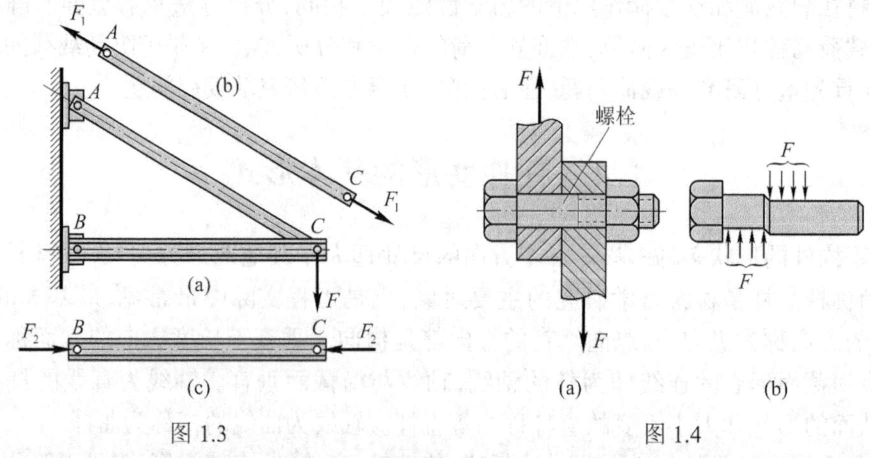

图1.3　　图1.4

如图1.5(a)所示汽车转向轴AB发生扭转变形，司机施加在方向盘上的是一对大小相等，方向相反，平行但不共线的一对力F，形成一力偶[图1.5(b)]。另外，电动机的主轴、汽车的转动轴、发动机的曲轴等都产生扭转变形。

如图 1.6(a)所示火车轮轴的变形即为弯曲变形,其轴线由直线弯成曲线[图 1.6(b)]。另外,桥式起重机的大梁、跳板跳水比赛使用的跳板、举重杠铃的杠杆、晾衣竿等都产生弯曲变形。

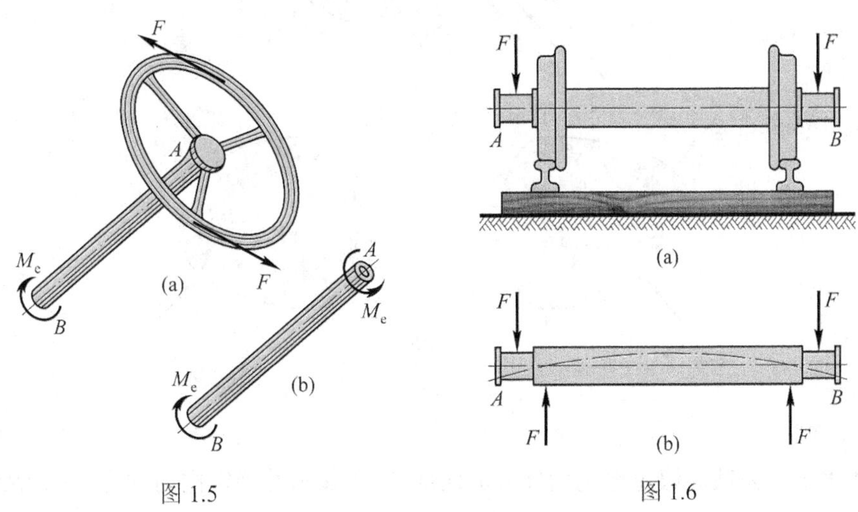

图 1.5

图 1.6

还有一些杆件同时发生几种基本变形。例如,车床主轴工作时会同时发生扭转、弯曲和压缩三种基本变形。这类由两种或两种以上基本变形组合的变形,称为组合变形。在本书中,首先依次讨论四种基本变形的强度及刚度计算,然后再讨论组合变形。

1.5 内力、截面法和应力的概念

由物理学可知,即使不受外力作用,物体内各质点之间也存在着相互作用的力,它使分子间距离保持不变,并维持固体一定的形状。

物体因受外力作用而变形,其内部各部分之间因相对位置改变而引起相互作用力的变化。材料力学中的内力,是指在外力作用下,物体内部相互作用力的变化量,因它是由外力而引起的各部分之间附加相互作用力,所以亦称为“附加内力”。

内力随外力增加而增加,但有一定的限度,即与材料的强度有关。

为了显示出如图 1.7(a)所示构件在外力作用下 $m—m$ 截面上的内力,假想通过截面 $m—m$ 把构件分成Ⅰ、Ⅱ两部分[图 1.7(b)],设法把内力转化为外力的形式,就可用理论力学的方法来分析。任取其中一部分,例如Ⅰ作为研究对象。在部分Ⅰ上作用有外力 F_1 和 F_2,欲使Ⅰ保持平衡,则Ⅱ必然有力作用于Ⅰ的 $m—m$ 面上,以与Ⅰ所受外力平衡。根据作用与反作用定律可知,Ⅰ必然也以大小相等、方向相反的力作用于Ⅱ上。上述Ⅰ与Ⅱ之间相互作用的力,就是构件在 $m—m$ 截面上的内力。按照连续性假设,在 $m—m$ 截面上应是一个分布力系,将其向截面形心简化后得到的主矢和主矩即为截面上的内力。

对于部分Ⅰ,外力 F_1、F_2 以及截面 $m—m$ 上的内力保持平衡,通过静力平衡方程可以求出截面 $m—m$ 上内力。

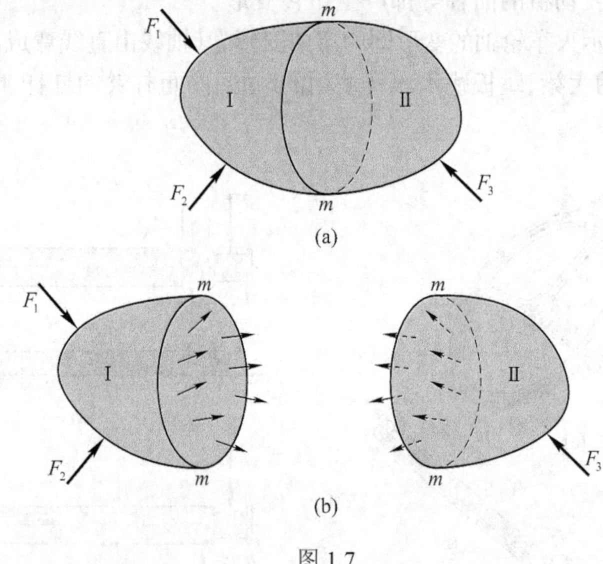

图 1.7

上述用 m—m 截面假想地把构件分成两部分，以显示并确定内力的方法称为**截面法**。步骤如下。

(1) 欲求某一截面上的内力，就沿该截面假想把构件分成两部分，任意地留下一部分作为研究对象，并弃去另一部分。

(2) 用作用于截面上的内力代替弃去部分对留下部分的作用。

(3) 建立留下部分的静力平衡方程，确定未知的内力。

在上述受力构件的 m—m 截面上，围绕 C 点取微小面积 ΔA，如图 1.8(a)所示，ΔA 上分布内力的合力为 ΔF，则

$$p_{\mathrm{m}}=\frac{\Delta F}{\Delta A}$$

定义为 m—m 截面上 C 点的平均应力。当 ΔA 趋于零时，极限

$$p=\lim_{\Delta A\to 0}p_{\mathrm{m}}=\lim_{\Delta A\to 0}\frac{\Delta F}{\Delta A} \tag{1.1}$$

称为 C 点处的**应力**。p 是一个矢量，将其分解成垂直于截面的分量 σ 和切于截面的分量 τ[图 1.8(b)]。σ 称为**正应力**(normal stress)，而 τ 称为**切应力**(shearing stress)。

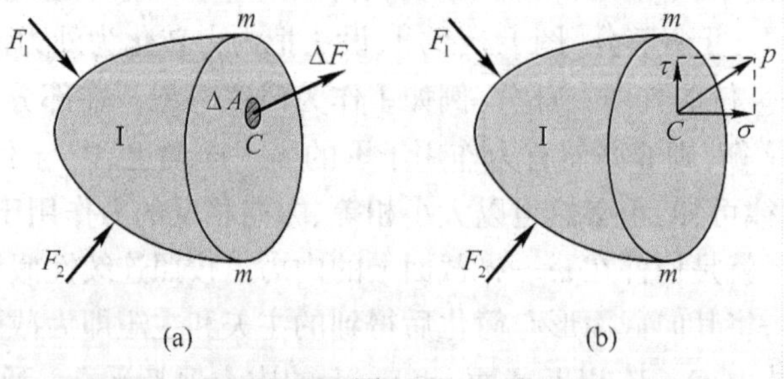

图 1.8

应力是内力的集度,即单位面积上的内力。应力的量纲[①]为 $L^{-1}MT^{-2}$,单位为 Pa(帕)或 MPa(兆帕), 1 Pa = 1 N/m^2, 1 MPa = 10^6 Pa。在材料力学中,单位 Pa 太小,通常使用 MPa。

1.6 应变的概念

如图 1.9 所示,在变形前构件内某点 A 沿 η 方向取长为 Δs 的一线段 AB。受力后,构件发生变形,线段 AB 移动到新位置 $A'B'$,该线段的长度变为 $\Delta s + \Delta u$。亦即线段 AB 原长为 Δs, 伸长了 Δu, 则比值

$$\varepsilon_{\mathrm{m}} = \frac{\Delta u}{\Delta s} \tag{1.2}$$

表示线段 AB 每单位长度的平均伸长(或缩短),称为平均线应变,而极限

$$\varepsilon = \lim_{\Delta s \to 0} \frac{\Delta u}{\Delta s} \tag{1.3}$$

称为 A 点沿 η 方向的**正应变**或**线应变**(normal strain),简称**应变**。应变 $\varepsilon > 0$ 表示线段伸长, $\varepsilon < 0$ 表示线段缩短。一般来说,受力构件内同一点沿不同方向的线应变是不相同的,必须明确是构件内哪一点、哪个方向的线应变。

固体的变形不仅表现为固体内线段长度的改变,而且固体内两条正交线段的夹角也将发生改变。如图 1.10 所示,在变形前构件内 A 点沿 x 方向取长为 dx 的线段 AB,沿 y 方向取长为 dy 的线段 AC, AB 垂直于 AC。构件变形后,线段 AB 移动到新位置 $A'B'$, AC 移动到新位置 $A'C'$,则 $\angle CAB$ 的改变量

$$\gamma = \frac{\pi}{2} - \angle C'A'B' \tag{1.4}$$

定义为 A 点在 xy 平面内的**切应变**或**角应变**(shearing strain)。切应变是指平面内两条正交的线段,变形后其直角的改变量。切应变以直角减小为正,增大为负。

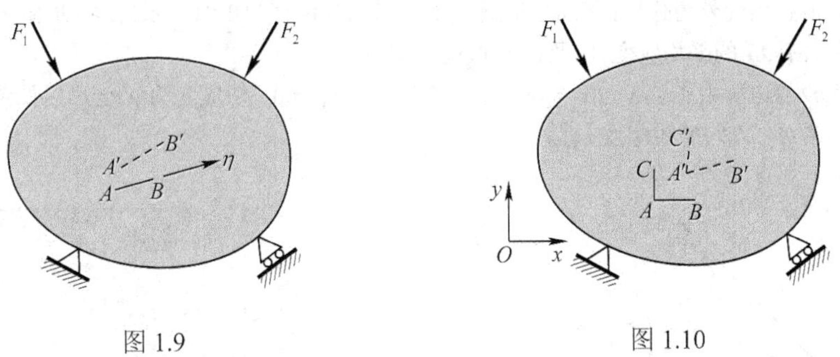

图 1.9　　图 1.10

应变是描述固体变形的一种几何度量。线应变在几何上表示伸长、缩短,而切应变表示物体形状的改变。线应变和切应变都是量纲一的量,线应变无单位,切应变的单位是 rad(弧度)。

---

① 在国际单位制中,长度、质量、时间、电流、热力学温度、物质的量和发光强度为七个基本物理量,量纲符号分别是 L、M、T、I、Q、N 和 J,将一个物理导出量用若干个基本量的乘方之积表示出来的表达式,称为该物理量的量纲。

习 题

1. 图示拉伸试样上 A、B 两点之间的距离 $l=50$ mm，直径 $d=10$ mm。受拉力 F 作用后，测得 A、B 两点之间距离的增量为 $\Delta l = 0.015$ mm，直径的增量为 $\Delta d = -9\times10^{-4}$ mm。求 AB 段杆沿长度方向和沿直径方向的平均线应变 ε 和 ε'。

2. 图示圆形薄板的半径 $r = 100$ mm，变形后 r 的增量为 $\Delta r = 0.024$ mm。求沿半径方向和外圆圆周方向的平均线应变。

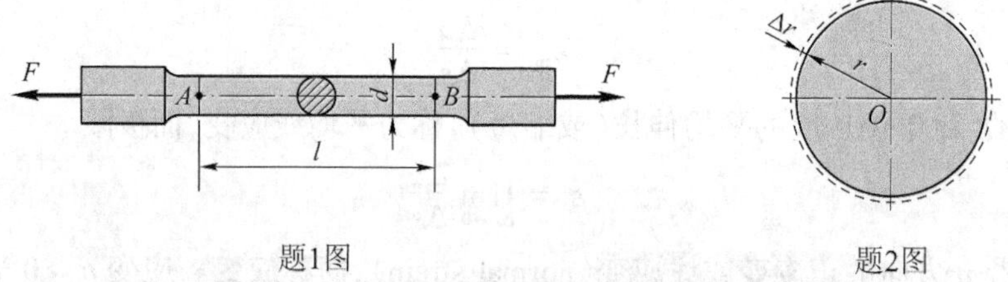

题1图　　题2图

3. 图示三个矩形微元体，虚线表示其变形后的位置。求微元体在左下角 A 处的切应变 γ。

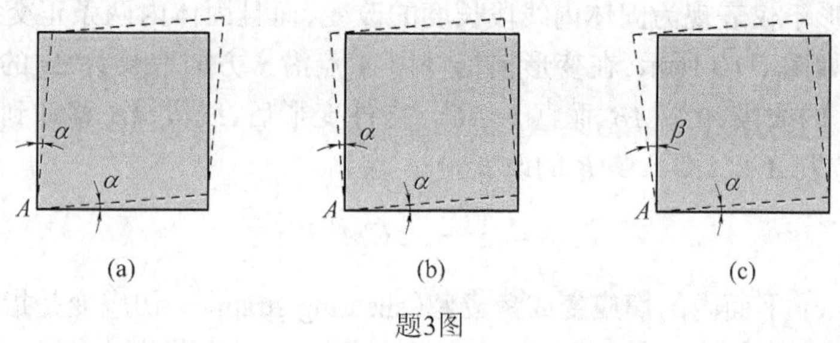

题3图

4. 图示三角形薄板因受外力作用而变形，角点 B 垂直向上的位移为 0.015 mm，但 AB 和 BC 仍保持为直线。试求薄板沿 OB 的平均应变，以及在 B 点处的切应变。

5. 微元体 $ABCD$ 的边长为 $\mathrm{d}x$、$\mathrm{d}y$，$\mathrm{d}x = \mathrm{d}y$。其线应变 $\varepsilon_x = \varepsilon_y = 0$，切应变为 γ，变形后如图中虚线所示。求该微元体沿 AC 方向的线应变 ε_{AC}。

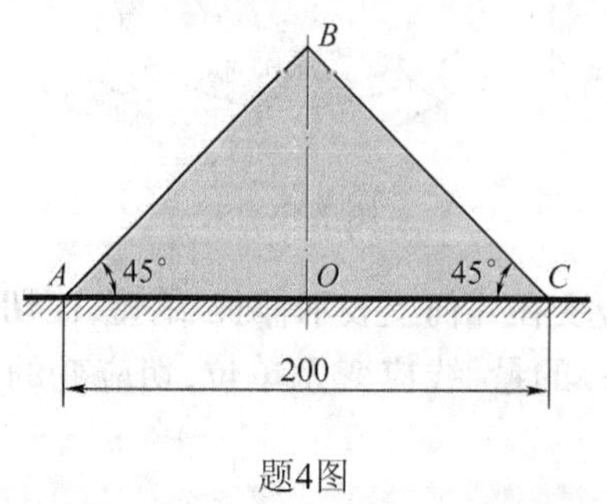

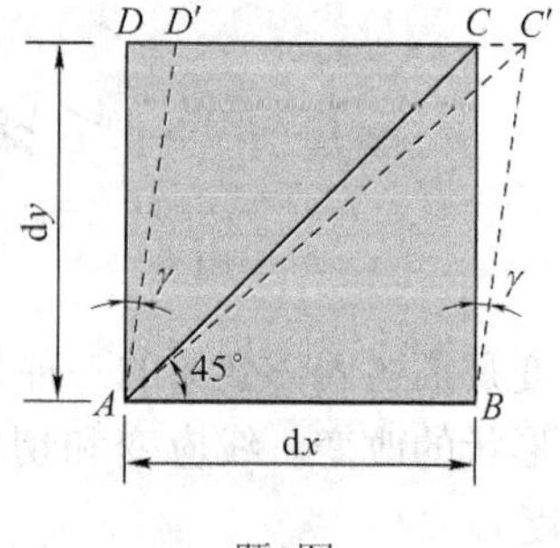

题4图　　题5图

课件

2 拉伸、压缩与剪切

2.1 轴向拉伸与压缩的概念

工程实际中,存在许多承受拉伸或压缩的杆件:如图 2.1 所示苏通大桥上承受拉力的斜拉索和如图 2.2 所示铁路桥中承受压力的桥墩。空气压缩机、蒸汽机的连杆也是受压杆件。一些机器中用各种坚固螺栓作为连接件,将多个零件或部件装配在一起,事先对螺栓施加预紧力,使螺栓承受轴向拉力。

图 2.1

图 2.2

工程实际问题中承受轴向拉伸或压缩的杆件,外形各有差异,加载方式也不尽相同,但它们的共同特点是:作用于杆件上外力的合力作用线与杆的轴线相重合,杆件变形是沿轴线方向的伸长或缩短。若将这些杆件的形状和受力情况进行简化,均可简化成如图 2.3所示的受力简图,图中用虚线表示杆变形后的形状。

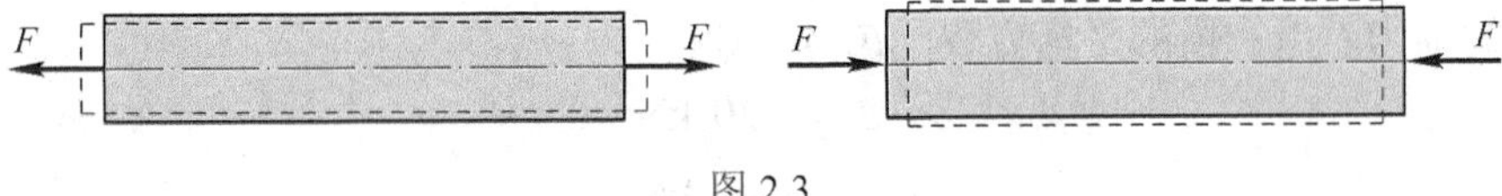

图 2.3

轴向拉伸与压缩是杆件基本受力与变形形式中最简单的一种,所涉及的一些基本原理和方法比较简单,但在材料力学中却有一定的普遍意义。

2.2 轴向拉压杆横截面上的内力

为了求解如图2.4(a)所示杆横截面 *m*—*m* 上的内力,沿横截面 *m*—*m* 假想地把杆分成两部分。杆件左、右两段在横截面 *m*—*m* 上只有沿轴线方向且与轴线重合的内力[图2.4(b)或(c)],用 F_N 表示,由左段(或右段)的平衡方程 $\sum F_x=0$,得

$$F_N=F$$

内力 F_N 称为**轴力**(normal force)。拉伸时的轴力规定为正,压缩时的轴力规定为负。

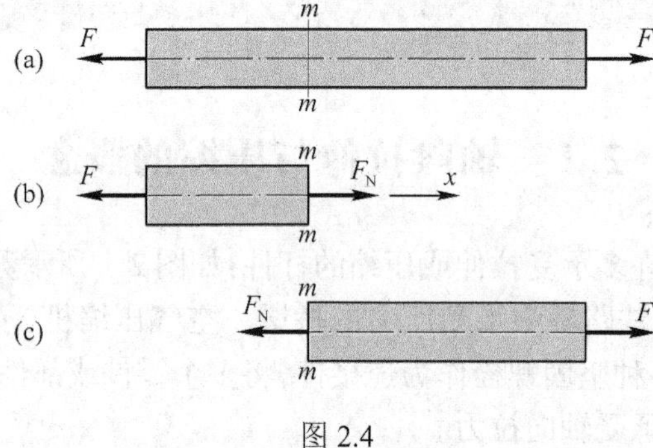

图2.4

当杆件受到多个轴向载荷作用时,在不同的横截面上,轴力不尽相同,这时可以用**轴力图**表示轴力沿杆件轴线变化的情况。在轴力图中,横坐标表示横截面位置,纵坐标表示轴力的大小。下面通过例题说明求解轴力以及绘制轴力图的方法。

例2.1 求图2.5(a)中杆1—1、2—2、3—3截面上的轴力,并画出轴力图。

解: 使用截面法,沿截面1—1将杆分成两段,取左段考虑,并画出受力图[图2.5(b)],F_{N1} 表示1—1截面上的轴力。由左段的平衡方程 $\sum F_x=0$,得

$$F_{N1}-10\ \text{kN}=0$$

由此求得截面1—1上的轴力

$$F_{N1}=10\ \text{kN}$$

沿截面2—2将杆分成两段,取左段考虑,并画出受力图[图2.5(c)],F_{N2} 表示2—2截面上的轴力。由左段的平衡方程 $\sum F_x=0$,得

$$F_{N2}+15\ \text{kN}-10\ \text{kN}=0$$

$$F_{N2}=-5\ \text{kN}$$

沿截面3—3将杆分成两段,取右段考虑,并画出受力图[图2.5(d)],F_{N3} 表示3—3截面上的轴力。由右段的平衡方程 $\sum F_x=0$,得

$$-F_{N3}-20\ \text{kN}=0$$

$$F_{N3}=-20\ \text{kN}$$

以横坐标表示横截面的位置,纵坐标表示相应横截面上的轴力,画出轴力图如图2.5(e)所示。

在图2.5(b)~(d)中,不管外力如何,轴力都画成正方向,即指向横截面的外法线方向。

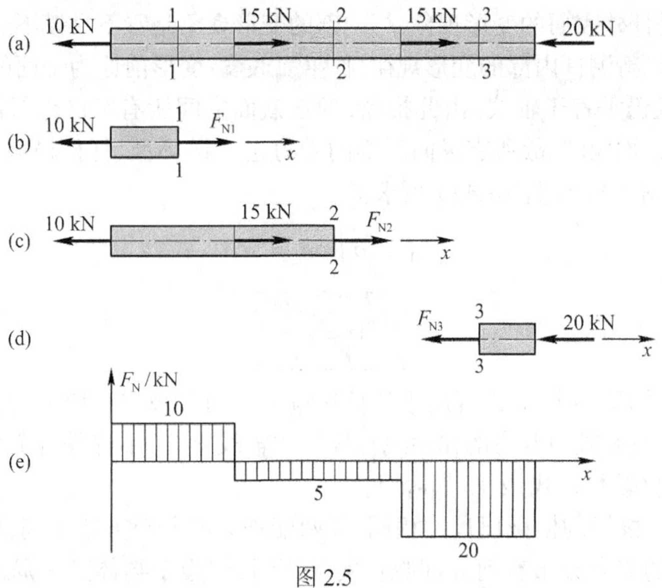

图 2.5

如果求出的轴力为正，说明是拉力；如果求出的轴力为负，说明是压力。这与轴力的符号规定完全一致。另外，轴力图中可以不画阴影线，但如果想画，则要求阴影线与轴线垂直。

从轴力图可以看出杆件各段轴力的大小及各段变形是拉伸还是压缩。

2.3 轴向拉压杆横截面上的应力

用相同材料制成的粗细不同的两根杆，在相同的拉力作用下，两杆的轴力显然相同，但当拉力逐渐增大时，细杆必定先被拉断。由此可见，拉杆的强度不仅与轴力的大小有关，而且与横截面面积有关。

为了解决拉压杆件的强度问题，除需计算横截面上的内力（即轴力）外，还需进一步研究内力在横截面上的分布规律和分布的集度，即应力。

在拉压杆的横截面上，与轴力 F_N 对应的应力是正应力 σ。在横截面上取微元面积 dA，该微面积上的法向内力元素 σdA 组成一个平面平行力系，其合力就是轴力 F_N，即

$$F_N = \int_A \sigma dA \tag{a}$$

只有知道了 σ 在横截面上的分布规律，才能完成上式中的积分。

为了求得 σ 在横截面上的分布规律，可以通过实验来观察杆件的变形。取一等直杆，在其表面上画 2 条与轴线垂直的横向线 ab 和 cd［图 2.6(a)］。在杆两端施加拉力 F，变形后两条横向线分别平行地移至 $a'b'$ 和 $c'd'$。根据此变形现象，可得出结论：杆件外表面上

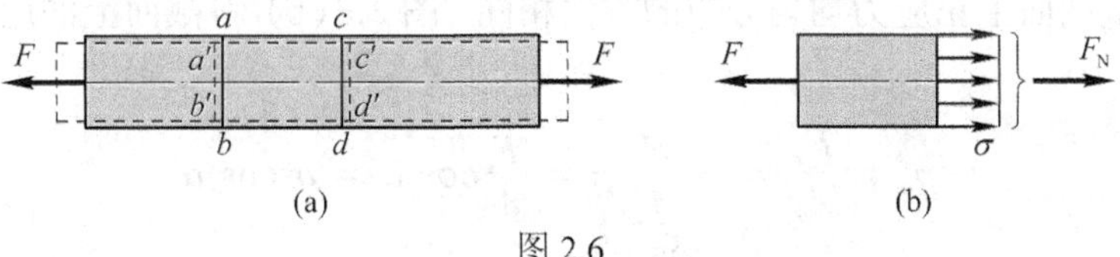

图 2.6

位于横向线 ab 和 cd 之间的所有纵向纤维的伸长量是相等的。

观察到的是杆外表面的变形现象，杆内部的变形现象是看不见摸不着的。根据外表面的变形现象，可以猜测杆内部的变形规律，作**平面假设**：变形前原为平面的横截面，变形后仍保持为平面且仍垂直于轴线。由此推断，两横截面之间所有纵向纤维的伸长量是相等的。又由于材料是均匀的，故所有纵向纤维的受力也一样。所以杆件横截面上的正应力 σ 是均匀分布的[图 2.6(b)]。由式(a)可求得

$$F_{\mathrm{N}} = \sigma \int_A \mathrm{d}A = \sigma A$$

$$\sigma = \frac{F_{\mathrm{N}}}{A} \tag{2.1}$$

当轴力 F_{N} 为压力时，上式可用于计算压应力。通常规定拉应力为正，压应力为负。应用式(2.1)时，只要外力合力的作用线与杆件的轴线重合，不论是等截面直杆还是变截面直杆（只要变化缓慢），式(2.1)都适用。

图 2.7 中，三根杆的横截面尺寸相同，杆两端外力的分布方式不同，但它们是静力等效的，这三根杆的应力分布有何异同呢？实验证明：作用于物体某一局部区域内的外力系，可以用一个与之静力等效的力系来代替，而两力系所产生的应力分布只在力系作用区域附近有明显差别，在离开力系作用区域较远处，应力分布几乎相同，这称为**圣维南原理**。根据这一原理，如图 2.7 所示三杆，在端部应力分布有明显差别，集中力作用点附近区域内的应力分布比较复杂，而在距两端稍远处的应力分布基本一样。

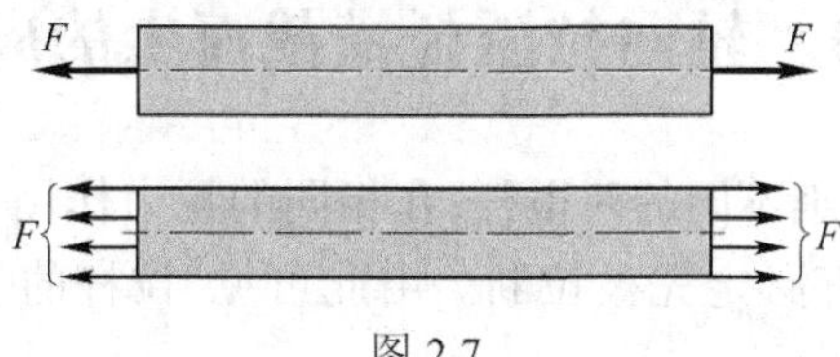

图 2.7

2.4 轴向拉压杆斜截面上的应力

不同材料的试验表明，拉压杆的破坏并非全是沿横截面发生，有些却是沿斜截面发生的。为了全面地研究拉压杆的强度，需进一步讨论杆斜截面上的应力。

如图 2.8(a)所示为直杆受轴向拉力 F 作用，设杆的横截面面积为 A，横截面上的正应力为 σ。斜截面 m—m 与横截面夹角为 α，斜截面的面积为 A_α。沿斜截面 m—m 把杆分成两部分，取左段考虑[图 2.8(b)]，由左段的平衡得

$$F_\alpha = F$$

与分析横截面上正应力均匀分布的方法相同，图 2.8(b) 斜截面上的应力 p_α 也是均匀分布的，则

$$p_\alpha = \frac{F_\alpha}{A_\alpha} = \frac{F}{\dfrac{A}{\cos\alpha}} = \frac{F}{A}\cos\alpha = \sigma\cos\alpha$$

将 p_α 向斜截面的法向和切向分解[图 2.8(c)],可得正应力和切应力分别为

$$\sigma_\alpha = p_\alpha \cos\alpha = \sigma\cos^2\alpha$$

$$\tau_\alpha = p_\alpha \sin\alpha = \sigma\cos\alpha\sin\alpha = \frac{\sigma}{2}\sin 2\alpha$$

即,轴向拉压杆斜截面上的正应力和切应力计算公式为

$$\left.\begin{aligned}\sigma_\alpha &= \sigma\cos^2\alpha\\ \tau_\alpha &= \frac{\sigma}{2}\sin 2\alpha\end{aligned}\right\} \tag{2.2}$$

由上式可见,σ_α 和 τ_α 都是 α 的函数,当斜截面方位变化时,其上的应力也随着发生变化。当 $\alpha = 0$ 时,斜截面即为横截面,σ_α 达到最大值,且

$$\sigma_{\max} = \sigma \tag{2.3}$$

当 $\alpha = 45°$ 时,τ_α 达到最大值,且

$$\tau_{\max} = \frac{\sigma}{2} \tag{2.4}$$

可见,杆轴向拉(压)时,最大正应力发生在横截面上,最大切应力发生在与杆轴线成 45°的斜截面上。此外,当 $\alpha = 90°$时,$\sigma_\alpha = \tau_\alpha = 0$ 。

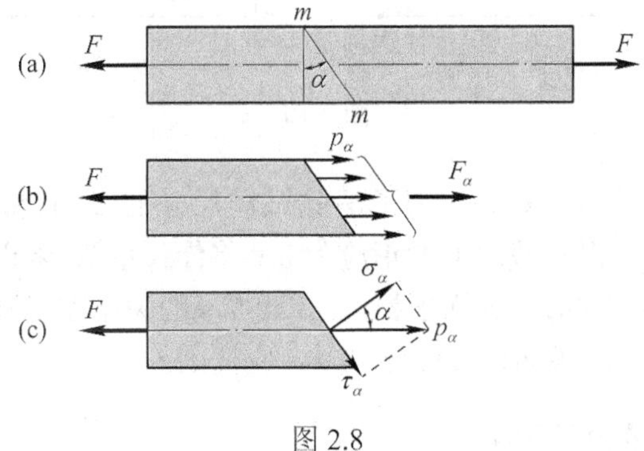

图 2.8

2.5 材料在拉伸与压缩时的力学性能

构件的强度、刚度与稳定性,不仅与构件的形状、尺寸及所受外力有关,而且与材料的力学性能(也称为机械性能)有关。材料的力学性能是指材料在外力作用下所表现出的变形、破坏等方面的特性,一般用常温、静载(缓慢加载)试验来测定。

《金属材料 拉伸试验 第 1 部分:室温试验方法》(GB/T 228.1—2010)对试样的形状、加工精度、加载速度、试验环境等都有统一规定。如图 2.9 所示为标准拉伸试样,标记 m 与 n 之间的杆段为试验段,其长度 l 称为**标距**。对圆截面试样[图 2.9(a)],标距 l 与直径 d 有两种比例,即

$$l = 10d \quad 或 \quad l = 5d$$

对矩形截面试样[图 2.9(b)],标距 l 与试验段横截面面积 A 有两种比例,即

$$l = 11.3\sqrt{A} \quad 或 \quad l = 5.65\sqrt{A}$$

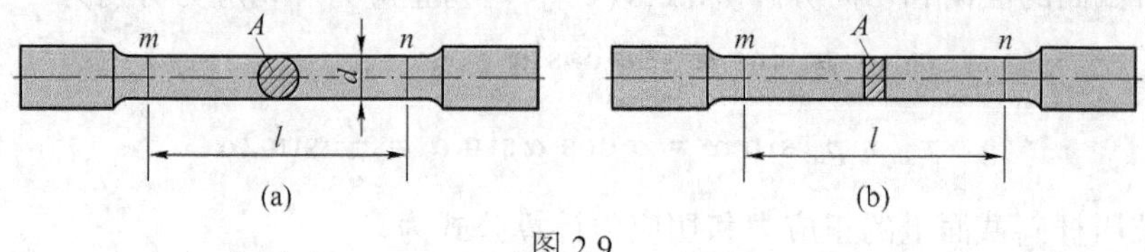

图 2.9

试验时，首先将试样安装在试验机的上、下夹头内，并在标距段安装测量变形的仪器。然后开动机器，缓慢加载。随着拉力 F 的增大，试样逐渐被拉长，拉力 F 对应的标距段的伸长用 Δl 表示。拉力 F 与标距段伸长 Δl 的关系曲线，称为拉伸图或 $F-\Delta l$ 曲线。图2.10(a)为低碳钢 Q235 拉伸图。

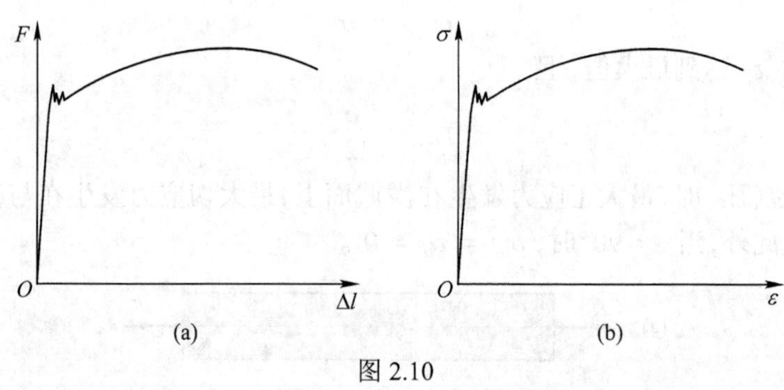

图 2.10

$F-\Delta l$ 曲线与试样的尺寸有关。为了消除试样尺寸的影响，将拉力 F 除以试样变形前的原始横截面面积 A，得横截面上的正应力 σ；将伸长量 Δl 除以标距的原始长度 l，得纵向线应变 ε。以 σ 为纵坐标，ε 为横坐标，做出 σ 与 ε 的关系图，该图称为应力-应变图或 $\sigma-\varepsilon$ 曲线。图 2.10(b) 为低碳钢 Q235 的应力-应变图。

2.5.1　低碳钢拉伸时的力学性能

低碳钢是指含碳量在 0.3% 以下的碳素钢，是工程中广泛应用的金属材料，其应力-应变图(图 2.11) 具有典型意义。下面介绍其力学性能。

1. 弹性阶段

载荷卸去后，可完全消失的变形称为**弹性变形**，不可消失的变形称为**塑性变形**或**残余变形**。

在图 2.11 中，Oab 段的变形全部是弹性变形，没有塑性变形，这一阶段称为弹性阶段。如果在这一阶段卸载到应力 σ 为零，应变 ε 也回到零，在图 2.11 中表现为沿着原加载路径原路返回到坐标原点 O。过了 b 点后，就一定有塑性变形。b 点的应力称为**弹性极限**(elastic limit)，用 σ_e 表示。

在拉伸的初始阶段 Oa 段，σ 与 ε 的关系为直线，亦即 σ 与 ε 成正比，即

$$\sigma \propto \varepsilon$$

可写成等式

$$\sigma = E\varepsilon \tag{2.5}$$

这就是拉伸（或压缩）时的**胡克定律**。式中 E 为与材料有关的比例常数，称为**弹性模量**（modulus of elasticity）。因为应变 ε 是量纲一的量，所以弹性模量 E 与应力 σ 的量纲相同，量纲为 $L^{-1}MT^{-2}$。应力 σ 的常用单位为 MPa，而弹性模量 E 的常用单位为GPa，1 GPa $=10^9$ Pa。

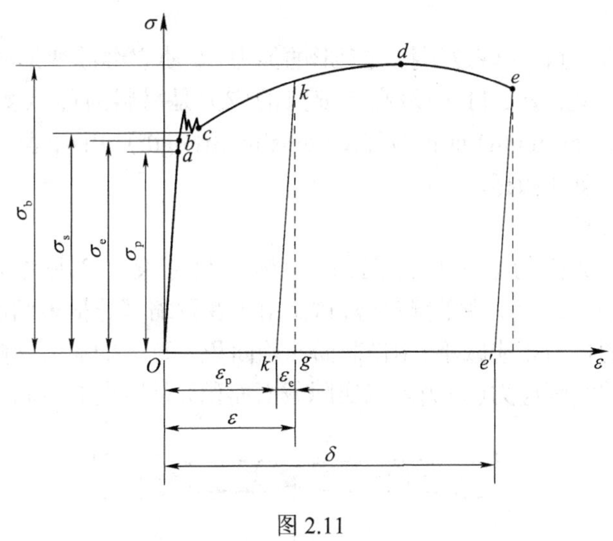

图 2.11

直线 Oa 的斜率就是弹性模量 E。ab 段仍然是弹性变形，但 σ 与 ε 已不成正比。点 a 的应力称为**比例极限**（proportional limit），用 σ_p 表示。所以，胡克定律的适用范围为

$$\sigma = E\varepsilon \leqslant \sigma_p \tag{2.6}$$

在 $\sigma-\varepsilon$ 曲线上，a、b 两点非常接近，所以工程上对弹性极限 σ_e 和比例极限 σ_p 并不严格区分。

2. 屈服阶段

过了 b 点，即应力 σ 超过弹性极限 σ_e 后，试样内就一定有塑性变形（当然也有弹性变形）。如果此时卸载到应力 σ 为零，应变 ε 则回不到零，在图2.11 中表现为返回到坐标原点 O 的右侧。

在这一阶段，应变有非常明显的增大，而应力先是下降，然后作微小地波动，在 $\sigma-\varepsilon$ 曲线上出现接近水平线的小锯齿形线段。这种应力基本保持不变，而应变显著增加的现象，称为屈服或流动。在屈服阶段的最高应力和最低应力分别称为上屈服极限和下屈服极限。上屈服极限的值与试样形状、加载速度等因素有关，一般不稳定，而下屈服极限则有比较稳定的数值，能够反映材料的性能。通常把下屈服极限称为**屈服强度**（yield strength）或**屈服极限**（yield limit），用 σ_s 表示。低碳钢 Q235 的屈服极限 σ_s = 235 MPa。

材料屈服后会产生显著的塑性变形，工程中某些构件如果发生塑性变形就不能正常工作，亦即失效。因此，屈服极限 σ_s 是衡量材料强度的重要指标。

表面磨光的试样，屈服时在试样表面出现与轴线大致成45°倾角的条纹（图2.12）。这是由于材料内部晶格之间相对滑移而形成的，称为滑移线。因为在 45° 的斜截面上切应力最大。

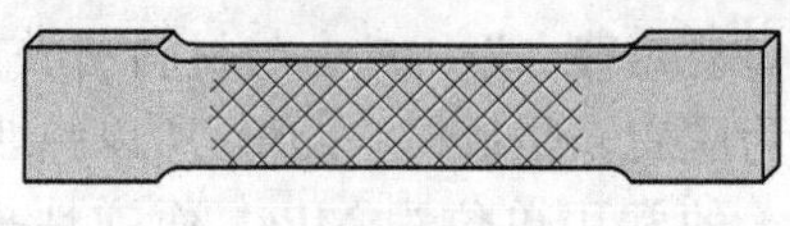

图 2.12

3. 强化阶段

过屈服阶段后，材料又恢复了抵抗变形的能力，要使它继续变形必须增加拉力。这种现象称为材料的强化。图 2.11 中最高点 d 点的应力是材料所能承受的最大应力，称为**强度极限**（ultimate strength）或抗拉强度（tensile strength），用σ_b表示。强度极限σ_b是衡量材料强度的另一重要指标。

4. 局部变形阶段

过 d 点后，在试样的某一局部范围内，横向尺寸突然急剧缩小，形成颈缩现象（图2.13）。图2.11 中 de 段呈现下降趋势，这是由于在颈缩部分横截面面积迅速减小，使试样继续伸长所需的拉力相应减小，用横截面原始面积 A 算出的应力 σ 随之下降，事实上颈缩部分横截面上的实际应力（拉力除以实际截面面积）是增大的。到 e 点处试样被拉断。

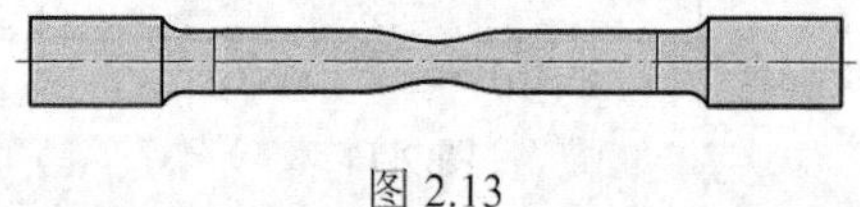

图 2.13

5. 伸长率和断面收缩率

试样拉断后，将断开的两段在断裂处对接在一起，测得标距由原来的 l 变为 l_1（图 2.14）。用百分比表示的比值

$$\delta = \frac{l_1 - l}{l} \times 100\% \tag{2.7}$$

称为**伸长率**（percentage elongation）[①]。

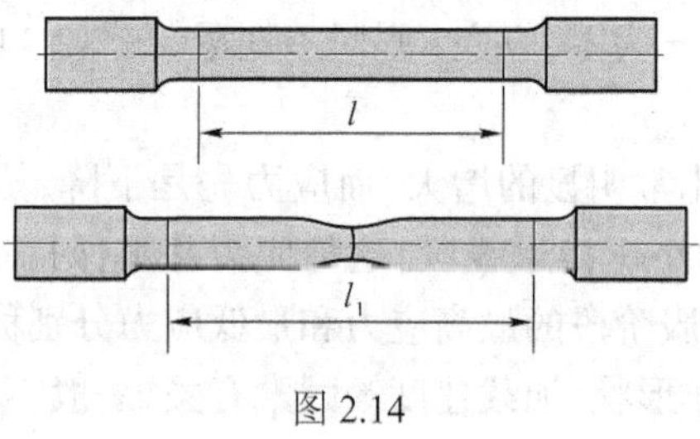

图 2.14

伸长率δ与l/d或l/A比值有关（A是横截面面积），试样的伸长率δ_5（$l = 5d$）大于试样的伸长率δ_{10}（$l = 10d$），这是由于长试样和短试样的颈缩部分形状基本相似，两种试样

① 旧国标（GB/T 228—2002）中，$l = 5d$及$l = 10d$试样的伸长率分别用δ_5、δ_{10}表示。新国标《金属材料　拉伸试验　第 1 部分：室温试验方法》（GB/T 228.1—2010）中，$l = 5d$ 或 $l = 5.65\sqrt{A}$ 试样的伸长率用 A 表示；$l = 10d$ 或 $l = 11.3\sqrt{A}$ 试样的伸长率用 $A_{11.3}$ 表示。

的($l_1 - l$) 值相差不大,从式(2.7) 可见,短试样的伸长率比长试样的伸长率要大。

伸长率是衡量材料塑性的指标。伸长率越大,说明材料的塑性越好。工程上通常按 $l = 5d$ 或 $l = 5.65\sqrt{A}$ 试样的伸长率的大小,把材料分成两大类: $\delta > 5\%$ 的材料称为塑性材料; $\delta < 5\%$ 的材料称为脆性材料。

原始横截面面积为 A 的试样,拉断后颈缩处的最小横截面面积为 A_1,用百分比表示的比值

$$\psi = \frac{A - A_1}{A} \times 100\% \tag{2.8}$$

称为**断面收缩率**(percentage reduction of area), ψ 也是衡量材料塑性的指标。

6. 卸载定律及冷作硬化

在弹性阶段卸载,将沿原加载路径返回到坐标原点 O。当把试样拉到强化阶段的 k 点(图2.11),然后卸载,应力与应变关系将沿着斜直线 kk' 到达 k' 点。斜直线 kk' 近似地平行于 Oa。这说明,在卸载过程中,应力与应变按直线规律变化,这就是卸载定律。拉力完全卸除后, $k'g$ 表示消失了的弹性应变 ε_e, Ok' 表示不能消失的塑性应变 ε_p,而 $\varepsilon_e + \varepsilon_p$ 则等于 k 点的总应变 ε。

卸载到达 k' 点后,如再次加载,则应力与应变关系将沿着斜直线 $k'k$ 变化,到达 k 点后,又沿曲线 kde 变化。在再次加载时,直到 k 点之前材料的变形都是弹性的,过了 k 点之后才开始有塑性变形。可见在二次加载时,其比例极限提高了,而塑性变形却降低了,这种现象称为**冷作硬化** 。冷作硬化现象经退火可以消除。

到 e 点处(图 2.11) 试样被拉断,弹性变形消失, Oe' 即为材料的伸长率 δ。

2.5.2 其他塑性材料拉伸时的力学性能

在工程实际中,有些塑性材料,如黄铜、硬铝等,没有明显的屈服阶段。对于没有明显屈服阶段的塑性材料,工程上通常规定以产生 0.2% 的塑性应变所对应的应力作为屈服应力,称为**规定塑性延伸强度**或**名义屈服极限**,用 $\sigma_{0.2}$ 表示(图 2.15)。

2.5.3 铸铁拉伸时的力学性能

铸铁是工程中广泛应用的材料之一,灰口铸铁拉伸时的 $\sigma - \varepsilon$ 曲线是一条微弯曲线(图 2.16),没有明显的直线部分,也没有屈服阶段和颈缩阶段。断裂时的应变仅为

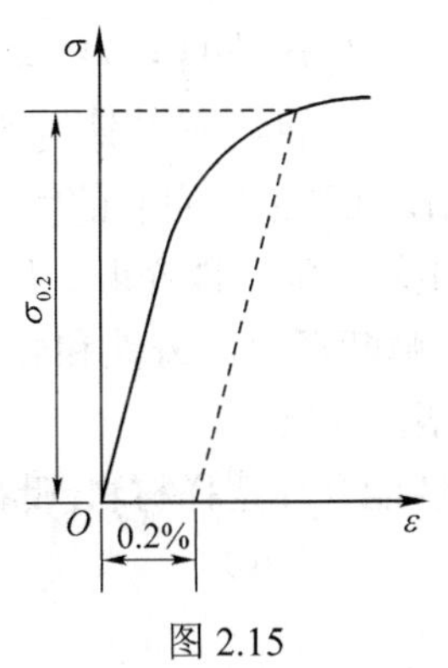

图 2.15

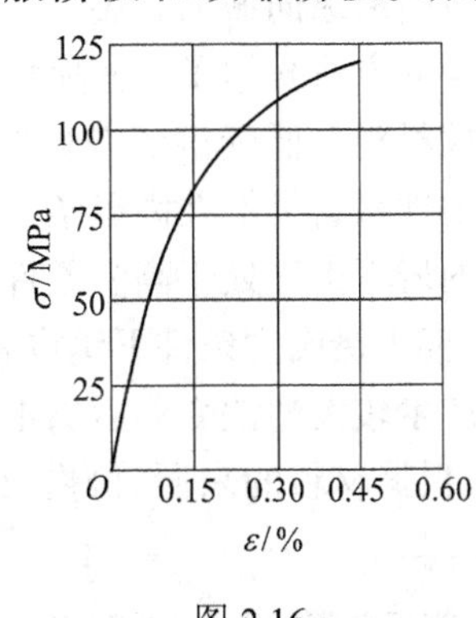

图 2.16

0.4% ~0.5%，伸长率也很小，灰口铸铁是典型的脆性材料。铸铁的强度极限 σ_b（即拉断时的最大应力）是衡量铸铁强度的唯一指标。铸铁等脆性材料的抗拉强度极限很低，所以不宜用于制作抗拉构件。

2.5.4 材料压缩时的力学性能

金属的压缩试样一般制成圆柱体，其高度 h 与直径 d 之比值不能过大，也不能过小。大了会压弯，小了则两端的摩擦力会影响到整个试样。国标规定① $h = (2.5 \sim 3.5)d$ 的试样适用于测定塑性材料的屈服极限，脆性材料的抗压强度极限等。$h = (5 \sim 8)d$ 的试样适用于测定压缩弹性模量。混凝土、石料等则制成正方形柱体试样。

低碳钢压缩时的 $\sigma - \varepsilon$ 曲线如图 2.17 所示。试验表明：低碳钢压缩时的弹性模量 E 和屈服极限 σ_s，都与拉伸时大致相同。屈服阶段之后，试样越压越扁，横截面面积不断增大，试样抗压能力相应地增高，因而得不到压缩时的强度极限 σ_b。

铸铁压缩时的 $\sigma - \varepsilon$ 曲线如图 2.18 所示，试样在较小的变形下突然破坏，破坏断面的法线与轴线大致呈 45° ~55°的倾角，表明试样沿斜截面因相对错动而破坏。铸铁的抗压强度极限比它的抗拉强度极限高 4 ~5 倍。

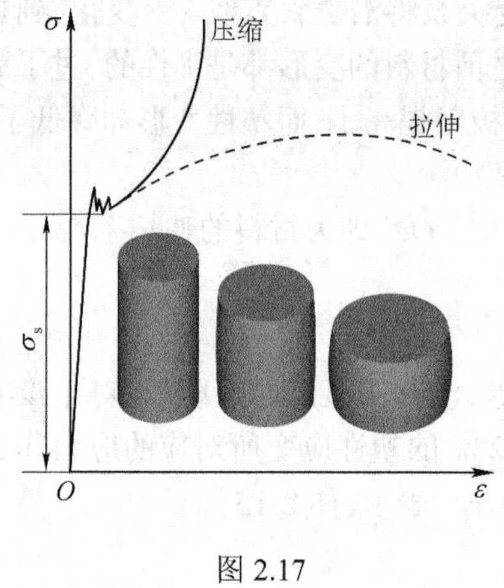

图 2.17

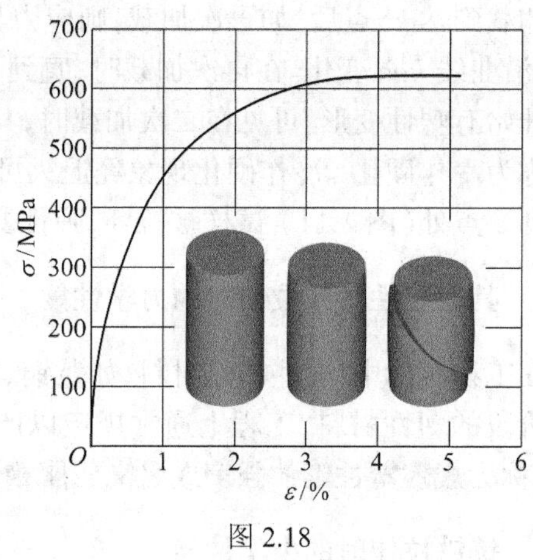

图 2.18

某些塑性材料，如铝合金，压缩时也是沿斜截面破坏，并非都像低碳钢那样压成扁饼状。煤、石料压缩时则沿纵向截面开裂。

上面通过实验的方法介绍了一些典型材料的力学性能，根据伸长率的大小将材料分为塑性材料和脆性材料。低碳钢的伸长率高达 20% ~30%，所以是典型的塑性材料，而铸铁则是典型的脆性材料。但在高温条件下，材料降低了抵抗屈服的能力，容易产生塑性变形。地壳深处的岩石由于处于高温条件下会产生较大的塑性变形。低温则能提高材料的脆性，在零下四五十摄氏度条件下钢也容易产生脆断现象。铸铁和岩石在三向受压的情况下则显示出产生较大塑性变形后仍不破坏的塑性性质。

在工程中，应根据材料的来源、价格及其力学性能合理选择材料。低碳钢的抗拉（压）

① 《金属材料 室温压缩试验方法》（GB/T 7314— 2005）。

强度高,塑性性能好,韧度大耐冲击,价格较低,机器中许多零部件都使用它。铸铁的抗压强度远大于其抗拉强度,价格便宜,常用于机器的底座或齿轮箱壳等。砖、石、水泥等材料,它们有较强的抗压性能,而且原料来源广泛,做建筑物的基础、墙、柱等构件可说是价廉物美。

表 2.1 列出了我国常用工程材料在常温、静载下的主要力学性能。

表 2.1 我国常用工程材料的主要力学性能

国标编号	材料名称	牌号	屈服强度 σ_s /MPa	强度极限 σ_b /MPa	伸长率 δ_5 /%
GB/T 700 —2006	碳素结构钢	Q215	≥215 (t≤16 mm)	335 ~ 450	≥31 (t≤40 mm)
		Q235	≥235 (t≤16 mm)	370 ~ 500	≥26 (t≤40 mm)
		Q275	≥275 (t≤16 mm)	410 ~ 540	≥22 (t≤40 mm)
GB/T 699 —2015	优质碳素结构钢	15	≥225	≥375	≥27
		40	≥335	≥570	≥19
		45	≥355	≥600	≥16
GB/T 1591 —2008	低合金高强度结构钢	Q420	≥420 (t≤16 mm)	520 ~ 680 (t≤40 mm)	≥19 (t≤40 mm)
		Q500	≥500 (t≤16 mm)	610 ~ 770 (t≤40 mm)	≥17 (t≤40 mm)
		Q620	≥620 (t≤16 mm)	710 ~ 880 (t≤40 mm)	≥15 (t≤40 mm)
GB/T 3077 —2015	合金结构钢	50 Mn2	≥785	≥930	≥9
		42 Si Mn	≥735	≥885	≥15
		50 Cr Mo	≥930	≥1 130	≥11
GB/T 11352 —2009	一般工程用铸造碳钢件	ZG200 -400	≥200	≥400	≥25
		ZG270 -500	≥270	≥500	≥18
		ZG340 -640	≥340	≥640	≥10
GB/T 9440 —2010	可锻铸铁件	KTZ450 -06	≥270	≥450	≥6 (δ_3)
		KTZ600 -03	≥390	≥600	≥ 3 (δ_3)
		KTZ700 -02	≥530	≥700	≥ 2 (δ_3)
GB/T 1348 —2009	球墨铸铁件	QT400 -18	≥250	≥400	≥18
		QT450 -10	≥310	≥450	≥10
		QT600 -3	≥370	≥600	≥3
GB/T 9439 —2010	灰铸铁件	HT150		≥150 (拉)	
		HT250		≥250 (拉)	
		HT350		≥350 (拉)	

注:表中 δ_5 是指 $l = 5d$ 的标准试样的伸长率,δ_3 是指 $l = 3d$ 的非比例试样的伸长率,t 是指圆截面试样的直径或者矩形截面试样的边长。

2.6 失效、许用应力与强度条件

前述材料力学性能试验表明:由脆性材料制成的构件,当应力达到强度极限 σ_b 时,会突然断裂;由塑性材料制成的构件,当应力达到屈服极限 σ_s 时,会出现显著的塑性变形。构件出现断裂或显著的塑性变形就不能正常工作,或称为失效。上述失效现象都是强度不足造成的。

脆性材料断裂时的强度极限 σ_b,塑性材料屈服时的屈服极限 σ_s,都是构件失效时的极限应力 σ_u。

在理想的情况下,为了充分利用材料的强度,可使构件的实际应力(也称为工作应力)接近于材料的极限应力,但实际上却不能这样做。原因是:作用于构件上的外力常常估计不准确；理论计算公式带有一定的近似性；材料性质的不均匀等。所有这些因素，都有可能使构件的实际工作条件比设想的要偏于不安全。除了上述原因，为了确保安全，构件还应具有适当的强度储备。

将材料的极限应力σ_u除以大于1的安全因数n，定义为材料的**许用应力**，用[σ]表示，即

$$[\sigma] = \frac{\sigma_u}{n}$$

对于安全因数的选择，应正确处理好安全与经济之间的矛盾。因为从安全的角度考虑，应加大安全因数，这就难免要增加材料的消耗和结构的自重。相反，若从经济角度考虑，势必要减小安全因数，这样虽可少用材料，减轻自重，但可能出现安全隐患。在一般的静载条件下，塑性材料的安全因数通常取为1.5 ~ 2.2，脆性材料的安全因数通常取为3.0 ~ 5.0，甚至更大。

将许用应力[σ]作为构件工作应力的最高限度，即要求工作应力不超过许用应力[σ]，于是得杆件轴向拉伸或压缩时的强度条件为

$$\sigma = \frac{F_N}{A} \leqslant [\sigma] \tag{2.9}$$

如果杆的工作应力σ小于或等于许用应力[σ]，则杆是安全的。如果杆的工作应力σ大于许用应力[σ]，则杆是危险的，但不一定失效，因为许用应力[σ]中有一定的安全储备。

根据上述强度条件，可以进行下述三种类型的强度计算。

(1) **强度校核**。若已知杆的尺寸、载荷数值和材料的许用应力，即可利用式(2.9)的强度条件验算杆件是否满足强度要求。

(2) **截面设计**。若已知杆件所承受的载荷及材料的许用应力，可将式(2.9)的强度条件改写成

$$A \geqslant \frac{F_N}{[\sigma]}$$

由此即可确定杆件所需要的最小横截面面积。

(3) **确定许可载荷**。已知杆的尺寸和材料的许用应力，可将式(2.9)的强度条件改写成

$$F_N \leqslant [\sigma] A$$

由此即可确定杆件所能承受的最大载荷。

例2.2 直径$d=14$ mm的圆杆由Q235钢制成，许用应力[σ] = 170 MPa。若杆受轴向拉力$F=25$ kN，试校核此杆的强度。

解： 杆横截面上的正应力为

$$\sigma = \frac{F_N}{A} = \frac{25\times 10^3\ \text{N}}{\frac{\pi}{4}\times(14\ \text{mm})^2} = 162\ \text{MPa} < [\sigma]$$

所以此杆满足强度要求，安全。

如果将例2.2中的许用应力[σ] = 170 MPa改为[σ] = 160 MPa，此时拉杆横截面上的应力σ = 162 MPa已经大于许用应力[σ] = 160 MPa。在工程中，如果工作应力σ略高于许用

应力[σ],但不超过[σ]的5%,一般还是允许的,因为许用应力[σ]中有一定的安全储备。

例 2.3 如图2.19(a)所示三角形托架,杆1由一根等边角钢构成,许用应力[σ] = 160 MPa。已知 F = 75 kN。试选择等边角钢的型号。

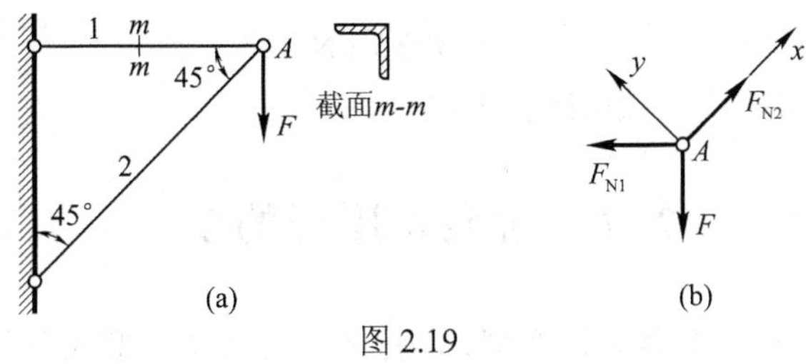

图 2.19

解:铰 A 的受力如图2.19(b)所示,由平衡方程 $\sum F_y = 0$ 可求得杆1的拉力(即轴力)为

$$F_{N1} = F = 75\ \text{kN}$$

由强度条件可求得杆1的横截面面积

$$A_1 \geqslant \frac{F_{N1}}{[\sigma]} = \frac{75 \times 10^3\ \text{N}}{160 \times 10^6\ \text{Pa}} = 4.69 \times 10^{-4}\ \text{m}^2 = 4.69\ \text{cm}^2$$

查本书后面"附录B 热轧型钢常用参数表",在截面面积 $A \geqslant 4.69\ \text{cm}^2$ 的所有等边角钢中,选一面积最小者,应选∠50×50×5,其面积 $A = 4.803\ \text{cm}^2$。

例 2.4 如图2.20(a)所示结构,杆1的许用应力$[\sigma]_1$ = 160 MPa,横截面面积 A_1 = 200 mm²;杆2的许用应力$[\sigma]_2$ = 120 MPa,横截面面积 A_2 = 100 mm²。AB 为刚性梁,试确定许可载荷[F]。

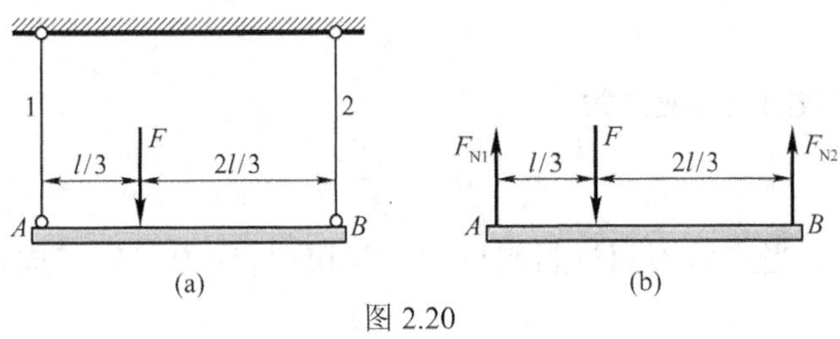

图 2.20

解:刚性梁 AB 的受力如图2.20(b)所示,由静力平衡方程可求得杆1、2的拉力为

$$F_{N1} = \frac{2F}{3},\quad F_{N2} = \frac{F}{3}$$

由杆1的强度条件

$$\frac{F_{N1}}{A_1} \leqslant [\sigma]_1 \quad 即 \quad \frac{\frac{2F}{3}}{200\ \text{mm}^2} \leqslant 160\ \text{MPa}$$

得

$$F \leqslant 48\ \text{kN}$$

由杆 2 的强度条件

$$\frac{F_{N2}}{A_2} \leqslant [\sigma]_2 \quad 即 \quad \frac{\frac{F}{3}}{100\ \mathrm{mm}^2} \leqslant 120\ \mathrm{MPa}$$

得

$$F \leqslant 36\ \mathrm{kN}$$

比较以上结果,可知许可载荷$[F]=36\ \mathrm{kN}$。

2.7 轴向拉压杆的变形

直杆在轴向拉力作用下会变长变细,即引起纵向尺寸的增大和横向尺寸的减小。反之,直杆在轴向压力作用下会变短变粗,即引起纵向尺寸的减小和横向尺寸的增大。

如图 2.21 所示等直杆,原长度为 l,横截面面积为 A,某一横向尺寸为 b。在轴向拉力 F 作用下,长度由 l 变为 $l+\Delta l$,即伸长 Δl。横向尺寸由 b 变为 $b+\Delta b$,此处 Δb 的值为负。比值

$$\varepsilon = \frac{\Delta l}{l}, \quad \varepsilon' = \frac{\Delta b}{b} \tag{a}$$

分别是杆件的纵向线应变和横向线应变。

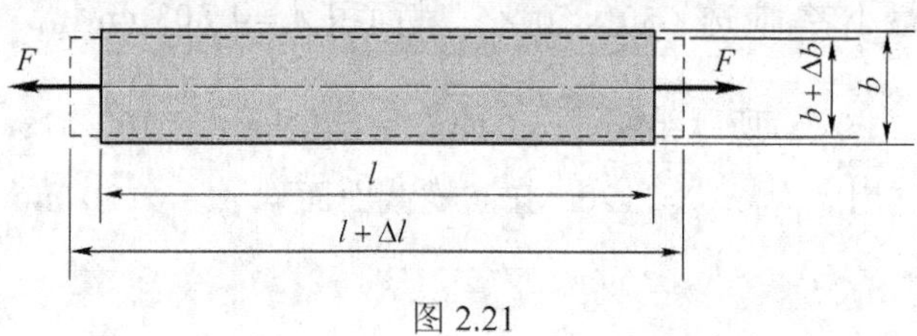

图 2.21

另外,杆件横截面上的应力为

$$\sigma = \frac{F}{A} \tag{b}$$

由式(2.6)知,当应力不超过材料的比例极限时,应力与应变成正比,这就是胡克定律

$$\sigma = E\varepsilon$$

将式(a)的第一式及式(b)代入上式,得

$$\Delta l = \frac{Fl}{EA} \tag{2.10}$$

上式是胡克定律的另一表达形式,分母中的 EA 称为抗拉(压)刚度或拉压刚度。

试验结果表明,当应力不超过比例极限时,横向应变 ε' 与纵向应变 ε 之比的绝对值是一常数,即

$$\left|\frac{\varepsilon'}{\varepsilon}\right| = \mu \tag{c}$$

μ 称为**横向变形因数**或**泊松比**(Poisson's ratio),是量纲一的量,其值随材料不同而不同。

对于工程实际中的大多数材料,杆件轴向拉伸时变长变细($\varepsilon > 0$, $\varepsilon' < 0$),而轴向压缩时则变短变粗($\varepsilon < 0$, $\varepsilon' > 0$),所以 ε 和 ε' 的符号是相反的。式(c)可写成

$$\varepsilon' = -\mu\varepsilon \tag{2.11}$$

对于大多数材料,有 $0 < \mu < 0.5$。当 $\mu = 0$ 时,材料在变形过程中横向尺寸将保持不变;当 $\mu = 0.5$ 时,材料在变形过程中体积将保持不变;当 $-1 < \mu < 0$ 时,杆件在拉伸过程中变长变粗,压缩过程中变短变细,这种材料称为负泊松比材料。负泊松比材料在自然界早就存在,例如,黄铁矿、砷、镉以及一些动物的皮肤就是天然的负泊松比材料,但是负泊松比材料作为一种可设计材料的概念是在 20 世纪 80 年代首先提出的,旨在满足高新技术领域对新型材料提出的要求,之后具有负泊松比效应的泡沫材料、聚合材料、复合材料不断被设计出来,其特殊的力学属性使负泊松比材料得到迅速的发展,并在许多工程领域都有广阔的应用前景。

弹性模量 E 和泊松比 μ 是材料固有的弹性常数,表 2.2 给出了几种常用金属材料的 E、μ 值。

表 2.2　常用材料的 E、μ 值

材料名称	弹性模量 E/GPa	泊松比 μ
低碳钢	196 ~ 216	0.24 ~ 0.33
合金钢	186 ~ 216	0.24 ~ 0.33
灰铸铁	78.5 ~ 157	0.23 ~ 0.27
铜及其合金	72.6 ~ 128	0.31 ~ 0.42
铝合金	70	0.33

式(2.10)适用于杆件横截面面积 A 以及轴力 F_N 皆为常量的情况。如果横截面面积 A 沿轴线平缓变化(图 2.22),或轴力 F_N 沿轴线变化,则可在任意横截面 x 处取长为 $\mathrm{d}x$ 的微段。该微段横截面面积为 $A(x)$,轴力为 $F_N(x)$,利用式(2.10)求得微段伸长为

$$\mathrm{d}(\Delta l) = \frac{F_N(x)\,\mathrm{d}x}{EA(x)}$$

积分上式便得整个杆件的伸长为

$$\Delta l = \int_l \frac{F_N(x)\,\mathrm{d}x}{EA(x)} \tag{2.12}$$

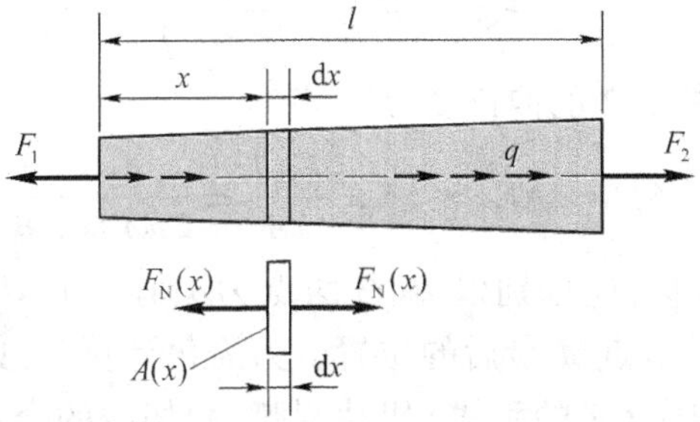

图 2.22

例 2.5 如图 2.23 所示圆锥形杆的长度为 l，材料的弹性模量为 E，质量密度为 ρ。试求自重引起的杆的最大正应力以及杆的伸长量。

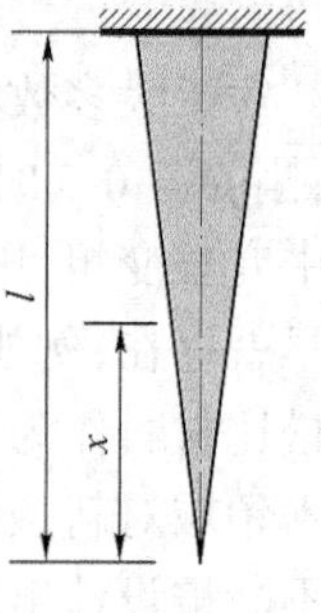

解： 设任意横截面 x 处的轴力为 $F_N(x)$，截面面积为 $A(x)$，该截面以下部分的体积为 $V(x)$，则

$$F_N(x) = \rho g V(x) = \rho g \frac{1}{3} A(x) \cdot x$$

任意横截面 x 上的正应力

$$\sigma(x) = \frac{F_N(x)}{A(x)} = \rho g \frac{x}{3}$$

杆的最大正应力发生在固定端，其值

$$\sigma_{max} = \sigma(x)\big|_{x=l} = \frac{1}{3}\rho g l$$

图 2.23

杆的伸长量为

$$\Delta l = \int_l \frac{F_N(x)\,dx}{EA(x)} = \int_0^l \frac{\rho g A(x) \cdot x}{3EA(x)}\,dx = \int_0^l \frac{\rho g x}{3E}\,dx = \frac{\rho g l^2}{6E}$$

例 2.6 如图 2.24(a)所示结构受铅垂力 F 作用，杆 1、2 的长度均为 l，拉压刚度均为 EA。试求 A 点的垂直位移。

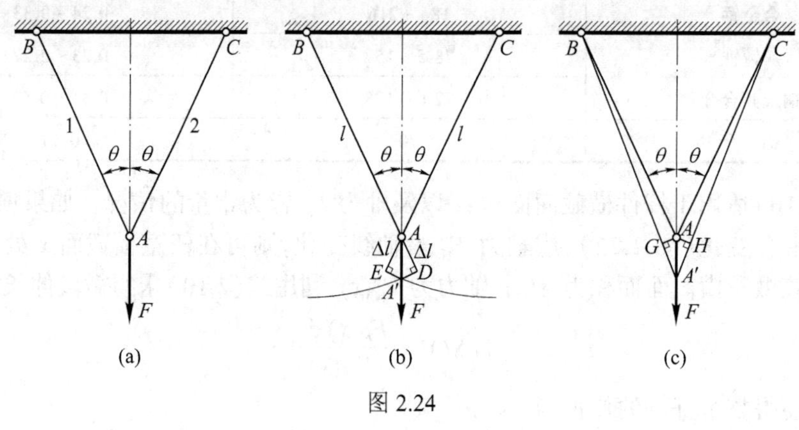

图 2.24

解： 考虑节点 A 的平衡条件，可求得杆 1、2 的轴力为

$$F_{N1} = F_{N2} = \frac{F}{2\cos\theta}$$

由胡克定律可求得杆 1、2 的伸长量为

$$\Delta l_1 = \Delta l_2 = \Delta l = \frac{F_{N1} l}{EA} = \frac{Fl}{2EA\cos\theta}$$

为求 A 点的垂直位移，应分别以 B、C 两点为圆心，$l + \Delta l$ 为半径画圆弧[图 2.24(b)]，两圆弧的交点就是节点 A 最后的位置。为简化计算，考虑到是小变形，用圆弧在 D、E 两点的切线(也是 BD、CE 的垂线)代替圆弧，两切线的交点 A' 就是 A 点最后的位置。A 点的垂直位移为

$$\Delta_{AV} = \overline{AA'} = \frac{\Delta l}{\cos\theta} = \frac{Fl}{2EA\cos^2\theta}$$

也可这样分析：如图 2.24(c)所示，设节点 A 的最后位置是 A'，过 A 点分别作 BA'、CA' 的垂线 AG、AH，图中的 $\overline{GA'} = \overline{HA'} \approx \Delta l$，$\angle GA'A \approx \theta$。

2.8 拉压超静定问题

2.8.1 拉压超静定问题及其解法

在前面所讨论的拉压问题中，杆的约束力以及轴力只需根据静力平衡方程就能完全确定，这类问题称为静定问题，对应的结构称为静定结构。如图 2.24(a)所示结构就属于静定结构，杆 1、2 的轴力通过静力平衡方程就可求出。

但在工程实际中存在一些结构，其未知力的数目超过了可以建立的静力平衡方程数目，不可能单凭静力平衡方程来确定杆的约束力或轴力，这类问题称为超静定问题，对应的结构称为超静定结构。如图 2.25(a)所示结构，节点 A 的受力如图 2.25(b)所示，其平衡方程为

$$\sum F_x = 0, \quad F_{N1}\sin\theta - F_{N2}\sin\theta = 0 \quad 即 \quad F_{N1} = F_{N2} \tag{a}$$

$$\sum F_y = 0, \quad 2F_{N1}\cos\theta + F_{N3} - F = 0 \tag{b}$$

此处独立的静力平衡方程只有 2 个，但未知力却有 3 个，单凭静力平衡方程不能求出轴力 F_{N1}、F_{N2} 和 F_{N3}，属于一次超静定问题。

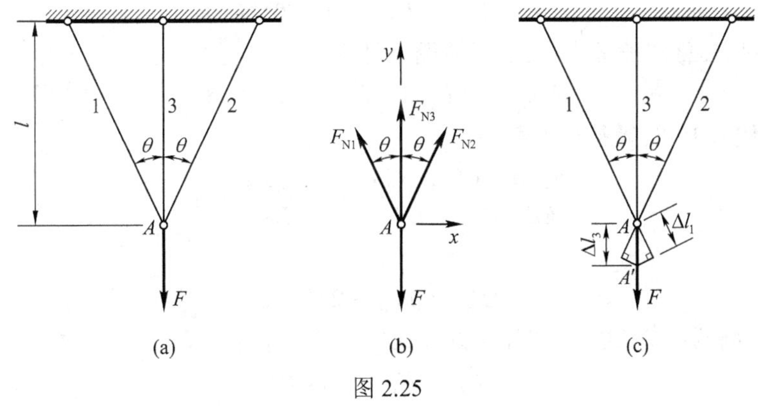

图 2.25

为了求解此问题，除建立静力平衡方程之外，还需考虑各杆的变形以建立补充方程。从图 2.25(c)可以看出，三杆的变形存在着如下关系

$$\Delta l_1 = \Delta l_3 \cos\theta \tag{c}$$

杆 1、2、3 的变形只有满足了上面的关系，它们才可能在变形后仍然在节点 A' 联系在一起。这种几何关系称为**变形协调条件**。

若杆 1、2、3 的抗拉刚度均为 EA，由胡克定律得

$$\Delta l_1 = \frac{F_{N1} l}{EA\cos\theta}, \quad \Delta l_3 = \frac{F_{N3} l}{EA}$$

将其代入变形协调条件(c)，便得到补充方程

$$\frac{F_{N1}l}{EA\cos\theta}=\frac{F_{N3}l}{EA}\cos\theta \tag{d}$$

联立求解静力平衡方程(a)、(b)和补充方程(d),得

$$F_{N1}=F_{N2}=\frac{F\cos^2\theta}{1+2\cos^3\theta},\quad F_{N3}=\frac{F}{1+2\cos^3\theta}$$

从上面例子可以看出,求解超静定问题主要分以下三个步骤。

(1) 先进行受力分析,列出静力平衡方程。

(2) 根据变形协调条件及胡克定律列出补充方程。

(3) 联立求解静力平衡方程和补充方程。

例 2.7 如图 2.26(a)所示两端固定的等直杆,受轴向载荷 $2F$ 和 F 作用。求固定端 A 和 B 的约束力。

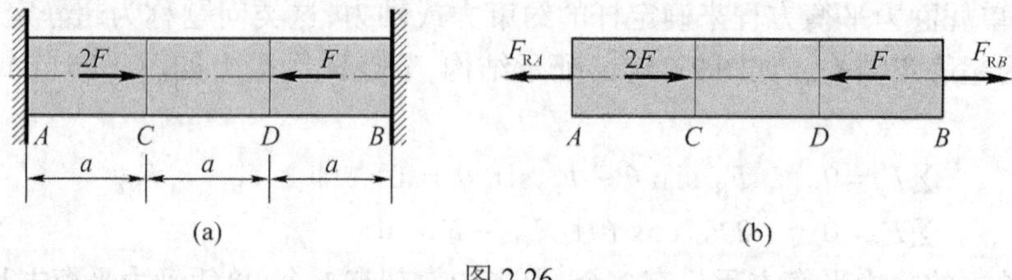

图 2.26

解: 杆 AB 的受力如图 2.25(b)所示,静力平衡方程为

$$F_{RB}-F_{RA}+F=0 \tag{e}$$

杆 AB 两端固定,总伸长量为零,变形协调条件为

$$\Delta l_{AB}=\Delta l_{AC}+\Delta l_{CD}+\Delta l_{DB}=0$$

将胡克定律代入上式,得补充方程

$$\frac{F_{RA}a}{EA}+\frac{(F_{RA}-2F)a}{EA}+\frac{F_{RB}a}{EA}=0$$

即

$$2F_{RA}+F_{RB}-2F=0 \tag{f}$$

联立求解静力平衡方程式(e)和补充方程式(f),得

$$F_{RA}=F,\quad F_{RB}=0$$

例 2.8 如图 2.27(a)所示结构中,横梁 AB 为刚体,杆 1、2、3 的拉压刚度均为 EA。试求三杆的轴力。

解: 三根杆中有拉杆,也有压杆,假设三杆的轴力都为拉力。横梁 AB 受力如图 2.27(b)所示,由静力平衡方程 $\sum F_y=0$, $\sum M_A=0$,得

$$F_{N1}+F_{N2}+F_{N3}=F \tag{g}$$

$$F_{N2}+2F_{N3}=0 \tag{h}$$

因横梁 AB 是刚体,由图 2.27(c)可以看出,变形协调条件为

$$\Delta l_2=\frac{\Delta l_1+\Delta l_3}{2}$$

将胡克定律代入上式，得补充方程

$$F_{N2} = \frac{F_{N1} + F_{N3}}{2} \tag{i}$$

联立求解式(g)、式(h)、式(i)，得

$$F_{N1} = \frac{5F}{6},\quad F_{N2} = \frac{F}{3},\quad F_{N3} = -\frac{F}{6}$$

也可以利用对称性求解。将图 2.27(a)所示载荷看成如图 2.27(d)所示正对称与图 2.27(e)反对称载荷的叠加。

图 2.27(d)中三杆的轴力都等于 $F/3$，图 2.27(e)中三杆的轴力分别等于 $F/2$、0、$-F/2$，由叠加法得

$$F_{N1} = \frac{F}{3} + \frac{F}{2} = \frac{5F}{6}$$

$$F_{N2} = \frac{F}{3} + 0 = \frac{F}{3}$$

$$F_{N3} = \frac{F}{3} - \frac{F}{2} = -\frac{F}{6}$$

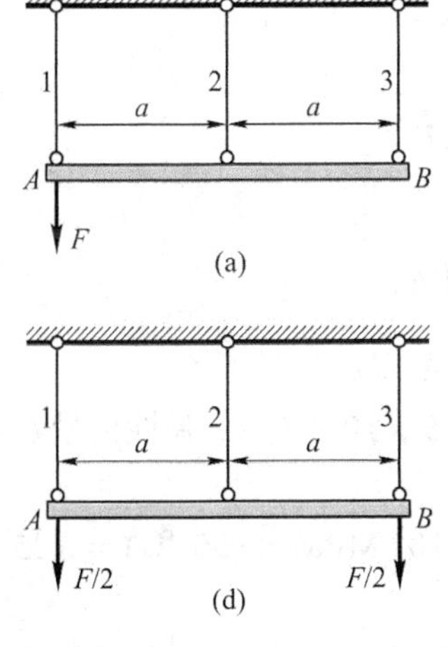

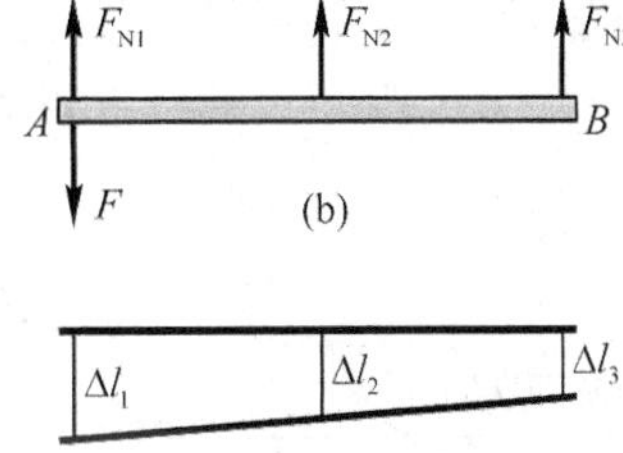

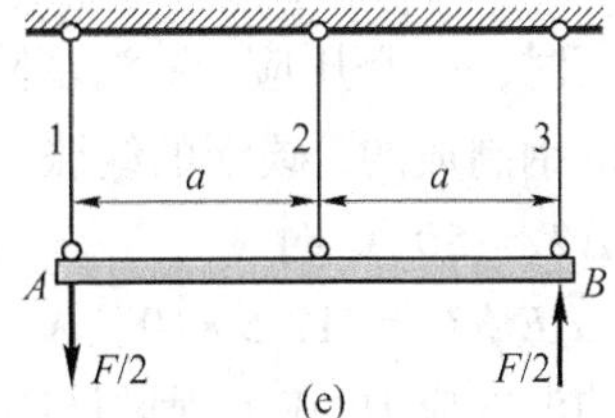

图 2.27

2.8.2 温度应力

长为 l 的杆，当温度升高(或降低)ΔT，如果杆件不受约束而可以自由伸缩，则杆伸长(或缩短)

$$\Delta l_T = \alpha_l l \Delta T \tag{2.13}$$

式中，α_l 为材料的线胀系数，单位为℃$^{-1}$。

在静定结构中，由于构件可以自由变形而不受任何限制，则均匀的温度改变不会在构件内引起应力，但在超静定结构中，温度变化引起的变形受到约束，构件内将引起应力。温度变化在构件内引起的应力称为**温度应力**。

如图 2.28(a)所示一根两端固定的等直杆，当温度升高 ΔT 时，如果杆没有两端的约束而可以自由变形，则杆因温度升高而伸长

$$\Delta l_T = \alpha_l l \Delta T \tag{j}$$

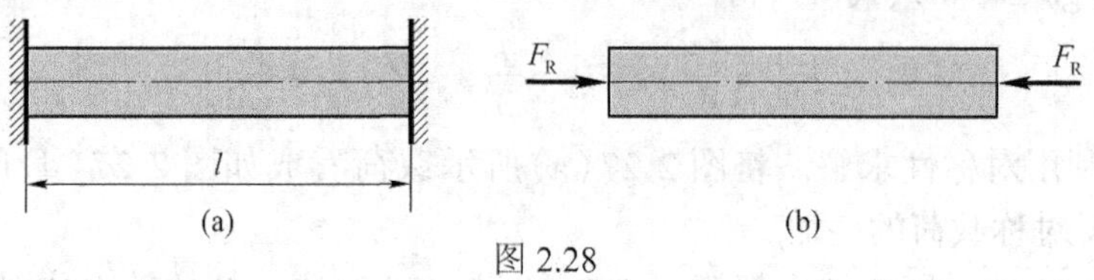

图 2.28

但是，两端的约束使杆不得伸长，而使杆两端产生大小相等，方向相反的轴向约束力 F_R[图 2.28(b)]，约束力 F_R 使杆缩短

$$\Delta l_N = \frac{F_R l}{EA} \tag{k}$$

由于杆两端固定，杆的长度不能变化，必须满足

$$\Delta l_T = \Delta l_N$$

这就是变形协调方程。将式(j)、式(k)代入上式，得

$$\alpha_l l \Delta T = \frac{F_R l}{EA}$$

由此求出

$$F_R = \alpha_l EA \Delta T$$

杆内的温度应力为

$$\sigma_T = \frac{F_R}{A} = \alpha_l E \Delta T \tag{l}$$

温度增高时，σ_T 是压应力；温度降低时，σ_T 是拉应力。

若杆是碳钢制成的，碳钢的线胀系数 $\alpha_l = 12.5\times10^{-6}\ ℃^{-1}$，弹性模量 $E = 200$ GPa，当温度增加 $\Delta T = 50$ ℃ 时

$$\sigma_T = \alpha_l E \Delta T = (12.5\times10^{-6}\ ℃^{-1})\times(200\times10^3\ \text{MPa})\times(50\ ℃) = 125\ \text{MPa} \tag{m}$$

这是相当高的温度应力，在工程设计中不容忽视。

为了避免产生过高的温度应力，高温高压蒸汽管道通常采用自然补偿和补偿器补偿两种方式，自然补偿是利用弯头形成π型、Z 型、L 型管段(图2.29)进行补偿，补偿器补偿比较常用的有旋转补偿器、波纹管补偿器(图 2.30)等，这些补偿方法可以起到降低温度应力的效果。

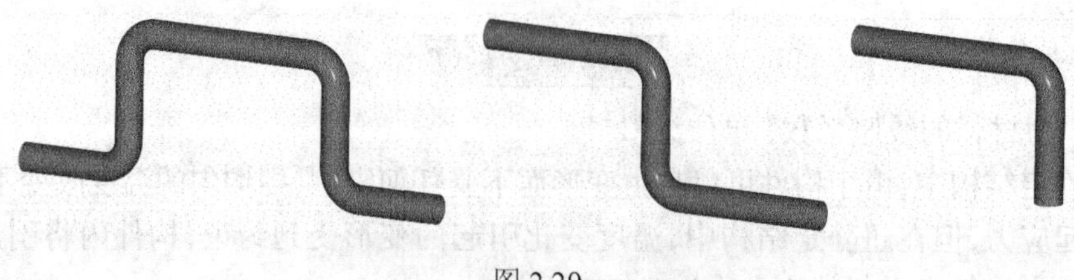

图 2.29

图 2.30

混凝土道路浇灌后，用介路机切出伸缩缝，然后在伸缩缝内灌沥青；铺地砖最好留 2 mm 左右的伸缩缝，之后用勾缝剂勾缝；沿建筑物长度方向每隔一定距离预留伸缩缝。以上例子中留置的伸缩缝，可以削弱对膨胀构件的约束，从而有效降低温度应力。

例 2.9 如图 2.31(a) 所示结构中，A 处为水平可动铰。已知杆 1、2 的横截面面积均为 1 000 mm^2，线胀系数 $\alpha_l = 12 \times 10^{-6}$ ℃$^{-1}$，弹性模量 $E = 200$ GPa。若杆 1 的温度升高 30 ℃，而杆 2 的温度不变，试求两杆横截面上的应力。

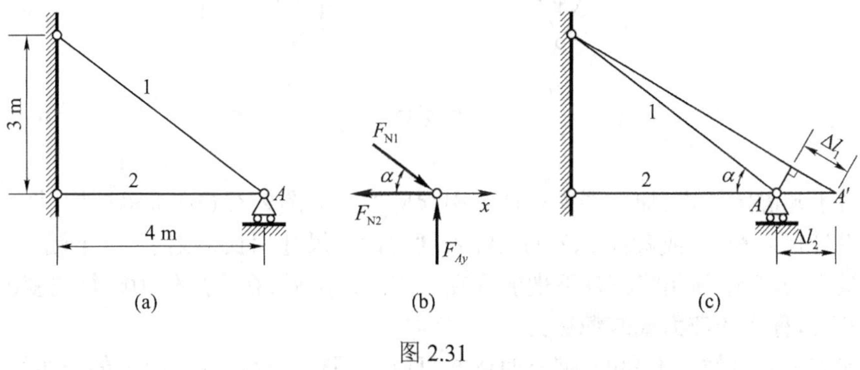

图 2.31

解： 杆 1 受压，设压力为 F_{N1}；杆 2 受拉，设拉力为 F_{N2}。节点 A 受力如图 2.31(b) 所示，由平衡方程 $\sum F_x = 0$，得

$$F_{N1}\cos\alpha - F_{N2} = 0 \quad 即 \quad F_{N2} = \frac{4}{5}F_{N1} \tag{n}$$

从图 2.31(c) 可以看出，变形协调条件为

$$\Delta l_1 = \Delta l_2 \cos\alpha$$

即

$$\alpha_l l_1 \Delta T - \frac{F_{N1} l_1}{EA} = \frac{F_{N2} l_2}{EA} \times \frac{4}{5}$$

$$25F_{N1} + 16F_{N2} = 1\ 800\ \text{kN} \tag{o}$$

联立求解式(n)、式(o)，得

$$F_{N1} = \frac{1\,000}{21}\ \text{kN} = 47.6\ \text{kN}\ (\text{压})$$

$$F_{N2} = \frac{800}{21}\ \text{kN} = 38.1\ \text{kN}\ (\text{拉})$$

杆 1、2 横截面上的应力分别为

$$\sigma_1 = \frac{F_{N1}}{A} = \frac{47.6 \times 10^3\ \text{N}}{1\,000\ \text{mm}^2} = 47.6\ \text{MPa}\ (\text{压})$$

$$\sigma_2 = \frac{F_{N2}}{A} = \frac{38.1 \times 10^3\ \text{N}}{1\,000\ \text{mm}^2} = 38.1\ \text{MPa}\ (\text{拉})$$

2.8.3　装配应力

构件在加工制造过程中，尺寸上难免存在微小误差。对于静定结构，构件的加工误差不会引起应力。如图 2.32(a)所示结构，如果杆 1 的实际长度比设计尺寸稍短，装配时两杆下端仍可自由连接。装配后，虽然结构几何形状发生微小变化，但杆内并不产生应力。

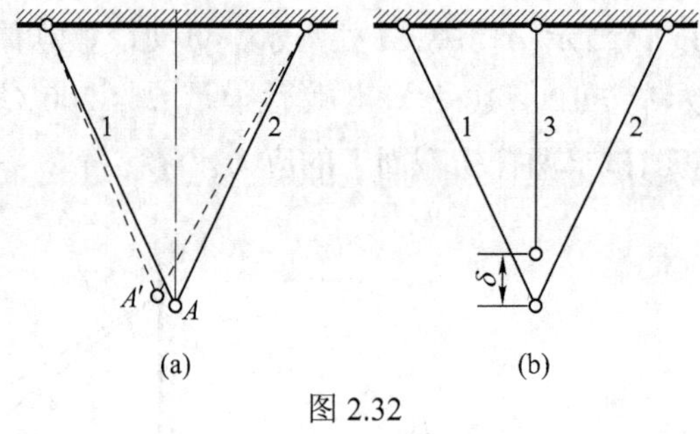

图 2.32

但对于超静定结构，加工误差往往会引起应力。如图 2.32(b)所示结构，杆 3 的实际长度比设计尺寸稍短，或者杆 1、2 的实际长度比设计尺寸稍长，致使杆 3 下端与杆 1、2 下端相差微小距离 δ，强制将三杆下端装配在一起。装配后，在未加外力时杆内就已存在应力，这种应力称为**预应力**或**装配应力**。

装配应力有时候是不利的，但有时候却可以利用它来改善构件内力的分布情况，而变得有利（如预应力钢筋混凝土梁）。

装配应力的计算方法，用一简单的例题加以说明。

例 2.10　如图 2.33(a)所示的杆系结构，三杆材料相同，弹性模量均为 E，横截面面积均为 A。杆 3 较设计长度短了 δ。求装配后

（1）三杆内的装配应力；

（2）如果 $E = 200\ \text{GPa}$，$\delta = \dfrac{l}{2\,000}$，$\theta = 30°$ 时三杆的装配应力值。

解：（1）设三杆下端连接后位于 A' 点[图 2.33(b)]。杆 1、2 受压，设压力分别为 F_{N1} 和 F_{N2}；杆 3 受拉，设拉力为 F_{N3}。由平衡条件可得

$$\left.\begin{aligned} F_{N1} &= F_{N2} \\ F_{N3} &= 2F_{N1}\cos\theta \end{aligned}\right\} \tag{p}$$

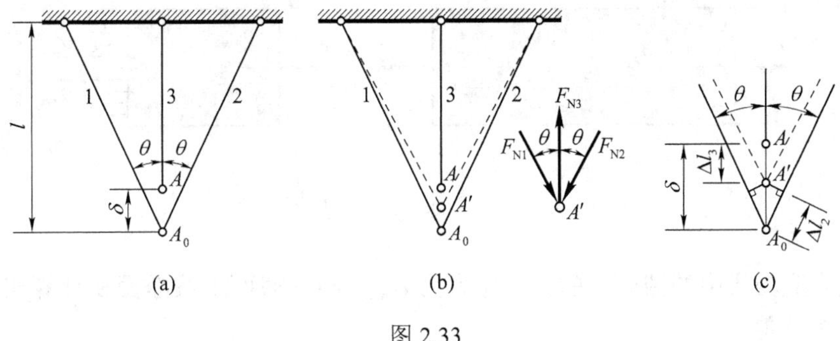

图 2.33

从图 2.33(c)可见，$\overline{AA'} = \Delta l_3$，$\overline{A_0A'} = \dfrac{\Delta l_2}{\cos\theta}$，$\overline{AA_0} = \delta$，故变形协调方程为

$$\Delta l_3 + \frac{\Delta l_2}{\cos\theta} = \delta \tag{q}$$

将胡克定律(注意:杆 3 的长度近似为 l)

$$\Delta l_3 = \frac{F_{N3}l}{EA}, \quad \Delta l_2 = \frac{F_{N2}l}{EA\cos\theta}$$

代入变形协调方程(q)，便得到补充方程

$$\frac{F_{N3}l}{EA} + \frac{F_{N2}l}{EA\cos^2\theta} = \delta \tag{r}$$

联立求解静力平衡方程(p)和补充方程(r)，得

$$F_{N1} = F_{N2} = \frac{EA\cos^2\theta}{1+2\cos^3\theta}\frac{\delta}{l}\ (\text{压}), \quad F_{N3} = \frac{2EA\cos^3\theta}{1+2\cos^3\theta}\frac{\delta}{l}\ (\text{拉})$$

三杆内的装配应力分别为

$$\sigma_1 = \sigma_2 = \frac{E\cos^2\theta}{1+2\cos^3\theta}\frac{\delta}{l}\ (\text{压}), \quad \sigma_3 = \frac{2E\cos^3\theta}{1+2\cos^3\theta}\frac{\delta}{l}\ (\text{拉}) \tag{s}$$

(2) 将 $E=200$ GPa，$\delta = \dfrac{l}{2\ 000}$，$\theta = 30°$ 代入式(s)，得

$$\sigma_1 = \sigma_2 = 32.6\ \text{MPa}\ (\text{压}), \quad \sigma_3 = 56.5\ \text{MPa}\ (\text{拉})$$

2.9 应力集中的概念

等截面直杆受轴向拉压时，横截面的正应力是均匀分布的。由于实际需要，工程中的一些构件带有切口、切槽、油孔、螺纹、轴肩等，以至在这些部位上截面尺寸发生突然变化。试验结果和理论分析表明，在构件尺寸突然发生改变处的横截面上，应力不再是均匀分布的。如图2.34(a) 所示为开有圆孔的受拉板条，圆孔处截面 $m—m$ 上的应力分布如图2.34(b) 所示，在圆孔附近的局部区域内，应力将急剧增大，最大应力 σ_{max} 显著超过该截面上的平均应力，但在离开圆孔稍远处，应力就迅速降低而趋于均匀。因构件外形突然变化而引起的局部应力急剧增大的现象，称为**应力集中**。

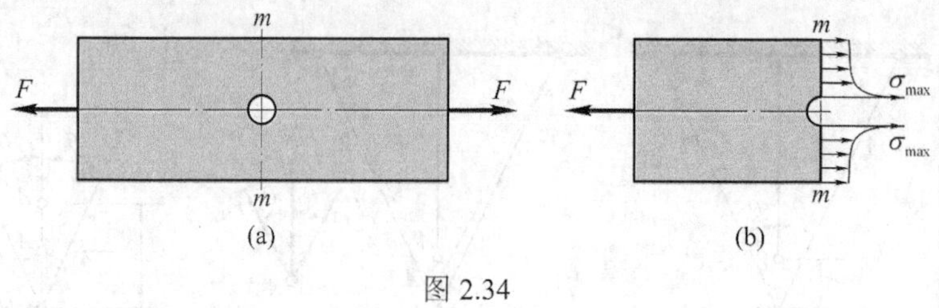

图 2.34

设发生应力集中的截面上的最大应力为 σ_{max}，同一截面上按净面积计算出的平均应力为 σ_0，则比值

$$K = \frac{\sigma_{max}}{\sigma_0} \tag{2.14}$$

称为**理论应力集中因数**，它反映了应力集中的程度，其值大于1。实验结果表明，截面尺寸改变得越急剧、角越尖、孔越小，应力集中的程度就越严重，理论应力集中因数 K 值就越大。因此，应尽可能地避免带尖角的孔和槽，在尖角处用圆弧过渡，圆弧半径尽可能大一些。对于工程上的大多数典型构件，理论应力集中因数 K 的值可由有关的手册查到。

各种材料对应力集中的敏感程度并不相同。由塑性材料制成的构件，应力集中处的最大应力 σ_{max} 达到屈服极限 σ_s 时，该处材料可发生流动，变形可以继续增加，而应力却不再增大。例如，外力继续增加，增加的力就由尚未屈服的材料来承担，以致屈服区域不断扩大，应力分布逐渐趋于均匀化。因此，用塑性材料制成的构件在静载作用下，可以不考虑应力集中的影响，但脆性材料没有屈服阶段，随着载荷的增加，应力集中处的最大应力 σ_{max} 一直领先，当达到强度极限 σ_b 时，该处首先出现裂纹，随着裂纹的发展，应力集中程度加剧，最终导致构件发生破坏。所以，对脆性材料制成的构件，应考虑应力集中的影响。

当构件受周期性变化的载荷或冲击载荷作用时，无论是塑性材料还是脆性材料，都必须考虑应力集中的影响。

2.10 剪切和挤压的实用计算

现以钢筋受剪为例[图2.35(a)]介绍剪切的概念。钢筋受到上、下两个刀刃的力 F 的作用，这两个力是大小相等、方向相反、作用线靠得很近的横向力，杆在 $m—m$ 截面左、右的两部分将沿着力的作用方向发生相对错动[图2.35(b)]。当力 F 增加到某一极限值时，钢筋将沿 $m—m$ 被剪断。构件在一对大小相等、方向相反、作用线靠得很近的外力作用下，截面沿着力的作用方向发生相对错动的变形，称为**剪切变形**。产生相对错动的截面 $m—m$ 称为剪切面。它位于方向相反的两个外力作用线之间，且平行于外力作用线。

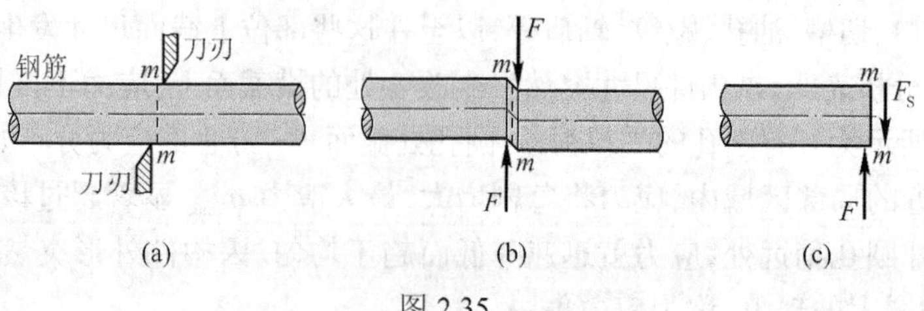

图 2.35

为求如图 2.35(a)所示钢筋剪切面 $m—m$ 上的内力，按截面法用截面 $m—m$ 假想把杆分成两部分，取左段[图 2.35(c)]研究，$m—m$ 截面上的内力与截面相切，称为**剪力**(shearing force)，用 F_S 表示。由平衡方程易得

$$F_S = F$$

在工程实际中，构件与构件之间通常采用销钉、铆钉、螺栓和键等连接，以实现力和运动的传递，其连接件(销钉、铆钉、螺栓和键等)都是主要承受剪切的构件。例如，连接两块钢板的螺栓(图 2.36)，其剪切面 $m—m$ 上的剪力 $F_S = F$。

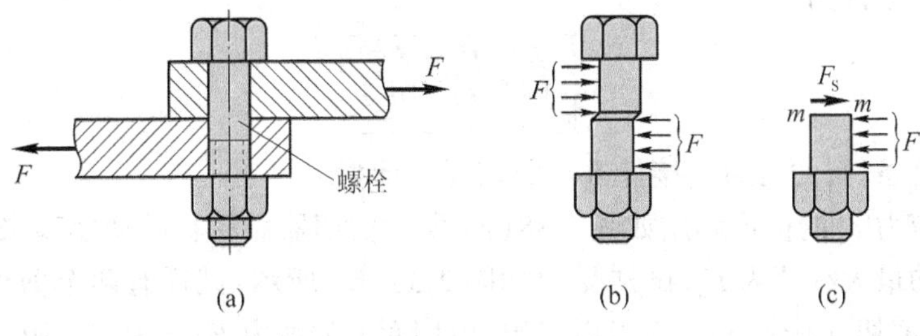

图 2.36

再如，考察连接轴与轮的键[图 2.37(a)]，作用于轴和轮上的驱动力偶和阻抗力偶大小相等、方向相反，键的受力如图 2.37(b)所示，作用于键左右两个侧面上的力使键的上下两部分沿 $m—m$ 截面发生左右相对错动。如图 2.37(c)所示部分的平衡方程易得，剪切面 $m—m$ 上的剪力 $F_S = F$。

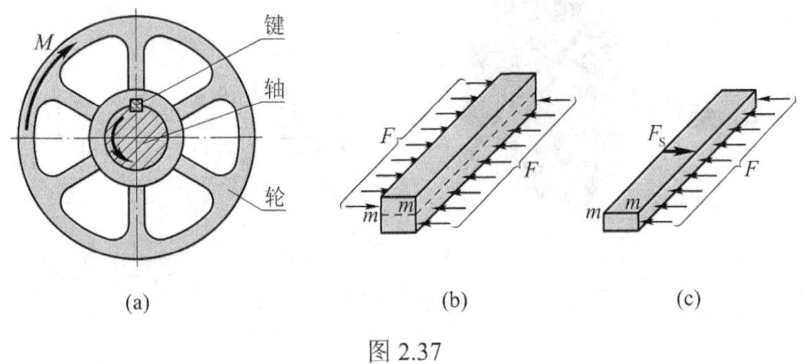

图 2.37

在外力作用下连接件可能发生的破坏形式有两种：一是沿两力间的剪切面被剪断，这种破坏形式称为剪切破坏；二是在连接件与被连接件之间的接触面上因挤压发生显著的塑性变形，这种破坏形式称为挤压破坏。

连接件的应力分布情况相当复杂，要进行精确的理论分析是很困难的，甚至是不可能的。因此在工程中通常采用“实用计算”方法。这种方法有两方面的含义：一方面，假设在受力面上应力均匀分布，并按此假设计算出相应的“名义应力”，它实际上是受力面上的平均应力；另一方面，对同类连接件进行破坏试验，用同样的计算方法由破坏载荷计算出极限应力，并将此极限应力除以大于 1 的安全因数，就得到该材料的许用应力，从而可对连接件进行强度计算。

2.10.1 剪切的实用计算

假设剪切面上的切应力均匀分布，按此假设计算出的平均切应力称为名义切应力，简称切应力，其计算式为

$$\tau = \frac{F_S}{A} \tag{2.15}$$

式中，F_S 为剪切面上的剪力；A 为剪切面面积。

剪切强度条件为

$$\tau = \frac{F_S}{A} \leqslant [\tau] \tag{2.16}$$

根据以上强度条件，便可对连接件进行剪切强度计算。

许用切应力$[\tau]$的值可利用如图 2.38（a）所示剪切器做材料剪切实验来确定。若剪断试样所施加的最大载荷为 F_u，试样受力如图 2.38（b）所示，试样有两个剪切面 $m—m$ 和 $n—n$，称为双剪切。由图2.38（c）可以看出，剪切面上的剪力 $F_S = F_u/2$，用式(2.15）计算出极限切应力，将极限切应力除以大于 1 的安全因数，得许用切应力$[\tau]$。

许用切应力$[\tau]$的值也可从有关设计手册中查得。

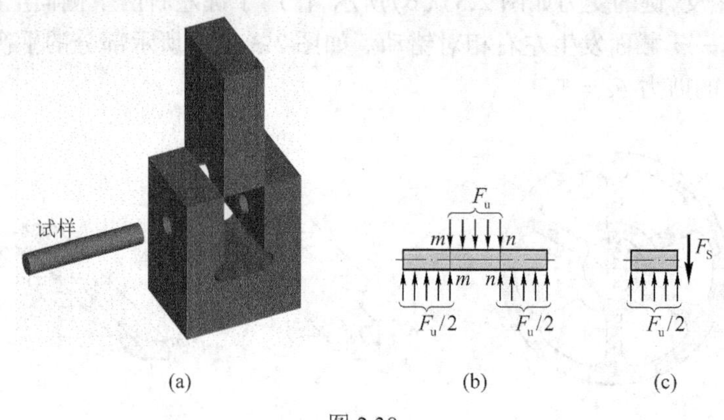

图 2.38

例 2.11 如图 2.39（a）所示一悬臂梁与立柱用 A、B、C、D 四个螺栓连接。已知螺栓对称分布在直径 $D = 200$ mm 的圆周上，螺栓直径 $d = 8$ mm，$l = 0.5$ m，载荷 $F = 4$ kN 与立柱轴线平行。试求 A、B、C、D 四个螺栓的切应力。

解：将力 F 平移到螺栓群的中心 O，得一力 F 和一力偶 M[图 2.39（b）]

$$F = 4\ \text{kN}, \quad M = Fl = 2\ \text{kN·m}$$

力 F 引起的四个螺栓的剪力为

$$F_{S1} = \frac{F}{4} = 1\ \text{kN}$$

力偶 M 引起的四个螺栓的剪力可由式

$$2F_{S2} \cdot D = M$$

求得

$$F_{S2} = \frac{M}{2D} = \frac{2\ \text{kN}\cdot\text{m}}{2 \times (0.2\ \text{m})} = 5\ \text{kN}$$

四个螺栓的截面面积为

$$A = \frac{\pi d^2}{4} = \frac{\pi \times (8\ \text{mm})^2}{4} = 50.3\ \text{mm}^2$$

四个螺栓的剪力分别为

$$F_{SA} = F_{S2} - F_{S1} = (5\ \text{kN}) - (1\ \text{kN}) = 4\ \text{kN}$$

$$F_{SB} = F_{SD} = \sqrt{F_{S1}^2 + F_{S2}^2} = \sqrt{(1\ \text{kN})^2 + (5\ \text{kN})^2} = 5.1\ \text{kN}$$

$$F_{SC} = F_{S2} + F_{S1} = (5\ \text{kN}) + (1\ \text{kN}) = 6\ \text{kN}$$

四个螺栓的切应力分别为

$$\tau_A = \frac{F_{SA}}{A} = \frac{4 \times 10^3\ \text{N}}{50.3\ \text{mm}^2} = 79.5\ \text{MPa}$$

$$\tau_B = \tau_D = \frac{F_{SB}}{A} = \frac{5.1 \times 10^3\ \text{N}}{50.3\ \text{mm}^2} = 101\ \text{MPa}$$

$$\tau_C = \frac{F_{SC}}{A} = \frac{6 \times 10^3\ \text{N}}{50.3\ \text{mm}^2} = 119\ \text{MPa}$$

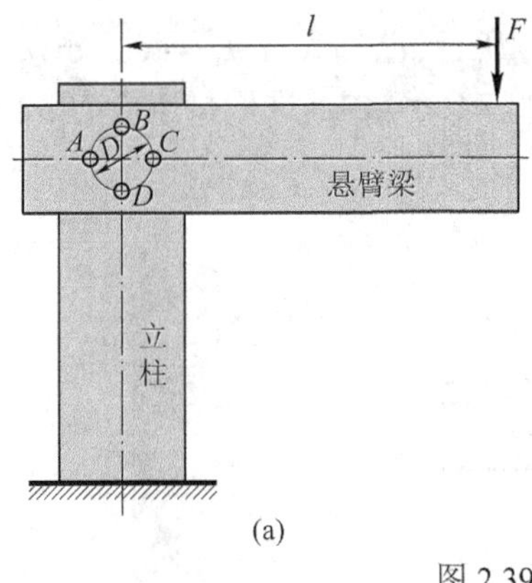

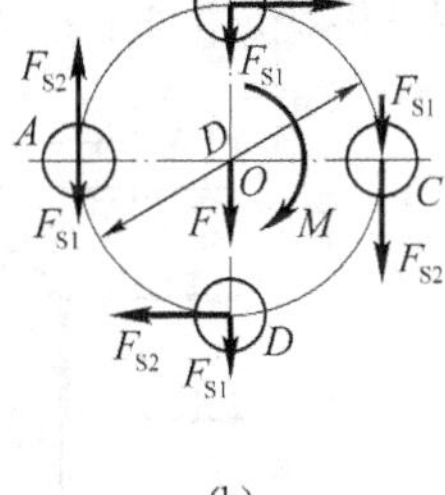

图 2.39

2.10.2 挤压的实用计算

图 2.36 中，螺栓与钢板在接触面上发生彼此之间的局部受压现象，称为**挤压**。相互接触面称为**挤压面**，挤压面上的压力称为**挤压力**，用 F_{bs} 表示。挤压面上的应力称为**挤压应力**，用 σ_{bs} 表示。如果挤压应力过大，挤压面则产生显著的塑性变形，从而导致连接松动，影响正常工作甚至失效。挤压应力在挤压面上的分布情况也很复杂，实用计算中假定挤压应力在挤压计算面积上均匀分布，则

$$\sigma_{bs} = \frac{F_{bs}}{A_{bs}} \tag{2.17}$$

式中，A_{bs} 称为**挤压计算面积**。如果挤压面为平面[如图 2.37(b)所示键的挤压面]，则 A_{bs} 就

等于此平面的面积；如果挤压面为圆柱面，如图2.36(b)所示螺栓的挤压面，挤压应力的分布情况大致如图2.40(a)所示，A_{bs} 取为挤压面在直径面上的投影面面积 δd［图2.40(b)中阴影部分的面积］。这样根据式(2.17)计算出的挤压应力与实际最大应力接近。

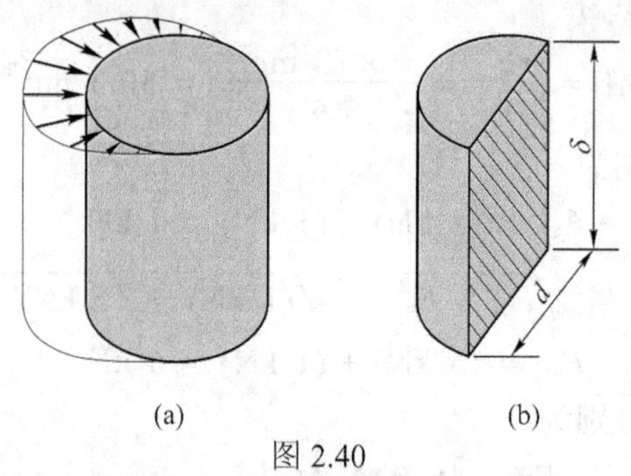

图 2.40

挤压强度条件为

$$\sigma_{bs}=\frac{F_{bs}}{A_{bs}}\leqslant[\sigma_{bs}] \tag{2.18}$$

式中，$[\sigma_{bs}]$ 为材料的许用挤压应力，其数值由试验确定，设计时可查有关手册。

例2.12 拉杆头部尺寸如图2.41(a)所示，已知直径 $D=40$ mm，$d=20$ mm，高度 $h=14$ mm，拉力 $F=60$ kN，许用切应力$[\tau]=100$ MPa，许用挤压应力$[\sigma_{bs}]=100$ MPa。试校核拉杆头部的强度。

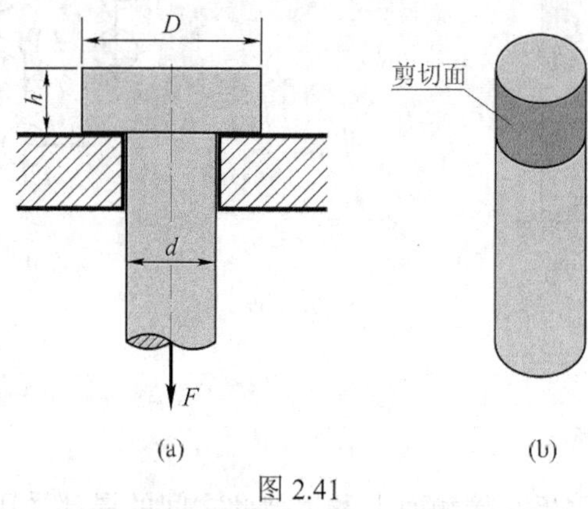

图 2.41

解：剪切面是直径为 d，高为 h 的圆柱面［图2.41(b)］，切应力

$$\tau=\frac{F_S}{A}=\frac{F}{\pi dh}=\frac{60\times10^3\ \text{N}}{\pi\times20\times14\ \text{mm}^2}=68.2\ \text{MPa}<[\tau]$$

挤压面是外径为 D，内径为 d 的圆环，挤压应力

$$\sigma_{bs}=\frac{F_{bs}}{A_{bs}}=\frac{F}{\frac{\pi(D^2-d^2)}{4}}=\frac{60\times10^3\ \text{N}}{\frac{\pi(40^2-20^2)}{4}\ \text{mm}^2}=63.7\ \text{MPa}<[\sigma_{bs}]$$

可见，拉杆头部满足剪切强度条件和挤压强度条件，安全。

习 题

习题提示

典型考题

1. 试求图示各杆1—1、2—2、3—3截面上的轴力，并画出轴力图。

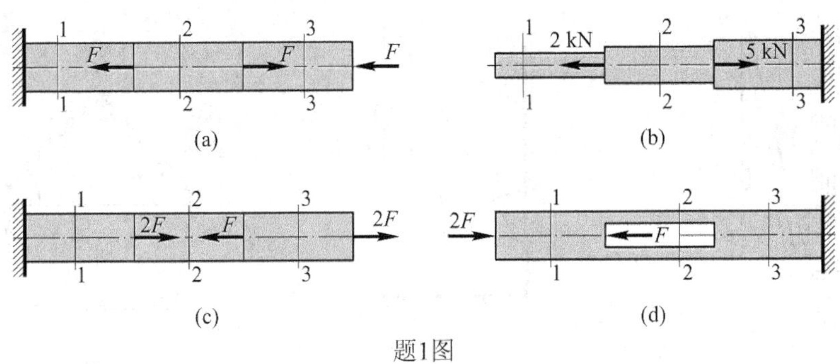

题1图

2. 图示杆的各段横截面面积分别为：$A_1=200\ \text{mm}^2$，$A_2=300\ \text{mm}^2$，$A_3=400\ \text{mm}^2$。试求杆1—1、2—2、3—3截面上的正应力。

3. 图示一承受轴向拉力$F=10$ kN的等直杆，已知杆的横截面面积$A=100\ \text{mm}^2$。试求在$\alpha=0°$、$30°$、$45°$、$60°$、$90°$的各斜截面上的正应力和切应力。

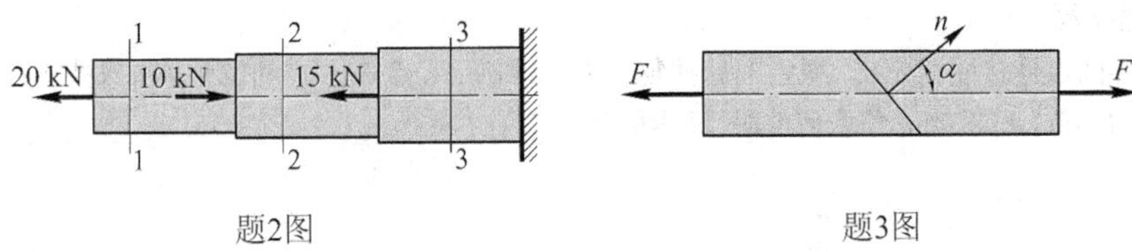

题2图　　题3图

4. 图示结构中，CD为圆截面杆，材料的许用应力$[\sigma]=160$ MPa，铅垂载荷$F=20$ kN。试选择杆CD的直径d。

5. 图示桁架的各杆都是由两根等边角钢所组成。已知$F=220$ kN，角钢的材料为Q235钢，其许用应力$[\sigma]=170$ MPa。试为杆AC和CD选择所需角钢的型号。

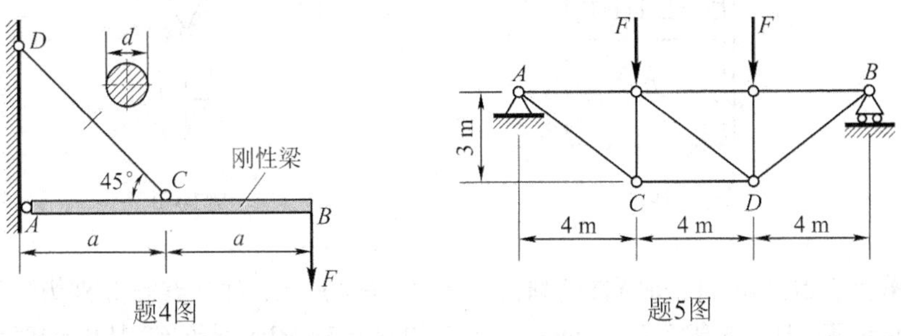

题4图　　题5图

6. 一桅杆起重机如图所示，起重杆AB为一钢管，其外径$D=20$ mm，内径$d=18$ mm；钢绳CB的横截面面积为$10\ \text{mm}^2$，已知起吊物重$P=2$ kN。试计算起重杆和钢丝绳的应力。

7. 图示起重架，杆1为钢杆，直径$d_1=30$ mm，许用拉应力$[\sigma_t]=150$ MPa；杆2为铸铁杆，直径$d_2=40$ mm，许用压应力$[\sigma_c]=100$ MPa。试求起重架的最大起吊重P。

8. 如图所示，用绳索吊运一重 $P=20$ kN 的重物。设绳索的横截面面积 $A=1\ 260$ mm^2，许用应力$[\sigma]=10$ MPa，试问：

（1）当 $\alpha=45°$ 时，绳索强度是否够？

（2）如改为 $\alpha=60°$，再校核绳索的强度。

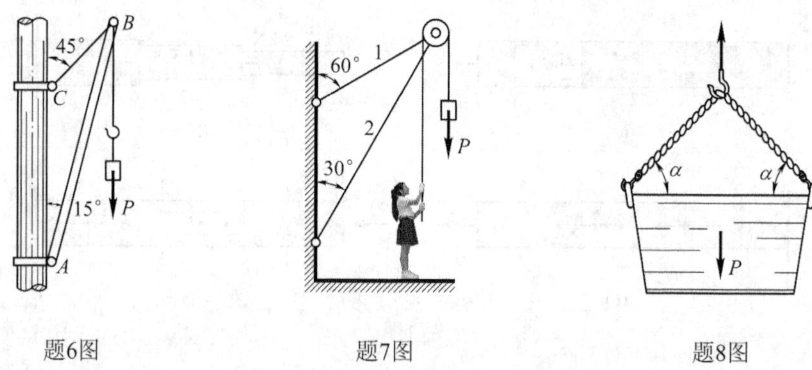

题6图　　题7图　　题8图

9. 图示气缸，内径 $D=560$ mm，气缸内的气体压强 $p=2.5$ MPa，活塞杆直径 $d=100$ mm，所用材料的屈服极限 $\sigma_s=300$ MPa。

（1）试求活塞杆的正应力和工作安全因数；

（2）若连接气缸与气缸盖的螺栓直径 $d_1=30$ mm，螺栓所用材料的许用应力$[\sigma]=60$ MPa。试求所需的螺栓数。

10. 在 B 和 C 两点连接绳索 BAC，绳索上悬挂物重 P，如图所示。点 B、C 之间的距离 a 保持不变，绳索的许用拉应力为$[\sigma]$。试求当 θ 角取何值时，绳索的用料最省？

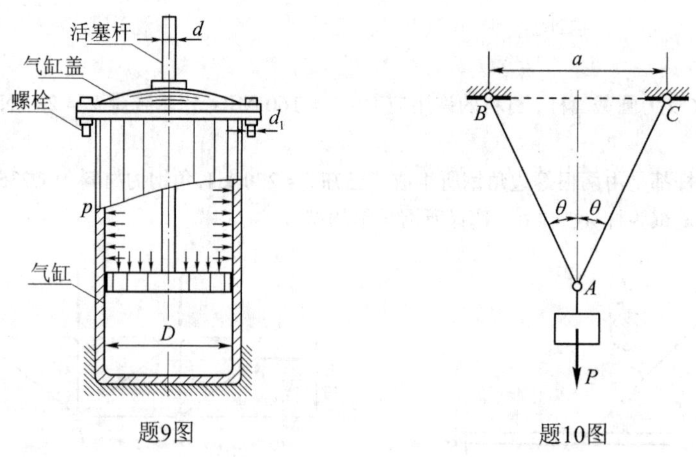

题9图　　题10图

11. 图示汽车离合器踏板，已知踏板受到的压力 $F_1=400$ N，杠杆臂长分别为 $a=330$ mm，$b=55$ mm。若拉杆 1 的直径 $d=9$ mm，许用应力$[\sigma]=50$ MPa 试校核拉杆1的强度。

12. 某拉伸试验机的结构示意图如图所示。设试验机的杆 CD 与试样 AB 的材料同为低碳钢，其 $\sigma_p=200$ MPa，$\sigma_s=240$ MPa，$\sigma_b=400$ MPa。试验机最大拉力为 100 kN。

（1）用这一试验机作拉断试验时，试样直径最大可达多大？

（2）若设计时取试验机的安全因数 $n=2$，则杆 CD 的横截面面积为多大？

（3）若试样直径 $d=10$ mm，今欲测弹性模量 E，则所加载荷最大不能超过多少？

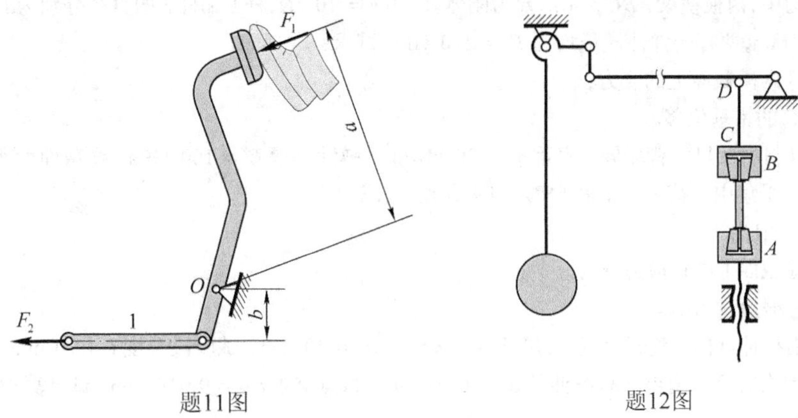

题11图　　题12图

13. 将壁厚为 10 mm 的钢箍，在烘热情况下套装到外径为 400 mm、厚度为 20 mm 的铸铁环上，如图所示。当冷却至常温时，在钢箍中产生了 10 MPa 的拉应力。试求：

（1）在铸铁环中产生的压应力；

（2）钢箍与铸铁环接触表面上的接触应力。

14. 图示结构，杆1和杆2的材料相同，且拉、压许用应力都等于[σ]，已知载荷F，杆1的长度l。为使结构的用料最省，试求夹角 α 的最佳值。

15. 图示一长为l，横截面面积为A的等截面直杆，质量密度为ρ，弹性模量为E，该杆铅垂悬挂。试求由自重引起的最大应力 σ_{max} 以及杆的总伸长 Δl。

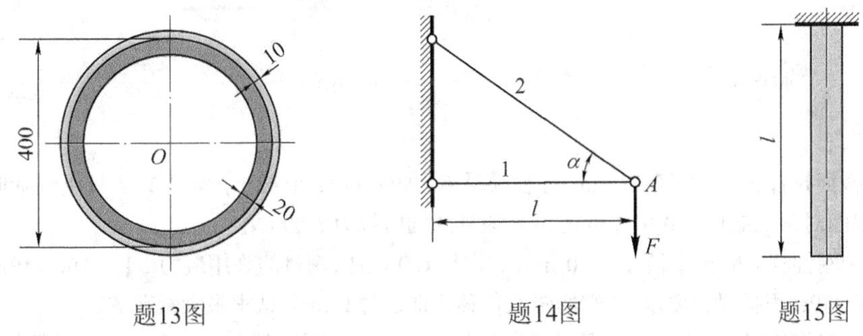

题13图　　题14图　　题15图

16. 图示结构，已知杆 1 的弹性模量为 E_1，长度为 l；杆 2 的弹性模量为 E_2，两杆的横截面面积均为 A，$\alpha = 30°$。试求 A 点的垂直位移。

17. 图示梯形板受轴向拉力 F的作用，已知板长为l，两端横截面的宽度分别为 b_1、b_2，厚度为δ，弹性模量为 E。试求板的伸长量。

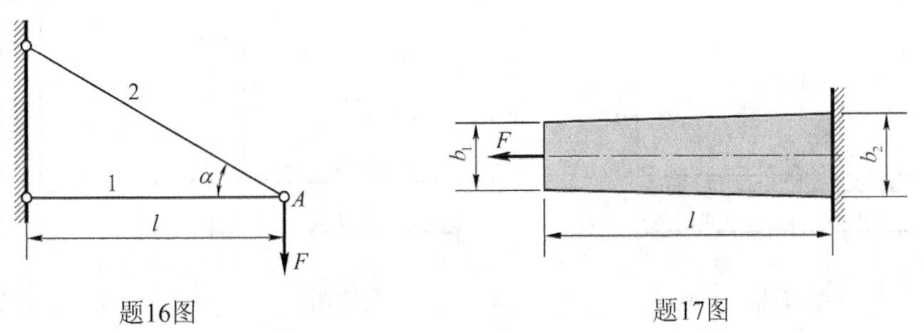

题16图　　题17图

18. 图示结构中，两根横梁 ABC 及 CD 皆为刚体。已知 $F = 10$ kN，杆 1 和杆 2 的直径分别为 $d_1 = 10$ mm，$d_2 = 20$ mm，两杆的弹性模量均为 $E = 210$ GPa。试求：
   (1) 两杆内横截面上的应力；
   (2) 铰 C 的铅垂位移。
19. 图示三杆材料及尺寸皆相同，容重 $\gamma = 20$ kN/m^3，弹性模量 $E = 100$ GPa，横截面面积 $A = 1$ m^2，$a = 1$ m，受集中载荷 $F = 100$ kN 及自重作用。要求：
   (1) 画轴力图；
   (2) 求底截面上的正应力 σ_B；
   (3) 求总缩短量 Δl_{AB}。
20. 图示硬铝拉伸试样，截面为矩形，尺寸 $h = 2$ mm，$b = 20$ mm，试验段长度 $l = 70$ mm。在轴向拉力 $F = 6$ kN 作用下，测得试验段伸长 $\Delta l = 0.15$ mm，板宽缩短 $\Delta b = 0.014$ mm。试计算硬铝的弹性模量 E 和泊松比 μ。

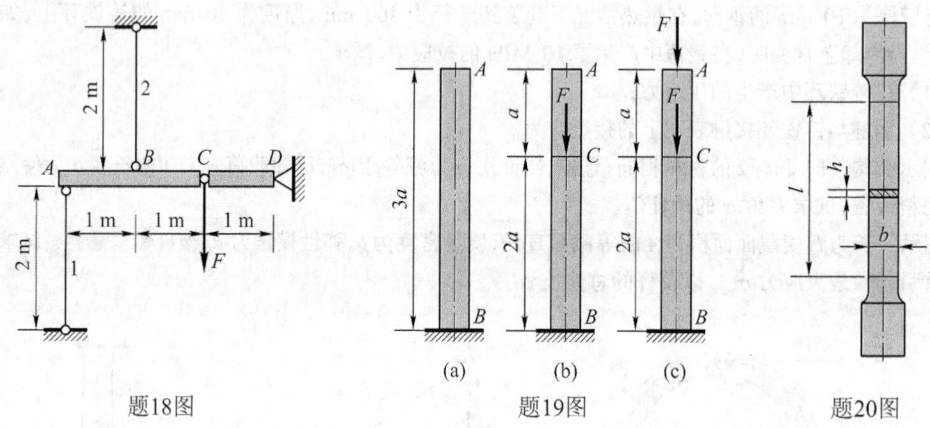

题18图　　题19图　　题20图

21. 正方形截面拉杆，边长为 $20\sqrt{2}$ mm，弹性模量 $E = 200$ GPa，泊松比 $\mu = 0.3$。当杆受到轴向拉力作用后，横截面对角线缩短了 0.012 mm。试求该杆的轴向拉力 F 的大小。
22. 图示水平刚性杆 AB，由直径 $d = 20$ mm 的钢杆 CD 拉住，钢材的许用应力 $[\sigma] = 160$ MPa，弹性模量 $E = 210$ GPa。根据设计要求，B 端的竖直位移不能超过 2 mm。试求最大载荷 F。
23. 图示两根粗细相同的钢杆 1、2 上悬挂着一刚性梁 AB，今在刚性梁上加一垂直力 F。若要使 AB 梁保持水平位置（不考虑梁自重），试求加力位置 x 与 F、l 之间的关系。
24. 设图示直杆材料为低碳钢，弹性模量 $E = 200$ GPa，杆的横截面面积为 $A = 500$ mm^2，杆长 $l = 1$ m，加轴向拉力 $F = 150$ kN，测得伸长 $\Delta l = 4$ mm。试求卸载后杆的残余变形。

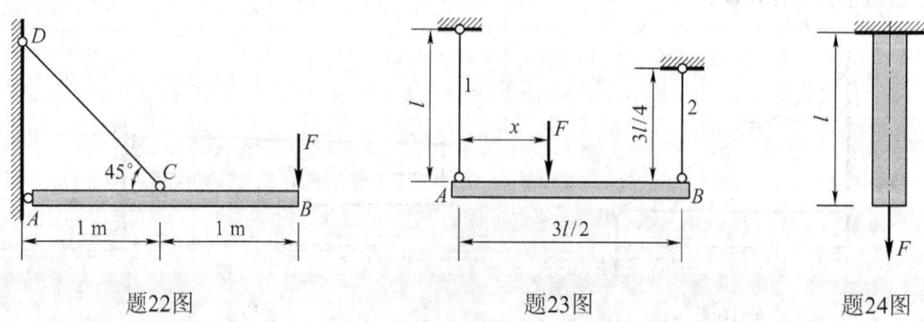

题22图　　题23图　　题24图

25. 图示结构中,若杆1、2的拉压刚度都等于 EA。试求节点 A 的水平位移和铅垂位移。

26. 图示拉杆沿斜截面 m—m 由两部分胶合而成。设在胶合面上许用拉应力$[\sigma] = 100$ MPa, 许用切应力$[\tau] = 50$ MPa。并设拉杆的拉力由胶合面的强度控制。试问:

(1) 为使杆件承受最大拉力 F, α 角的值应为多大?

(2) 若杆件横截面面积 $A = 400$ mm^2, 并规定 $\alpha \leqslant 60°$, 试确定许可载荷 F。

27. 图示结构,AB 为刚性梁,杆 1 和杆 2 的横截面面积均为 A,它们的许用应力分别为$[\sigma]_1$ 和$[\sigma]_2$,且$[\sigma]_1 = 2[\sigma]_2$。载荷 F 可沿梁 AB 移动,其移动范围为 $0 \leqslant x \leqslant l$。试求:

(1) 从强度方面考虑,当 x 为何值时,许可载荷$[F]$为最大,其最大值为多少?

(2) 该结构的许可载荷$[F]$多大?

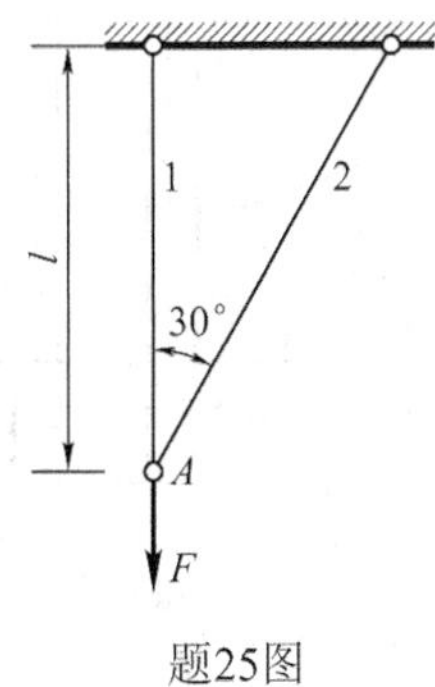

题25图

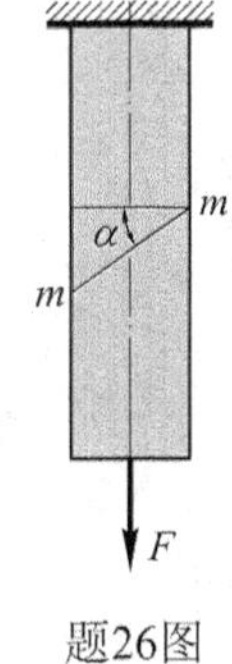

题26图

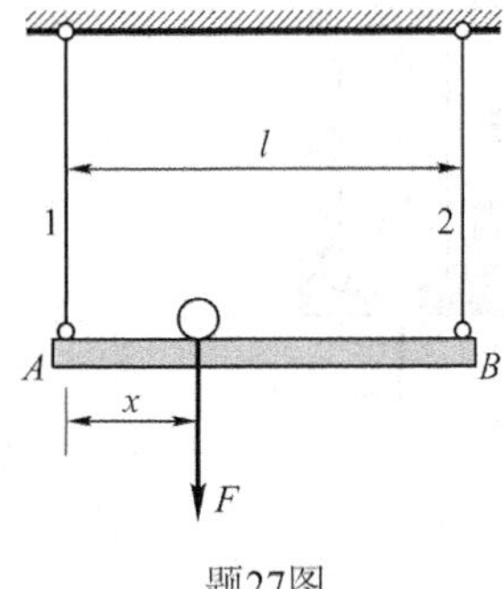

题27图

28. 图示结构中,杆1、2、3的拉压刚度均为EA。横梁AB为刚体,长为l,在其中点C受铅垂载荷F作用。试求点 C 的水平位移和铅垂位移。

29. 图示有一钢丝绳,预加初拉力20 kN后固定于A、B两点。在离点A高为h的C处作用向下的载荷$F =$ 30 kN。已知绳的横截面面积为A,材料的弹性模量为E,绳长为l,而且绳只能承受拉力。试求在 $h = l/4$ 和 $h = 3l/4$ 这两种情况下, AC 和 BC 两段绳内的轴力。

30. 一等截面摩擦木桩受力如图所示,摩擦力沿杆分布集度为$f = ky^2$,其中 k 为待定常数。忽略桩身自重。试求:

(1) 写出桩的轴力方程并画出轴力图;

(2) 设 $l = 10$ m, $F = 400$ kN, $A = 7 \times 10^4$ mm^2, $E = 10$ GPa, 试求桩的缩短量。

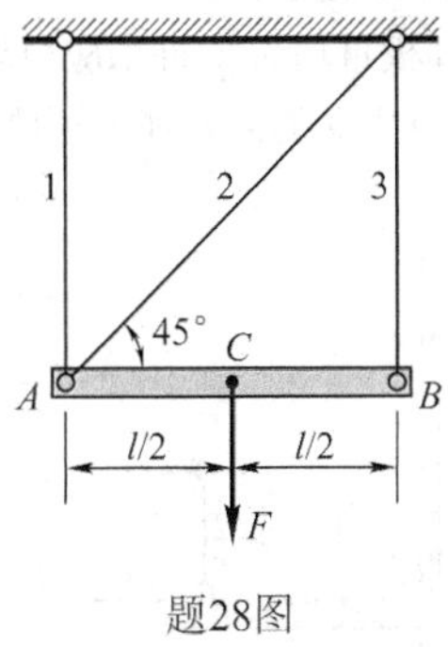

题28图

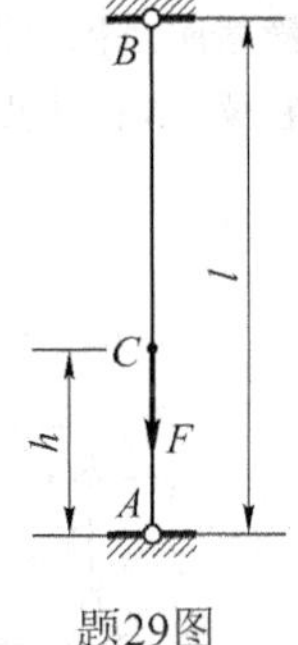

题29图

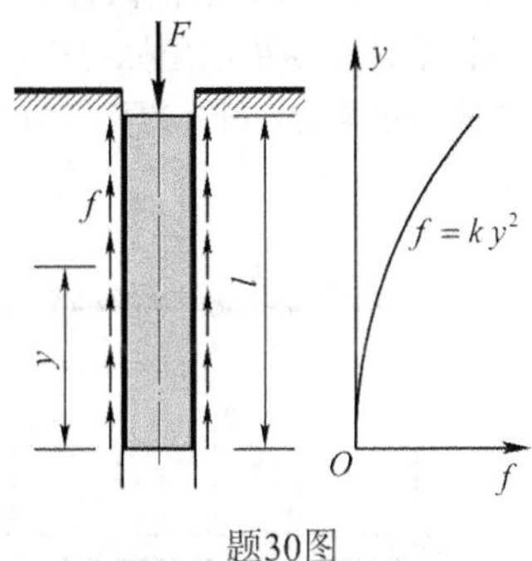

题30图

31. 如图所示,钢柱与铜管等长为 l,置于两刚性平板间,受轴向压力 F 作用。钢柱与铜管的横截面面积、弹性模量、线胀系数分别为 A_s、E_s、α_{ls} 及 A_c、E_c、α_{lc}。试导出系统所受载荷 F 仅由铜管承受时,所需增加的温度 ΔT(二者同时升温)。

32. 图示结构，杆1、2的长均为l，横截面面积均为A，其应力-应变关系曲线可用方程$\sigma^n = B\varepsilon$表示，其中n和B为由实验测定的已知常数。试求节点A的铅垂位移。

33. 如图所示，钢螺栓1穿过铜套管2。已知钢螺栓1的横截面面积$A_1 = 600\ \text{mm}^2$，弹性模量$E_1 = 200\ \text{GPa}$。铜套管2的横截面面积$A_2 = 1\ 200\ \text{mm}^2$，弹性模量$E_2 = 100\ \text{GPa}$，螺栓的螺距$s = 3\ \text{mm}$，$l = 750\ \text{mm}$。试求当螺母拧紧1/4圈时，钢螺栓和铜套管内的应力。

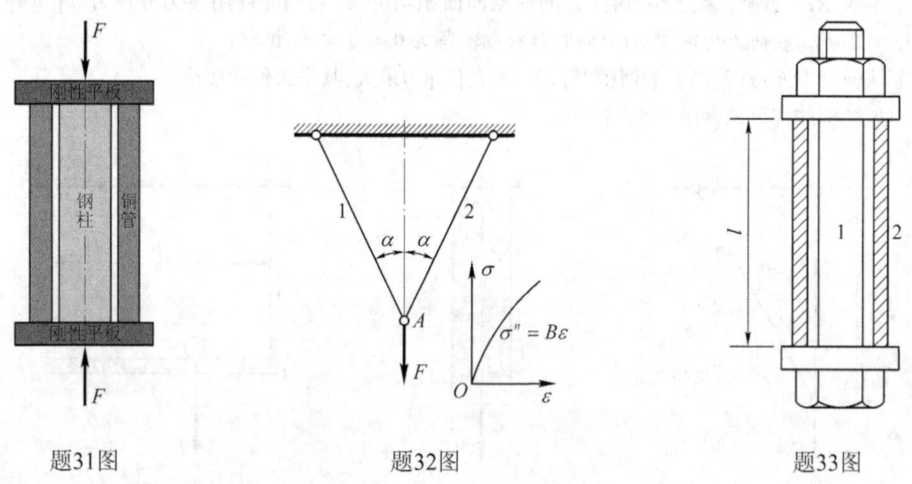

题31图　　题32图　　题33图

34. 图示两端固定的等直杆，受一对力F作用。试求A、B两端的约束力。

35. 图示两端固定的等直杆，受轴向载荷$2F$和F作用。试求各段杆中的轴力，并作杆的轴力图。

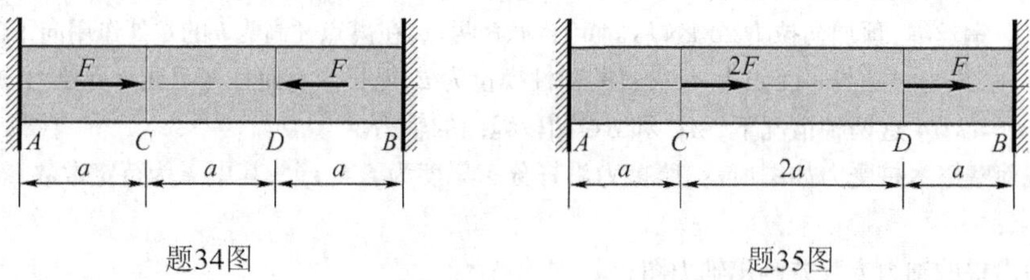

题34图　　题35图

36. 图示结构中，横梁AB为刚体，杆1、2、3的拉压刚度均为EA。试求三杆的轴力。

37. 图示结构中，横梁AB为刚体，已知杆1、2、3的横截面面积均为A，弹性模量均为E，许用应力均为$[\sigma]$。杆1、2的长度均为l，杆3的长度为$2l$。试求当在梁AB的中点作用铅垂方向的力F时，结构的许可载荷$[F]$。

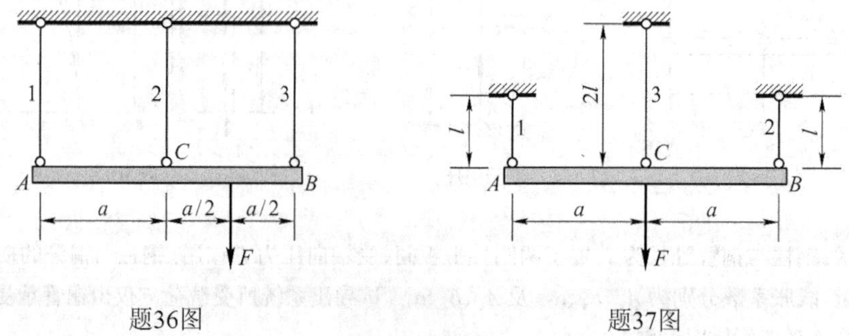

题36图　　题37图

38. 图示结构中，横梁 AB 为刚体，杆 1、2 为钢链杆。已知杆 1、2 的横截面面积分别为 $A_1 = 200\ \text{mm}^2$，$A_2 = 400\ \text{mm}^2$，钢材的许用应力 $[\sigma] = 160$ MPa。若在刚性梁 AB 上作用有均布载荷 $q = 30$ kN/m，试校核杆 1、2 的强度。

39. 横截面为 250 mm × 250 mm 的木柱，用四根与木柱同高的角钢（40 mm × 40 mm × 4 mm）在四周给以加固，如图所示。承受着由刚性平板均匀施加的压力 F。已知钢材的弹性模量 $E_钢 = 200$ GPa，许用应力 $[\sigma]_钢 = 160$ MPa；木材的弹性模量 $E_木 = 10$ GPa，许用应力 $[\sigma]_木 = 12$ MPa。试求：

（1）四根角钢所承受 F 力的百分数；

（2）许可载荷 $[F]$；

（3）为使木柱与角钢都达到许用应力，角钢应比木柱短多少？此时的许可载荷为多少？

40. 图示两根材料不同但横截面尺寸相同的杆件，同时固定连接于两端的刚性板上，且 $E_1 > E_2$。要使两杆的伸长量相等，试求拉力 F 的偏心距 e。

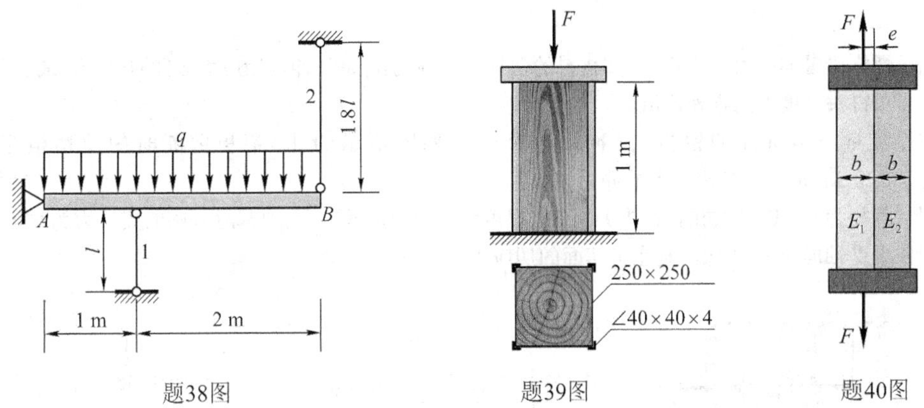

题38图　　题39图　　题40图

41. 图示刚性梁 AB 由钢杆 1、2、3 支承，钢杆的横截面面积均为 A，杆 2 的长度因加工误差而短了 $\delta = 5l/10^4$。已知钢的弹性模量 $E = 210$ GPa。试求装配后各杆的应力。

42. 图示结构中，直角三角形 ABC 为刚体，杆 1、2 的拉压刚度均为 EA。若在点 A 施加水平力 F，试求杆 1、2 的轴力 F_{N1} 和 F_{N2}。

43. 图示阶梯形钢杆，两段的横截面面积分别为 $A_1 = 500\ \text{mm}^2$，$A_2 = 1\ 000\ \text{mm}^2$，钢材的线胀系数 $\alpha_l = 12.5 \times 10^{-6}\ ℃^{-1}$，$E = 210$ GPa。在 $T_1 = 5$ ℃ 时将杆的两端固定，试求当温度升高到 $T_2 = 25$ ℃ 时，在杆各段中引起的温度应力。

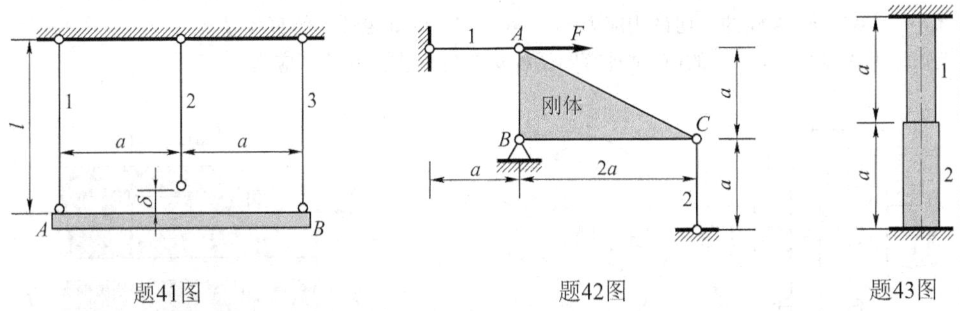

题41图　　题42图　　题43图

44. 图示杠杆机构中，螺栓的许用切应力 $[\tau] = 100$ MPa。试确定铰链 B 处螺栓的直径。

45. 测定材料剪切强度的剪切器，其示意图如图所示。设圆截面试样直径 $d = 15$ mm，当压力

$F = 31.5$ kN 时，试样被剪断。试求材料的名义剪切极限应力。若取剪切许用应力$[\tau] = 70$ MPa，试同安全因数等于多少？

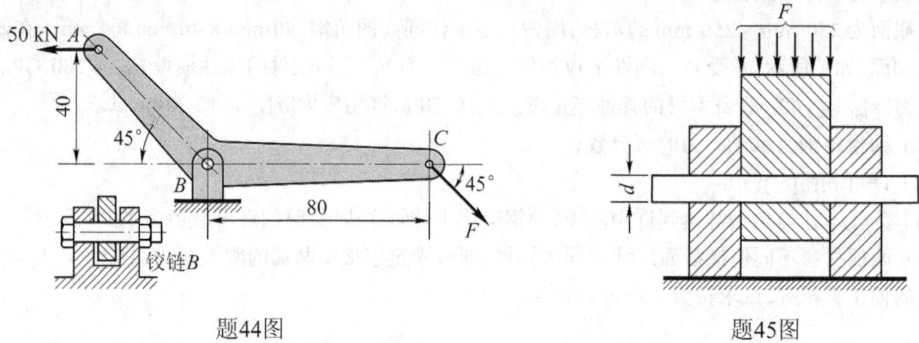

题44图　　题45图

46. 图示螺钉受轴向拉力 F 作用。已知材料的剪切许用应力$[\tau]$是拉伸许用应力$[\sigma]$的 0.6 倍。试求螺钉直径 d 与钉头高度 h 的合理比值。
47. 在厚度 $\delta = 6$ mm 的铝板上，冲出一个形状如图所示的孔，铝板剪断时的剪切极限应力 $\tau_u = 220$ MPa。试求冲床所需的冲力 F。
48. 图示直径为 d 的圆柱放在直径为 $D = 3d$，厚度为 δ 的圆形基座上，地基对基座的支反力为均匀分布，圆柱承受轴向压力 F。试求基座剪切面的切应力。

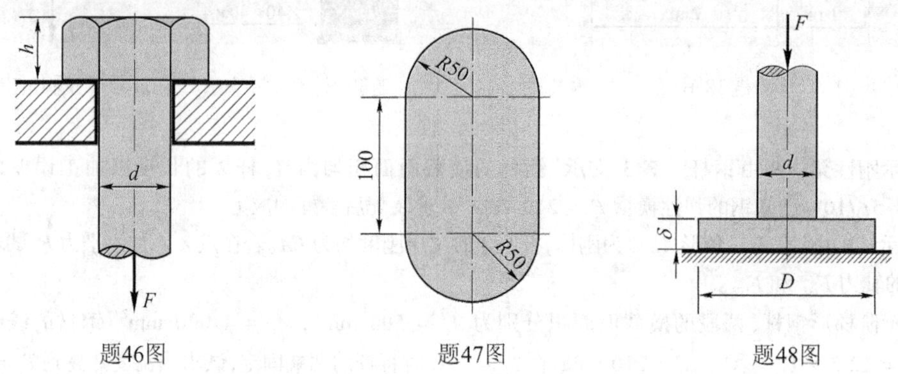

题46图　　题47图　　题48图

49. 图示联轴器用 4 个螺栓连接，4 个螺栓对称地分布在 $D = 480$ mm 的圆周上，联轴器传递的力偶矩 $M_e = 24$ kN·m，螺栓的剪切许用应力$[\tau] = 80$ MPa。试确定螺栓的直径 d。
50. 已知拉力 F 及尺寸 a、b、l 的值。试计算图示榫接头的切应力和挤压应力。

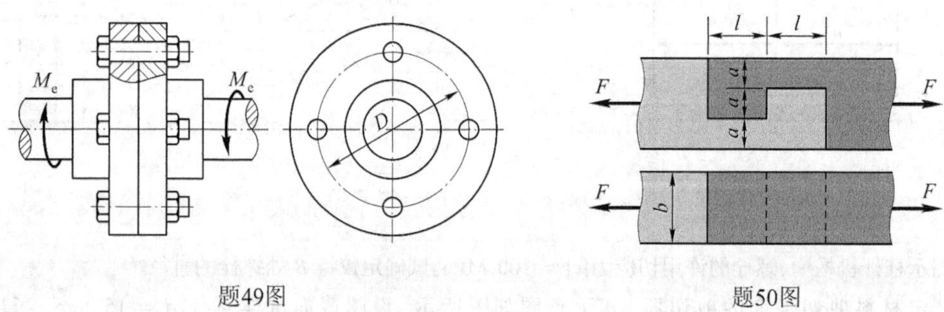

题49图　　题50图

51. 如图所示，用两个铆钉将 140 mm × 140 mm × 12 mm 的等边角钢铆接在立柱上，构成托架。已知 F = 30 kN，铆钉直径 d = 21 mm。试求铆钉的切应力和挤压应力。

52. 图示矩形板通过 A 和 B 两处的铆钉与横梁连接。已知水平力 F = 20 kN，铆钉 A 和 B 的直径均为 d = 20 mm。求铆钉的切应力。

53. 图示边长 a = 200 mm 的正方形截面混凝土柱，其基底为一边长 1 m 的正方形混凝土板。柱受轴向压力 F = 100 kN。假设地基对混凝土板的约束力为均匀分布，混凝土的许用切应力 $[\tau]$ = 1.5 MPa。试问使柱不致穿过混凝土板，板的最小厚度 δ 应是多少？

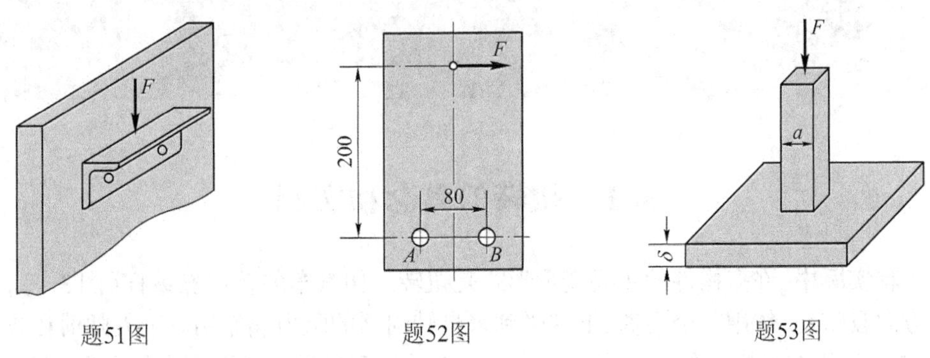

题51图　　题52图　　题53图

54. 两矩形截面木杆用钢板连接如图所示。已知 F = 60 kN，b = 150 mm，在顺木纹方向 $[\sigma]$ = 10 MPa，$[\tau]$ = 1 MPa，$[\sigma_{bs}]$ = 10 MPa。试求接头处尺寸 t、l 及 h。

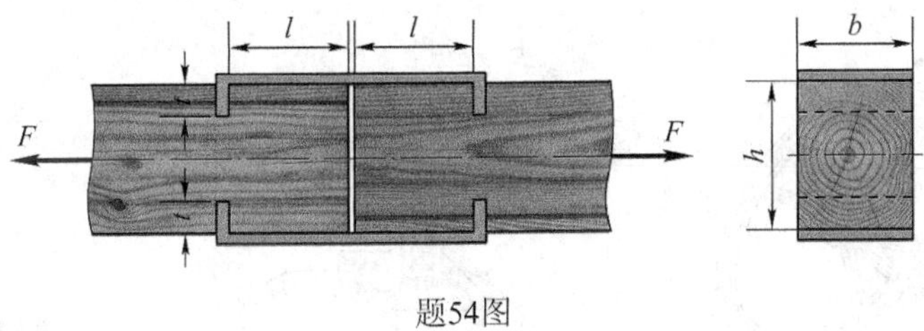

题54图

3 扭 转

课件

3.1 扭转的概念和实例

工程实际中,许多构件的主要变形形式是扭转。如汽车的转向操纵杆(图3.1),其上端由方向盘带动,作用一个力偶,下端受到来自转向器的阻力偶作用。工人师傅在攻丝时(图3.2),作用在手柄上的两个力 F 构成一个在垂直于丝锥轴线平面内的力偶,而在丝锥下端,工件的阻力则形成阻力偶。用螺丝刀拧螺丝(图3.3),螺丝刀杆受到来自手和螺丝的一对大小相等、方向相反的力偶的作用。以上都是受扭构件的实例。

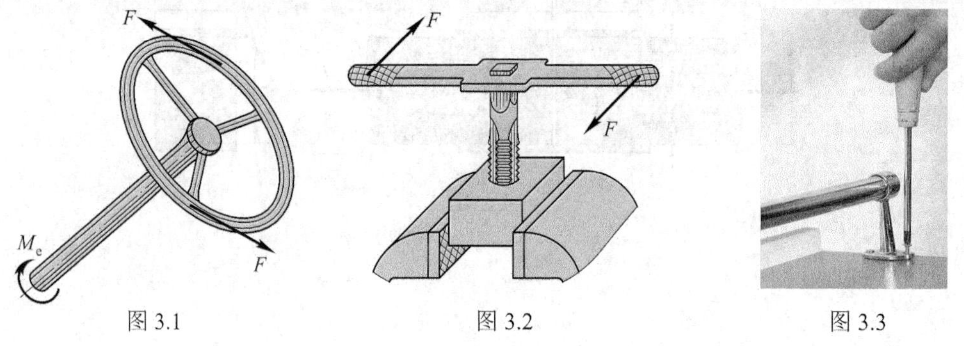

图 3.1　　图 3.2　　图 3.3

上述构件受力的主要特点是:构件受到垂直于轴线的平面内的平衡力偶系作用。经简化后,可用图 3.4 的计算简图表示。其变形特点是:相邻横截面绕轴线作相对转动,这种变形称为扭转变形。工程中,以扭转为主要变形的直杆常称为轴。

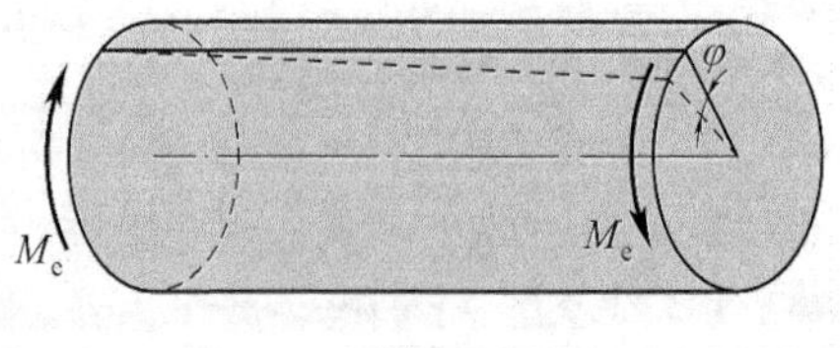

图 3.4

本章主要研究圆截面杆的扭转,这是工程中最常见的情况。对于非圆截面杆的扭转,仅作简单介绍。

3.2 外力偶矩的计算 扭矩和扭矩图

在传动轴计算中,往往不是直接给出外力偶矩 M_e 的数值,而是给出轮所传递的功率以及轴的转速,这时首先要计算出外力偶矩的大小。

设某轮传递的功率为 P kW(千瓦),轴的转速为 n r/min(转/分),见图 3.5。P kW 的功率相当于每分钟做功

$$W = P \times 1\ 000 \times 60 \tag{a}$$

而外力偶矩 M_e 每分钟所做的功为

$$W = M_e \cdot 2\pi n \tag{b}$$

式(a)和式(b)理应相等,由此求得外力偶矩的大小为

$$\{M_e\}_{N \cdot m} = 9\ 549 \frac{\{P\}_{kW}}{\{n\}_{r/min}} \tag{3.1}$$

如果功率 P 的单位为 PS(公制马力,1PS = 735.5W),则外力偶矩的大小为

$$\{M_e\}_{N \cdot m} = 7\ 024 \frac{\{P\}_{PS}}{\{n\}_{r/min}} \tag{3.2}$$

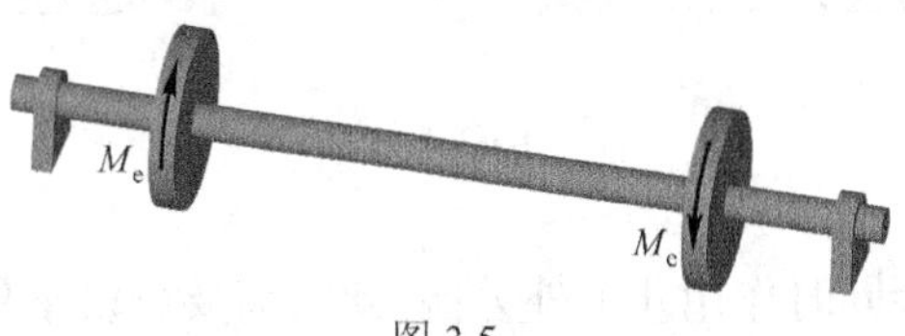

图 3.5

在作用于轴上的所有外力偶矩都求得之后,便可利用截面法求轴横截面上的内力。以图 3.6(a)圆轴为例,假想地将圆轴沿截面 $m—m$ 分成两部分,取第Ⅰ部分作为研究对象[图 3.6(b)]。由于整个轴是平衡的,所以第Ⅰ部分也必然是平衡的。根据平衡条件可知:截面 $m—m$ 上的分布内力只能合成为一个内力偶矩 T。由第Ⅰ部分的平衡方程 $\sum M_x = 0$,得

$$T - M_e = 0$$

$$T = M_e$$

T 称为截面 $m—m$ 上的**扭矩**(torsional moment, torque),它是Ⅰ、Ⅱ两部分在 $m—m$ 截面上相互作用的分布内力系的合力偶矩。

如果取第Ⅱ部分作为研究对象[图 3.6(c)],也可求得 $m—m$ 截面上的扭矩。此扭矩的数值与上面[图 3.6(b)]所求得的扭矩的数值相同,转向相反。

为了能使无论取第Ⅰ部分还是取第Ⅱ部分作为研究对象,所求得的同一截面上的扭矩非但数值相等,而且正负号相同,对扭矩符号作如下规定:按右手螺旋法则,以矢量来表示扭矩,若矢量方向与横截面外法线方向一致时,扭矩为正,如图 3.7(a)所示。反之,扭矩取负,如图 3.7(b)所示。

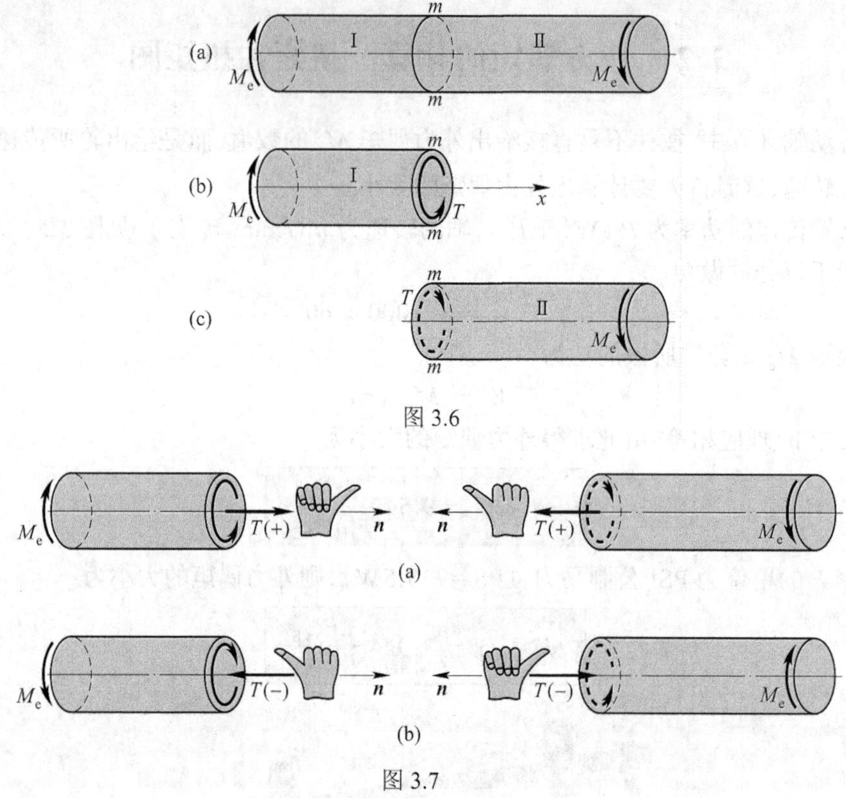

图 3.6

(a)

(b)

图 3.7

很多情况下,轴上会同时作用几个外力偶,此时需要分段求出各横截面上的扭矩。为了找出危险截面,一般需要确定轴上最大扭矩所在截面。与拉压问题中画轴力图一样,也可用扭矩图来表示各横截面上的扭矩沿轴线变化的情况。图中以横坐标表示横截面的位置,纵坐标表示相应截面上的扭矩,这种图线就是扭矩图。下面用例题来说明扭矩的计算和扭矩图的绘制方法。

例 3.1 传动轴如图 3.8(a)所示。轴的转速 $n=300\ \mathrm{r/min}$,主动轮 A 输入功率 $P_A=40\ \mathrm{kW}$，三个从动轮输出功率分别为 $P_B=P_C=12\ \mathrm{kW}$，$P_D=16\ \mathrm{kW}$。试画出轴的扭矩图。

解：作用于各轮上的外力偶矩大小为

$$M_{eA}=9\ 549\frac{P_A}{n}=\left(9\ 549\times\frac{40}{300}\right)\mathrm{N\cdot m}=1\ 273\ \mathrm{N\cdot m}$$

$$M_{eB}=M_{eC}=9\ 549\frac{P_B}{n}=\left(9\ 549\times\frac{12}{300}\right)\mathrm{N\cdot m}=382\ \mathrm{N\cdot m}$$

$$M_{eD}=9\ 549\frac{P_D}{n}=\left(9\ 549\times\frac{16}{300}\right)\mathrm{N\cdot m}=509\ \mathrm{N\cdot m}$$

使用截面法,沿截面 1—1 将轴分成两段,取左段考虑,画出受力图[图 3.8(b)]，T_1 表示1—1截面上的扭矩。由左段的平衡方程得

$$T_1+M_{eB}=0$$

$$T_1=-M_{eB}=-382\ \mathrm{N\cdot m}$$

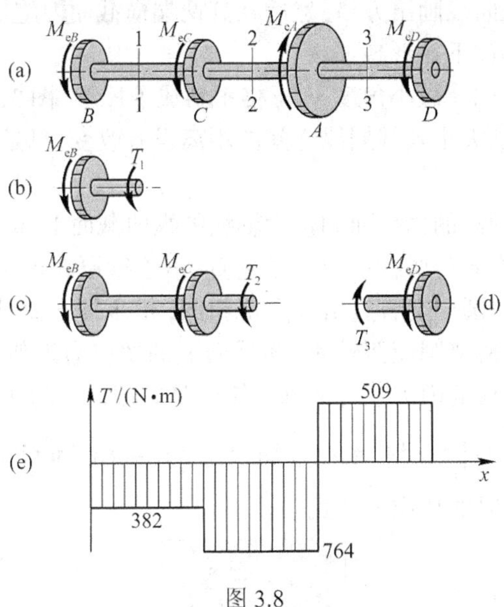

图 3.8

沿截面 2—2 将轴分成两段,取左段考虑,画出受力图[图 3.8(c)],T_2 表示 2—2 截面上的扭矩。由左段的平衡方程得

$$T_2 + M_{eB} + M_{eC} = 0$$

$$T_2 = -M_{eB} - M_{eC} = -764\ \text{N}\cdot\text{m}$$

沿截面 3—3 将轴分成两段,取右段考虑,画出受力图[图 3.8(d)],T_3 表示 3—3 截面上的扭矩。由右段的平衡方程得

$$-T_3 + M_{eD} = 0$$

$$T_3 = M_{eD} = 509\ \text{N}\cdot\text{m}$$

画出扭矩图,如图 3.8(e)所示。

在图 3.8(b)、(c)、(d)中,无论外力偶矩方向如何,扭矩都画成正方向,即按右手螺旋法则指向截面的外法线方向。扭矩图中可以不画阴影线,但如果要画,则要求阴影线与轴线垂直。另外,由图 3.8(e)可见,$|T|_{max} = 764\ \text{N}\cdot\text{m}$,发生在 CA 段。如果将图3.8(a)中轮 A、B 的位置互换(或将轮 A、D 的位置互换),不难算出,此时 $T_{max} = 1\ 273\ \text{N}\cdot\text{m}$,比原先大多了,这是不合理的布置方案。最合理的布置方案应使$|T|_{max}$最小,图3.8(a)则是最合理的布置方案。

3.3 纯剪切

为了研究切应力和切应变的规律以及两者之间的关系,先考虑薄壁圆筒的扭转,为后面讨论圆轴扭转时的应力和变形作准备。

3.3.1 薄壁圆筒的扭转应力分析

如图 3.9(a)所示为一等厚度薄壁圆筒,平均半径为 r,壁厚为 δ,$\delta \ll r$。受扭前圆筒的外表面上用圆周线和纵向线画出方格。然后在其两端横截面内施加一对大小相等、转向相反的外力偶 M_e，观察到如下变形现象。

（1）纵向线倾斜了同一微小角度 γ，方格歪斜成了棱形［图 3.9(b)］。

（2）圆周线的形状、大小及圆周线之间的距离没有改变，只是绕圆筒的轴线发生了相对转动。

这些现象表明，在圆筒的横截面和包含轴线的纵向截面上都没有正应力，横截面上只有切应力，且切应力的方向与所在点的半径垂直。由于壁厚 δ 很小，可以认为沿筒壁厚度切应力不变。又因在同一圆周上各点情况完全相同，亦即属于轴对称问题，所以沿着圆周方向切应力不变。因此，薄壁圆筒扭转时，横截面上的切应力近似均匀分布［图 3.9(c)］。横截面上所有切应力组成的内力系对 x 轴之矩就是该截面上的扭矩 T，即

$$T = M_e = \int_A r\cdot\tau\mathrm{d}A = r\tau\int_A \mathrm{d}A = r\tau A = r\tau 2\pi r\delta = 2\pi r^2\delta\tau$$

由此求得薄壁圆筒扭转时的切应力公式

$$\tau = \frac{M_e}{2\pi r^2\delta} \tag{3.3}$$

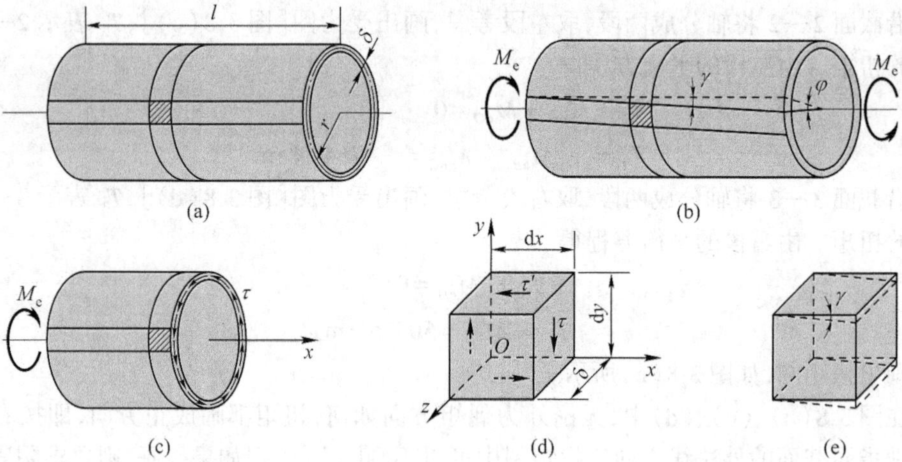

图 3.9

3.3.2 切应力互等定理

用相邻的两个横截面和两个过轴线的纵向面，从薄壁圆筒中截出边长分别为 $\mathrm{d}x$、$\mathrm{d}y$ 和δ的单元体，放大后如图3.9(d)所示。单元体的左、右侧面是横截面的一部分，其上无正应力，只有切应力，切应力大小按式(3.3)计算。单元体左、右面上的切应力大小相等但方向相反，于是左、右面上切向内力组成一个矩为$(\tau\delta\mathrm{d}y)\mathrm{d}x$ 的力偶。为保持平衡，在单元体的上、下面上一定有切应力。由 $\sum F_x = 0$ 知，上、下面上的切应力须大小相等而方向相反，所合成的力偶与左、右面所合成的力偶相平衡。设上、下面上的切应力为 τ'，由 $\sum M = 0$ 得

$$(\tau\delta\mathrm{d}y)\mathrm{d}x = (\tau'\delta\mathrm{d}x)\mathrm{d}y$$

$$\tau = \tau'$$

上式表明，在单元体互相垂直的两个平面上，切应力必然成对存在，且数值相等；两者都垂

直于两个平面的交线,方向共同指向或共同背离两平面的交线。这就是**切应力互等定理**。

3.3.3 剪切胡克定律

如图3.9(d)所示单元体,前后两个面上没有应力,左右和上下四个面上只有切应力而无正应力,该应力情况称为**纯剪切**。纯剪切单元体的相对两侧面将发生微小相对错动[图3.9(e)],使原来相互垂直的两个棱边的夹角改变了一个微量γ,这个直角的改变量就是切应变。从图3.9(b)可以看出,γ也就是圆筒表面纵向线倾斜的角度。设圆筒左右两端横截面的相对扭转角为φ,圆筒长度为l,切应变γ的值可由图3.9(b)的几何关系求得

$$\gamma = \frac{r\varphi}{l}$$

薄壁圆筒的扭转实验,证实了切应力τ与切应变γ之间存在着像拉压胡克定律类似的关系,即当切应力τ不超过材料的剪切比例极限τ_p时,切应力τ与切应变γ成正比,用公式可表示为

$$\tau = G\gamma \tag{3.4}$$

上式关系称为**剪切胡克定律**。常数G称为材料的**切变模量**(shear modulus),因γ为量纲一的量,故G与τ的量纲相同,同为$L^{-1}MT^{-2}$。钢材的G值约为80 GPa。

与材料的拉压弹性模量E一样,剪切模量G的值随材料而异,可通过实验获得。对于各向同性材料,可以证明:三个弹性常数E、G、μ之间存在着如下关系

$$G = \frac{E}{2(1+\mu)} \tag{3.5}$$

所以,三个弹性常数中,只要知道其中任意两个,通过上式就可确定第三个常数。

3.4 圆轴扭转时的应力

上一节中分析了薄壁圆筒扭转时横截面上的切应力。圆筒的壁厚很小时,可以认为其横截面上的切应力沿壁厚近似于均匀分布,仅通过静力关系就可以获得切应力的计算公式,但对于圆轴,横截面上的应力分布规律尚不清楚,必须综合考虑变形几何关系、物理关系和静力关系。

1. 变形几何关系

为观察圆轴扭转时的变形,如前述薄壁圆筒受扭一样,在圆轴表面画平行于轴线的纵向线和圆周线[图3.10(a)]。然后在其两端横截面内施加一对大小相等、转向相反的外力偶M_e,观察到与薄壁圆筒受扭时相似的变形现象。

(1)各圆周线的形状、大小以及任意两圆周线之间的距离不变,各圆周线只是绕轴线相对地旋转了一个角度,左右两端面的相对扭转角为φ[图3.10(b)]。

(2)纵向线仍近似为直线,但都倾斜了同一角度γ。

上述现象是圆轴扭转变形在其外部的表现。可以这样推想,圆轴的扭转是由无数层薄壁圆筒扭转的组合,其内部存在着同样的变形规律。由此做出假设:圆轴变形前原为平面的横截面,变形后仍保持为平面,形状和大小不变,半径仍保持为直线。这就是圆轴扭转的

平面假设。根据这一假设可以推断：圆轴扭转时，各横截面如同刚性平面一样绕轴线转动。以平面假设为基础导出的应力和变形计算公式，被试验结果所证实，因而该假设是成立的。

沿圆轴的轴线方向，截取长为 dx 的微段[图 3.10(b)]，放大后如图 3.10(c) 所示。图 3.10(c) 中，右截面相对于左截面的扭转角为 $d\varphi$，距圆心为 ρ 处的切应变为 γ_ρ，从图中可见

$$\gamma_\rho \cdot dx = \rho \cdot d\varphi$$

$$\gamma_\rho = \rho \frac{d\varphi}{dx} \tag{a}$$

式中，$\frac{d\varphi}{dx}$ 是扭转角 φ 沿 x 轴的变化率，亦即单位长度轴的扭转角。对一个给定的截面来说，它是常量。故式(a) 表明，横截面上任意点的切应变 γ_ρ 与该点到圆心的距离 ρ 成正比。

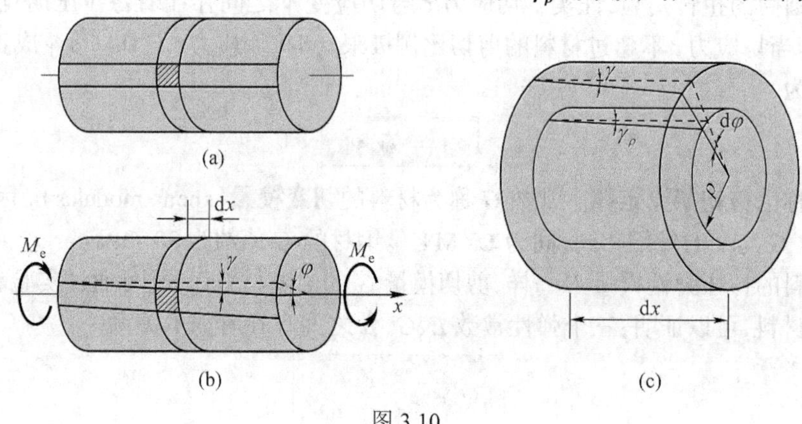

图 3.10

2. 物理关系

以 τ_ρ 表示横截面上距圆心为 ρ 处的切应力，由剪切胡克定律式(3.4)得

$$\tau_\rho = G\gamma_\rho$$

将式(a)代入上式，得

$$\tau_\rho = G\rho \frac{d\varphi}{dx} \tag{b}$$

上式表明，横截面上任意一点的切应力 τ_ρ 与该点到圆心的距离 ρ 成正比。由于 γ_ρ 发生在垂直于半径的平面内，故 τ_ρ 的方向也与半径垂直。再注意到切应力互等定理，则在横截面和纵向截面上，切应力沿半径方向的分布如图 3.11 所示。

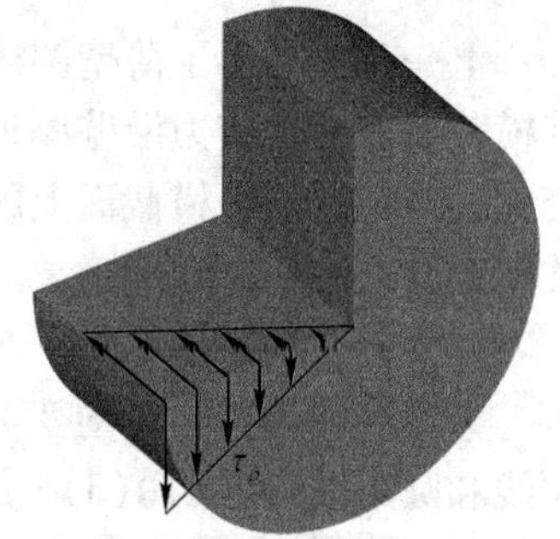

图 3.11

式(b) 中的$\frac{d\varphi}{dx}$尚未求出，因此仍不能用它计算切应力，还需借助静力关系。

3. 静力关系

在距圆心为 ρ 处，取一微面积 dA，如图 3.12 所示，该微面积上的内力为 $\tau_\rho dA$，它对圆心 O 的力矩为$\rho \cdot \tau_\rho dA$，在整个横截面上积分得横截面上的内力系对圆心之矩，而这就是横截面上的扭矩，即

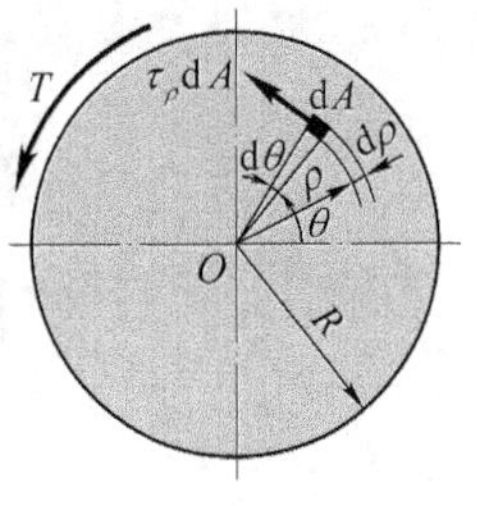

图 3.12

$$T = \int_A \rho \cdot \tau_\rho \mathrm{d}A$$

将式(b)代入上式，并注意到在给定的横截面上$\frac{\mathrm{d}\varphi}{\mathrm{d}x}$为常量，得

$$T = \int_A \rho \cdot G\rho \frac{\mathrm{d}\varphi}{\mathrm{d}x}\mathrm{d}A = G\frac{\mathrm{d}\varphi}{\mathrm{d}x}\int_A \rho^2 \mathrm{d}A \tag{c}$$

令

$$I_\mathrm{p} = \int_A \rho^2 \mathrm{d}A \tag{d}$$

I_p 称为横截面对圆心 O 的**极惯性矩**，是一个只与横截面形状和尺寸有关的纯几何量，其量纲为 L^4。这样式(c)便可写成

$$T = GI_\mathrm{p}\frac{\mathrm{d}\varphi}{\mathrm{d}x}$$

由此得

$$\frac{\mathrm{d}\varphi}{\mathrm{d}x} = \frac{T}{GI_\mathrm{p}} \tag{3.6}$$

将式(3.6)代入式(b)，便得

$$\tau_\rho = \frac{T\rho}{I_\mathrm{p}} \tag{3.7}$$

利用此式便可以计算横截面上距圆心为 ρ 的任意点的切应力。在圆截面边缘上，ρ 值最大，切应力也最大，其值

$$\tau_{\max} = \frac{TR}{I_\mathrm{p}} \tag{e}$$

令

$$W_\mathrm{t} = \frac{I_\mathrm{p}}{R} \tag{f}$$

W_t 称为**抗扭截面系数**，量纲为 L^3。于是式(e)可写成

$$\tau_{\max} = \frac{T}{W_\mathrm{t}} \tag{3.8}$$

以上公式都是在平面假设的基础上导出的。试验结果表明，只有对等直圆轴，平面假设才成立，所以这些公式只适用于等直圆轴。对圆截面沿轴线缓慢变化的小锥度圆锥轴，也可以近似地应用这些公式。另外，在公式推导过程中，使用了剪切胡克定律，因此只适用于 $\tau_{\max}$ 低于剪切比例极限 τ_p 的情况。实心圆轴和空心圆轴横截面上的切应力分布图如图 3.13 所示。

下面计算圆轴横截面的极惯性矩 I_p 和抗扭截面系数 W_t。对于半径为 R 的实心轴(图 3.12)，以 $\mathrm{d}A = \rho\mathrm{d}\rho\mathrm{d}\theta$ 代入式(d)，得

$$I_\mathrm{p} = \int_A \rho^2 \mathrm{d}A = \int_0^{2\pi}\int_0^R \rho^2 \rho\,\mathrm{d}\rho\mathrm{d}\theta = \frac{\pi R^4}{2} \tag{g}$$

将式(g)代入式(f)，求得抗扭截面系数为

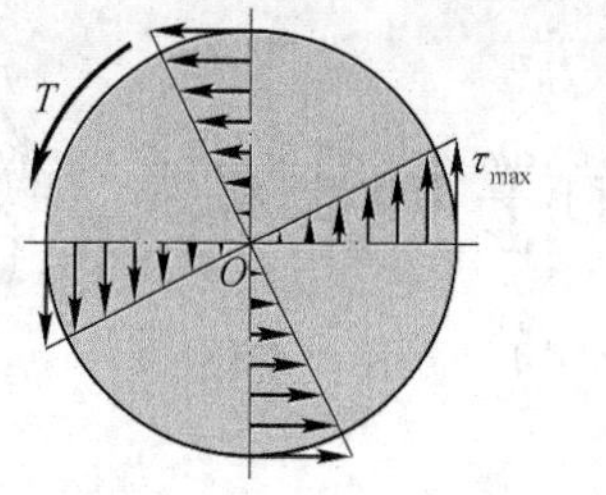

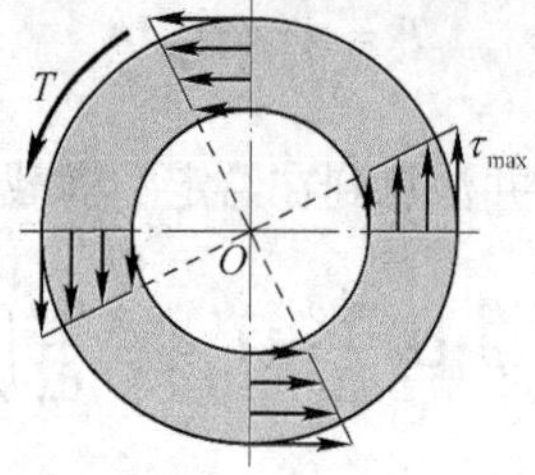

图 3.13

$$W_t = \frac{I_p}{R} = \frac{\pi R^3}{2} \tag{h}$$

工程中一般是给定圆轴的直径而非半径,式(g)、式(h)改用直径 d 表示则为

$$I_p = \frac{\pi d^4}{32} \tag{3.9}$$

$$W_t = \frac{\pi d^3}{16} \tag{3.10}$$

对于外径为 D,内径为 d 的空心轴，仅需将式(g) 中的$\int_0^R$ 改为$\int_{d/2}^{D/2}$，则有

$$I_p = \frac{\pi}{32}(D^4 - d^4) = \frac{\pi D^4}{32}(1 - \alpha^4) \tag{3.11}$$

式中，$\alpha = \frac{d}{D}$，表示空心圆截面的内外径之比,而 $W_t = \frac{I_p}{D/2}$，即

$$W_t = \frac{\pi D^3}{16}(1 - \alpha^4) \tag{3.12}$$

下面考虑圆轴扭转的强度条件。根据扭矩图求出绝对值最大的扭矩 T_{max},对等截面轴，最大扭矩所在截面为危险截面。最大切应力 τ_{max} 发生在危险截面的外边缘，强度条件为

$$\tau_{max} = \frac{T_{max}}{W_t} \leqslant [\tau] \tag{3.13}$$

式中，许用切应力$[\tau]$等于极限切应力除以大于 1 的安全因素，即

$$[\tau] = \frac{\tau_u}{n}$$

塑性材料和脆性材料的扭转破坏形式并不相同。塑性材料试样在外力偶作用下,先出现屈服,最后沿横截面被剪断,低碳钢试样断口如图 3.14(a)所示;脆性材料试样受扭时变形很小,最后沿与轴线成45°的螺旋面断裂,铸铁试样断口如图 3.14(b)所示。通常把塑性材料扭转屈服时横截面上的最大切应力作为极限切应力,而把脆性材料扭转断裂时横截面上的最大切应力作为极限切应力。

对于变截面轴，如阶梯轴,W_t 不是常量,τ_{max} 不一定发生在 T_{max} 所在的截面上,需要综合考虑 T 和 W_t 以寻求 $\tau = \frac{T}{W_t}$ 的极值。

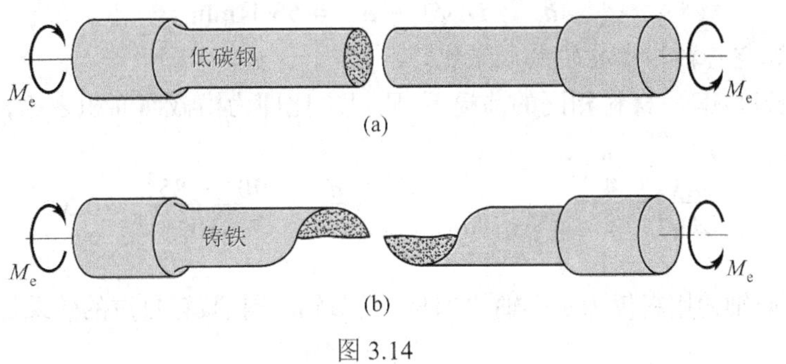

图 3.14

例 3.2 汽车发动机将功率通过传动轴 AB 传递给驱动桥(图 3.15),驱动车轮行驶。汽车传动轴由无缝钢管制成,钢管外径 $D = 90$ mm,壁厚 $\delta = 2.5$ mm,材料的许用切应力 $[\tau] = 60$ MPa,工作时的最大扭矩为 $T = 1.5$ kN·m。求:

(1) 校核传动轴的强度;

(2) 若改用实心轴,在具有与空心轴相同的最大切应力的前提下,确定实心轴的直径;

(3) 确定空心轴与实心轴的质量比。

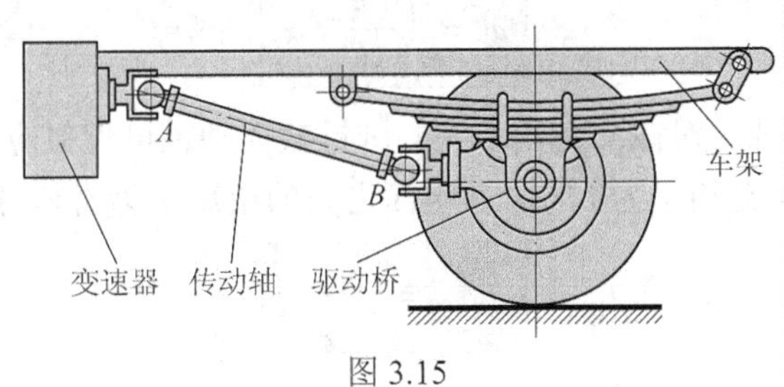

图 3.15

解: (1) 校核空心轴的强度。

传动轴的内外径之比及抗扭截面系数分别为

$$\alpha = \frac{d}{D} = \frac{D - 2\delta}{D} = \frac{90 - 2 \times 2.5}{90} = 0.944$$

$$W_t = \frac{\pi D^3}{16}(1 - \alpha^4) = \frac{\pi (0.09\ \text{m})^3}{16}(1 - 0.944^4) = 2.95 \times 10^{-5}\ \text{m}^3$$

轴的最大切应力为

$$\tau_{\max} = \frac{T}{W_t} = \frac{1\ 500\ \text{N}\cdot\text{m}}{2.95 \times 10^{-5}\ \text{m}^3} = 50.8 \times 10^6\ \text{Pa} = 50.8\ \text{MPa} < [\tau]$$

所以该轴满足强度条件。

(2) 确定实心轴直径 d_1。

实心轴与原来空心轴的最大切应力相等,当然两者所承受的最大扭矩也一样。因此,实心轴和空心轴的抗扭截面系数应相等,即

$$\frac{\pi d_1^3}{16} = \frac{\pi D^3}{16}(1 - \alpha^4)$$

由此求得实心轴直径

$$d_1 = D\sqrt[3]{1-\alpha^4} = 53.1\ \text{mm}$$

（3）计算空心轴与实心轴的质量比。

在两者长度相等、材料相同的前提下，质量之比即为横截面面积之比，即

$$\frac{A_{空}}{A_{实}} = \frac{\frac{\pi}{4}(D^2-d^2)}{\frac{\pi}{4}d_1^2} = \frac{D^2-d^2}{d_1^2} = \frac{90^2-85^2}{53.1^2} = 0.31$$

由此可见，空心轴的用料仅为实心轴的31%，其节约材料、减轻自重的效果是非常明显的。

3.5　圆轴扭转时的变形

轴的扭转变形，用两个横截面间绕轴线的相对转角即扭转角 φ 来表示。由式(3.6)得，相距为 $\mathrm{d}x$ 的两个横截面之间的扭转角为

$$\mathrm{d}\varphi = \frac{T}{GI_p}\mathrm{d}x$$

对上式积分，即得相距为 l 的两横截面之间的扭转角

$$\varphi = \int_l \frac{T}{GI_p}\mathrm{d}x \tag{3.14}$$

上式适用于等截面圆轴。对截面变化不大的圆锥截面轴也可近似应用，但此时 $I_p = I_p(x)$。

对等截面圆轴，若在相距为 l 的两横截面之间的扭矩 T 为常量，则式(3.14)简化为

$$\varphi = \frac{Tl}{GI_p} \tag{3.15}$$

上式表明，GI_p 越大，扭转角 φ 则越小，故 GI_p 称为圆轴的抗扭刚度。

在工程实际中，许多情况下不仅对受扭圆轴的强度有所要求，而且对变形也有要求，即要满足扭转刚度条件。实际中的轴长度不同，为消除长度的影响，用 φ 对 x 的变化率$\frac{\mathrm{d}\varphi}{\mathrm{d}x}$来表示扭转变形的程度。今后用 φ' 表示变化率$\frac{\mathrm{d}\varphi}{\mathrm{d}x}$，由式(3.6)

$$\varphi' = \frac{\mathrm{d}\varphi}{\mathrm{d}x} = \frac{T}{GI_p} \tag{3.16}$$

变化率 φ' 就是单位长度轴的扭转角，单位是rad/m。扭转的刚度条件就是限定 φ' 的最大值不得超过规定的允许值 $[\varphi']$，即

$$\varphi'_{\max} = \frac{T_{\max}}{GI_p} \leqslant [\varphi'] \tag{3.17}$$

工程中，$[\varphi']$ 的单位常用(°)/m，此时刚度条件式(3.17)改写成

$$\varphi'_{\max} = \frac{T_{\max}}{GI_p} \times \frac{180°}{\pi} \leqslant [\varphi'] \tag{3.18}$$

各种轴类零件的 $[\varphi']$ 值可从有关规范和设计手册中查到。

例 3.3 某钢轴转速 $n=240$ r/min,传递的功率 $P=60$ kW,剪切模量 $G=80$ GPa,许用切应力$[\tau]=50$ MPa,允许的单位长度轴的扭转角$[\varphi']=0.6$ (°)/m 。试设计轴的直径 d。

解: 圆轴承受的扭矩等于外力偶矩大小

$$T=M_e=9\ 549\ \frac{P}{n}=\left(9\ 549\times\frac{60}{240}\right)\ \mathrm{N\cdot m}=2\ 387\ \mathrm{N\cdot m}$$

由强度条件

$$\tau_{\max}=\frac{T}{W_t}=\frac{16T}{\pi d^3}\leqslant[\tau]$$

得

$$d\geqslant\sqrt[3]{\frac{16T}{\pi[\tau]}}=\sqrt[3]{\frac{16\times2\ 387\ \mathrm{N\cdot m}}{\pi\times50\times10^6\ \mathrm{N/m^2}}}=62.4\ \mathrm{mm}$$

由刚度条件

$$\varphi'=\frac{T}{GI_p}\times\frac{180°}{\pi}=\frac{32T}{G\pi d^4}\times\frac{180°}{\pi}\leqslant[\varphi']$$

得

$$d\geqslant\sqrt[4]{\frac{32T}{G\pi[\varphi']}\times\frac{180°}{\pi}}=73.4\ \mathrm{mm}$$

根据以上计算结果,为了同时满足强度和刚度条件,可选轴的直径 $d=73.4$ mm。

例 3.4 如图 3.16(a)所示两端固定的圆轴 AB,在截面 C 上受矩为 M_e 的扭转力偶的作用。试求两固定端的约束力偶之矩 M_A 和 M_B。

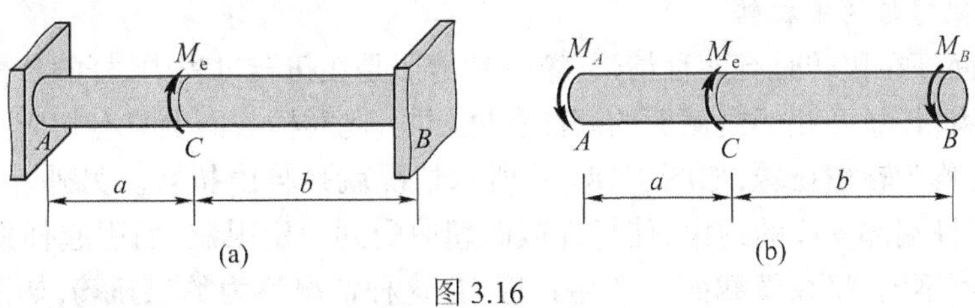

图 3.16

解: 圆轴 AB 受力如图 3.16(b)所示,静力平衡方程为

$$M_A+M_B-M_e=0 \tag{a}$$

上面只有一个平衡方程,却有两个未知数,属于一次超静定。横截面 A、B 为固定端,A、B 两截面的相对扭转角 φ_{AB} 应为零,故变形协调条件为

$$\varphi_{AB}=\varphi_{AC}+\varphi_{CB}=0 \tag{b}$$

将物理方程

$$\left.\begin{aligned}\varphi_{AC}&=\frac{T_{AC}l_{AC}}{GI_p}=-\frac{M_Aa}{GI_p}\\ \varphi_{CB}&=\frac{T_{CB}l_{CB}}{GI_p}=\frac{M_Bb}{GI_p}\end{aligned}\right\}$$

代入式(b),得补充方程

$$-M_A a + M_B b = 0 \tag{c}$$

联立求解式(a)、式(c)，得

$$M_A = \frac{M_e b}{a + b}, \quad M_B = \frac{M_e a}{a + b}$$

3.6　非圆截面杆扭转的概念

前面讨论的圆轴扭转时的应力和变形，均建立在平面假设的基础上。对于非圆截面杆，受扭时横截面不再保持为平面。如图3.17(a)所示的矩形截面杆，受扭前在其表面划上代表横截面的周线，受扭后，可观察到这些周线变成了曲线[图3.17(b)]。因而可以推想杆的横截面已由原来的平面变成了曲面。这一现象称为**截面翘曲**。横截面发生翘曲是非圆截面杆扭转变形的重要特征。由此，圆轴扭转时的应力、变形公式对非圆截面杆均不适用。

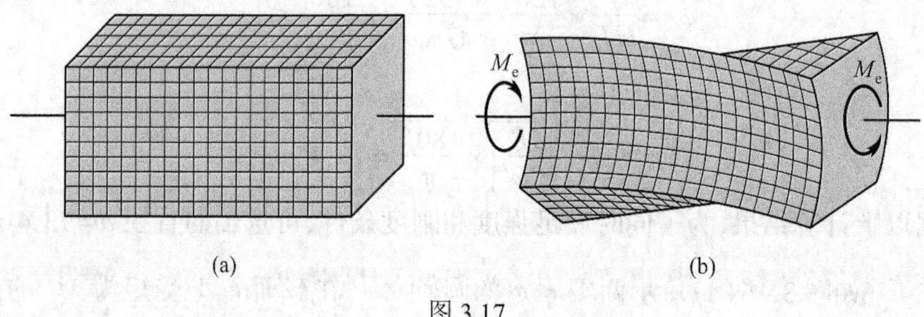

图 3.17

1. 自由扭转与约束扭转

非圆截面杆在扭转时有两种情形：第一种情形是在扭转过程中，杆的各横截面的翘曲不受任何约束，任意两相邻横截面的翘曲程度相同，此时横截面上只有切应力而没有正应力，这种情况称为**自由扭转**，如图3.18(a)所示情况就是自由扭转。另外一种情形，则因扭转时，由于杆端部支座的约束，使杆件截面翘曲受到一定限制，而引起任意两相邻横截面的翘曲程度不同，将在横截面上产生正应力，这种情况称为**约束扭转**，如图3.18(b)所示情况就是约束扭转。

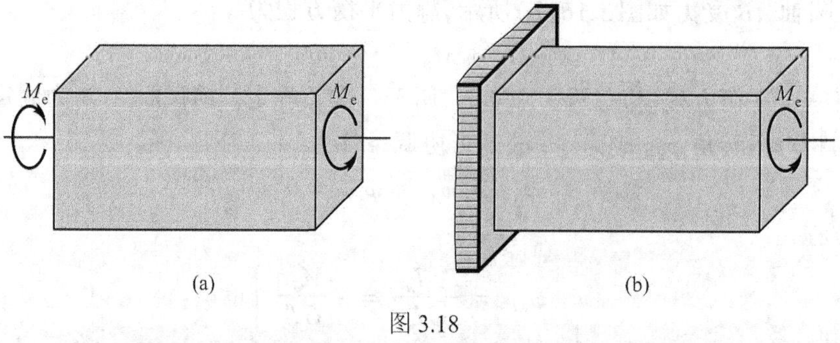

图 3.18

对于矩形和椭圆形的实体截面杆，由于约束扭转产生的附加正应力很小，一般可以忽略，但对于薄壁截面杆来说，这种附加的正应力是不能忽略的。

2. 矩形截面杆的扭转

根据弹性力学的研究结果,矩形截面杆在扭转时,横截面上切应力分布规律如图3.19(a)所示。在横截面的边缘上各点的切应力均与周边平行,且截面的四个角点上切应力均为零,这些特点可以用切应力互等定理来证明。最大切应力发生在长边中点处,其值为

$$\tau_{\max} = \frac{T}{\alpha h b^2} \tag{3.19}$$

短边中点的切应力是短边上的最大切应力,其值为

$$\tau_1 = \gamma \tau_{\max} \tag{3.20}$$

式中,$\tau_{\max}$ 是长边中点的切应力 。杆件两端相对扭转角为

$$\varphi = \frac{Tl}{G\beta h b^3} \tag{3.21}$$

上面三式中,h 为截面长边长度,b 为短边长度,α、β、γ 是与比值$\frac{h}{b}$ 有关的系数(列于表3.1 中),G 为材料的切变模量。

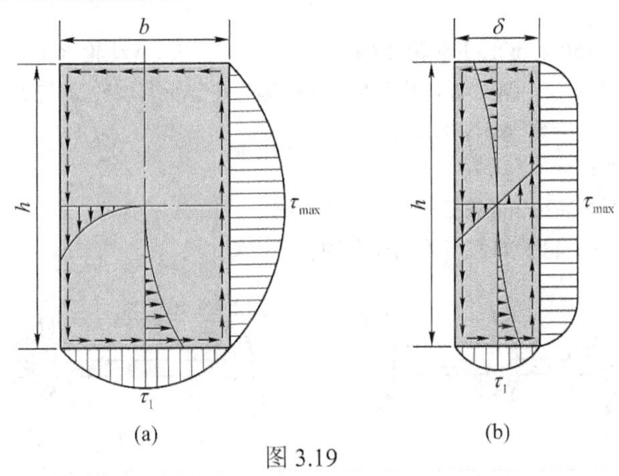

图 3.19

表 3.1 矩形截面杆扭转时的系数

h/b	1.0	1.2	1.5	2.0	2.5	3.0	4.0	6.0	8.0	10.0	∞
α	0.208	0.219	0.231	0.246	0.258	0.267	0.282	0.299	0.307	0.313	0.333
β	0.141	0.166	0.196	0.229	0.249	0.263	0.281	0.299	0.307	0.313	0.333
γ	1.000	0.930	0.858	0.796	0.767	0.753	0.745	0.743	0.743	0.743	0.743

从表3.1 中可看出,当$\frac{h}{b} > 10$ 时,截面为狭长矩形,此时 $\alpha = \beta \approx \frac{1}{3}$。如以 δ 表示狭长矩形短边的长度, 则式(3.19)和式(3.21)变为

$$\tau_{\max} = \frac{T}{\frac{1}{3} h\delta^2} \tag{3.22}$$

$$\varphi = \frac{Tl}{G\frac{1}{3} h\delta^3} \tag{3.23}$$

其应力分布规律如图3.19(b)所示。

习 题

1. 作图示各轴的扭矩图。

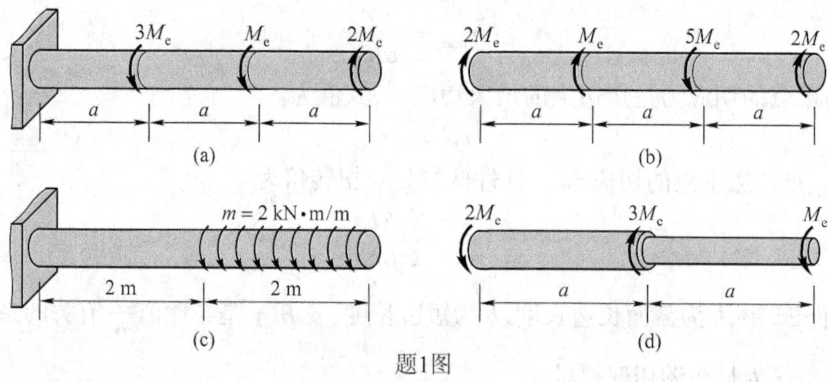

题1图

2. 图示传动轴，转速 $n=250$ r/min，主动轮 A 输入功率 $P_A=7$ kW，从动轮 B、C、D 输出功率分别为 $P_B=3$ kW、$P_C=2.5$ kW、$P_D=1.5$ kW。试画出该轴的扭矩图，并分析若将轮 A 与 B 互换位置是否合理？
3. 图示传动轴，轴的直径 $d=50$ mm。试计算：
   （1）轴的最大切应力；
   （2）截面 1—1 上距轴心 20 mm 处的切应力；
   （3）从强度观点看，三个轮子如何布置比较合理。

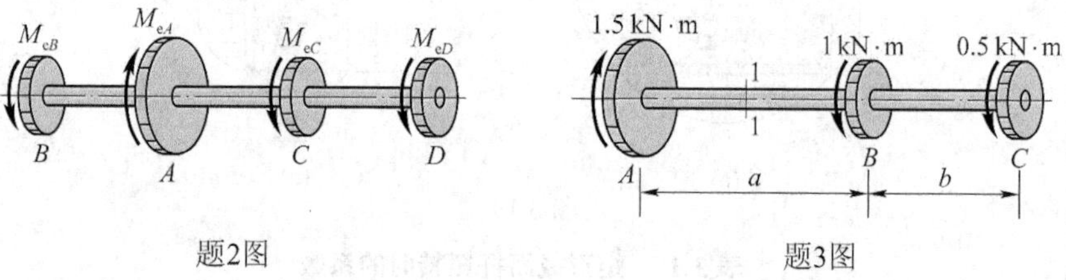

题2图　　题3图

4. 对题 3 的传动轴，如已知 $a=1\,200$ mm，$b=800$ mm，材料的剪切模量 $G=80$ GPa。试计算轴两端的相对扭转角。若三个轮子按强度的合理要求重新布置后，轴两端的相对扭转角又为多少？
5. 空心圆轴受扭矩 $T=5$ kN·m 作用，内、外径之比 $\alpha=0.7$，许用切应力 $[\tau]=60$ MPa。试求其直径大小，并将其自重与同一强度的实心圆轴对比。
6. 画出图示三种横截面上扭转切应力沿半径的分布规律。T 为横截面上的扭矩。

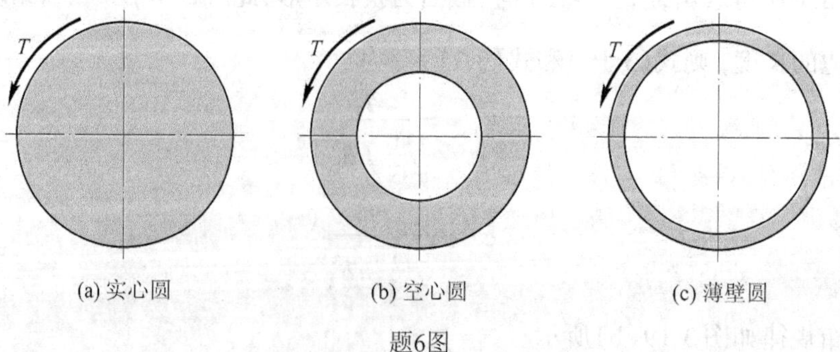

(a) 实心圆　　(b) 空心圆　　(c) 薄壁圆

题6图

7. 两段同样直径的实心钢轴，由法兰盘通过六只螺栓连接。传递功率 $P = 80$ kW，轴的转速 $n = 240$ r/min。轴的许用切应力$[\tau]_1 = 80$ MPa，螺栓的许用切应力$[\tau]_2 = 60$ MPa。试校核轴的强度，并设计螺栓直径。

8. 图示钻探机钻杆的外径 $D = 60$ mm，内径 $d = 50$ mm，钻入深度 $l = 40$ m。A 端输入功率 $P_A = 15$ kW，转速 $n = 180$ r/min，B 端钻头所受的扭转力矩 $M_{eB} = 300$ N·m，材料的$[\tau] = 40$ MPa，$G = 80$ GPa，假设土壤对钻杆的阻力沿钻杆长度均匀分布。试求：

(1) 单位长度上土壤对钻杆的阻力矩 m；

(2) 作钻杆的扭矩图，并校核其扭转强度；

(3) 求 A、B 两端截面的相对扭转角。

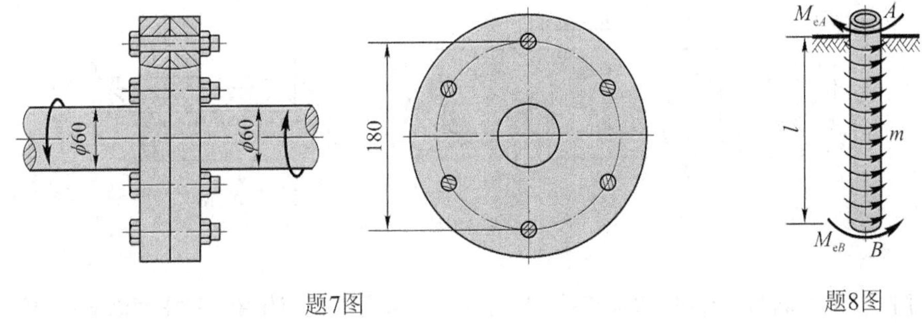

题7图　　题8图

9. 图示受扭矩 T 作用的实心圆轴的横截面，直径为 d，该截面上的最大扭转切应力小于扭转比例极限。试求图示直径为 $d/2$ 的阴影区域所承担的扭矩。

10. 图示圆轴横截面上的扭矩为 T，直径为 d。试求 1/4 截面上扭转切应力的合力大小，方向及作用点。

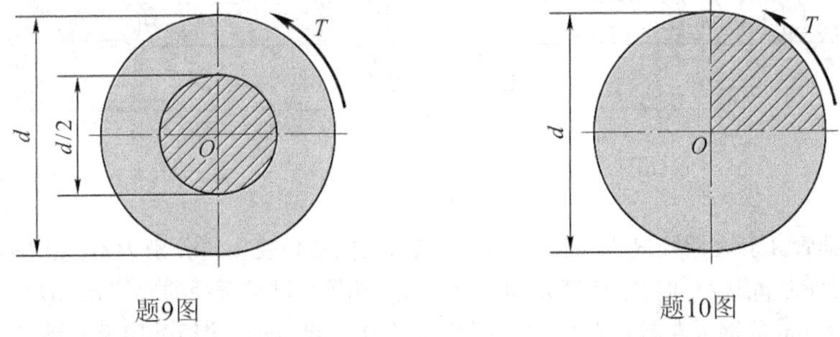

题9图　　题10图

11. 图示圆截面杆 AB，左端固定，承受集度为 m 的均布外力偶矩作用。已知抗扭刚度 GI_p，试求 B 端的扭转角。

12. 图示长为 l 的圆锥台形杆，两端的直径分别为 d_1、d_2，受外力偶矩 M_e 的作用。试求此杆的总扭转角。

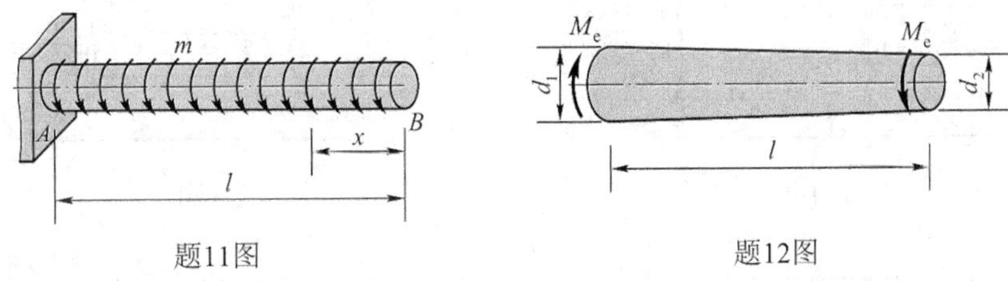

题11图　　题12图

13. 在强度相同的条件下，用内、外径之比 $\alpha = 0.8$ 的空心圆轴取代实心圆轴，可节省材料的百分比为多少?

14. 一端固定、另一端自由的圆轴，受集度为 m 的均布力偶作用，发生扭转变形，已知材料的许用切应力为$[\tau]$。取自由端为 x 轴原点，x 轴沿轴线方向。若要求轴为等强度轴。试确定轴直径沿轴向变化的表达式$d(x)$。

提示：等强度轴的意思是，轴的任意横截面上的最大切应力都等于许用切应力$[\tau]$。

15. 如图(a)所示半径为 R 的受扭圆杆，截取一长度为 a 的隔离体，据横截面上切应力分布规律和切应力互等定理，可得隔离体各截面上的切应力分布如图(b)所示。试证：

（1）纵截面 $ABCD$ 上切应力所构成的合力偶矩大小为$\dfrac{4M_e a}{3\pi R}$；

（2）图(b)的隔离体满足平衡条件$\sum M_z=0$。

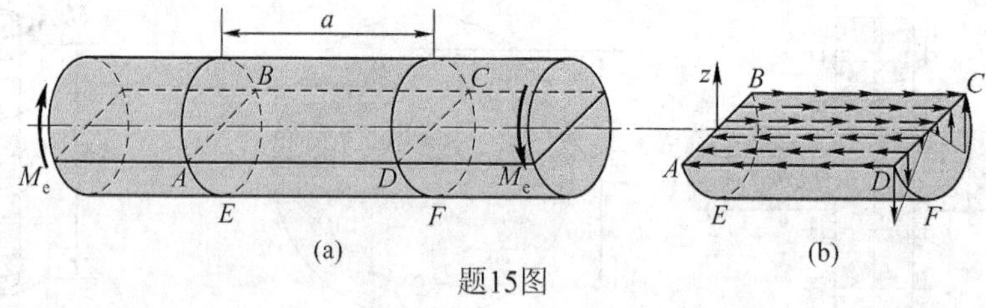

题15图

16. 图示两端固定的圆轴 AB，在 AC 段承受集度为 m 的均布外力偶矩作用。试求两固定端的约束力偶矩 M_A 和 M_B。

17. 图示两端固定的阶梯形圆轴，在截面 C 受扭转力偶矩 M_e 作用，已知轴的许用切应力为$[\tau]$，为使轴的重量最轻。试确定轴径 d_1 与 d_2。

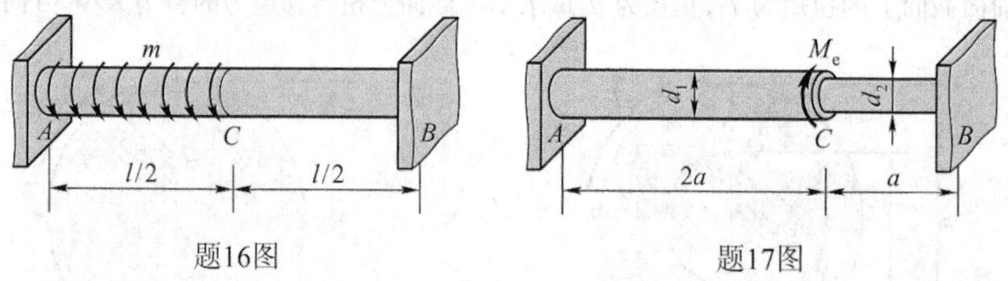

题16图　　题17图

18. 如图所示，圆管 A 套在圆杆 B 上，将二者焊在一起，它们的切变模量分别为 G_A 和 G_B（$G_A<G_B$），当管两端作用外力偶矩 M_e 时，欲使管 A 和杆 B 的 τ_{max} 相等。试求直径的比值 d_B/d_A。

19. 由厚度 $\delta=8$ mm 的钢板卷制而成的圆筒，平均直径 $D=200$ mm，接缝处用铆钉铆接，如图所示。铆钉直径 $d=20$ mm，许用切应力$[\tau]=60$ MPa，许用挤压应力$[\sigma]_{bs}=160$ MPa，圆筒两端承受扭转力偶矩$M_e=30$ kN·m作用。试求铆钉的间距 a。

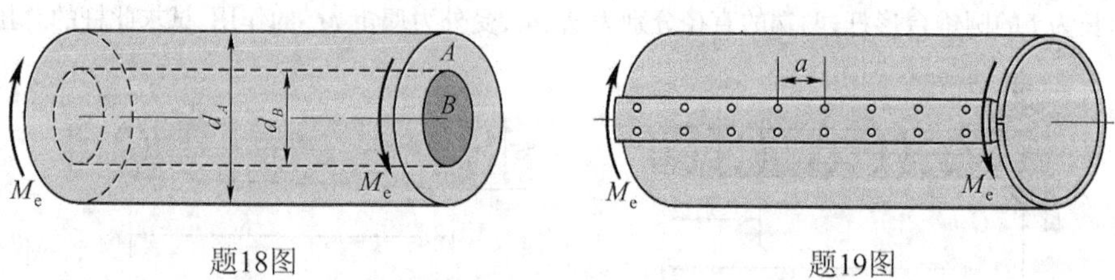

题18图　　题19图

20. 直径 $d=25$ mm 的钢圆杆，受轴向拉力 60 kN 作用时，在标距 200 mm 的长度内伸长了 0.113 mm；受扭转力偶矩 150 N·m 作用时，相距 200 mm 的两截面相对扭转角为 0.55°。试求钢材的弹性模量 E、剪切模量 G 和泊松比 μ。

21. 图示已知钢圆杆 AB 和铝圆杆 CD 的尺寸相同，剪切模量之比 $G_{AB}:G_{CD}=3:1$。BH 和 DE 杆为刚性杆。试求 CD 杆的 E 处所受的约束力。

22. 图示一圆钢管套在一实心圆钢轴上，之间为动配合，长度均为 l，先在实心圆轴两端加外力偶矩 M_e，使轴受扭后，在两端把管与轴焊起来，去掉外力偶矩。试求此时外管与内轴的最大切应力。

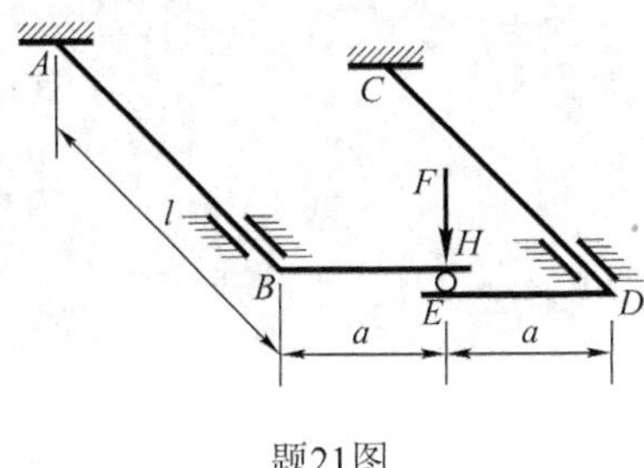

题21图

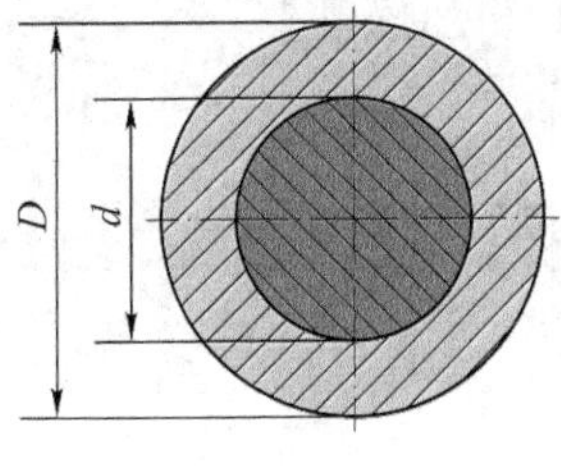

题22图

23. 三根杆，横截面面积相等，它们的截面分别是圆形、正方形和矩形，矩形的长边为短边的两倍。若扭矩相同。试计算它们最大切应力的比值。

24. 内外径之比 $d/D=0.5$ 的空心圆截面杆，材料为理想弹塑性，应力—应变关系及截面尺寸如图所示，材料的剪切屈服极限为 τ_s。试求此圆截面杆外表面处开始屈服时的扭矩 T_s 以及整个截面屈服时的极限扭矩 T_u 之比。

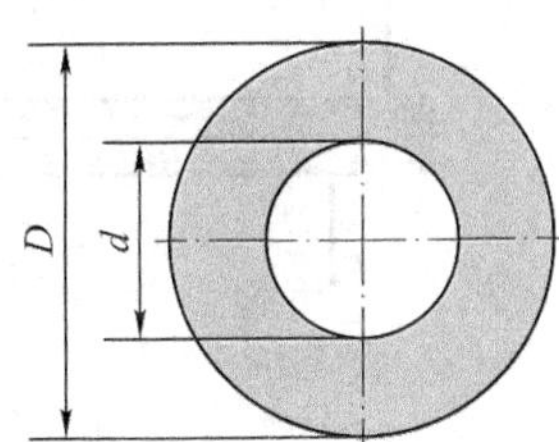

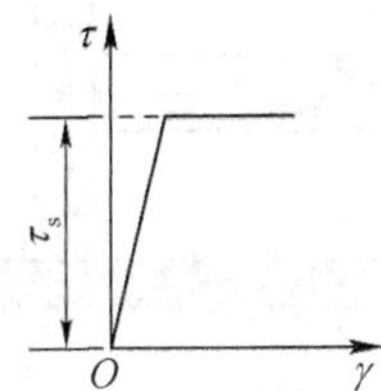

题24图

4 弯曲内力

课件

4.1 弯曲的概念和实例

工程中,经常遇到像如图4.1所示火车轮轴之类的杆件。作用在杆件上的外力垂直于杆件的轴线,杆件的轴线因变形由直线变成了曲线,这种变形称为**弯曲变形**。工程中以弯曲变形为主的杆件习惯上称为**梁**。

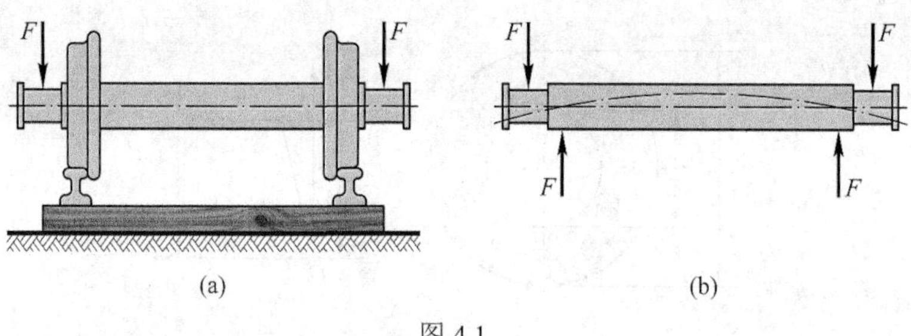

图4.1

工程结构中,绝大部分梁的横截面至少有一根对称轴。梁的轴线与横截面的对称轴所构成的平面,称为梁的纵向对称面(图4.2)。当作用在梁上的所有外力(主动力和约束力)均位于纵向对称面内时,梁的轴线由直线弯成一条位于纵向对称面内的曲线,这种弯曲称为**对称弯曲**,是弯曲问题中最常见的情况。

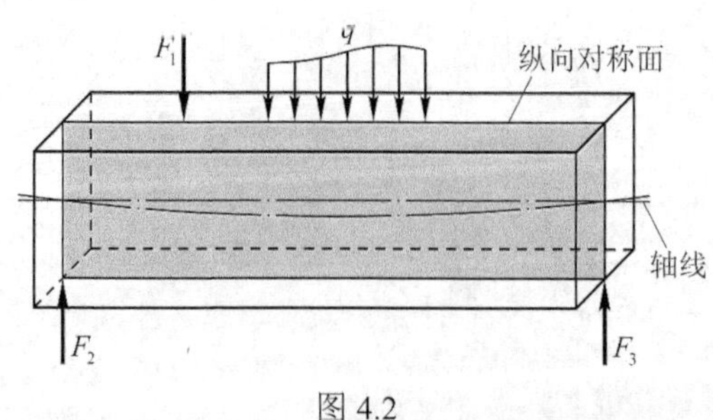

图4.2

本章讨论受弯杆件横截面上的内力,关于弯曲应力和弯曲变形内容将在后面两章中讨论。

4.2 梁的计算简图

实际构件的几何形状、受载方式和约束情况都比较复杂，为了便于受力分析和计算，往往需要对实际构件加以简化，用计算简图来代替实际构件。在简化过程中要求以实际情况为基础，尽量反映客观情况，力求简便。轴线是杆件横截面形心的连线，常用它来代替实际杆件。

1. 支座的分类

根据支座对梁在载荷平面内的约束情况，一般可以简化为三种基本形式。

(1) **可动铰支座**。简化形式如图 4.3(a)所示。它只能限制支承处的横截面沿支承面法线方向移动，因此这种支座只有一个约束，相应地也只有一个约束力 F_{Ay}。例如，滑动轴承、桥梁下的滚轴支座等均可简化为可动铰支座。

(2) **固定铰支座**。简化图形如图 4.3(b)所示。它限制被支承的横截面沿水平和垂直方向移动。因此这种支座有两个约束，相应地有两个约束力 F_{Ax}、F_{Ay}。例如，止推轴承、圆锥滚子轴承、桥梁下固定支座等均可简化为固定铰支座，但本章只考虑梁的弯曲，作用在梁上的外力垂直于梁的轴线，故 $F_{Ax}=0$。如果 $F_{Ax}\neq 0$，则梁除弯曲之外，还将有拉伸或压缩，这将在后面组合变形中讨论。

(3) **固定端支座**。简化图形如图 4.3(c)所示。它限制被支承的横截面沿水平、垂直方向移动和绕垂直于纸面的轴转动。因此这种支座有三个约束，相应有三个约束力 F_{Ax}、F_{Ay}、M_A。例如，摇臂钻床的横梁、车床的刀架等均可简化为固定端支座。

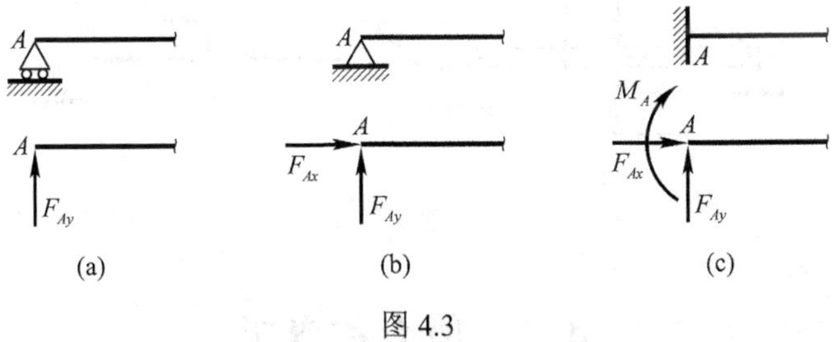

图 4.3

2. 静定梁的基本形式

梁在载荷与支座约束力作用下处于平衡，是一个平面一般力系或平面平行力系。当梁支座约束力数目与静力平衡方程式的数目相等时，这种梁称为**静定梁**。当支座约束力的数目大于静力平衡方程式的数目时，这种梁称为**超静定梁**。最常见的静定梁有以下三种基本形式。

(1) **简支梁**。一端为固定铰支，另一端为可动铰支的梁，如图 4.4(a)所示。

(2) **外伸梁**。一端或两端伸出支座之外的梁，如图 4.4(b)所示。

(3) **悬臂梁**。一端固定、另一端自由的梁，如图 4.4(c)所示。

简支梁或外伸梁的两个铰支座之间的距离称为跨度，悬臂梁的跨度是指固定端到自由端的距离。

图 4.4(a)中的简支梁或图 4.4(b)中的外伸梁，支座约束力 $F_{Ax}=0$，有两个未知的支座

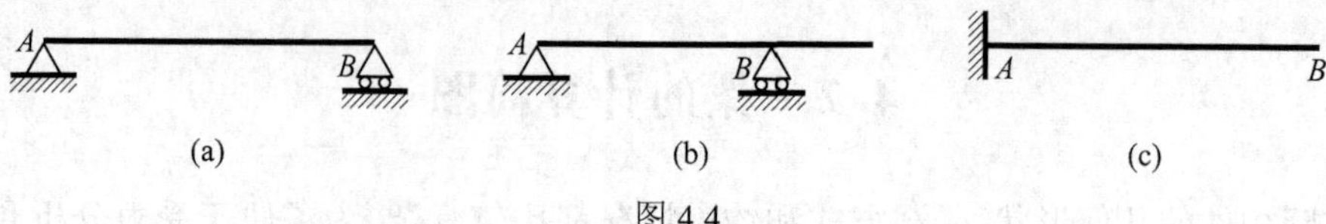

图 4.4

约束力 F_{Ay} 和 F_{By}，通过静力平衡方程 $\sum M_B = 0$ 可求出 F_{Ay}，通过静力平衡方程 $\sum M_A = 0$ 可求出 F_{By}，通过静力平衡方程 $\sum F_y = 0$ 可校核所求支座约束力的正确性。图 4.4(c) 中的悬臂梁，支座约束力 $F_{Ax} = 0$，有两个未知的支座约束力 F_{Ay} 和 M_A，通过静力平衡方程 $\sum F_y = 0$ 可求出 F_{Ay}，通过静力平衡方程 $\sum M_A = 0$ 可求出 M_A。

3. 载荷的简化

根据载荷不同的作用范围和方式，将载荷分为以下三类。

(1) **集中载荷**。当载荷作用范围远小于杆件轴向尺寸时，可认为它集中作用在一点。图 4.1 中火车车厢对轮轴的压力，可以简化成集中力。

(2) **分布载荷**。沿轴向连续作用在杆件上的载荷称为分布载荷，常用单位长度载荷 $q(x)$ 表示，称为载荷集度，量纲为 MT^{-2}。当 $q(x)$ 为常量时，称为均布载荷；当 $q(x)$ 为 x 的线性函数时，称为线性分布载荷；其他为一般分布载荷。

(3) **集中力偶**。如图 4.5(a) 所示梁 AB 受一对方向相反的水平力 F 作用，则梁 AB 的计算简图如图 4.5(b) 所示，该简支梁受一集中力偶 $M_e = 2Fa$ 作用。力偶的常用单位为 kN·m 或 N·m。

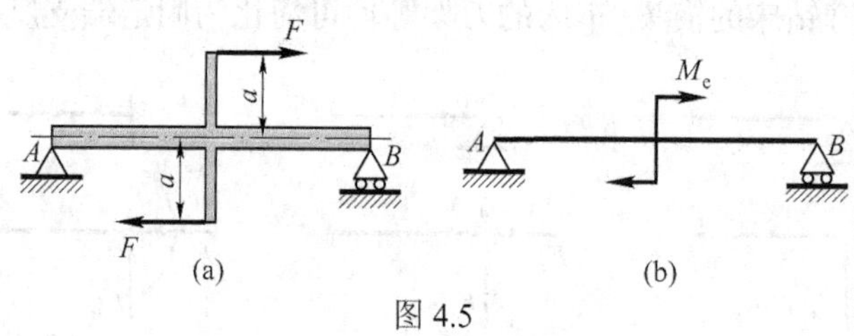

图 4.5

4.3 剪力和弯矩

以图 4.6(a) 简支梁为例，应用截面法分析梁横截面 $m—m$ 上的内力。

由静力平衡方程

$$\sum M_B = 0, \quad -F_{Ay}l + Fb = 0$$

$$\sum M_A = 0, \quad F_{By}l - Fa = 0$$

求得支座约束力为

$$F_{Ay} = \frac{Fb}{l}, \quad F_{By} = \frac{Fa}{l}$$

利用截面法，在截面 $m—m$ 处假想地将梁截成左、右两段，取左段为研究对象，如图4.6(b) 所示。为了维持其平衡，横截面上必有一个与横截面相切的内力，此为**剪力**，用 F_S 表示。由 $\sum F_y = 0$ 得

$$F_S = F_{Ay} = \frac{Fb}{l}$$

若将左段上的所有力对截面 $m—m$ 的形心 C 取矩,必须满足平衡方程 $\sum M_C = 0$,这就发现在截面 $m—m$ 存在一个内力偶,称为**弯矩**(bending moment),用 M 表示。由 $\sum M_C = 0$ 得

$$M = F_{Ay}x = \frac{Fb}{l}x$$

如果取右段梁为研究对象,如图 4.6(c)所示,用同样的方法,在截面 $m—m$ 上可求得数值相等而方向相反的剪力 F_S 和弯矩 M。

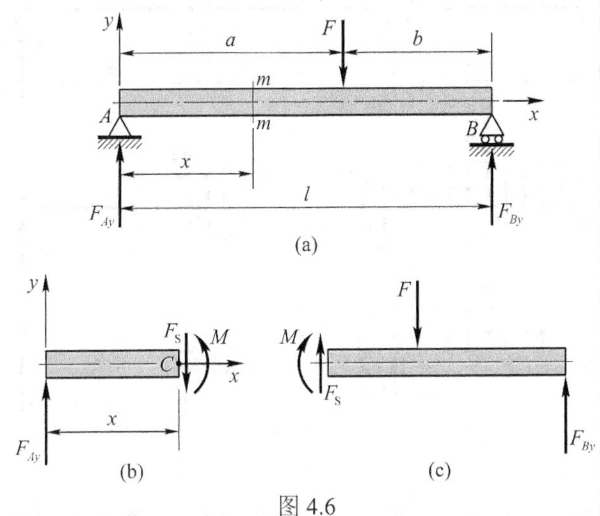

图 4.6

为了截开后取左段或右段梁计算同一截面上的剪力和弯矩时,非但数值相等,而且符号一致,把剪力和弯矩的符号规则与梁的变形联系起来,具体规定如下:在如图 4.7 所示微段的变形情况下,若左侧向上而右侧向下(左上右下)相对错动时,则剪力规定为正;反之,为负。或者说,使微段顺时针方向转动的剪力为正。在图 4.8 所示微段的变形情况下,若弯曲变形上凹下凸(上压下拉)时,则弯矩规定为正;反之,为负。

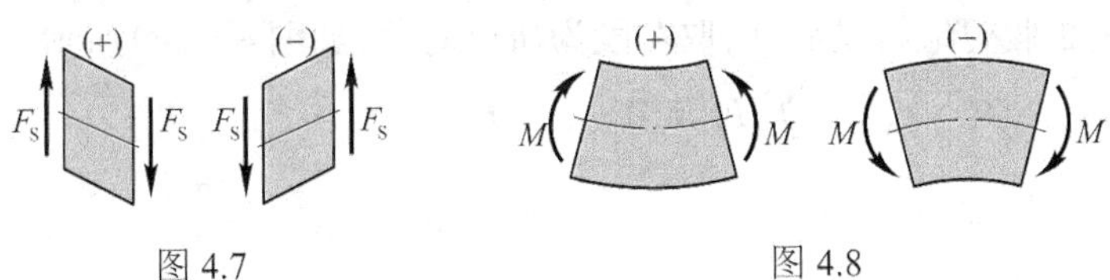

图 4.7　　图 4.8

根据上述符号规定,使用截面法求某一截面的剪力和弯矩时,无论取左段或右段梁为研究对象,所得数值和符号都是一样的。

例 4.1　试求如图 4.9(a)所示外伸梁截面 1—1、2—2、3—3、4—4 上的剪力和弯矩。其中截面 1—1、2—2 位于支座 A 的左、右两侧但无限接近支座 A;截面 3—3、4—4 位于集中力偶的左、右两侧但无限接近集中力偶作用点 D。

解: 以整体为研究对象,由静力平衡方程

$$\sum M_B = 0, \quad -F_{Ay} \cdot 2a + qa \cdot \frac{5a}{2} - qa^2 = 0$$

$$\sum M_A = 0, \quad F_{By} \cdot 2a + qa \cdot \frac{a}{2} - qa^2 = 0$$

求得支座约束力

$$F_{Ay} = \frac{3qa}{4}, \quad F_{By} = \frac{qa}{4}$$

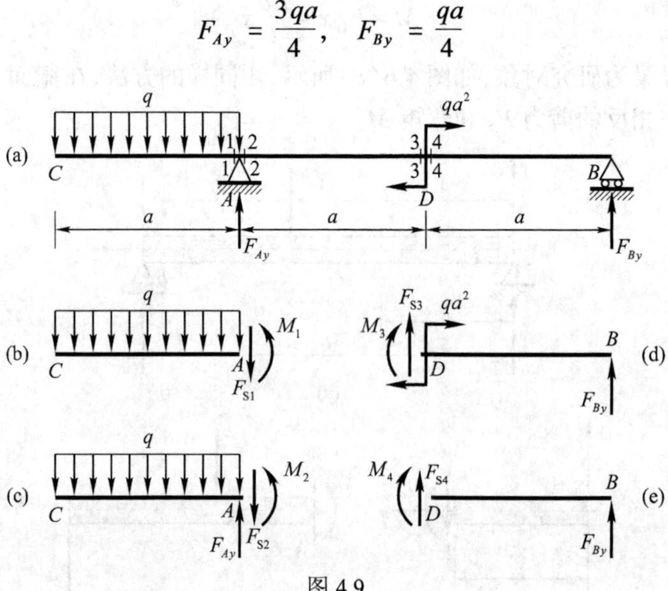

图 4.9

沿截面 1—1 假想地将梁截开，取左段为研究对象，如图 4.9(b)所示。由平衡方程

$$\sum F_y = 0, \quad -F_{S1} - qa = 0$$

$$F_{S1} = -qa$$

$$\sum M_A = 0, \quad M_1 + qa \cdot \frac{a}{2} = 0$$

$$M_1 = -\frac{qa^2}{2}$$

沿截面 2—2 假想地将梁截开，取左段为研究对象，如图 4.9(c)所示。由平衡方程

$$\sum F_y = 0, \quad -F_{S2} - qa + F_{Ay} = 0$$

$$F_{S2} = F_{Ay} - qa = -\frac{qa}{4}$$

$$\sum M_A = 0, \quad M_2 + qa \cdot \frac{a}{2} = 0$$

$$M_2 = -\frac{qa^2}{2}$$

沿截面 3—3 假想地将梁截开，取右段为研究对象，如图 4.9(d)所示。由平衡方程

$$\sum F_y = 0, \quad F_{S3} + F_{By} = 0$$

$$F_{S3} = -F_{By} = -\frac{qa}{4}$$

$$\sum M_D = 0,\quad -M_3 - qa^2 + F_{By}\cdot a = 0$$

$$M_3 = F_{By}\cdot a - qa^2 = -\frac{3qa^2}{4}$$

沿截面4—4假想地将梁截开,取右段为研究对象,如图4.9(e)所示。由平衡方程

$$\sum F_y = 0,\quad F_{S4} + F_{By} = 0$$

$$F_{S4} = -F_{By} = -\frac{qa}{4}$$

$$\sum M_D = 0,\quad -M_4 + F_{By}\cdot a = 0$$

$$M_4 = F_{By}\cdot a = \frac{qa^2}{4}$$

从上例可以看出,用截面法求剪力和弯矩,截开后画受力图比较麻烦。下面通过分析寻找规律,不用截开直接求剪力和弯矩。

求如图4.10(a)所示梁截面 m—m 的剪力和弯矩,从截面 m—m 将梁截开。

(1) 若取左段梁为研究对象[图4.10(b)],由 $\sum F_y = 0$ 知,剪力 F_S 等于左段梁上所有外力的代数和,向上的外力为正。由 $\sum M_C = 0$ 知,弯矩 M 等于左段梁上所有外力对形心 C 的力矩的代数和,使截面 m—m 上压下拉的力矩为正。

(2) 若取右段梁为研究对象[图4.10(c)],由 $\sum F_y = 0$ 知,剪力 F_S 等于右段梁上所有外力的代数和,向下的外力为正。由 $\sum M_C = 0$ 知,弯矩 M 等于右段梁上所有外力对形心 C 的力矩的代数和,使截面 m—m 上压下拉的力矩为正。

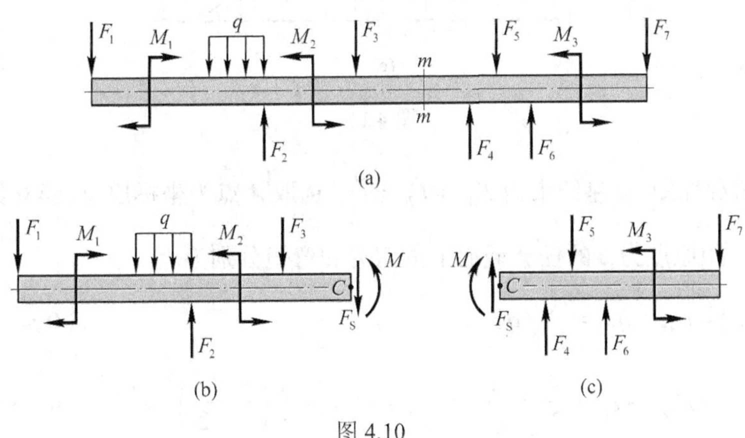

图4.10

4.4 剪力方程和弯矩方程 剪力图和弯矩图

一般情况下,梁横截面上的剪力和弯矩随横截面的位置不同而变化。因此有必要了解剪力和弯矩沿梁轴线变化的规律,从而分别确定最大剪力和最大弯矩所在截面的位置及数值,为梁的强度计算提供条件。

若以梁轴线坐标 x 表示横截面位置，各横截面上的剪力和弯矩可以分别表示为坐标 x 的函数，即

$$F_S = F_S(x)$$
$$M = M(x)$$

以上二式分别称为剪力方程和弯矩方程。

若以 x 为横坐标，以剪力 F_S 或弯矩 M 为纵坐标，分别绘制剪力与弯矩沿梁轴变化的图线。这种图线称为剪力图或弯矩图。

例 4.2 如图 4.11(a) 所示简支梁，受均布载荷 q 作用。试建立梁的剪力方程和弯矩方程，并绘制剪力图和弯矩图。

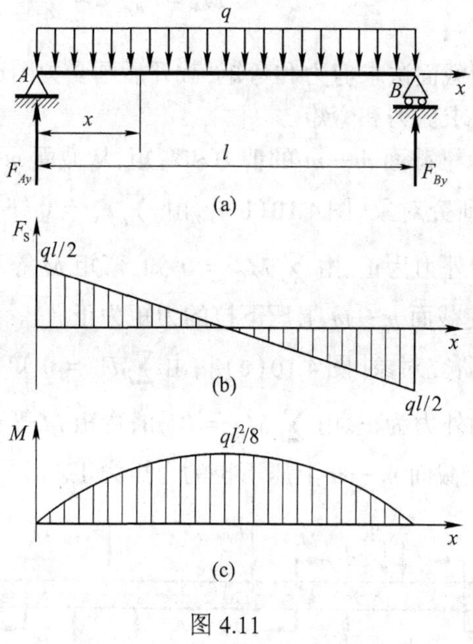

图 4.11

解：由对称性知，支座约束力 $F_{Ay} = F_{By} = \dfrac{ql}{2}$，选取 A 点为坐标原点，建立如图 4.11(a) 所示坐标系。距原点为 x 的任意截面上的剪力和弯矩分别为

$$F_S(x) = F_{Ay} - qx = \frac{ql}{2} - qx \qquad (0 < x < l) \qquad \text{(a)}$$

$$M(x) = F_{Ay}x - qx \cdot \frac{x}{2} = \frac{ql}{2} \cdot x - \frac{1}{2}qx^2 = -\frac{q}{2}\left(x - \frac{l}{2}\right)^2 + \frac{ql^2}{8} \qquad (0 \leqslant x \leqslant l) \qquad \text{(b)}$$

由式(a)看出，剪力图为斜直线，只要确定两点就可定出这一斜直线。剪切图如图4.11(b)所示，$F_{S\max} = \dfrac{ql}{2}$。

由式(b)看出，弯矩图为二次抛物线，抛物线顶点在 $x = \dfrac{l}{2}$处。根据三点

$$x = 0, \quad M(0) = 0$$
$$x = l, \quad M(l) = 0$$

$$x=\frac{l}{2},\quad M\left(\frac{l}{2}\right)=\frac{ql^2}{8}$$

就可以画出弯矩图如图 4.11(c)所示，$M_{\max}=\dfrac{ql^2}{8}$。

例 4.3 如图 4.12(a)所示简支梁，在梁的 C 截面受集中力 F 作用，试建立梁的剪力方程和弯矩方程，并绘制剪力图和弯矩图。

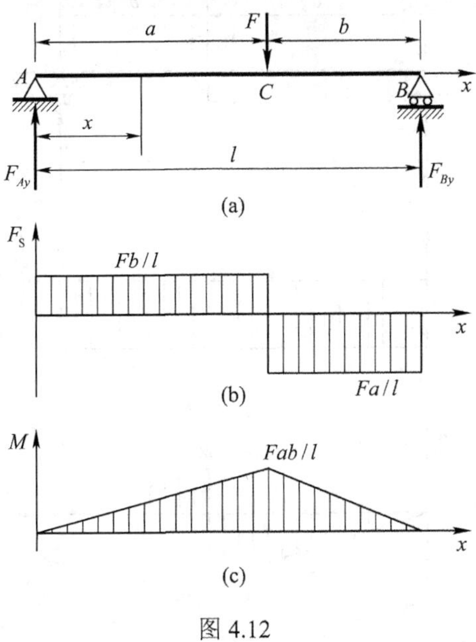

图 4.12

解： 以整体为研究对象，由静力平衡方程 $\sum M_B=0$ 与 $\sum M_A=0$，求得支座约束力

$$F_{Ay}=\frac{Fb}{l},\quad F_{By}=\frac{Fa}{l}$$

以 A 点为坐标原点，建立如图 4.12(a)所示坐标系。以集中力 F 的作用点 C 为分界点，将梁分为 AC 和 CB 两段，分别建立剪力方程和弯矩方程。

AC 段的剪力方程和弯矩方程分别为

$$F_S(x)=F_{Ay}=\frac{Fb}{l}\qquad(0<x<a)\tag{c}$$

$$M(x)=F_{Ay}x=\frac{Fb}{l}x\quad(0\leqslant x\leqslant a)\tag{d}$$

CB 段的剪力方程和弯矩方程分别为

$$F_S(x)=-F_{By}=-\frac{Fa}{l}\qquad(a<x<l)\tag{e}$$

$$M(x)=F_{By}(l-x)=\frac{Fa}{l}(l-x)\quad(a\leqslant x\leqslant l)\tag{f}$$

根据式(c)、式(e)画剪力图如图 4.12(b)所示，当 $a>b$ 时，$|F_S|_{\max}=\dfrac{Fa}{l}$。

根据式(d)、式(f)画弯矩图如图4.12(c)所示，$M_{max}=\dfrac{Fab}{l}$。

由剪力图和弯矩图可见，在集中力作用点处，弯矩连续，但剪力发生突变(跳跃)，突变量等于该集中力的大小。

例4.4 如图4.13(a)所示简支梁，在梁的 C 截面受集中力偶 M_e 作用，试建立梁的剪力方程和弯矩方程，并绘制剪力图和弯矩图。

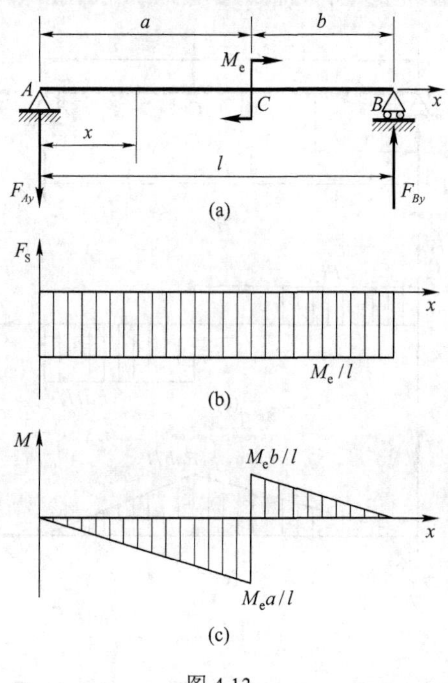

图4.13

解：由于梁上作用的是一个集中力偶，约束力 F_{Ay}、F_{By} 一定组成一个力偶与之平衡，故

$$F_{Ay}=\frac{M_e}{l}\ (\downarrow),\quad F_{By}=\frac{M_e}{l}\ (\uparrow)$$

以 A 点为坐标原点，建立如图4.13(a)所示坐标系。剪力方程为

$$F_S=-\frac{M_e}{l}\qquad (0<x<l) \tag{g}$$

AC、CB 段的弯矩方程分别为

$$M(x)=-F_{Ay}x=-\frac{M_e}{l}x\qquad (0\leqslant x<a) \tag{h}$$

$$M(x)=F_{By}(l-x)=\frac{M_e}{l}(l-x)\qquad (a<x\leqslant l) \tag{i}$$

根据式(g)画剪力图如图4.13(b)所示，$|F_S|_{max}=\dfrac{M_e}{l}$。

根据式(h)、(i)画弯矩图如图4.13(c)所示，当 $a>b$ 时，$|M|_{max}=\dfrac{M_ea}{l}$。

由剪力图和弯矩图可见，在集中力偶作用点处，剪力无变化，但弯矩发生突变(跳跃)，突变量等于该集中力偶的大小。

4.5 载荷集度、剪力和弯矩间的关系

如图4.14(a)所示直梁,其上作用有集中力、集中力偶和分布载荷,分布载荷的集度为 $q(x)$,并规定 $q(x)$向上为正、向下为负。坐标轴 x 自左向右为正向。用坐标分别为 x 和 $x + \mathrm{d}x$的两个横截面,从梁中截取一微段 $\mathrm{d}x$ 来研究,并设该微段上无集中力和集中力偶。微段梁的受力情况如图4.14(b)所示,左侧面上的剪力和弯矩分别为 $F_S(x)$、$M(x)$,右侧面上的剪力和弯矩分别为 $F_S(x) + \mathrm{d}F_S(x)$、$M(x) + \mathrm{d}M(x)$,分布载荷可视为均匀的。由微段梁的平衡方程

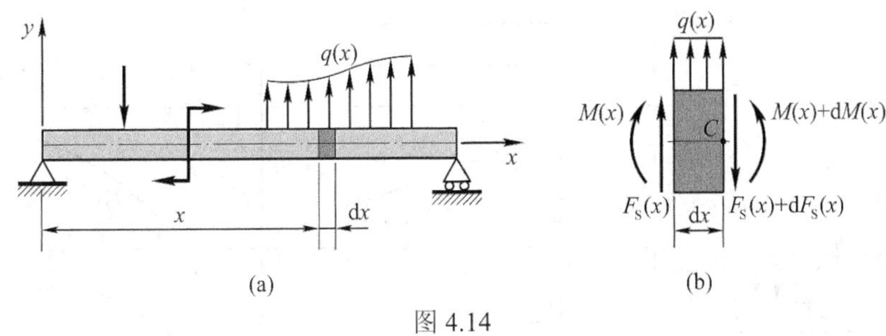

图 4.14

$$\sum F_y = 0, \quad F_S(x) + q(x)\,\mathrm{d}x - F_S(x) - \mathrm{d}F_S(x) = 0 \tag{a}$$

$$\sum M_C = 0, \quad M(x) + \frac{1}{2}q(x)(\mathrm{d}x)^2 + F_S(x)\,\mathrm{d}x - M(x) - \mathrm{d}M(x) = 0 \tag{b}$$

略去式(b)中的高阶微量$\frac{1}{2}q(x)(\mathrm{d}x)^2$,整理后上面两式变为

$$\frac{\mathrm{d}F_S(x)}{\mathrm{d}x} = q(x) \tag{4.1}$$

$$\frac{\mathrm{d}M(x)}{\mathrm{d}x} = F_S(x) \tag{4.2}$$

将式(4.2)对 x 再求导,并将式(4.1)代入,便得

$$\frac{\mathrm{d}^2 M(x)}{\mathrm{d}x^2} = \frac{\mathrm{d}F_S(x)}{\mathrm{d}x} = q(x) \tag{4.3}$$

以上三式表示了直梁的载荷集度 $q(x)$,剪力 $F_S(x)$和弯矩 $M(x)$之间的导数关系,或称为微分关系。它表明:剪力图在某点处的切线斜率,等于该处分布载荷集度;弯矩图在某点处的切线斜率,等于该处剪力;弯矩图在某点处的二阶导数,等于该处分布载荷集度。注意,在集中力及集中力偶作用处导数关系不成立。

对于几种常见载荷情况,对应的剪力图与弯矩图的形状及特征如下(表4.1)所述。

(1) 在梁的某一段内,若无载荷作用,即 $q(x) = 0$,由$\frac{\mathrm{d}F_S(x)}{\mathrm{d}x} = q(x) = 0$ 可知,在这一段梁内 $F_S(x) =$ 常量,剪力图为水平直线,F_S 的数值可能为正、零、负值。由$\frac{\mathrm{d}M(x)}{\mathrm{d}x} = F_S(x)$知,

对应的弯矩图为向上倾斜、水平、向下倾斜的直线。

表 4.1　几种常见载荷对应的剪力图与弯矩图的形状

载荷情况	剪力图形状	弯矩图形状
$q(x)=0$	⊕	
	$F_S=0$	
	⊖	
q	⊕	
	⊕ ⊖	
	⊖	
F	⊕ F	
	⊕ F ⊖	
	F ⊖	
M_e	⊕	M_e
	$F_S=0$	M_e
	⊖	M_e

(2) 在梁的某一段内,若作用方向向下的均布载荷,即 $q(x)$ = 常数 <0,则 $\frac{\mathrm{d}^2 M(x)}{\mathrm{d}x^2} = \frac{\mathrm{d}F_S(x)}{\mathrm{d}x} = q(x)$ = 常数 <0,在这一段梁内 $F_S(x)$是 x 的一次函数,$M(x)$是 x 的二次函数。剪力图为斜直线(斜率 <0),弯矩图为开口向下的二次抛物线。剪力的值可能恒为正、从正到负、恒为负等三种情况,对应的弯矩图也有三种情况。在剪力从正到负的情况下,在剪力等于零处,弯矩取极大值,抛物线顶点的位置在剪力等于零的截面。

(3) 集中力 F 作用处,剪力图发生突变,突变值等于集中力的数值。弯矩图的斜率发生突然变化,成为一个转折点或尖角。

(4) 集中力偶 M_e 作用处,剪力图无变化。弯矩图发生突变,突变值等于集中力偶矩的大小。

利用载荷集度 $q(x)$、剪力 $F_S(x)$和弯矩 $M(x)$之间的导数关系式(4.1)和式(4.2),经过积分得到积分关系

$$F_S(x_2) - F_S(x_1) = \int_{x_1}^{x_2} q(x)\,\mathrm{d}x \tag{4.4}$$

$$M(x_2) - M(x_1) = \int_{x_1}^{x_2} F_S(x)\,\mathrm{d}x \tag{4.5}$$

上面两式表明,在 $x = x_2$ 和 $x = x_1$ 两截面上的剪力之差,等于两截面间分布载荷图的面积;两截面上的弯矩之差,等于两截面间剪力图的面积。在计算某些特殊截面的弯矩,例如抛物线顶点的值,利用积分关系(4.5)可能更简洁方便。

例 4.5 利用载荷集度、剪力和弯矩间的导数关系,绘制如图 4.15(a)所示简支梁的剪力图和弯矩图。

解:由静力平衡方程 $\sum M_B = 0$ 与 $\sum M_A = 0$,求得支座约束力

$$F_{Ay} = \frac{3ql}{8}, \quad F_{By} = \frac{ql}{8}$$

将梁分为 AC 和 CB 两段。AC 段受均布载荷作用,剪力图为斜直线,根据斜直线左、右两端的值(由截面法求得)

$$F_{SA右} = F_{Ay} = \frac{3ql}{8}, \quad F_{SC} = -F_{By} = -\frac{ql}{8}$$

就可画出斜直线。CB 段无载荷作用,剪力图为水平直线,根据截面 C 的剪力值就可画出水平直线。剪力图如图 4.15(b)所示,最大剪力为 $F_{S\max} = \frac{3ql}{8}$。

AC 段弯矩图为抛物线,抛物线顶点位于截面 D(该截面剪力为零)。利用积分关系式(4.5)求截面 D 的弯矩 M_D 比截面法更方便:截面 D 的弯矩减去截面 A 的弯矩,等于截面 A、D 之间剪力图的面积,即

$$M_D - M_A = \frac{1}{2} \times \frac{3l}{8} \times \frac{3ql}{8} = \frac{9ql^2}{128}$$

而 $M_A = 0$,因此 $M_D = \frac{9ql^2}{128}$。再利用截面法求得 $M_C = \frac{ql^2}{16}$。根据截面 A、C、D 的弯矩值

就可画出抛物线。

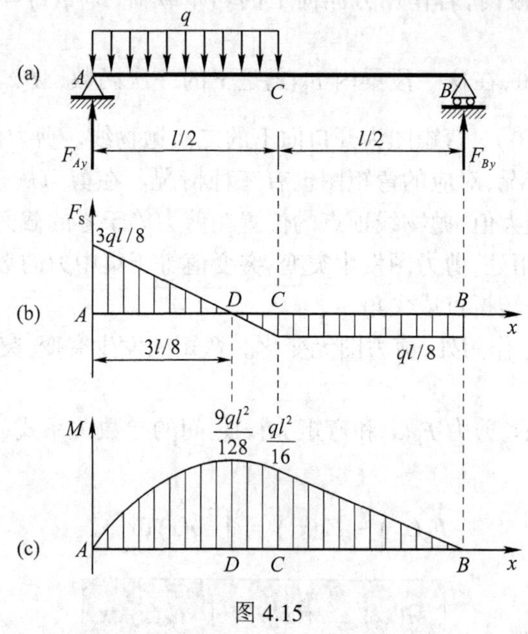

图 4.15

CB 段弯矩图为斜直线，根据 $M_C=\frac{ql^2}{16}$ 及 $M_B=0$ 就可画出斜直线。梁的弯矩图如图 4.15(c)所示。最大弯矩发生在截面 D，且 $M_{\max}=\frac{9ql^2}{128}$。

例 4.6 利用载荷集度、剪力和弯矩间的导数关系，绘制图 4.16(a)所示梁的剪力图和弯矩图。

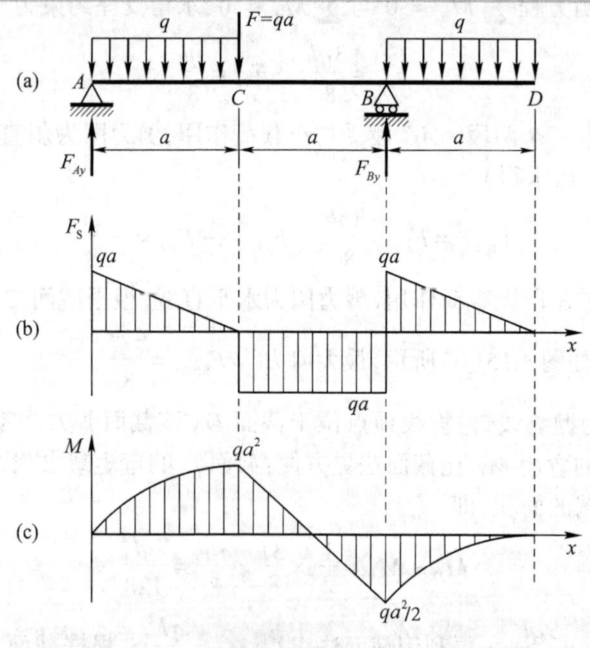

图 4.16

解：由静力平衡方程

$$\sum M_B = 0, \quad -F_{Ay}\cdot 2a + qa\cdot\frac{3a}{2} + qa\cdot a - qa\cdot\frac{a}{2} = 0$$

$$\sum M_A = 0, \quad F_{By}\cdot 2a - qa\cdot\frac{a}{2} - qa\cdot a - qa\cdot\frac{5a}{2} = 0$$

求得支座约束力

$$F_{Ay} = qa\,(\uparrow), \quad F_{By} = 2qa\,(\uparrow)$$

将梁分为 AC、CB、BD 三段，剪力图分别为斜直线、水平直线、斜直线。只要确定斜直线左右两端的值就可画出斜直线。根据截面法可求得

$$F_{SA右} = qa, \quad F_{SC左} = 0$$

$$F_{SC右} = F_{SB左} = -qa$$

$$F_{SB右} = qa, \quad F_{SD} = 0$$

根据上面6个特殊截面的剪力值就可画出剪力图上的三条直线，剪力图如图4.16(b)所示。

AC 段弯矩图为抛物线，抛物线顶点位于 C 截面(此处剪力为零)。再求得

$$M_A = 0, \quad M_C = qa^2/2$$

根据 A、C 两点的弯矩值及顶点位置就可画出抛物线。

BD 段弯矩图为抛物线，抛物线顶点位于 D 截面(此处剪力为零)。再求得

$$M_B = -qa^2/2, \quad M_D = 0$$

根据 B、D 两点的弯矩值及顶点位置就可画出抛物线。

CB 段弯矩图为斜直线，在 C、B 两截面弯矩图连续，直接连上就可。

弯矩图如图4.16(c)所示。

可以这样简便地画剪力图：从左往右，看着向上的载荷就向上走，看着向下的载荷就向下走，看着集中力就跳，看着均布载荷就斜着走，没有载荷的地方画水平线。按此方法画如图4.16(a)所示梁的剪力图，从左端 A 开始，A 点有向上的集中力 qa，从0向上跳 qa；从 A 到 C 有向下的均布载荷，合力为 qa，斜着下 qa，到0；C 点有向下的集中力 qa，向下跳 qa，到 $-qa$；从 C 到 B 没有载荷，画水平线；B 点有向上的集中力 $2qa$，向上跳 $2qa$，到 qa；从 B 到 D 有向下的均布载荷，合力为 qa，斜着下 qa，到0。这样就得到如图4.16(b)所示的剪力图。

例4.7 利用载荷集度、剪力和弯矩间的导数关系，绘制图4.17(a)所示梁的剪力图和弯矩图。

解：该梁受一集中力偶和一对均布载荷作用，而一对均布载荷合成一力偶，故支座 A、B 的约束力也合成一力偶

$$F_{Ay} = \frac{qa}{2}\,(\downarrow), \quad F_{By} = \frac{qa}{2}\,(\uparrow)$$

先画剪力图：从左端 C 开始，从 C 到 A 有向上的均布载荷，合力为 qa，斜着上 qa；A 点有向下的集中力 $\frac{qa}{2}$，向下跳 $\frac{qa}{2}$，到 $\frac{qa}{2}$；从 A 到 B 有向下的均布载荷，合力为 qa，斜着下 qa，到 $-\frac{qa}{2}$；B 点有向上的集中力 $\frac{qa}{2}$，向上跳 $\frac{qa}{2}$，到0。剪力图如图4.17(b)所示。

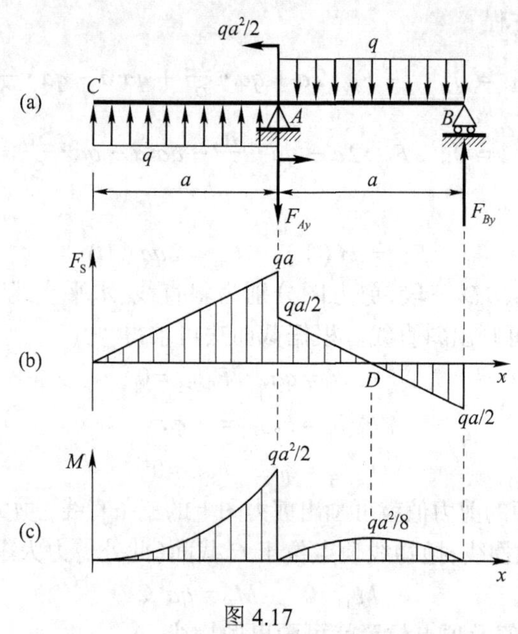

图 4.17

再画弯矩图：CA 段为抛物线，顶点在 C 截面（此截面剪力为0），$M_C=0$，$M_{A左}=\dfrac{qa^2}{2}$；AB 段为抛物线，顶点在 AB 的正中间 D 截面（此截面剪力为0），$M_{A右}=0$，$M_B=0$，可利用积分关系式(4.5)计算抛物线顶点的值，D 截面弯矩减 $A_{右}$ 截面弯矩应等于 AD 间剪力图的面积，求得 $M_D=\dfrac{qa^2}{8}$。弯矩图如图 4.17(c)所示。

如果梁上压下拉，则弯矩为正，而正的弯矩图画在梁的上侧，即受压侧；如果梁上拉下压，则弯矩为负，而负的弯矩图画在梁的下侧，即受压侧。可见，无论弯矩的正负，弯矩图都画在梁的受压侧。结构力学及一些土建类专业材料力学教科书约定，将弯矩图画在受拉侧，这只要将本书所画弯矩图画在对应部位的另一侧即可实现。对于梁，只要将弯矩图中纵坐标轴 M 的正向朝下，其余（包括轴 x 的正向、剪力图等）不变，即可实现。

4.6　平面刚架和曲杆的内力分析

平面刚架是由在同一平面内、不同取向的杆件，通过杆端相互刚性连接而成的结构。当杆件变形时，二杆连接处保持刚性，即在连接处二杆轴线的夹角保持不变。刚架中的横杆称为横梁，竖杆称为立柱，二者连接处称为刚结点或刚性接头。

在刚架平面内载荷作用下，刚架横截面内的内力一般有轴力、剪力和弯矩，其中弯矩最为重要。刚架中轴力的符号规定与拉压杆相同。剪力的符号规定与梁相同，在如图 4.7 所示微段的变形情况下，使微段顺时针方向转动的剪力为正。画刚架的轴力图时，横梁上正的轴力画上侧，立柱上正的轴力画左侧或右侧都可以，但要求在轴力图上标上轴力的正负号。画刚架剪力图的方法与轴力图相同。刚架弯矩图不分正负（写弯矩方程时设某转向为正），弯矩图画在受压侧。

还有一些构件，如钓钩、链环和拱等，其轴线为平面曲线，称为**曲杆**。本书只讨论小曲率杆，其轴线曲率较小。对于静定曲杆，用截面法将曲杆截成两部分，通过任一部分的平衡方程可求出横截面上的内力。曲杆轴力和剪力的正负号与钢架相同，使曲杆曲率增大的弯矩规定为正。曲杆的弯矩图也画在受压侧。

例 4.8 作如图 4.18(a)所示刚架的轴力图、剪力图和弯矩图。

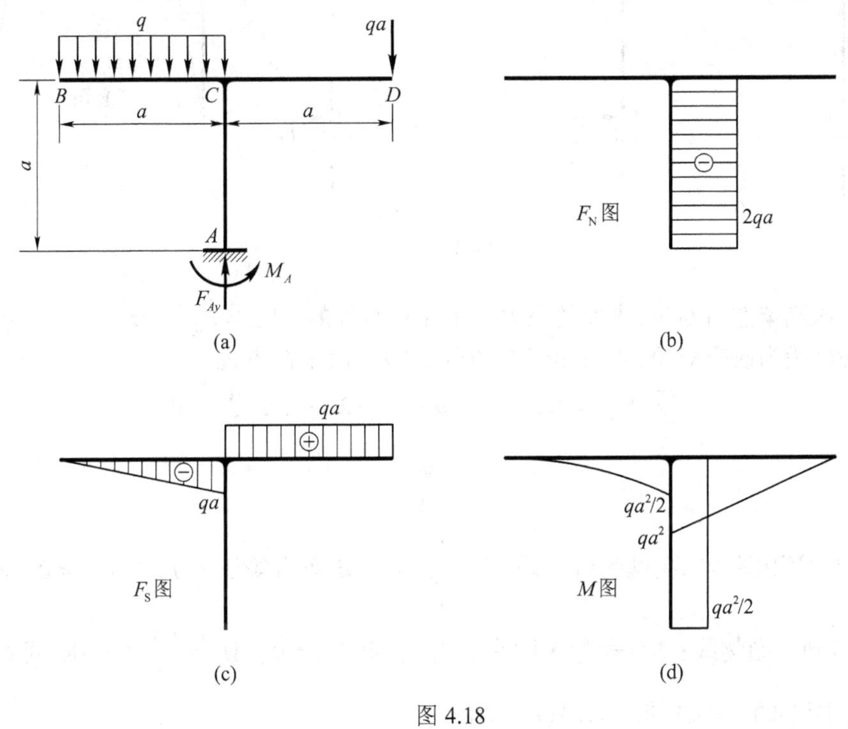

图 4.18

解：取整体为研究对称，由静力平衡方程可求得支座 A 的约束力

$$F_{Ax}=0,\quad F_{Ay}=2qa\,(\uparrow),\quad M_A=\frac{qa^2}{2}\,(\circlearrowleft)$$

横梁 BC 和 CD 在水平方向不受力，故轴力为零；立柱 AC 受轴向压力 F_{Ay} 作用，故轴力 $F_{NAC}=-F_{Ay}=-2qa$。整个刚架的轴力图如图 4.18(b)所示。

横梁 BC 和 CD 的剪力图画法与梁相同；立柱 AC 在水平方向不受力，故剪力为零。整个刚架的剪力图如图 4.18(c)所示。

横梁 BC 受均布载荷作用，其弯矩图为二次抛物线，抛物线的顶点在 B 点(此截面剪力为零)。$M_A=0$，利用截面法可求得 $M_{C左}=\dfrac{qa^2}{2}$（下压），根据这两截面的弯矩值可画出抛物线；横梁 CD 的弯矩图为斜直线，$M_D=0$，利用截面法可求得 $M_{C右}=\dfrac{qa^2}{2}$（下压），根据这两截面的弯矩值可画出斜直线；立柱 AC 的弯矩值为常量(因为剪力为零)，从任意截面截开，取下面部分为研究对象，发现其弯矩值等于 M_A，且右侧受压，故弯矩图画在右侧(受压侧)。整个刚架的弯矩图如图 4.18(d)所示。

例 4.9 作如图 4.19(a)所示刚架的弯矩图。

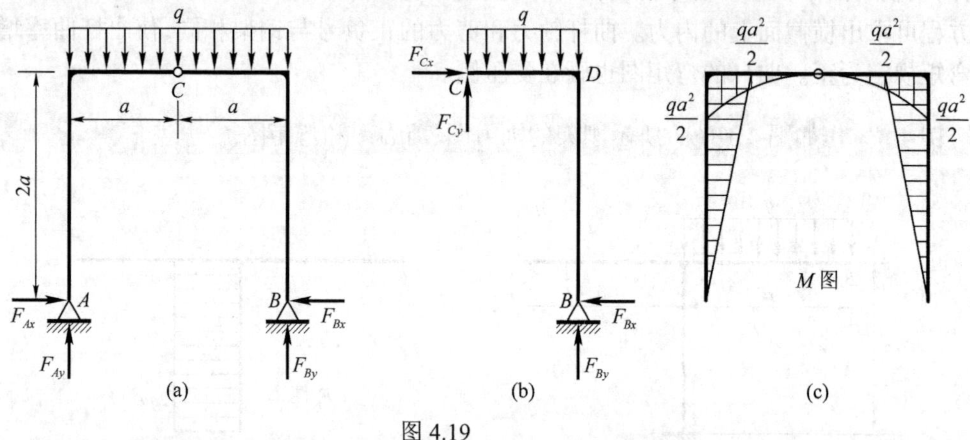

图 4.19

解: 该刚架左右对称,支座约束力也是左右对称的, $F_{Ay}=F_{By}=qa$。

取 BC 段为研究对象,受力如图 4.19(b)所示,由平衡方程

$$\sum M_C = 0,\quad F_{By}\cdot a - F_{Bx}\cdot 2a - qa\cdot\frac{a}{2} = 0$$

$$F_{Bx}=\frac{qa}{4}$$

CD 段弯矩图为二次抛物线,顶点在 C 点(该处剪力等于零),由 $M_C=0$, $M_D=\frac{qa^2}{2}$(下压)可画出抛物线; BD 段弯矩图为斜直线,由 $M_B=0$, $M_D=\frac{qa^2}{2}$(左压)可画出斜直线。整个刚架的弯矩图如图 4.19(c)所示。

例 4.10 试写出如图 4.20(a)所示曲杆的轴力、剪力和弯矩方程。

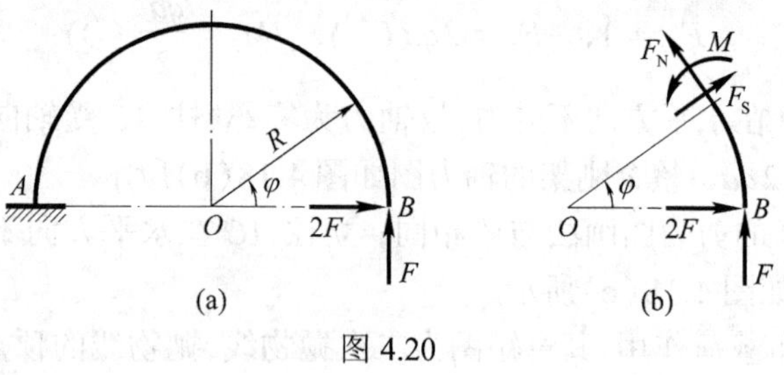

图 4.20

解: 用截面法从任意截面截开,取右段研究[图 4.20(b)],轴力 F_N、剪力 F_S 和弯矩 M 都画成正方向。列三个平衡方程: F_N 方向合力等于 0、F_S 方向合力等于 0, 以及对截面的形心取矩等于 0, 求得轴力、剪力和弯矩方程分别为

$$F_N(\varphi) = 2F\sin\varphi - F\cos\varphi = F(2\sin\varphi - \cos\varphi)$$

$$F_S(\varphi) = -2F\cos\varphi - F\sin\varphi = -F(2\cos\varphi + \sin\varphi)$$

$$M(\varphi) = -2FR\sin\varphi - FR(1-\cos\varphi) = FR(\cos\varphi - 2\sin\varphi - 1)$$

习题提示

典型考题

习 题

1. 试求图示各梁中截面1—1、2—2、3—3上的剪力和弯矩，这些截面无限接近于截面A、B或C。

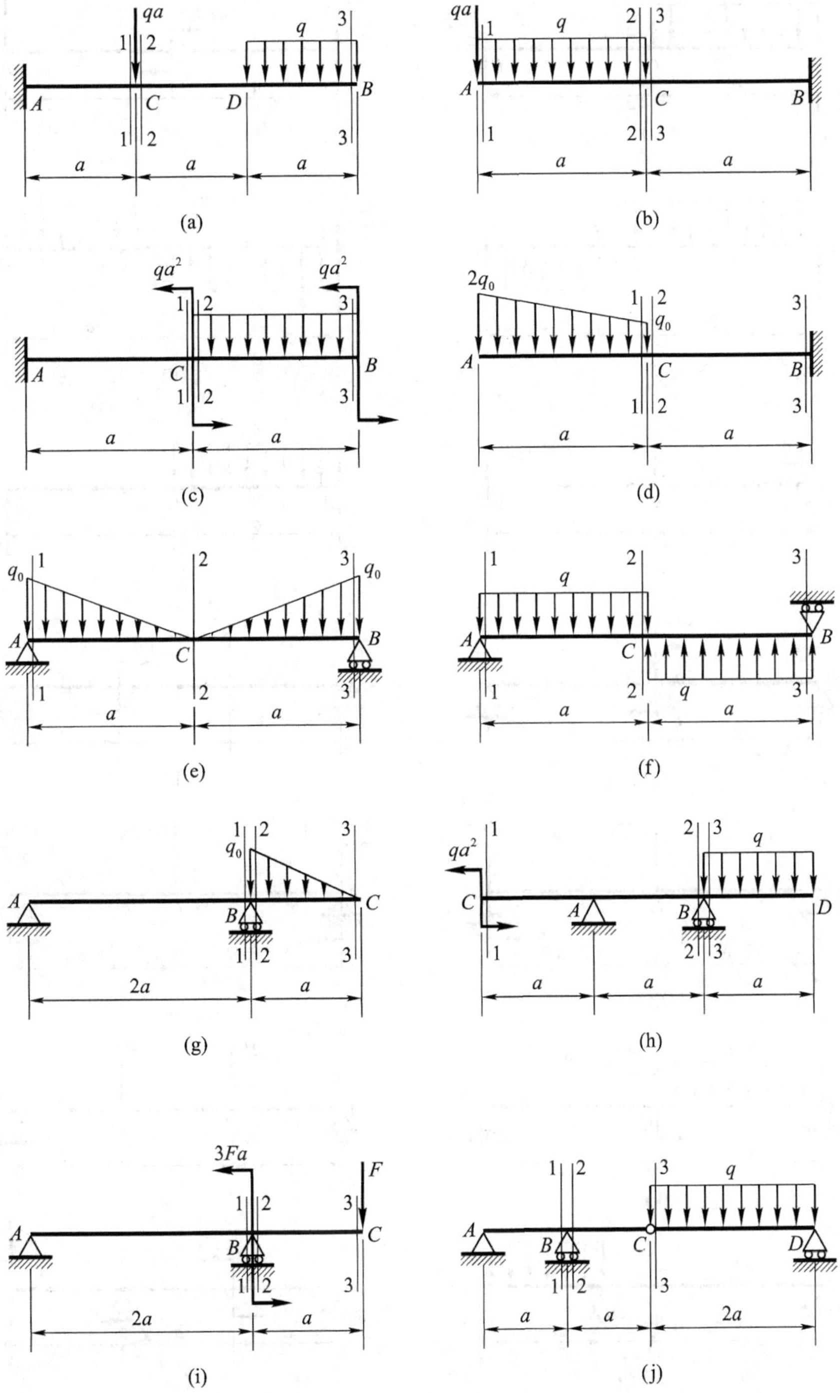

(a)

(b)

(c)

(d)

(e)

(f)

(g)

(h)

(i)

(j)

题1图

2. 已知图示各梁的载荷及尺寸。

（1）列出梁的剪力方程和弯矩方程；

（2）作剪力图和弯矩图；

（3）确定$|F_S|_{max}$和$|M|_{max}$。

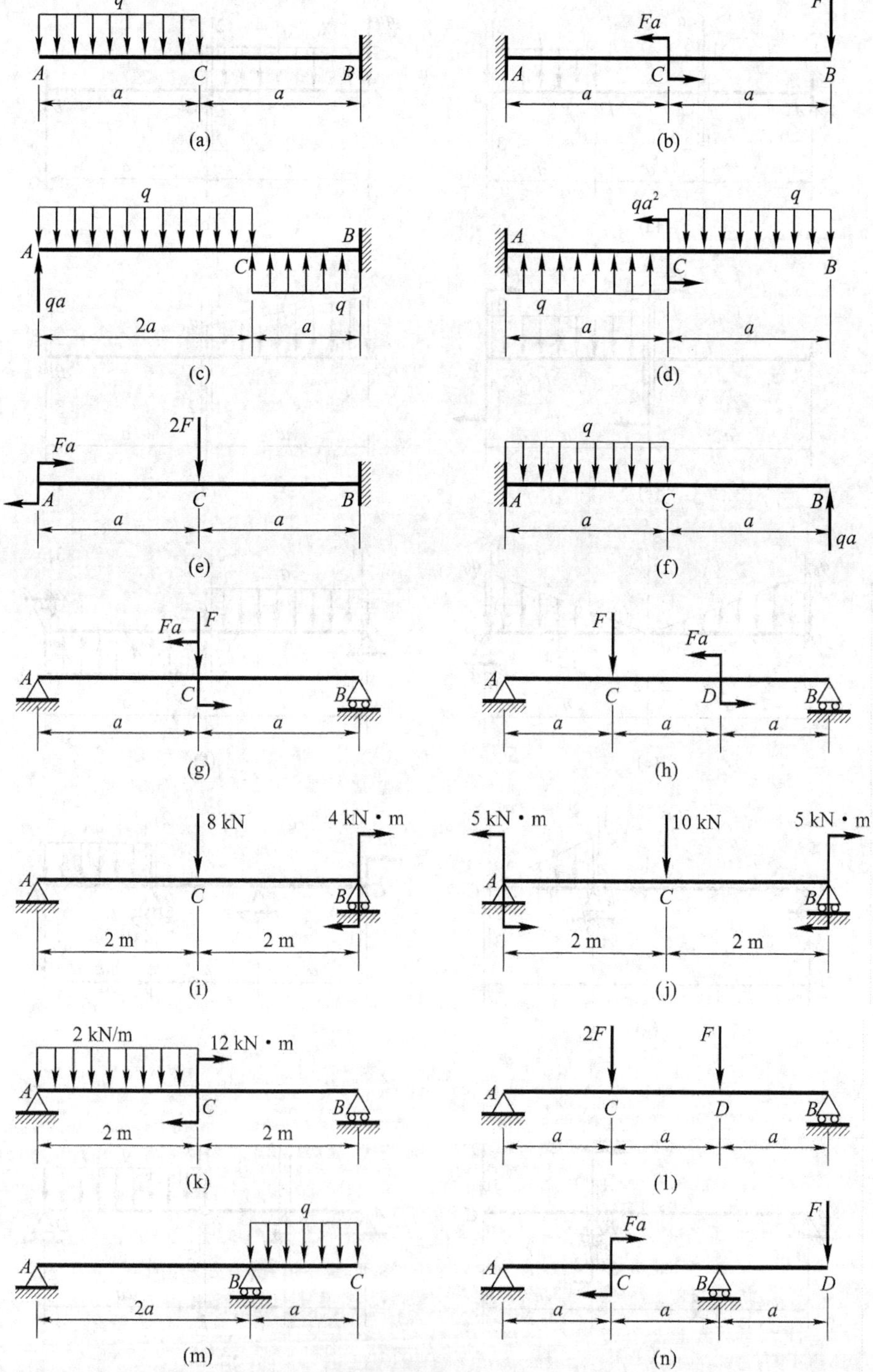

题 2图

3. 利用导数关系作图示各梁的剪力图和弯矩图，并确定$|F_S|_{max}$和$|M|_{max}$。

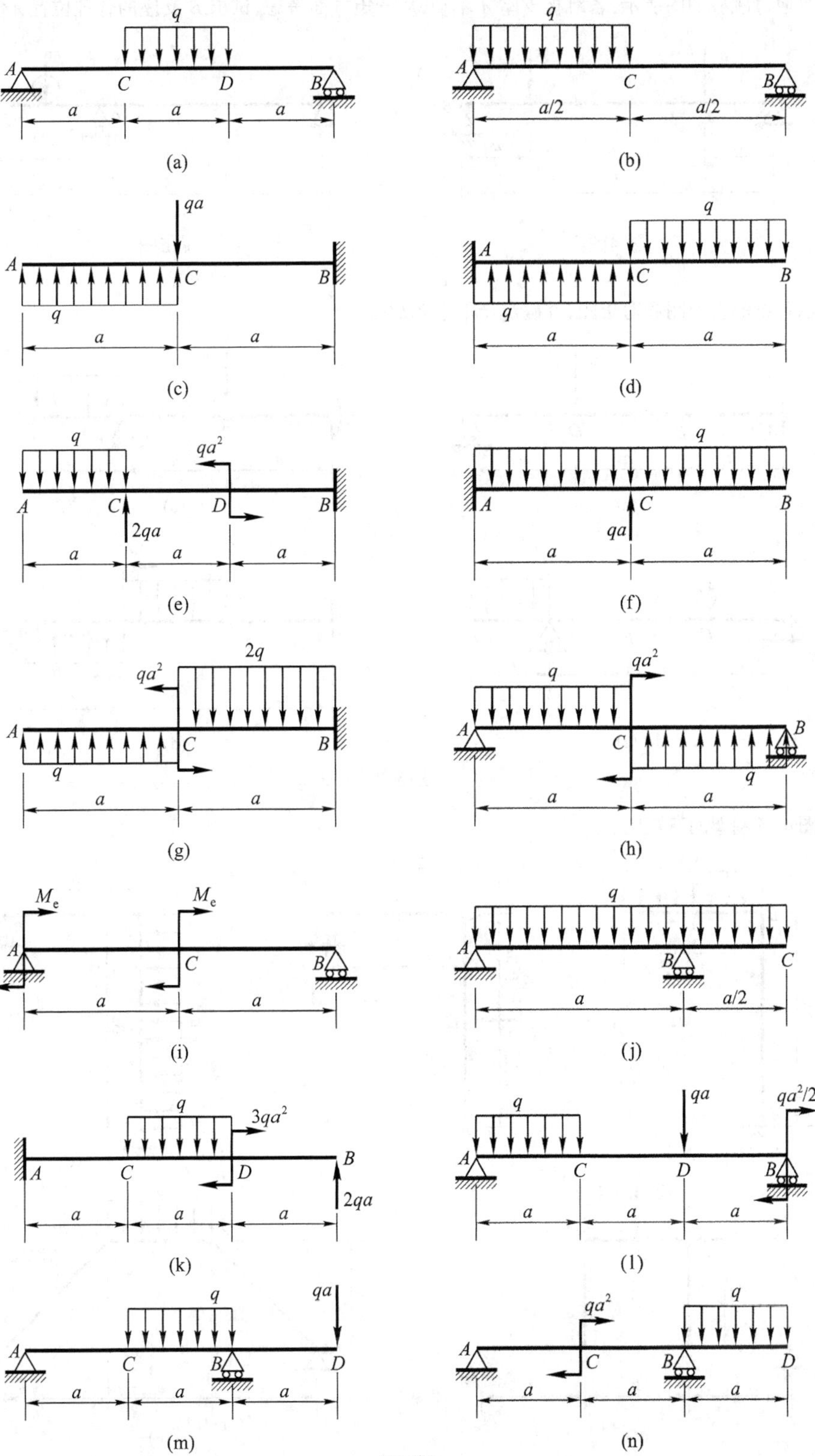

题3图

4. 作图示梁的剪力图和弯矩图。梁在 CD 段的变形称为纯弯曲，试问 CD 段的内力有何特点？

5. 独轮车通过跳板如图所示，若跳板支座 A 不动，从弯矩方面考虑，试求 B 支座的合理位置 x 值。

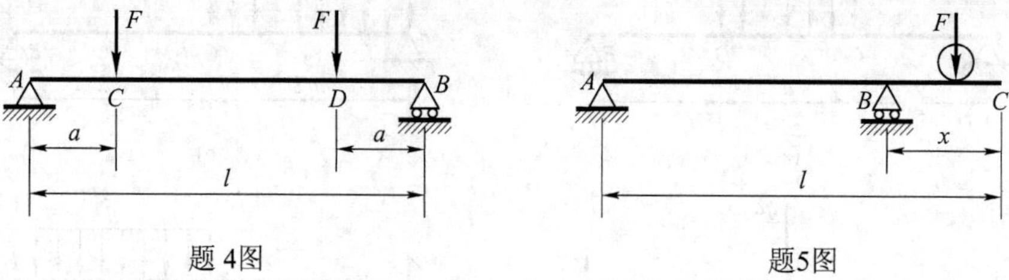

题 4图　　　　题5图

6. 作图示各梁的剪力图和弯矩图，并确定 $|F_S|_{max}$ 和 $|M|_{max}$。

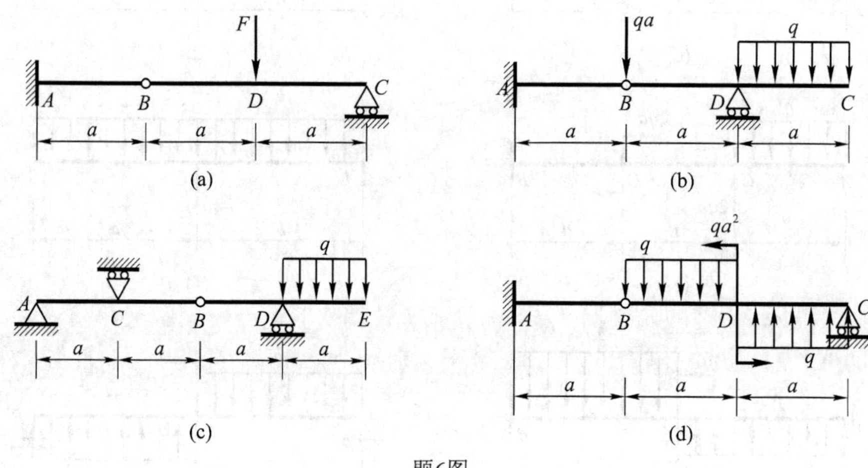

题6图

7. 试作图示各刚架的弯矩图。

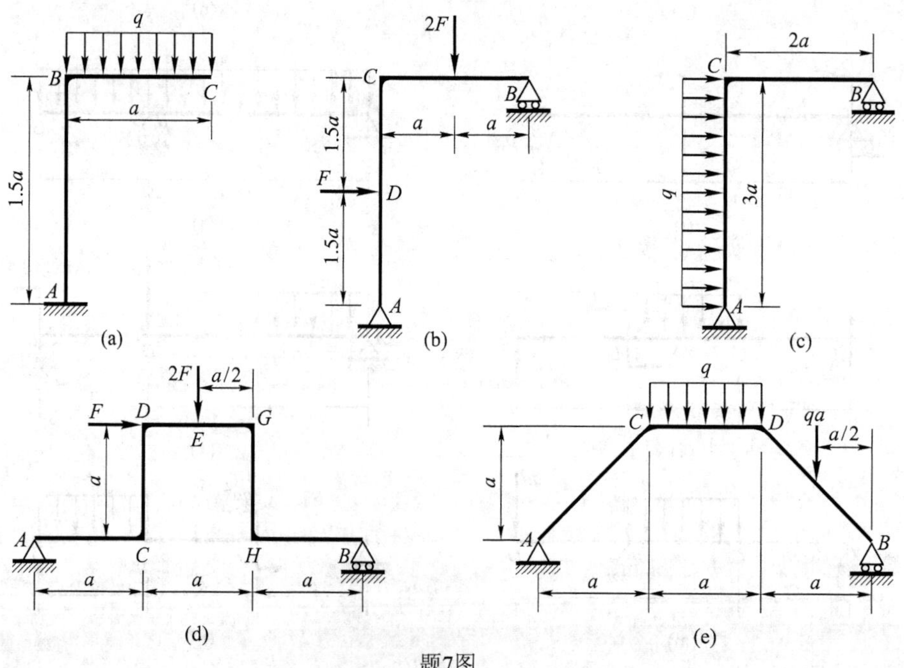

题7图

8. 写出图示各曲杆的轴力、剪力和弯矩方程,并作弯矩图。设曲杆的轴线皆为圆形或半圆形。

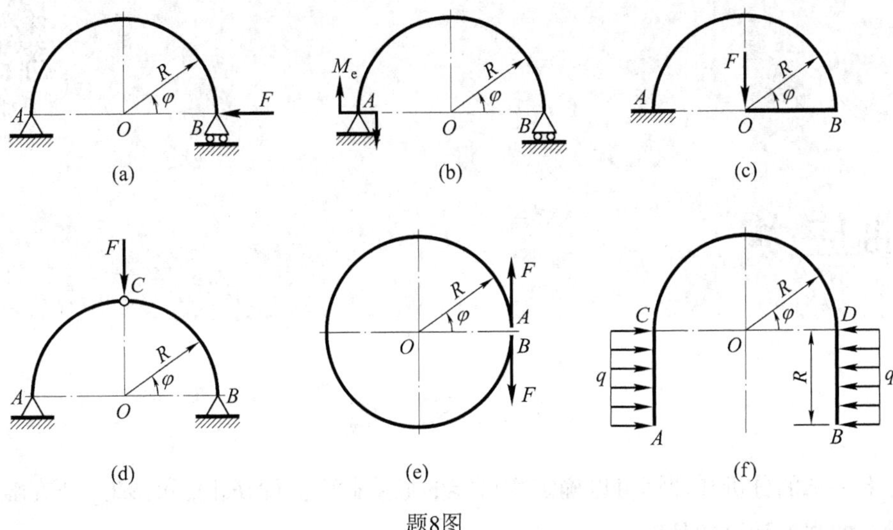

题8图

9. 作图示各梁的剪力图和弯矩图,并确定$|F_S|_{max}$和$|M|_{max}$。

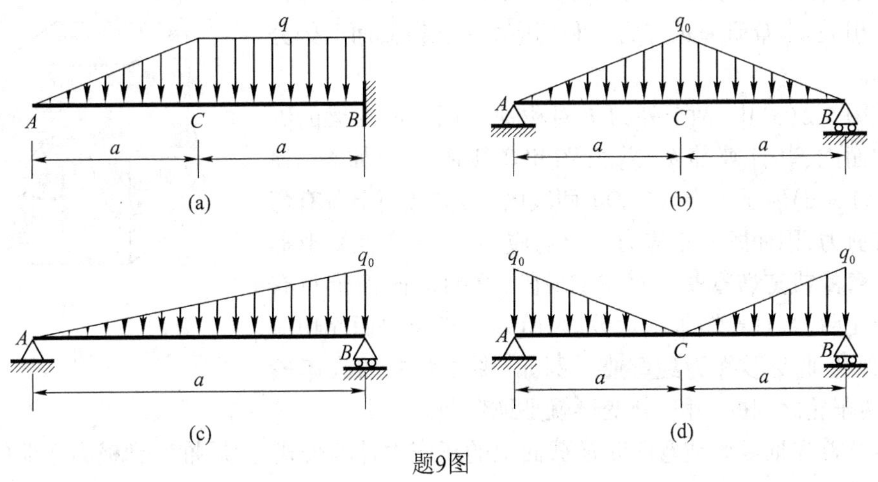

题9图

5 弯曲应力

5.1 概　述

由上一章的分析和计算可以确定梁可能的危险截面。即$|F_S|_{max}$和$|M|_{max}$所在截面,并作为梁弯曲强度计算的基础。

剪力F_S实际上是切向微内力τdA的合力,弯矩是法向微内力σdA的合力偶矩(图5.1)。所以,剪力F_S只与切应力τ相关,弯矩M只与正应力σ相关。本章研究正应力σ和切应力τ在横截面上的分布规律。

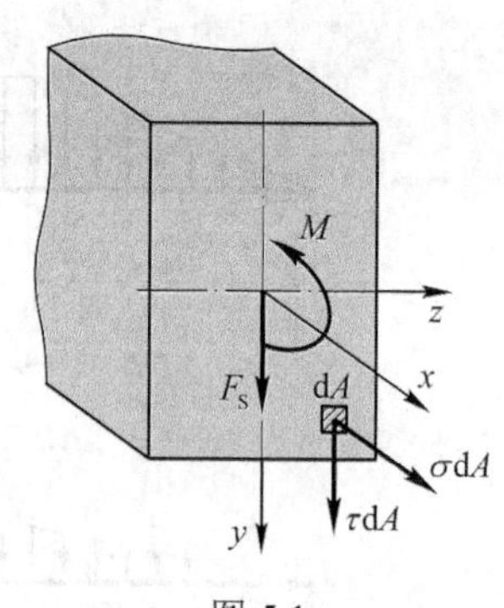

图 5.1

在图5.2(a)中,两个外力F对称地作用于简支梁的纵向对称面内,其计算简图、剪力图和弯矩图分别如图5.2(b)、(c)、(d)所示。在AC、DB两段内,梁横截面上既有弯矩又有剪力,因而既有正应力又有切应力,这种弯曲变形称为**横力弯曲**或**剪切弯曲**。而在CD段,梁的横截面上只有弯矩而无剪力,且弯矩等于常数,因而只有正应力而无切应力,这种弯曲变形称为**纯弯曲**。例如,图4.1中的火车轮轴,在两车轮之间的一段,其变形就是纯弯曲。

本章首先推导梁纯弯曲时横截面上的正应力计算公式,然后推广到横力弯曲的情况。

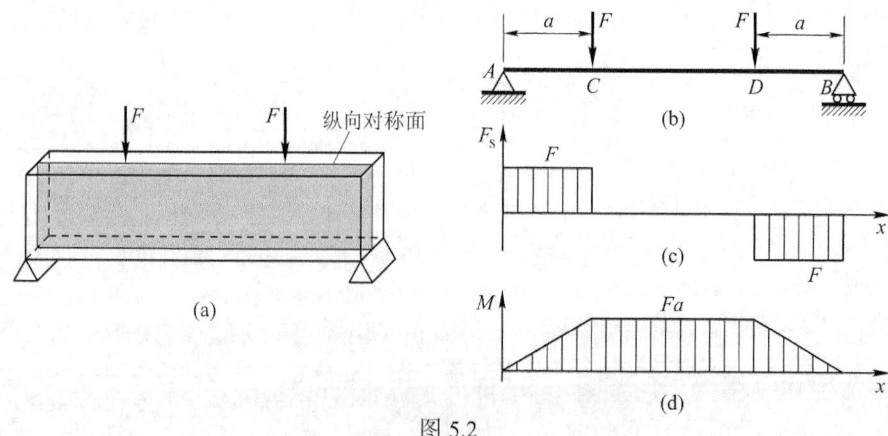

图 5.2

5.2 纯弯曲时梁横截面上的正应力

用较易变形的材料制成矩形截面等直梁作纯弯曲试验。变形前，先在梁的侧面画上表示横截面的横向线 *mm* 和 *nn*，以及垂直于横向线的纵向线 *aa* 和 *bb*[图 5.3(a)]，*aa* 位于中间偏上些，*bb* 位于中间偏下些。然后在梁两端施加一对大小相等、方向相反的力偶 M_e，使梁发生纯弯曲变形[图 5.3(b)]。通过实验，观察到以下变形现象。

(1) 纵向线 *aa* 和 *bb* 均弯成了圆弧曲线，且 *aa* 缩短而 *bb* 伸长了。

(2) 横向线 *mm* 和 *nn* 变形后仍保持为直线，它们相对旋转一个角度后，仍垂直于弧线 $\overset{\frown}{aa}$ 和 $\overset{\frown}{bb}$ 。

(3) 矩形截面的宽度变形后上宽下窄。

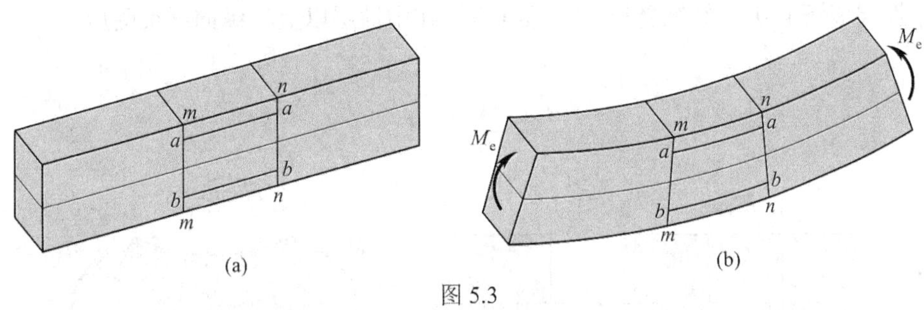

图 5.3

根据实验现象，可以做出假设：梁的各个横截面在变形后仍保持为平面，并仍垂直于变形后的梁轴线。这就是梁在纯弯曲时的**平面假设**。

另外，再作**单向受力假设**：认为各纵向纤维之间互不挤压。于是各纵向纤维均处于单向受拉或受压的状态。

由上面两个假设得出的理论结果，经实验和工程实践证明符合实际情况，而且与弹性力学的结果也是一致的。

梁在弯曲变形时，上面部分纵向纤维缩短，下面部分纵向纤维伸长，根据平面假设和变形的连续性，纵向纤维在由缩短区过渡到伸长区之间，必有一层纵向纤维既不伸长也不缩短，保持原来的长度，这一纵向纤维层称为**中性层**(图 5.4)。中性层与横截面的交线称为**中性轴**。中性层将梁分成压缩和拉伸两个区域。

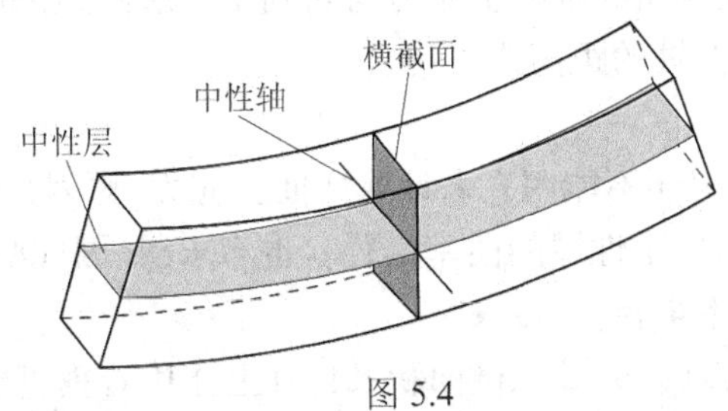

图 5.4

在研究梁纯弯曲时横截面上的正应力时，与研究圆轴扭转时横截面上切应力一样，需综合考虑变形几何关系、物理关系与静力关系。

1. 变形几何关系

图 5.5(a)中，OO 是梁的中性层，中性层位置待定，x 轴经过中性层，bb 距中性层的距离为 y。如图 5.5(b)所示为梁的横截面，y 轴是对称轴，z 轴是中性轴。图 5.5(a)中梁段变形后的形状如图 5.5(c)所示，ρ 是中性层的曲率半径。纵向纤维 bb 的线应变为

$$\varepsilon = \frac{\widehat{b'b'} - \overline{bb}}{\overline{bb}}$$

式中，$\overline{bb} = \overline{OO} = \widehat{O'O'}$(因中性层内线段长度不变)，上式变为

$$\varepsilon = \frac{\widehat{b'b'} - \widehat{O'O'}}{\widehat{O'O'}} = \frac{(\rho + y)\mathrm{d}\theta - \rho\mathrm{d}\theta}{\rho\mathrm{d}\theta} = \frac{y}{\rho} \tag{a}$$

上式表明，纵向纤维的线应变与它到中性层的距离成正比。在图 5.5 坐标系中，当 y 为正时(在中性层以下)，纵向纤维受拉；当 y 为负时(在中性层以上)，纵向纤维受压。

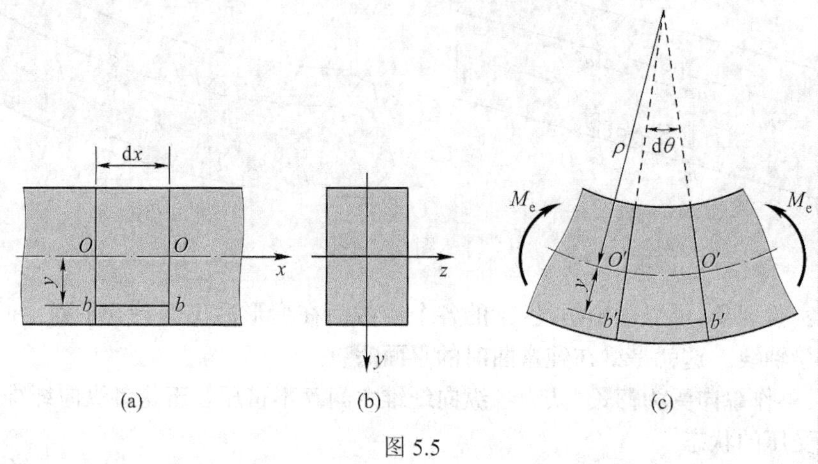

图 5.5

2. 物理关系

根据单向受力假设，各纵向纤维都是单向拉伸或压缩。因此当应力不超过材料的比例极限时，正应力与线应变之间服从胡克定律，将式(a) 代入胡克定律

$$\sigma = E\varepsilon = E\frac{y}{\rho} \tag{b}$$

式(b) 表明：弯曲时任意纵向纤维的正应力与它到中性层的距离成正比，即横截面上任意点的正应力与该点到中性轴的距离成正比。

3. 静力关系

虽然得到了式(b)，但还不能用它来计算弯曲正应力，原因是中性轴(或中性层) 的位置尚未确定(y 无法计算)，中性层的曲率半径 ρ 也未求得。因此必须用静力关系确定中性轴的位置和中性层的曲率半径。

在横截面内任意一点(y,z) 处取微面积 $\mathrm{d}A$，其上作用着垂直于截面的微内力 $\sigma\mathrm{d}A$，如图 5.6 所示。整个横截面上的微内力 $\sigma\mathrm{d}A$ 组成平行于 x 轴的空间平行力系，此平行力系只可能简化成三个内力分量：平行于 x 轴的轴力 F_N，绕 y 轴转动的弯矩 M_y，绕 z 轴转动的弯矩 M_z，它们分别为

$$F_N = \int_A \sigma \mathrm{d}A$$

$$M_y = \int_A z\sigma \mathrm{d}A$$

$$M_z = \int_A y\sigma \mathrm{d}A$$

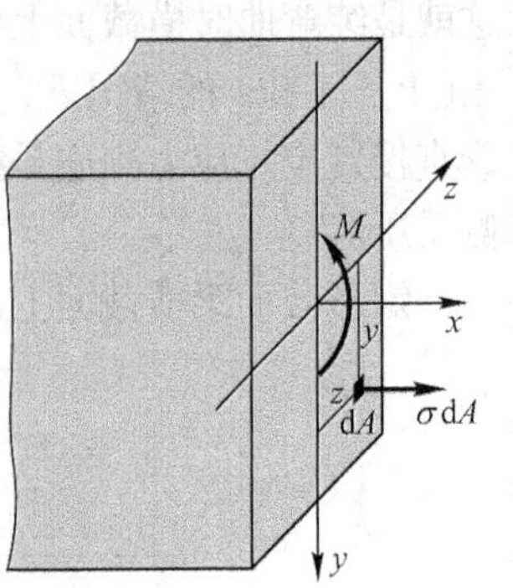

由于此处所研究的是纯弯曲梁，因此横截面上的轴力 $F_N = 0$，绕 y 轴转动的弯矩 $M_y = 0$，绕 z 轴转动的弯矩 $M_z = M$，所以上面三式可以改写为

$$F_N = \int_A \sigma \mathrm{d}A = 0 \tag{c}$$

$$M_y = \int_A z\sigma \mathrm{d}A = 0 \tag{d}$$

$$M_z = \int_A y\sigma \mathrm{d}A = M \tag{e}$$

图 5.6

将式(b)代入式(c)，得

$$\int_A \sigma \mathrm{d}A = \int_A E\frac{y}{\rho}\mathrm{d}A = \frac{E}{\rho}\int_A y\mathrm{d}A = \frac{E}{\rho}S_z = 0$$

因为$\frac{E}{\rho} \neq 0$，所以 $S_z = 0$，即横截面对中性轴的静矩等于零（参见附录A.1），这说明中性轴一定通过横截面形心，这就确定了中性轴的位置。而中性轴是中性层与横截面的交线，所以梁所有横截面形心的连线，即轴线，也在中性层内，变形后其长度不变。

将式(b) 代入式(d)，得

$$\int_A z\sigma \mathrm{d}A = \frac{E}{\rho}\int_A yz\mathrm{d}A = \frac{E}{\rho}I_{yz} = 0$$

式中，I_{yz} 是横截面对 y 和 z 轴的惯性积。由于 y 轴是横截面的对称轴，必然有$I_{yz} = 0$，所以上式自然满足。如果 y 轴不是对称性，从上面的分析可以看出，y 和 z 轴必须是形心主惯性轴（参见附录 A.2），式(c)、式(d) 才能满足。

将式(b) 代入式(e)，得

$$M = \int_A y\sigma \mathrm{d}A = \frac{E}{\rho}\int_A y^2\mathrm{d}A = \frac{E}{\rho}I_z$$

式中，I_z 是横截面对 z 轴（中性轴）的惯性矩。由上式可得中性层的曲率（也是梁轴线变弯后的曲率）

$$\frac{1}{\rho} = \frac{M}{EI_z} \tag{5.1}$$

上式表明，EI_z 越大，曲率$\frac{1}{\rho}$则越小，故 EI_z 称为梁的抗弯刚度。从式(5.1) 和式(b) 中消去$\frac{1}{\rho}$，得

$$\sigma = \frac{My}{I_z} \tag{5.2}$$

这就是纯弯曲时横截面上任一点的正应力计算公式。对于图5.5所选坐标系，在弯矩M为正(上压下拉)的情况下，y为正时σ为拉应力；y为负时σ为压应力。也可以通过弯曲变形直接判定正应力到底是拉应力还是压应力：以中性层为界，凸出的一侧受拉，凹入的一侧受压。

矩形截面梁横截面上的正应力分布如图5.7所示。

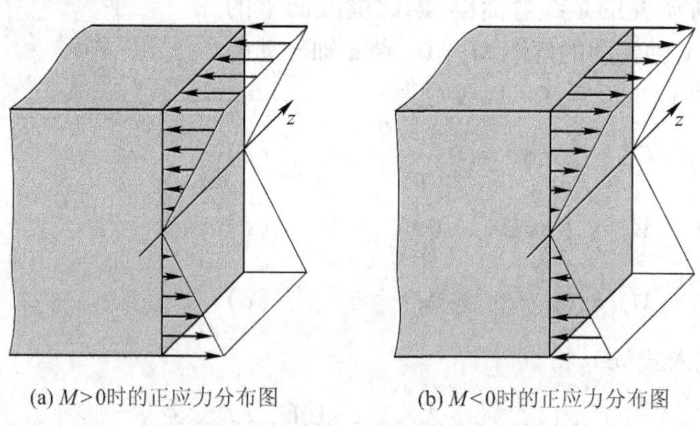

(a) $M>0$时的正应力分布图　(b) $M<0$时的正应力分布图

图 5.7

推导式(5.1)和式(5.2)时，只是为了方便而将梁的横截面画成矩形。其实，只要梁有一个纵向对称面，且载荷作用在此纵向对称面内，公式就适用。

现考虑横截面上的最大正应力。由式(5.2)可见，σ与y成正比，因此横截面上的最大正应力发生在截面上、下边缘点处。对于图5.8(a)中T字形截面梁，中性轴z过截面形心C，中性轴显然不是对称轴，此时最大拉应力σ_t和最大压应力σ_c的计算需考虑弯矩M的正负号

$$M>0\text{ 时},\quad \sigma_t=\frac{My_1}{I_z},\quad \sigma_c=\frac{My_2}{I_z}$$

$$M<0\text{ 时},\quad \sigma_t=\frac{|M|\,y_2}{I_z},\quad \sigma_c=\frac{|M|\,y_1}{I_z}$$

其正应力分布图如图5.8(b)、(c)所示。

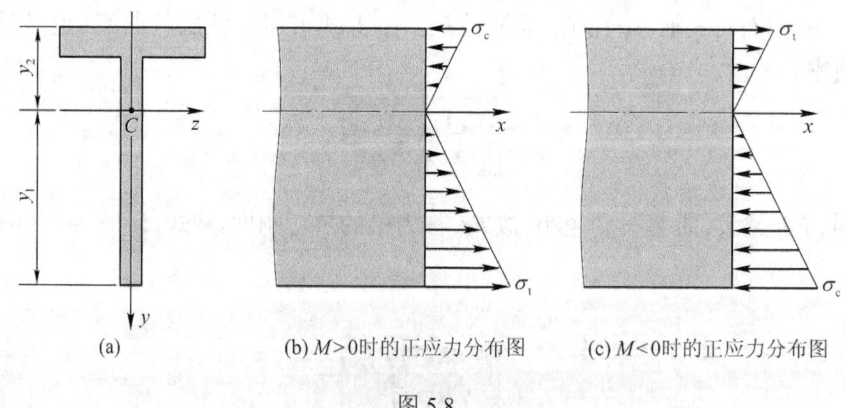

(a)　(b) $M>0$时的正应力分布图　(c) $M<0$时的正应力分布图

图 5.8

如果中性轴为横截面的对称轴,如矩形、圆形等截面,此时 $\sigma_t = \sigma_c = \sigma_{max}$

$$\sigma_{max} = \frac{My_{max}}{I_z} \tag{f}$$

令

$$W_z = \frac{I_z}{y_{max}} \tag{5.3}$$

则式(f)变为

$$\sigma_{max} = \frac{M}{W_z} \tag{5.4}$$

这就是横截面上最大正应力计算公式。式中 W_z 称为**抗弯截面系数**,有时简写成 W。对于宽为 b、高为 h 的矩形截面(参见附录A.2)

$$I_z = \frac{bh^3}{12}, \quad W_z = \frac{bh^2}{6} \tag{5.5}$$

对于实心圆截面,设直径为 d,则

$$I_z = \frac{\pi d^4}{64}, \quad W_z = \frac{\pi d^3}{32} \tag{5.6}$$

对于空心圆截面,设外径为 D,内径为 d, $\alpha = d/D$, 则

$$I_z = \frac{\pi D^4}{64}(1 - \alpha^4), \quad W_z = \frac{\pi D^3}{32}(1 - \alpha^4) \tag{5.7}$$

对于工字形等型钢, I_z 和 W_z 的值可从附录B中查得。

5.3 横力弯曲时的正应力 正应力强度计算

式(5.2)是在平面假设和单向受力假设的基础上推导的,实验证明在纯弯曲情况下这是正确的,但工程实践中的绝大部分受弯构件属于横力弯曲,即横截面上同时存在剪力和弯矩。由于剪力的存在,横截面产生剪切变形,使横截面发生翘曲,平面假设不再成立。同时由于横力的作用,使纵向纤维产生互相挤压,各纵向纤维不再是单向受拉或单向受压。从理论上讲,式(5.2)就不能应用于横力弯曲的情况,但是,弹性力学精确分析结果指出:当梁的跨度大于梁的5倍深度(即 $l > 5h$)时,剪切和挤压对弯曲正应力的影响甚小,可以忽略不计。因此由纯弯曲梁导出的式(5.2),仍可以应用于横力弯曲的梁中。

梁的正应力强度条件为

$$\sigma_{max} = \frac{M_{max}}{W_z} \leqslant [\sigma] \tag{5.8}$$

对于抗拉和抗压强度相等的材料,如碳钢,抗拉和抗压许用应力相等, $[\sigma_t] = [\sigma_c] = [\sigma]$,只要绝对值最大的正应力不超过许用应力即可。对于抗拉和抗压强度不等的材料,如铸铁,抗拉许用应力小于抗压许用应力, $[\sigma_t] < [\sigma_c]$,则要计算最大拉应力和最大压应力,它们都不得超过各自的许用应力。

有一点特别要注意:对于中性轴不是对称轴的截面,例如,图 5.8 中的 T 字形截面,σ_{max} 不一定发生在 $|M|_{max}$ 所在截面,此时最大正弯矩和最大负弯矩所在的截面都有可能是危险截面,参见例 5.2。

例 5.1 如图 5.9(a)所示矩形截面简支梁，已知 $F=6$ kN，$l=600$ mm，截面尺寸 $b=30$ mm,$h=60$ mm。试求梁竖放[图 5.9(b)]和横放[图 5.9(c)]时梁内的最大弯曲正应力,并分别画出应力沿截面高度的分布图。

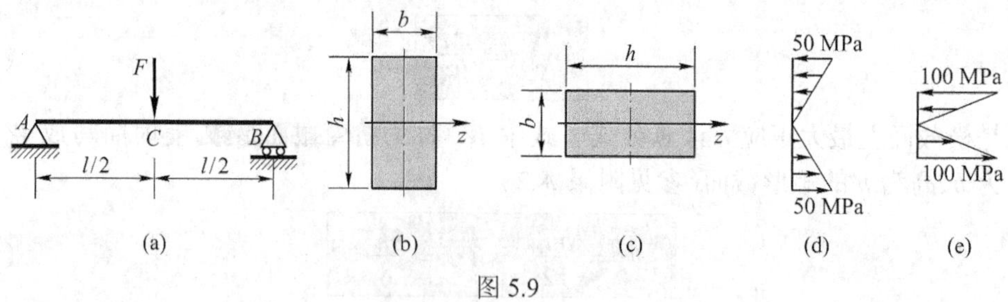

图 5.9

解: 最大弯矩发生在梁跨正中 C 截面,其值

$$M_{max}=\frac{Fl}{4}=\frac{(6\ 000\ \text{N})\times(0.6\ \text{m})}{4}=900\ \text{N}\cdot\text{m}$$

竖放时梁内的最大弯曲正应力

$$\sigma_{max}=\frac{M_{max}}{W_z}=\frac{M_{max}}{\dfrac{bh^2}{6}}=\frac{900\ \text{N}\cdot\text{m}}{\dfrac{0.03\times0.06^2\ \text{m}^3}{6}}=50\times10^6\ \text{Pa}=50\ \text{MPa}$$

横放时梁内的最大弯曲正应力

$$\sigma_{max}=\frac{M_{max}}{W_z}=\frac{M_{max}}{\dfrac{hb^2}{6}}=\frac{900\ \text{N}\cdot\text{m}}{\dfrac{0.06\times0.03^2\ \text{m}^3}{6}}=100\times10^6\ \text{Pa}=100\ \text{MPa}$$

竖放和横放时应力沿截面高度的分布图分别如图 5.9(d)、(e) 所示。

由上述计算结果可以看出,梁竖着放置比横着放置承载能力大。

例 5.2 T形截面铸铁梁如图 5.10(a) 所示,铸铁的抗拉许用应力$[\sigma_t]$ = 30 MPa,抗压许用应力$[\sigma_c]$ = 90 MPa。试校核梁的强度。

解: T形截面形心 C 的位置

$$y_1=\frac{(80\times20\times10+120\times20\times80)\ \text{mm}^3}{(80\times20+120\times20)\ \text{mm}^2}=52\ \text{mm}$$

$$y_2=140\ \text{mm}-y_1=88\ \text{mm}$$

截面对中性轴 z 的惯性矩

$$I_z=\left(\frac{80\times20^3}{12}+80\times20\times42^2+\frac{20\times120^3}{12}+120\times20\times28^2\right)\ \text{mm}^4=7.637\times10^6\ \text{mm}^4$$

由静力平衡方程求得支座约束力

$$F_{Ay}=2.5\ \text{kN}\ (\uparrow),\qquad F_{By}=10.5\ \text{kN}\ (\uparrow)$$

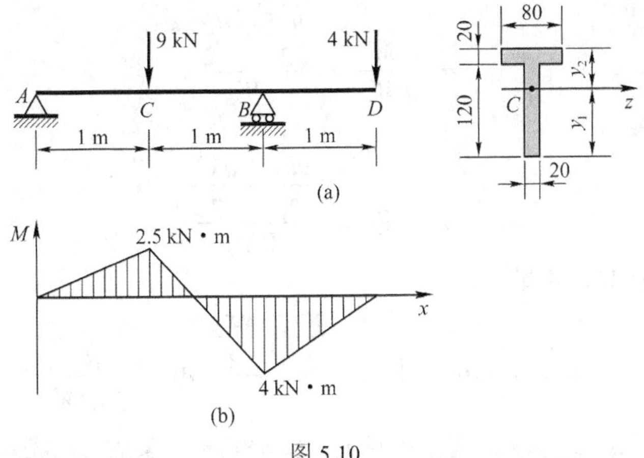

图 5.10

作弯矩图如图5.10(b)所示。最大正弯矩发生在截面C，$M_C = 2.5\ \text{kN·m}$。最大负弯矩发生在截面B，$M_B = -4\ \text{kN·m}$。

在截面B上，弯矩为负值，上拉下压，最大拉、压应力分别发生于上、下边缘各点，且

$$\sigma_t = \frac{|M_B|\, y_1}{I_z} = \frac{(4\times10^3\ \text{N·m})\times(0.052\ \text{m})}{7.637\times10^{-6}\ \text{m}^4} = 27.2\times10^6\ \text{Pa} = 27.2\ \text{MPa}$$

$$\sigma_c = \frac{|M_B|\, y_2}{I_z} = \frac{(4\times10^3\ \text{N·m})\times(0.088\ \text{m})}{7.637\times10^{-6}\ \text{m}^4} = 46.1\times10^6\ \text{Pa} = 46.1\ \text{MPa}$$

在截面C上，虽然弯矩M_C小于M_B的绝对值，但M_C是正弯矩，下拉上压，最大拉应力发生于下边缘各点，这些点到中性轴的距离却比较远，因而有可能产生比截面B还要大的拉应力。截面C上最大拉应力为

$$\sigma_t = \frac{M_C\, y_2}{I_z} = \frac{(2.5\times10^3\ \text{N·m})\times(0.088\ \text{m})}{7.637\times10^{-6}\ \text{m}^4} = 28.8\times10^6\ \text{Pa} = 28.8\ \text{MPa}$$

可见，最大拉应力发生于截面C的下边缘各点处，最大压应力发生于截面B的下边缘各点处，但最大拉、压应力都未超过各自的许用应力，满足强度条件。

例 5.3 如图5.11所示矩形截面简支梁受均布载荷作用，已知q、l、b、h以及材料的弹性模量E。试求梁下边缘的纵向总伸长量。

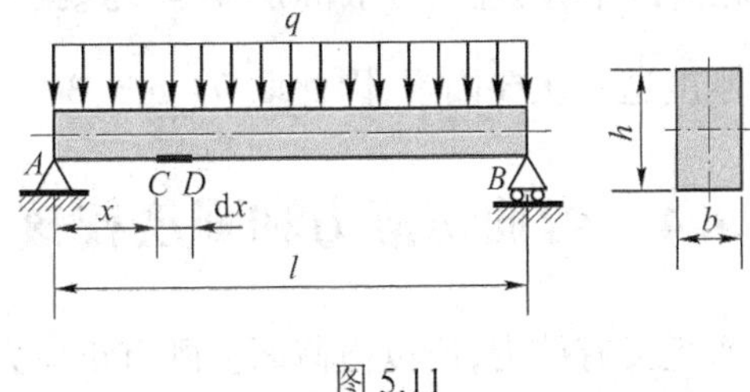

图 5.11

解： 在梁下边缘距左支座距离为x处取长为dx的微段CD，截面C的弯矩

$$M_C = \frac{qlx}{2} - \frac{qx^2}{2}$$

截面C下边缘处的应力

$$\sigma = \frac{M_C}{W_z} = \frac{\frac{qlx}{2} - \frac{qx^2}{2}}{W_z}$$

微段 CD 的线应变

$$\varepsilon = \frac{\sigma}{E} = \frac{\frac{qlx}{2} - \frac{qx^2}{2}}{EW_z}$$

则梁下边缘的纵向总伸长量

$$\Delta = \int_0^l \varepsilon \mathrm{d}x = \int_0^l = \frac{\frac{qlx}{2} - \frac{qx^2}{2}}{EW_z} \mathrm{d}x = \frac{ql^3}{2Ebh^2}$$

例 5.4 《营造法式》是公元 1103 年出版的图书，作者李诫，是北宋官方颁布的一部建筑设计、施工的规范书。该书中，对矩形截面梁给出的尺寸比例是 $h : b = 3 : 2$，如图 5.12 所示。试用弯曲正应力强度证明：从圆木锯出的矩形截面梁，上述比例接近最佳比值。

解： 从弯曲正应力公式 $\sigma_{\max} = \dfrac{M}{W_z}$ 可以看出，W_z 取极大值时，梁的强度最高。

设圆木直径为 D，显然有

$$b^2 + h^2 = D^2$$

抗弯截面系数为

$$W_z = \frac{bh^2}{6} = \frac{b(D^2 - b^2)}{6}$$

将上式对 b 求导数（D 是常量），并令其等于零

$$\frac{\mathrm{d}W_z}{\mathrm{d}b} = \frac{D^2}{6} - \frac{b^2}{2} = 0$$

由此求得

$$b = \frac{D}{\sqrt{3}}, \quad h = \sqrt{D^2 - b^2} = \frac{\sqrt{2}\,D}{\sqrt{3}}$$

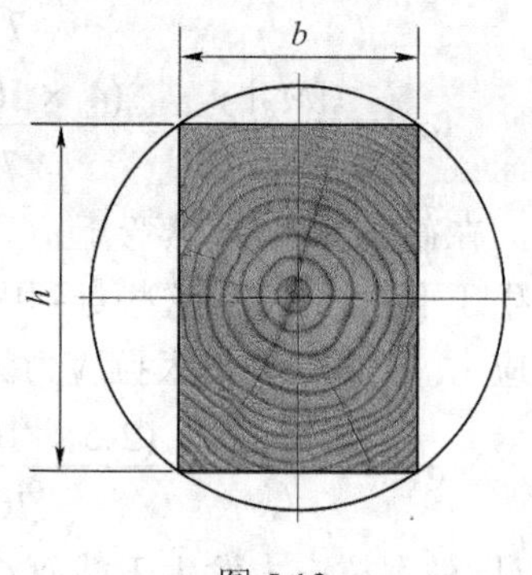

图 5.12

从上面两式可看出，$h : b = \sqrt{2}$ 时梁的强度最高。

如果要使梁的弯曲刚度最高（第 6 章讲弯曲变形），即要使抗弯刚度 EI_z 最大，亦即要使 $I_z = \dfrac{bh^3}{12}$ 取极大值，用相同的推导方法，可求得 $h : b = \sqrt{3}$。梁的强度是首先要考虑的主要因素，同时又要兼顾到刚度这一次要因素，因此取 $h : b = 3 : 2$ 是非常合理的。

5.4 弯曲切应力和强度校核

横力弯曲时，梁既有弯矩又有剪力，所以横截面上既有正应力又有切应力。弯曲正应力是引起梁破坏的主要因素，切应力是次要因素，但是在某些情况下，如跨度短、截面高的梁，腹板较薄的工字梁，其横截面上的切应力有可能很大，因此有必要对梁进行切应力校核。本节介绍几种常见截面梁的切应力计算。

5.4.1 矩形截面梁的弯曲切应力

以横截面 $m—m$ 和 $n—n$ 从如图 5.13(a)所示梁中截出长为 dx 的微段,该微段放大后如图 5.13(b)所示。

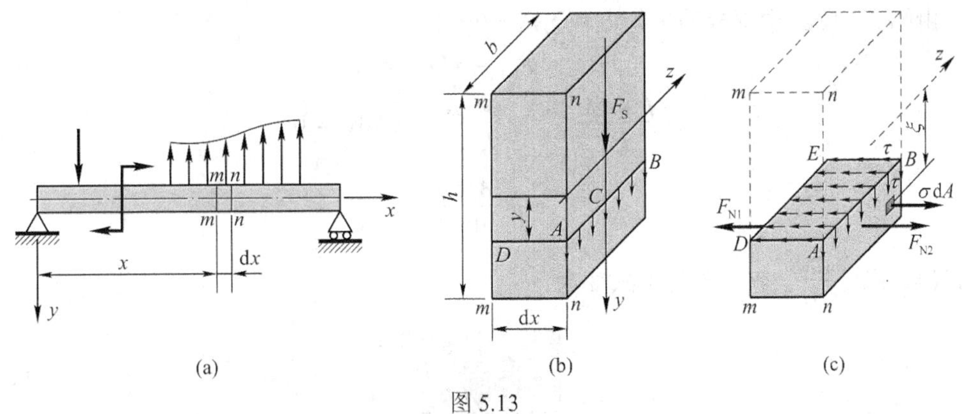

图 5.13

图 5.13(b)中,截面 $n—n$ 上线段 AB 距中性轴的距离为 y。根据切应力互等定理可知,横截面上 A 点只有上下方向的切应力,没有前后方向的切应力,因为在梁前面的自由表面上没有切应力。所以,横截面上 A 点的切应力方向平行于剪力。同理,横截面上 B 点的切应力方向也平行于剪力。另外,线段 AB 的中点 C 位于对称轴 y 上,由对称性知该点切应力方向也平行于剪力。由线段 AB 上 A、B、C 三点的切应力方向,可以设想线段 AB 上所有点的切应力方向都平行于剪力。又因梁横截面的高度大于宽度,切应力沿宽度方向变化不大,可以认为是均匀分布的。基于上述分析,可以做出如下两个假设。

(1) 横截面上任一点处的切应力方向平行于剪力 F_S。

(2) 切应力沿截面宽度方向均匀分布,即距中性轴等距离处各点切应力的数值相同。

在上述假设的基础上导出的切应力计算公式与弹性力学得到的解很接近,说明导出的公式是足够精确的。

用过线段 AB 的纵截面截出如图 5.13(b)所示微段梁的下面部分作为研究对象,如图 5.13(c)所示。图 5.13(c)中,横截面的 AB 线段上有向下的均匀分布的切应力 τ。根据切应力互等定理,上面纵截面 $ABDE$ 上就有向左的切应力,前后沿宽度 b 切应力均匀分布,左右沿长度 dx 切应力也是均布分布的。所以,在上面纵截面 $ABDE$ 上,切应力是均匀分布的,大小等于 τ,切应力的合力等于 $\tau b dx$。

下面考虑如图5.13(c)所示部分在 x 方向的平衡条件:上面 $ABDE$ 面上作用着切应力的合力 $\tau b dx$,方向向左;前、后、下都是自由表面,没有应力;左、右面上的弯矩分别为 M 和 $M + dM$,左、右面上弯矩引起的正应力的合力分别为 F_{N1} 和 F_{N2},其大小

$$F_{N2} = \int_{A^*} \sigma dA$$

式中,A^* 是如图 5.13(c)所示部分右侧面的面积。正应力 σ 按式(5.2)计算,于是

$$F_{N2} = \int_{A^*} \sigma dA = \int_{A^*} \frac{(M + dM)\xi}{I_z} dA = \frac{M + dM}{I_z}\int_{A^*} \xi dA = \frac{M + dM}{I_z} S_z^*$$

式中，$S_z^* = \int_{A^*} \xi \mathrm{d}A$ 是如图 5.13(c) 所示部分右侧面的面积对中性轴 z 的静矩，也即距中性轴距离为 y 的横线 AB 以外部分的面积对中性轴的静矩。同样可求得

$$F_{\mathrm{N1}} = \frac{M}{I_z} S_z^*$$

由图 5.13(c) 中部分的平衡方程 $\sum F_x = 0$，得

$$F_{\mathrm{N2}} - F_{\mathrm{N1}} - \tau b \mathrm{d}x = 0$$

$$\frac{M + \mathrm{d}M}{I_z} S_z^* - \frac{M}{I_z} S_z^* - \tau b \mathrm{d}x = 0$$

$$\tau = \frac{\mathrm{d}M}{\mathrm{d}x} \frac{S_z^*}{I_z b}$$

由式(4.2)知，$\frac{\mathrm{d}M}{\mathrm{d}x} = F_{\mathrm{S}}$，于是上式变为

$$\tau = \frac{F_{\mathrm{S}} S_z^*}{I_z b} \tag{5.9}$$

这就是矩形截面梁弯曲切应力的计算公式。式中，F_{S} 为横截面上的剪力，b 为横截面宽度，I_z 为整个横截面对中性轴的惯性矩。若需要计算如图 5.14(a) 所示横截面上距中性轴距离为 y 的任意一点 k 的切应力，则过 k 点画中性轴的平行线，该平行线以外部分的面积[图 5.14(a) 中所示阴影部分]对中性轴 z 的静矩就是 S_z^*，其值等于阴影部分的面积乘以其形心到中性轴的距离，即

$$S_z^* = b\left(\frac{h}{2} - y\right) \cdot \left[y + \frac{1}{2}\left(\frac{h}{2} - y\right)\right] = \frac{b}{2}\left(\frac{h^2}{4} - y^2\right)$$

将上式代入式(5.9)，得

$$\tau = \frac{F_{\mathrm{S}}}{2 I_z}\left(\frac{h^2}{4} - y^2\right) \tag{a}$$

从上式可见，切应力沿截面高度按抛物线规律变化[图 5.14(b)]。当 $y = \pm h/2$ 时，$\tau = 0$，这表明在截面上、下边缘各点处切应力等于零，这由切应力互等定理也很容易证明。当 $y = 0$ 时，τ 取最大值，即最大切应力发生在中性轴上，以 $y = 0$ 和 $I_z = \frac{bh^3}{12}$ 代入式(5.9)，得

$$\tau_{\max} = \frac{3}{2} \frac{F_{\mathrm{S}}}{bh} = \frac{3}{2} \frac{F_{\mathrm{S}}}{A} \tag{5.10}$$

式中，$A = bh$ 就是横截面的面积。

图 5.14(c) 画出了切应力的方向和分布规律：横截面上切应力的方向平行于剪力 F_{S}，切应力 τ 沿宽度 b 均匀分布，沿高度 h 按抛物线规律分布，最大切应力发生在中性轴上。

与中性层平行的纵截面上切应力的存在可通过实验证明：选用两根材料、尺寸相同的梁，作两种实验。第一种实验是将两根梁自由叠放在一起，施加力 F 后梁产生弯曲变形，如图 5.15(a) 所示，观测出上梁的下边缘伸长，下梁的上边缘缩短，这表明了在两梁的接触面上有相对滑动。第二种实验是将两根梁胶合在一起成为一整梁，施加力 F 后梁产生弯曲变形，如图 5.15(b) 所示，在两梁的接触面上无相对滑动，表明在胶合面上一定有阻

碍相对滑动的分布内力,这个分布内力就是切应力。由此可以推断,梁在横力弯曲变形时,各个与中性层平行的纵截面上一定存在切应力。

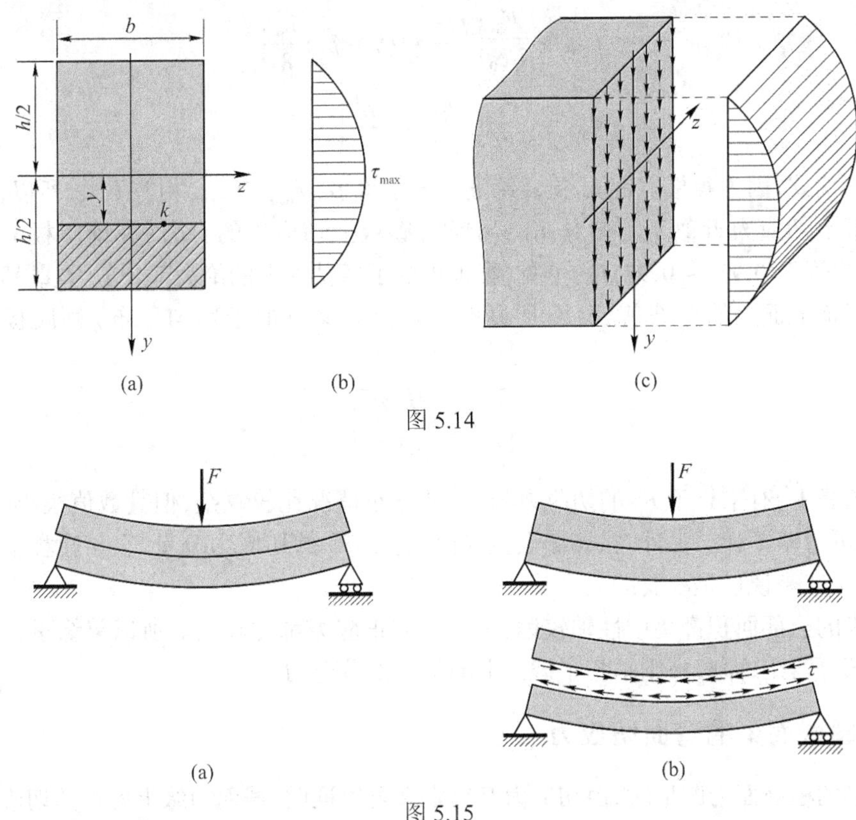

图 5.14

图 5.15

5.4.2 工字形截面梁的弯曲切应力

如图 5.16(a)所示工字形截面,可看成由中间一个矩形和上、下两个矩形组成,中间的矩形部分称为腹板,上、下的两个矩形部分称为翼缘。

首先研究腹板上任一点的切应力。由于腹板是一个狭长矩形,所以对于矩形截面梁所做的两个假设仍然可以使用,于是式(5.9)可用于计算腹板内的切应力,即

$$\tau = \frac{F_S S_z^*}{I_z b_0} \tag{b}$$

式中,b_0 为腹板厚度,S_z^* 为图 5.16(a)中阴影部分的面积对中性轴 z 的静矩,求出 S_z^* 的值后代入式(b),得腹板切应力

$$\tau = \frac{F_S}{I_z b_0}\left[\frac{b}{8}(h^2 - h_0^2) + \frac{b_0}{2}\left(\frac{h_0^2}{4} - y^2\right)\right] \tag{c}$$

可见,沿腹板高度,切应力也是按抛物线规律分布的,如图 5.16(b)所示。

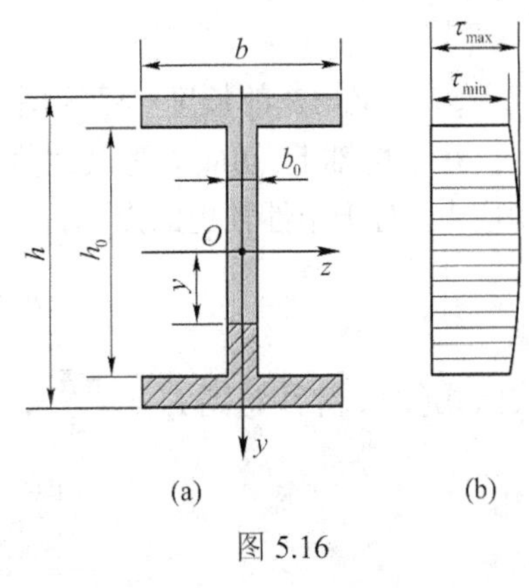

图 5.16

以 $y=0$ 和 $y=\pm\frac{h_0}{2}$ 代入式(c)，得腹板上的最大和最小切应力分别为

$$\tau_{\max}=\frac{F_S}{I_z b_0}\left[\frac{bh^2}{8}-(b-b_0)\frac{h_0^2}{8}\right]$$

$$\tau_{\min}=\frac{F_S}{I_z b_0}\left[\frac{bh^2}{8}-b\frac{h_0^2}{8}\right]$$

比较上面两式，因为腹板宽度 b_0 比翼缘宽度 b 小得多，$\tau_{\max}$ 与 $\tau_{\min}$ 相差不大，所以，可以认为在腹板上切应力近似于均匀分布。经计算，腹板上切应力的合力（亦即腹板上的总剪力）F_{S1}，约等于 $(0.95\sim0.97)F_S$。可见，腹板承受了横截面上的绝大部分剪力。既然腹板几乎承受了横截面上的全部剪力，而且腹板上切应力又近似于均匀分布，则腹板上的切应力

$$\tau\approx\frac{F_S}{b_0 h_0} \tag{5.11}$$

在翼缘上，有平行于 F_S 的切应力分量，其分布情况比较复杂，但其数值很小，并无实际意义，可忽略不计。另外，在翼缘上，还有垂直于 F_S 的切应力分量，它与腹板上的切应力相比，一般来说也是次要的。

翼缘的全部面积都离中性轴较远，每一点的正应力都比较大。所以翼缘承担了截面上的大部分弯矩，而腹板则承担了截面上的绝大部分剪力。

5.4.3 圆截面梁的弯曲切应力

当梁的横截面为圆形时，由切应力互等定理可以证明，截面边缘上各点的切应力必与圆周相切。

在水平弦 AB 上[图 5.17(a)]，两个端点 A、B 的切应力与圆周相切并交于 y 轴上的 p 点。由于对称，AB 弦中点 C 的切应力必然是铅直向下，也通过 p 点。由此可以假设 AB 弦上各点的切应力作用线都通过 p 点。再假设 AB 弦上各点切应力的垂直分量 τ_y 相等，亦即假设 τ_y 沿 AB 弦均匀分布。因而，对于 τ_y 来说，就与对矩形截面所做的假设完全相同，可以用式(5.9)来计算，即

$$\tau_y=\frac{F_S S_z^*}{I_z b} \tag{d}$$

式中，b 为弦 AB 的长度；S_z^* 为图 5.17(b) 中画阴影线的面积对中性轴 z 的静矩。

在中性轴上，切应力为最大值，且各点的切应力都平行于剪力 F_S，τ_y 就等于该点的总切应力。对于中性轴上的点，有

$$b=2R,\quad S_z^*=\frac{\pi R^2}{2}\frac{4R}{3\pi}$$

代入式(d)，并注意到 $I_z=\frac{\pi R^4}{4}$，最后得

$$\tau_{\max}=\frac{4}{3}\frac{F_S}{\pi R^2}=\frac{4}{3}\frac{F_S}{A} \tag{5.12}$$

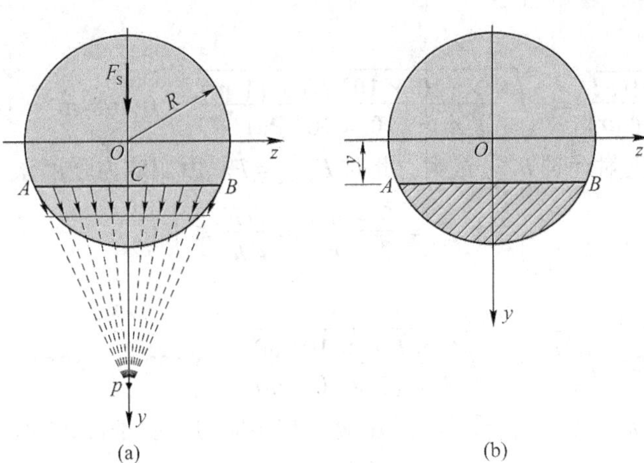

图 5.17

5.4.4 弯曲切应力强度校核

一般来说,在最大剪力 $F_{S\max}$所在截面的中性轴上,有最大弯曲切应力

$$\tau_{\max} = \frac{F_{S\max} S_{z\max}^*}{I_z b}$$

式中, $S_{z\max}^*$为中性轴以下(或以上)部分截面对中性轴的静矩。中性轴上各点的正应力等于零,所以应力状态是纯剪切。弯曲切应力强度条件为

$$\tau_{\max} = \frac{F_{S\max} S_{z\max}^*}{I_z b} \leqslant [\tau] \tag{5.13}$$

细长梁设计的控制因素是弯曲正应力,满足正应力强度条件的梁,一般均能满足切应力强度条件,但是对于以下几种情况,还需进行弯曲切应力强度校核:①梁的跨度较短,或在支座附近作用着较大的载荷,以致梁的弯矩较小而剪力较大;②腹板较薄的梁,如焊接的工字形截面梁,腹板的厚度较薄,而高度较大;③焊接或胶合而成的组合截面梁,其焊缝或胶合缝需要校核;④木梁,由于木梁在其顺纹方向抗剪能力弱,也需校核。

例 5.5 如图 5.18 所示矩形截面木梁受一移动载荷 $F=20$ kN 作用。材料的许用正应力$[\sigma]$ = 10 MPa, 许用切应力$[\tau]$ = 3 MPa,梁长 l = 1 m,横截面高宽比 $h : b = 3 : 2$。试确定截面尺寸。

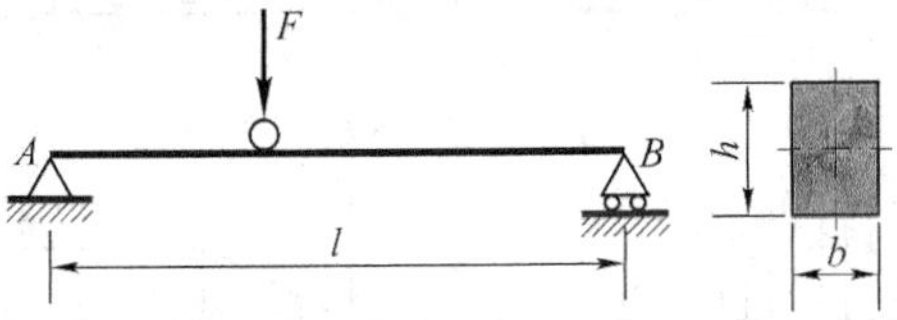

图 5.18

解: 当 F 移到跨中央时 $M_{\max}$最大, 此时 $M_{\max} = Fl/4$。由正应力强度条件

$$\sigma_{\max} = \frac{M_{\max}}{W_z} = \frac{\frac{Fl}{4}}{\frac{bh^2}{6}} = \frac{9Fl}{4h^3} \leqslant [\sigma]$$

得

$$h \geqslant \sqrt[3]{\frac{9Fl}{4[\sigma]}} = \sqrt[3]{\frac{9\times(20\times10^3\ \mathrm{N})\times(1\ \mathrm{m})}{4\times(10\times10^6\ \mathrm{Pa})}} = 0.165\ \mathrm{m} = 165\ \mathrm{mm}$$

当 F 移到支座附近时 $F_{S\max}$ 最大，此时 $F_{S\max}=F$。由切应力强度条件

$$\tau_{\max} = \frac{3}{2}\frac{F_{S\max}}{bh} = \frac{9F}{4h^2} \leqslant [\tau]$$

得

$$h \geqslant \sqrt{\frac{9F}{4[\tau]}} = \sqrt{\frac{9\times(20\times10^3\ \mathrm{N})}{4\times(3\times10^6\ \mathrm{Pa})}} = 0.122\ \mathrm{m} = 122\ \mathrm{mm}$$

根据以上计算结果,为了同时满足正应力和切应力强度条件,选取 $h=165\ \mathrm{mm}$，而

$$b=\frac{2h}{3}=110\ \mathrm{mm}$$

5.5 提高梁强度的主要措施

前面曾经指出,控制梁弯曲强度的主要因素是弯曲正应力,即以正应力强度条件

$$\sigma_{\max} = \frac{M_{\max}}{W_z} \leqslant [\sigma]$$

作为梁设计的主要依据。从这个强度条件可以看出,要提高梁的承载能力,应从两方面考虑:一方面是改善梁的受力状况,以降低 $M_{\max}$ 的值;另一方面则是采用合理的截面形状,以提高 W_z 的值。

1. 合理安排梁的受力情况

合理布置支座的位置或载荷,以减小 $M_{\max}$。

如图 5.19(a)所示简支梁在跨中受集中载荷作用,如果在梁 AB 的上方设置一根辅梁 CD[图 5.19(b)],辅梁的材料和截面与主梁相同,最大弯矩由原先的 $Fl/4$ 减小为 $Fl/8$,梁的承载能力提高了一倍。

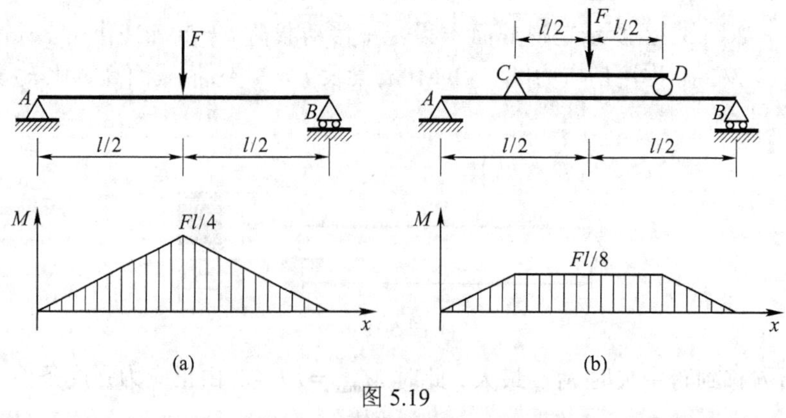

图 5.19

如图 5.20(a)所示受均布载荷作用的简支梁,其最大弯矩 $M_{\max}=ql^2/8=0.125ql^2$。如果将支座 A、B 向中间移动一些而变为如图 5.20(b)所示的外伸梁,支座的合理位置可

由 A 点(或 B 点)与 C 点的弯矩绝对值相等确定,即

$$\frac{1}{2}qa^2=\frac{ql}{2}\left(\frac{l}{2}-a\right)-\frac{1}{2}q\left(\frac{l}{2}\right)^2$$

由此得

$$a=\frac{\sqrt{2}-1}{2}l=0.207l$$

这样最大弯矩就由原先的 $0.125ql^2$ 减小为 $0.021\,4ql^2$,仅为原先的 17.1%。

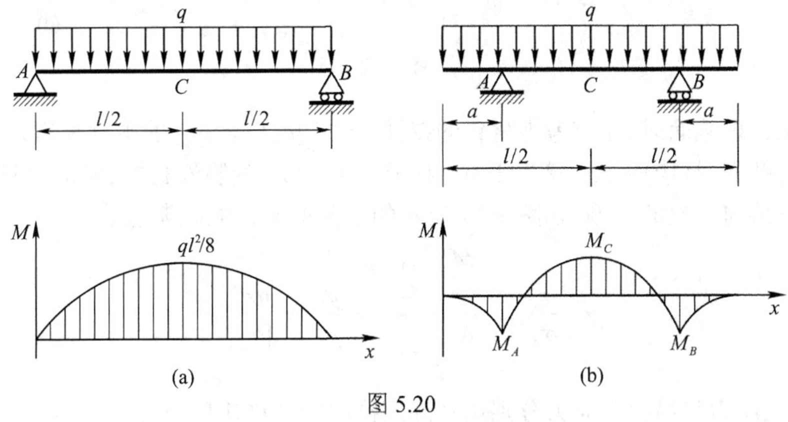

图 5.20

2. 选择梁的合理截面

合理的截面形状应使截面积较小(用料最省)而抗弯截面系数较大(强度最高),即应使抗弯截面系数 W_z 与截面面积 A 的比值尽可能地大。

如图 5.21(a)所示矩形截面梁,$h>b$。如将截面按如图 5.21(b)所示方式竖放,则 $W_{z1}=bh^2/6$;如将截面按如图 5.21(c)所示方式平放,则 $W_{z2}=hb^2/6$。两者之比

$$\frac{W_{z1}}{W_{z2}}=\frac{h}{b}>1$$

因此,矩形截面梁竖放比平放承载能力大。

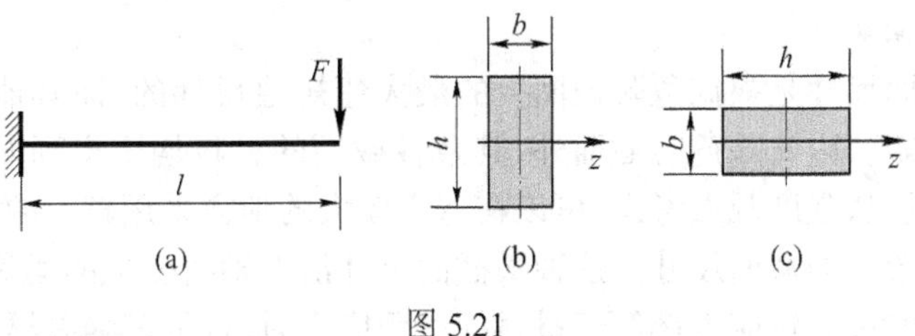

图 5.21

因弯曲正应力沿截面高度呈线性分布,可知离中性轴愈远,正应力愈大,靠近中性轴处正应力很小。这表明只有离中性轴较远的材料才能得到充分的利用,为此应尽可能将中性轴附近的材料移到离中性轴较远的地方。如图 5.22 所示圆形、正方形、矩形、工字形四个截面,其中图 5.22(c) 中矩形截面的高宽比等于 2,图 5.22(d) 为 No.20a 工字钢。若假定四个截面的抗弯截面系数相等,即 $W_{z1}=W_{z2}=W_{z3}=W_{z4}$,则四个截面的面积之比

$$A_1:A_2:A_3:A_4=3.97:3.55:2.82:1$$

可见,圆形截面最费料,工字钢最省料、最合理。

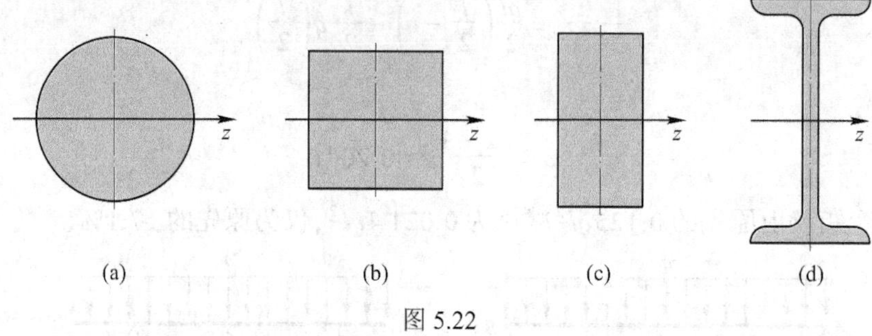

图 5.22

在讨论合理截面时,还应考虑材料的特性。对于$[\sigma_t] = [\sigma_c]$的塑性材料,应选用对称于中性轴的截面,且应使σ_{max}接近于$[\sigma]$;对于$[\sigma_c] > [\sigma_t]$的脆性材料,应选用非对称截面,且中性轴应偏向受拉的一侧,如图 5.23 所示的一些截面, 并应满足

$$\frac{\sigma_t}{\sigma_c} = \frac{\dfrac{M_{max} y_1}{I_z}}{\dfrac{M_{max} y_2}{I_z}} = \frac{y_1}{y_2} = \frac{[\sigma_t]}{[\sigma_c]}$$

这样,最大拉应力和最大压应力分别达到许用拉应力和许用压应力。

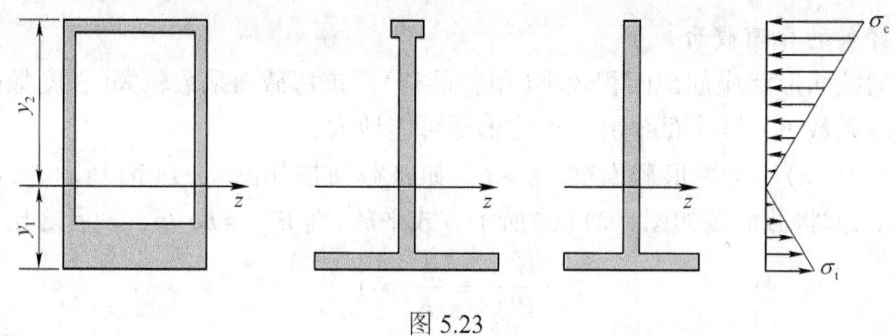

图 5.23

3. 采用变截面梁

等直梁的截面尺寸是根据危险截面上的最大弯矩值设计的,而其他各截面上的弯矩值都小于最大弯矩。因此除危险截面外,其余各截面的材料均未得到充分利用。为了节省材料,减轻自重,从强度观点考虑,可以在弯矩较大的地方采用较大的截面尺寸,在弯矩较小的地方采用较小的截面尺寸。这种横截面尺寸沿着轴线变化的梁称为**变截面梁**。当梁的各横截面上的最大正应力都等于材料的许用应力时,称为**等强度梁**。

设梁在任一截面上的弯矩为$M(x)$,该截面的抗弯截面系数为$W(x)$。根据等强度梁的要求,应有

$$\sigma_{max} = \frac{M(x)}{W(x)} = [\sigma]$$

或者写成

$$W(x) = \frac{M(x)}{[\sigma]}$$

上式表明了等强度梁的抗弯截面系数 $W(x)$沿梁轴线变化的规律。

例 5.6 如图 5.24(a)所示圆截面悬臂梁，F、l、$[\sigma]$、$[\tau]$皆为已知。试根据等强度的要求确定截面直径$d(x)$ 的变化规律。为了满足切应力强度条件，该梁的最小直径 $d_{\min}$ 应为多少？

解：根据等强度的要求，有

$$W(x)=\frac{\pi d^3(x)}{32}=\frac{M(x)}{[\sigma]}=\frac{Fx}{[\sigma]}$$

$$d(x)=\sqrt[3]{\frac{32Fx}{\pi[\sigma]}}$$

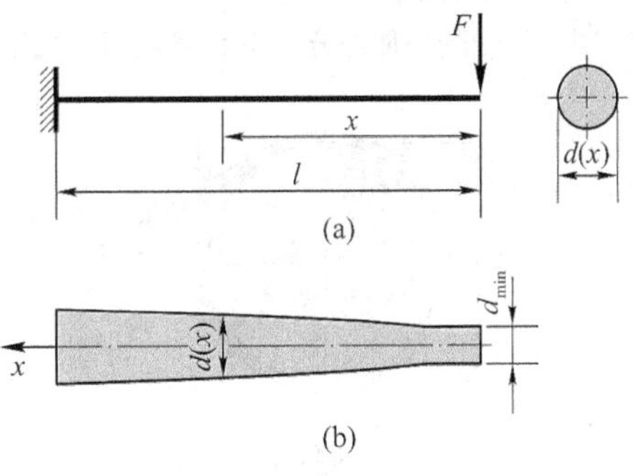

图 5.24

由弯曲切应力强度条件

$$\tau_{\max}=\frac{4}{3}\frac{F_S}{A}=\frac{4}{3}\frac{F}{\frac{\pi d^2(x)}{4}}\leqslant[\tau]$$

得

$$d(x)\geqslant\sqrt{\frac{16F}{3\pi[\tau]}}$$

所以，为了满足切应力强度条件，该梁的最小直径

$$d_{\min}=\sqrt{\frac{16F}{3\pi[\tau]}}$$

梁截面直径$d(x)$ 的沿 x 方向的变化规律如图 5.24(b) 所示。

厂房建筑中的鱼腹式吊车梁[图 5.25(a)]，以及高速公路高架段所采用的空心鱼腹梁[图 5.25(b)]，都是等强度梁。等强度梁是一种理想的变截面梁，工程中常根据需要将受弯构件设计成近似等强度梁。例如，汽轮机转子采用的阶梯轴[图 5.25(c)]，车辆上常用的叠板弹簧[图 5.25(d)]，这些都是等强度梁的典型应用。

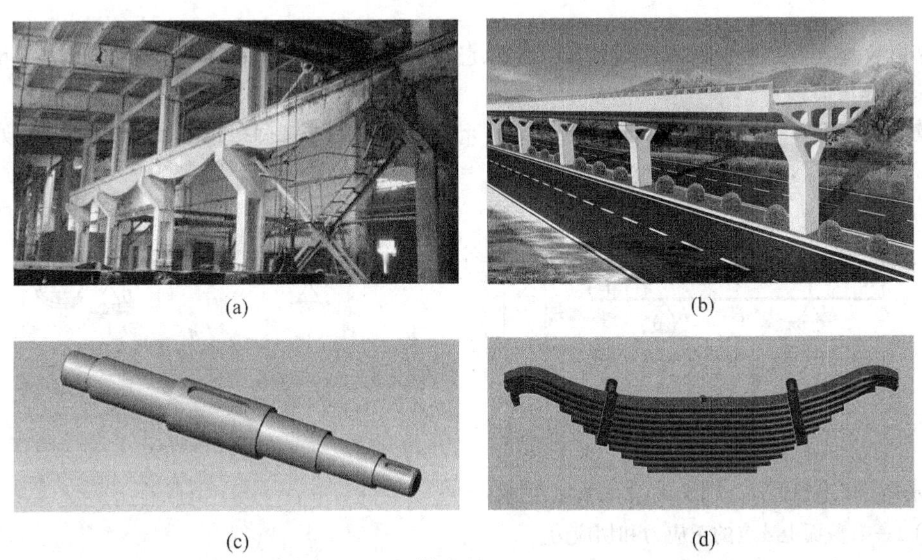

图 5.25

习 题

1. 把直径 $d=1$ mm 的钢丝绕在直径 $D=2$ m 的圆柱上，已知钢丝的弹性模量 $E=200$ GPa。试计算该钢丝中产生的最大弯曲正应力。
2. 图示圆轴的外伸部分系空心圆截面。试作该轴的弯矩图，并求轴内的最大弯曲正应力。

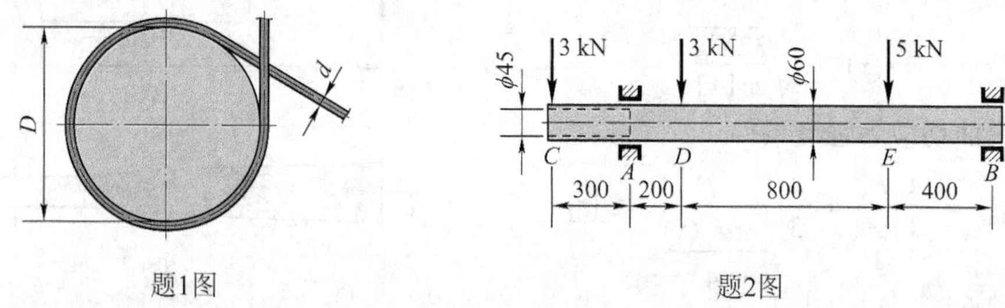

题1图　　题2图

3. 图示简支梁受均布载荷 $q=1.5$ kN/m 的作用，$l=2$ m。若分别采用截面面积相等的实心和空心圆截面，已知实心圆截面的直径 $D_1=40$ mm，空心圆截面的内外径之比 $d_2/D_2=0.6$。试分别计算它们的最大正应力，并问空心圆截面比实心圆截面的最大正应力减小了百分之几。
4. 图示简支梁，$F=20$ kN，$l=4$ m，$[\sigma]=160$ MPa。试分别设计圆截面的直径、$h=2b$ 的矩形截面尺寸、选择工字钢型号，并说明哪种截面最省材料。

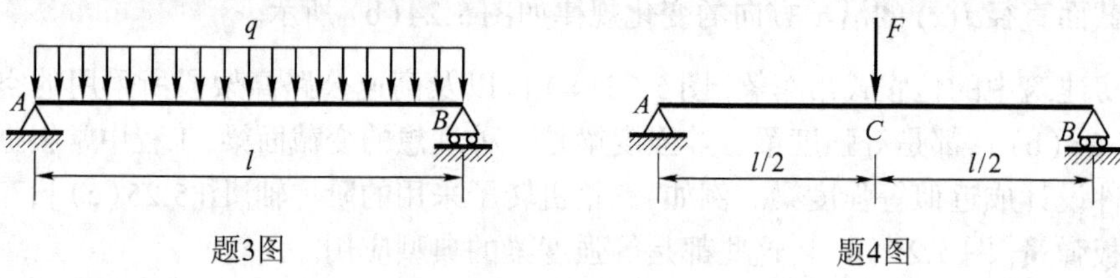

题3图　　题4图

5. T字形截面铸铁梁的尺寸与受载情况如图所示，已知 $q=20$ kN/m，$F=60$ kN。试求梁上的最大拉应力和最大压应力。
6. 一外径为 250 mm，壁厚为 10 mm，长度 $l=10$ m 的铸铁水管，两端搁在支座上，管中充满水，如图所示。铸铁的密度 $\rho_1=7\ 860$ kg/m^3，水的密度 $\rho_2=1\ 000$ kg/m^3。试求管内最大正应力。

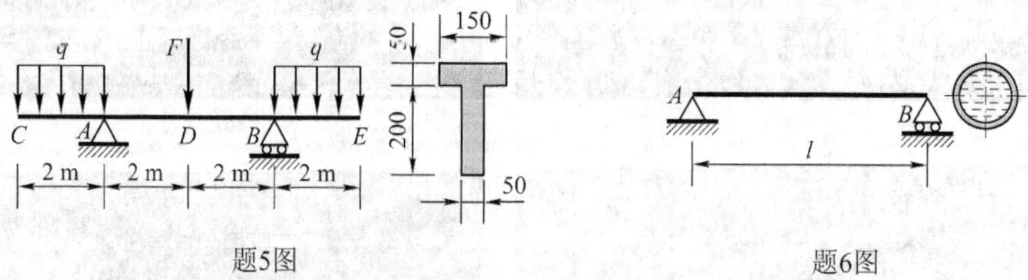

题5图　　题6图

7. 图示悬臂梁，已知 $q=8$ kN/m，$l=2$ m。试求：
   （1）1—1 截面上 a 点的正应力和切应力；
   （2）1—1 截面上的最大正应力和最大切应力；
   （3）危险截面上的最大正应力和最大切应力。

8. 正方形截面梁按图示两种方式放置。试问哪种方式比较合理?

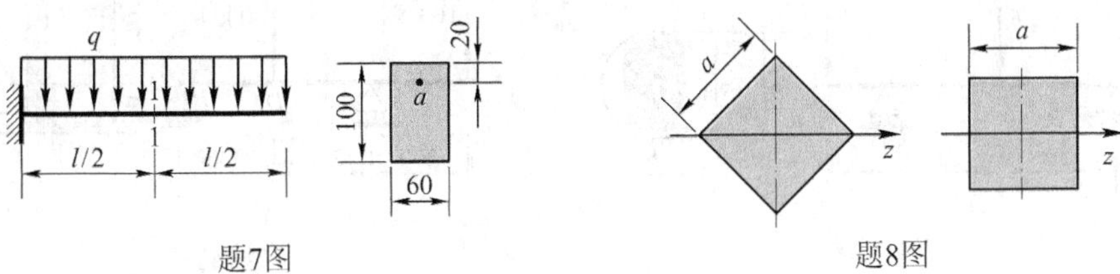

题7图　　题8图

9. 一纯弯曲铸铁梁的截面如图所示，受正弯矩 M 作用。若材料的许用拉应力$[\sigma_t]$ = 20 MPa，许用压应力$[\sigma_c]$ = 80 MPa。试求许可弯矩$[M]$。

10. 图示纯弯曲的铸铁梁，其截面为 ⊥ 形，材料的拉伸和压缩许用应力之比$[\sigma_t]/[\sigma_c] = 1/3$。试求水平翼板的合理宽度 b。

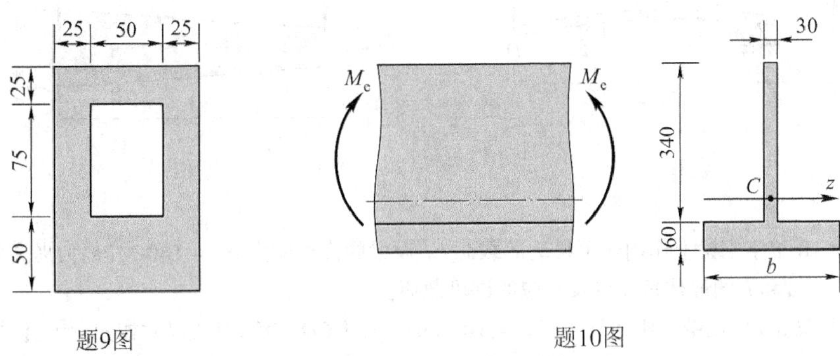

题9图　　题10图

11. 图示简支梁 AB，跨度 l = 6 m。当力 F 直接作用在梁 AB 的中点时，梁内最大正应力超过许用正应力值 25%，为消除这一过载现象，配置辅梁 CD。试求辅梁 CD 的最小跨度 a。

12. 图示矩形截面简支梁，已知截面尺寸 b、h，跨度 l，以及弹性模量 E，现测得梁跨中下边缘处的纵向线应变为 ε。试求载荷 F 的大小。

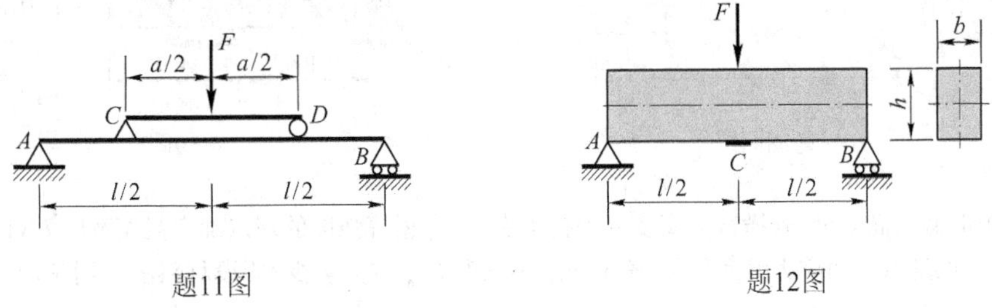

题11图　　题12图

13. 题 12 图中矩形截面简支梁，已知截面尺寸 b、h，跨度 l，以及弹性模量 E。现测得梁下边缘纵向总伸长为 δ。试求载荷 F 的大小。

14. 矩形截面外伸梁由圆木锯成，已知 F = 5 kN，a = 1 m，许用应力$[\sigma]$ = 10 MPa。试确定抗弯截面系数为最大时矩形截面的高宽比，以及梁所需木料的最小直径 d。

15. 图示 ⊥ 形截面外伸梁，中性轴 z 的位置如图所示。已知截面对中性轴 z 的惯性矩 $I_z = 6 \times 10^{-6}\ \text{m}^4$，$[\sigma_t]$ = 30 MPa，$[\sigma_c]$ = 120 MPa，试校核梁的强度。若将 ⊥ 形截面倒置变成⊤ 形截面，是否合理?倒置后梁是否满足强度条件?

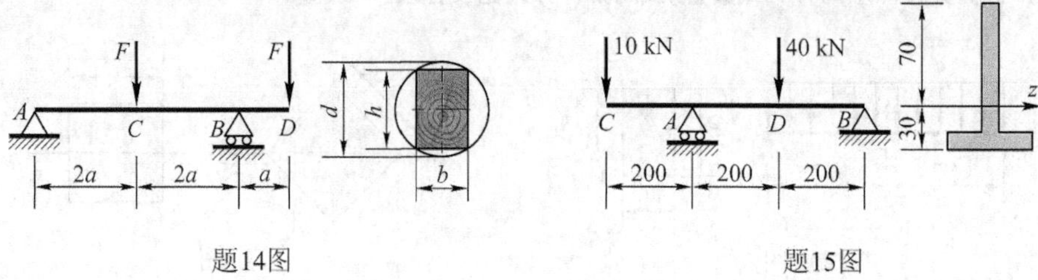

题14图　　题15图

16. 直径 d = 20 mm 的圆截面钢梁受力如图，已知弹性模量 E = 200 GPa，a = 0.2 m，欲将其中段 AB 弯成 ρ = 16 m 的圆弧。试求所需载荷 F 的大小，并计算最大弯曲正应力。

17. 小锥度变截面悬臂梁如图所示，直径 $d_B = 2d_A$。试求最大正应力的位置及大小。

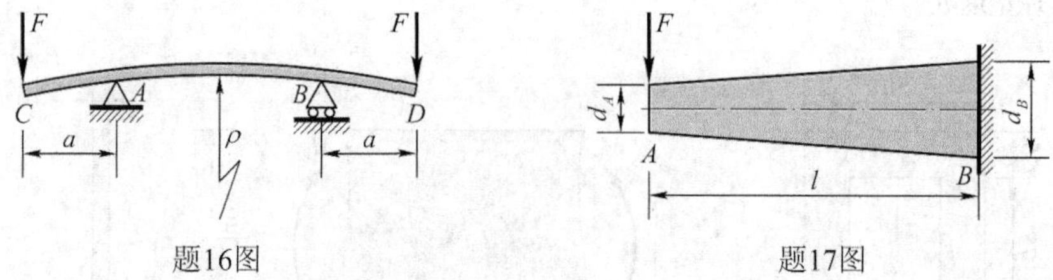

题16图　　题17图

18. 图示 No.18 工字钢梁上作用着可移动的载荷 F，设梁的许用应力$[\sigma]$ = 160 MPa。为提高梁的承载能力，试确定 a 和 b 的最佳长度以及相应的许可载荷。

19. 矩形截面梁 AB 以铰链支座 A 及直径 d = 10 mm 的拉杆 CD 支承，有关尺寸如图所示。设拉杆及横梁的许用应力$[\sigma]$ = 140 MPa。试求作用于梁 B 端的许可载荷$[F]$。

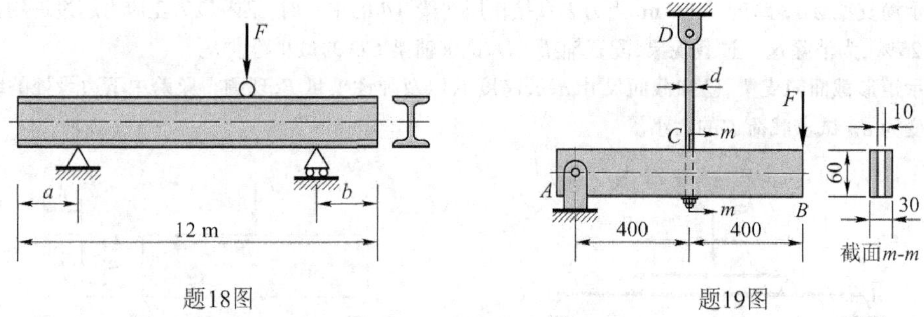

题18图　　题19图

20. 图示矩形截面简支梁，若横截面高度 h 保持不变，试根据等强度的观点确定截面宽度 $b(x)$ 的变化规律。为了保证弯曲切应力强度条件，该梁的最小宽度 $b_{\min}$ 应为多少？假设材料的许用正应力$[\sigma]$ 和许用切应力$[\tau]$ 均为已知。

21. 图示薄壁圆环，平均半径为 R，壁厚为 δ，剪力为 F_S。试求最大切应力。

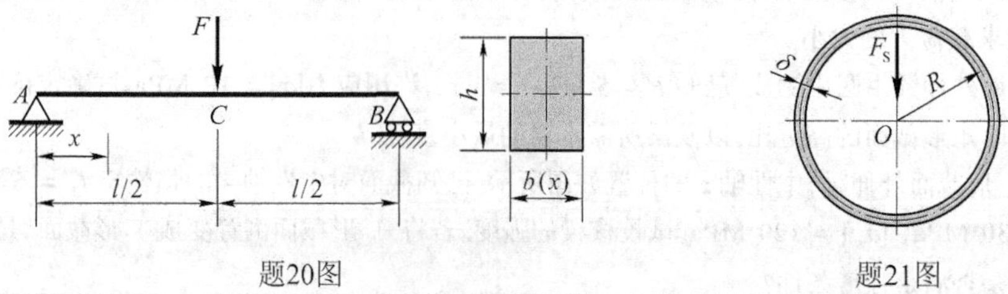

题20图　　题21图

22. 一直径为d的钢筋，总重为P，长度为l，放置在刚性地面上如图所示。当在钢筋一端用力$F = P/3$提起时。试求钢筋离开地面的长度 a 以及钢筋内的最大正应力。

23. 图示工字形截面梁，已知横截面上只承受一个弯矩内力分量M_z = 20 kN·m，$I_z = 1.13 \times 10^7\ \text{mm}^4$，其他尺寸示于图中。试求横截面中性轴以上部分分布力系沿 x 方向的合力。

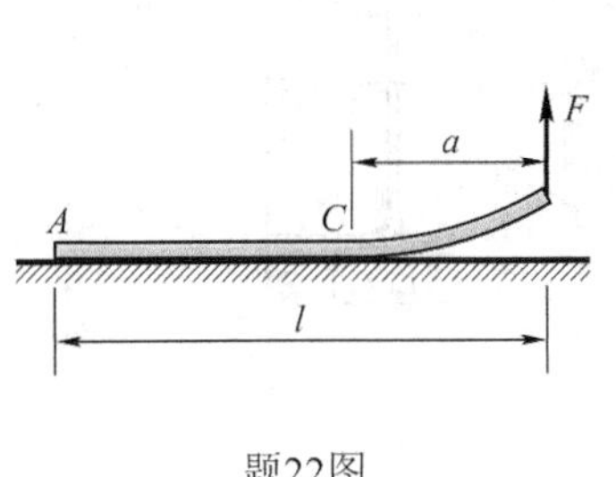

题22图

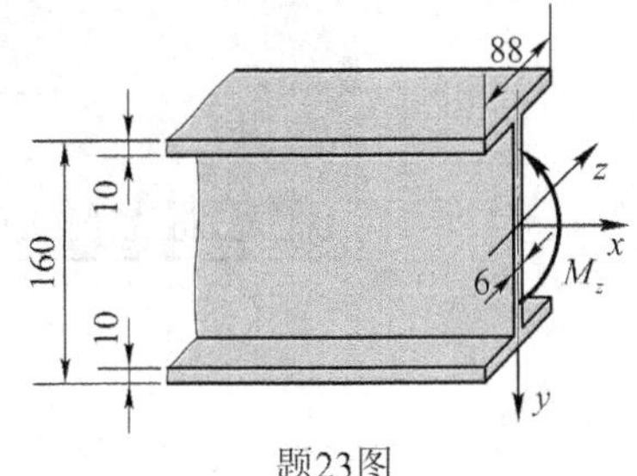

题23图

24. 图示正方形截面梁，其水平对角线为中性轴，若削去顶和底的棱角，是否可以提高梁的强度？当 n 为何值时，其抗弯截面系数 W_z 最大？

25. 截面如图所示，该截面上有弯矩 M = 3.1 kN·m (下边受拉，上边受压)。试求：

(1) 试绘截面上的正应力分布图；

(2) 试求该截面上拉应力的合成结果和压应力的合成结果；

(3) 试证明截面上正应力的合成结果：合力为零，合力矩等于截面上的弯矩(3.1 kN·m)。

26. 由三根木条胶合而成的悬臂梁截面尺寸如图所示，跨度 l = 1 m。胶合面的许用切应力$[\tau_1]$ = 0.34 MPa，木材的许用弯曲正应力$[\sigma]$ = 10 MPa，木材的许用切应力$[\tau]$ = 1 MPa。试求许可载荷$[F]$。

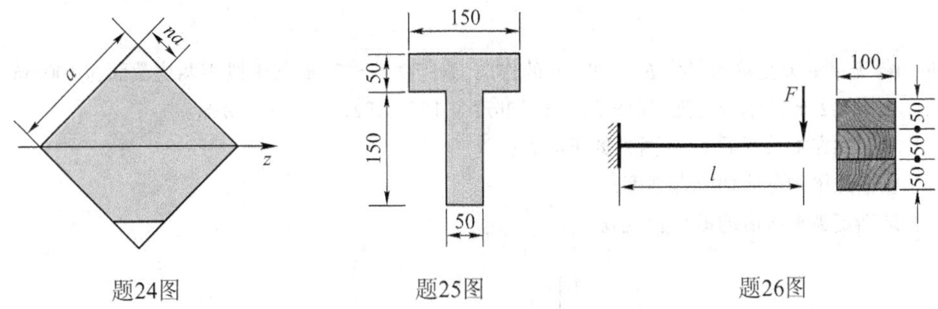

题24图　　题25图　　题26图

27. 图示简支梁及起重机，梁由两根 No.28a 工字钢组成，可移动的起重机自重 P = 50 kN，起重机起吊重 F = 10 kN 的物体，梁的许用应力$[\sigma]$ = 160 MPa，$[\tau]$ = 100 MPa，试校核梁的强度。

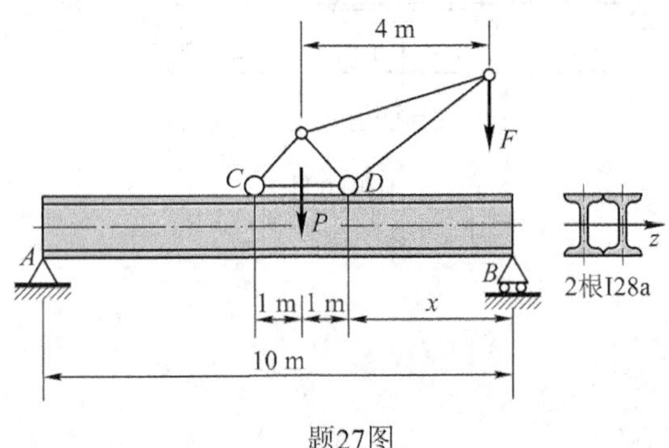

题27图

28. 图示工字梁由钢板焊接而成。若横截面上剪力 F_S = 180 kN，试求每单位长度焊缝所必须传递的力的大小。

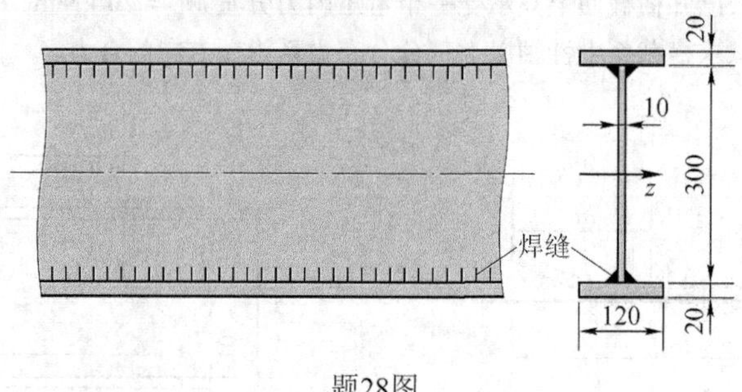

题28图

29. 矩形截面悬臂梁如图所示，假想沿中性层截开，列出梁下半部分的平衡条件，并画出其受力图。

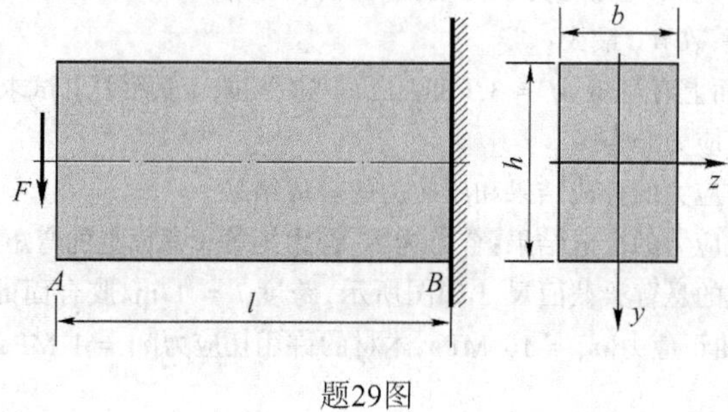

题29图

30. No.20a 工字钢梁受移动载荷 F = 50 kN 的作用，梁跨度 l = 5 m，其中段用两块截面为 100mm × 10 mm、长为 2.2 m 的钢板加强，如图所示。已知[σ] = 150 MPa，[τ] = 95 MPa。

（1）求此梁在加盖板后 C、D 两处的正应力；

（2）校核此梁的弯曲切应力强度；

（3）试确定盖板必需的最小长度 a。

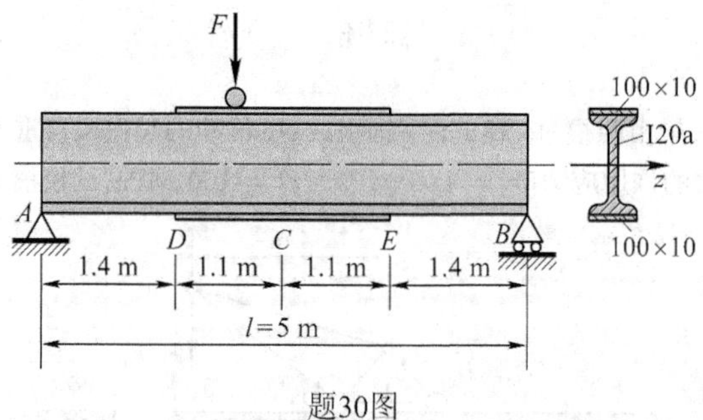

题30图

课件

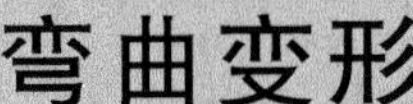

6 弯曲变形

6.1 概 述

在工程设计中,对某些受弯构件,除要求具有足够的强度外,还要求变形不能过大,即要求构件有足够的刚度,以保证结构或机器正常工作。例如,图 6.1(a)中摇臂钻床的摇臂,如果变形过大[图 6.1(b)],就会影响零件的加工精度,甚至会出现废品;如图 6.2(a)所示桥式起重机的横梁,如果变形过大[图 6.2(b)],则会使小车行走困难,出现爬坡现象,并引起横梁的振动。由此可见,对于某些弯曲构件,根据正常工作的需要,其变形必须限制在一定范围之内,使其具有足够的刚度。

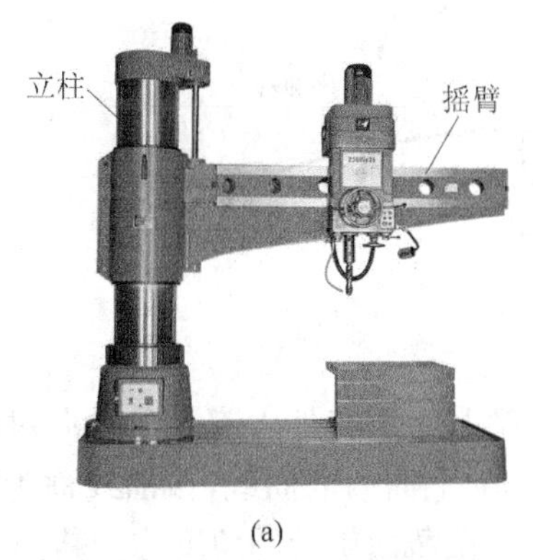

(a)

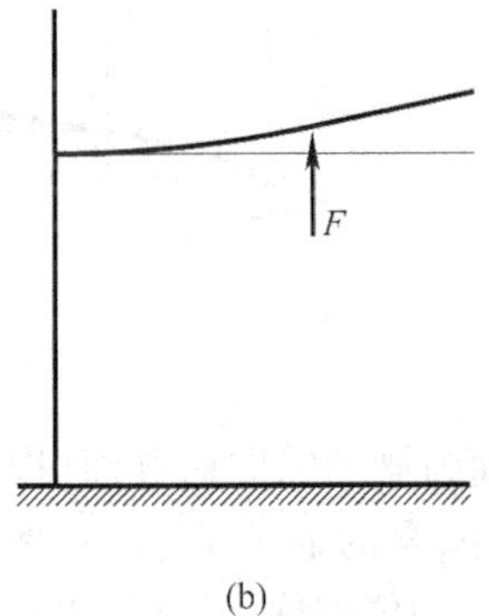

(b)

图 6.1

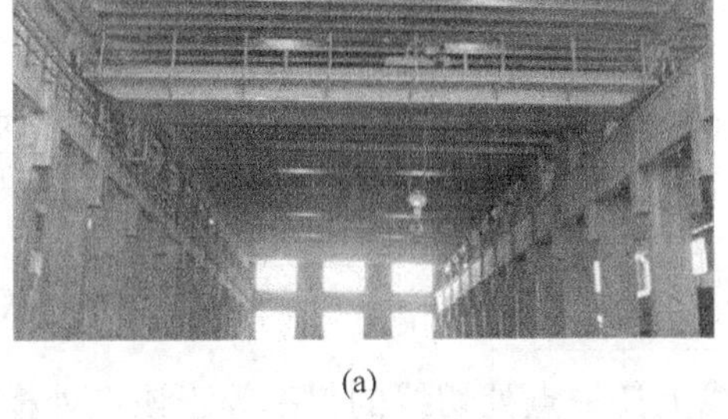

(a)

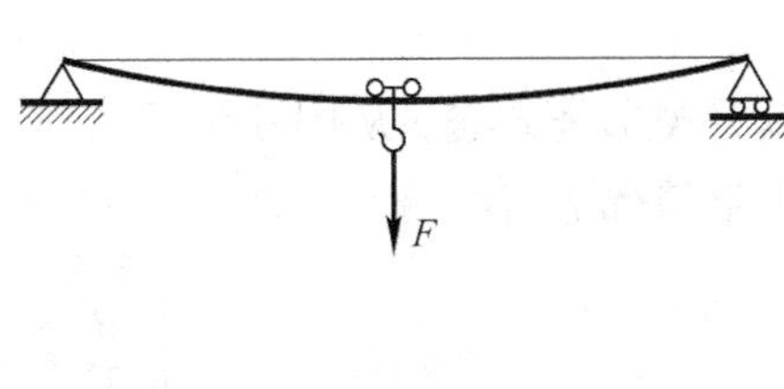

(b)

图 6.2

但在另外一些情况下,有时却要求构件具有较大的弹性变形,以满足特定的工作需要。例如,车辆上的叠板弹簧(图 6.3),要求有足够大的变形,以缓解车辆受到的冲击和振动作用。扭力扳手(图 6.4)的扭杆需有明显的弯曲变形,才能精确测量力矩的大小。

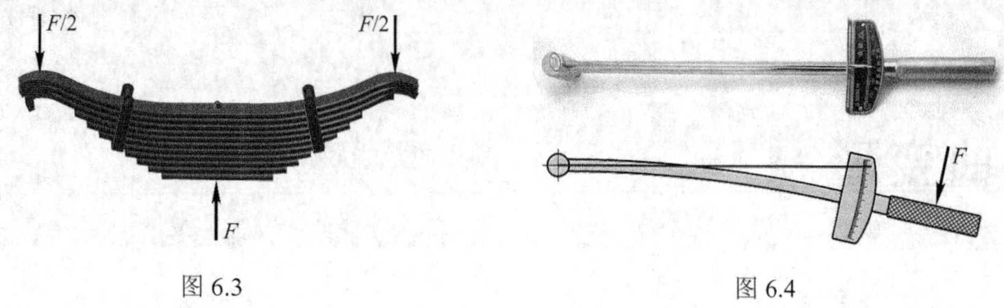

图 6.3　　　图 6.4

研究梁变形的主要目的,是对梁进行刚度计算和求解超静定梁,也为研究压杆稳定问题提供计算基础。

6.2　梁挠曲线的近似微分方程

以图 6.5 中简支梁为例。为了表示梁的变形情况,取直角坐标系 xOy, x 轴沿梁变形前的轴线方向,向右为正, y 轴向上为正。

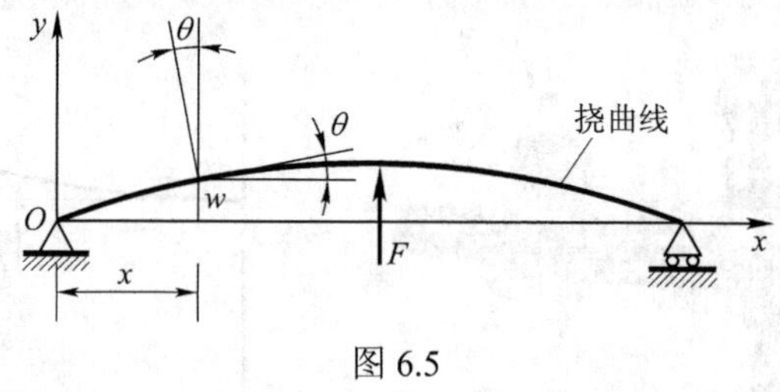

图 6.5

设 xy 平面为梁的纵向对称面,作用于梁上的所有外力都在此纵向对称面内。在对称弯曲的情况下,梁的轴线将弯成一条位于 xy 平面内的曲线,该曲线称为**挠曲线**。横截面形心在 y 方向的位移称为**挠度**,用 w 表示。横截面旋转的角度称为**转角**, 用 θ 表示。根据平面假设,变形后的横截面仍垂直于挠曲线,所以转角 θ 就是挠曲线的法线与 y 轴的夹角。规定向上的挠度和逆时针的转角为正,挠度和转角是度量梁变形的两个基本量。

不同截面的挠度不同,可用函数表示为

$$w = f(x)$$

上式就是**挠曲线方程**。从图 6.5 可见,横截面转角也等于挠曲线的切线与 x 轴的夹角。在小变形情况下,有

$$\theta \approx \tan \theta = \frac{\mathrm{d}w}{\mathrm{d}x} \tag{6.1}$$

上式表明了挠度与转角之间的关系,即挠曲线上任一点处切线的斜率等于该点处横截面的转角。

一般来说,梁的横截面形心,不仅有垂直于轴线方向的线位移(即挠度),而且还有沿轴线方向的线位移。例如在图 6.5 中,因为挠曲线位于中性层上,其长度保持不变,显然各横截面(除 $x=0$)有向左的线位移,可动铰支座一定会向左移动,但是在小变形的情况下,梁的挠曲线是一条平坦的光滑曲线,曲率很小,沿轴线方向的位移属于高阶微量,可以忽略不计,而仅以挠度来度量弯曲变形的线位移大小。

在纯弯曲情况下,曾得到梁的中性层的(也是挠曲线的)曲率公式(5.1),即

$$\frac{1}{\rho}=\frac{M}{EI_z} \tag{a}$$

对于横力弯曲,当梁的跨度 l 大于 5 倍的高度 h 时,则剪力 F_S 对弯曲变形的影响很小,可以忽略不计。这样,横力弯曲时梁挠曲线上各点的曲率仍用上式计算,但曲率和弯矩一样都是横截面位置坐标 x 的函数。

由高等数学知,挠曲线 $w=f(x)$上任一点的曲率为

$$\frac{1}{\rho}=\pm\frac{w''}{(1+w'^2)^{3/2}} \tag{b}$$

式(a)和式(b)都是挠曲线的曲率,应相等,即

$$\frac{M}{EI_z}=\pm\frac{w''}{(1+w'^2)^{3/2}}$$

按照弯矩的符号规定,以及本章关于挠度的符号规定,参看图 6.6,发现 M 的符号和 w''的符号是一致的。再将抗弯刚度 EI_z 简写成 EI,则上式可写为

$$\frac{M}{EI}=\frac{w''}{(1+w'^2)^{3/2}} \tag{c}$$

这就是梁的挠曲线微分方程,它是非线性的。

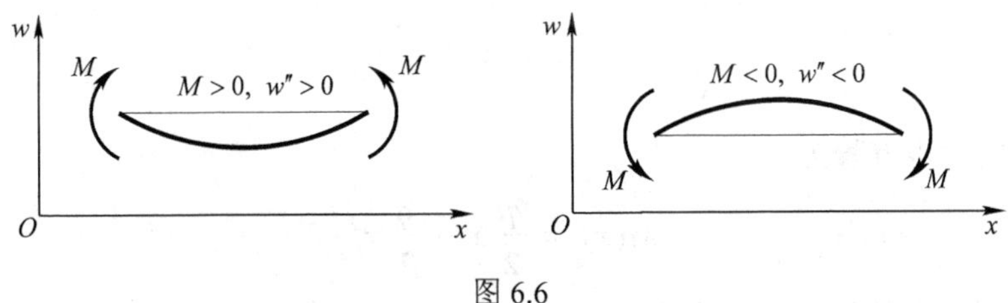

图 6.6

在小变形条件下,$\theta=w'\ll 1$,式(c) 中的 $1+w'^2\approx 1$,式(c)简化为

$$w''=\frac{M}{EI} \tag{6.2}$$

此即**梁的挠曲线近似微分方程**。其近似性表现在:①只考虑了弯矩而忽略了剪力对弯曲变形的影响;②在小变形的情况下,认为 $1+w'^2\approx 1$。

6.3 用积分法求弯曲变形

将梁的挠曲线近似微分方程(6.2)的两边乘以 dx,积分一次得转角方程

$$\theta=w'=\int\frac{M}{EI}\mathrm{d}x+C$$

再积分一次得挠曲线方程

$$w = \iint\left(\frac{M}{EI}\mathrm{d}x\right)\mathrm{d}x + Cx + D$$

式中，C、D 为积分常数。对于等截面梁，EI 为常量，可提到积分号外。

在挠曲线的某些点上，挠度或转角是已知的。例如，在梁的固定端，横截面不能移动也不能转动，挠度和转角都等于零；在铰支座上，挠度等于零。这类条件称为**边界条件**。在弯曲变形的对称点上，转角应等于零，这可称为**对称条件**。另外，挠曲线应该是一条连续且光滑的曲线，亦即在任意截面处 w 及其一阶导数 w' 应该是连续的，这就是**连续条件**。根据边界条件、对称条件及连续条件，就可确定积分常数。

求得了梁的转角方程和挠曲线方程后，便可求得最大挠度 $w_{\max}$ 及最大转角 $\theta_{\max}$，进而通过刚度条件

$$\left.\begin{aligned} w_{\max} &\leqslant [w] \\ \theta_{\max} &\leqslant [\theta] \end{aligned}\right\} \tag{6.3}$$

进行刚度计算。式中 $[w]$ 和 $[\theta]$ 为规定的许可挠度和转角。

例6.1 如图6.7所示简支梁，受均布载荷 q 作用，梁的抗弯刚度为 EI。试求梁的转角方程和挠曲线方程，并求最大转角 $\theta_{\max}$ 和最大挠度 $w_{\max}$。

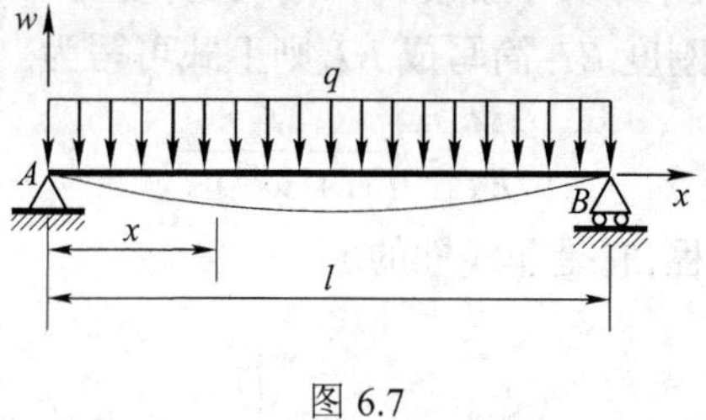

图 6.7

解：梁的弯矩方程为

$$M(x) = \frac{ql}{2}x - \frac{q}{2}x^2$$

将其代入梁的挠曲线近似微分方程，得

$$EIw'' = \frac{ql}{2}x - \frac{q}{2}x^2$$

积分得

$$EIw' = \frac{ql}{4}x^2 - \frac{q}{6}x^3 + C \tag{a}$$

$$EIw = \frac{ql}{12}x^3 - \frac{q}{24}x^4 + Cx + D \tag{b}$$

在铰支座 A、B 上的挠度均为零，即

$$x = 0 \text{ 时}，\ w = 0$$
$$x = l \text{ 时}，\ w = 0$$

将上述边界条件代入式(b)，求得

$$C=-\frac{ql^3}{24}\ ,\quad D=0$$

再将所得积分常数 C、D 代回式(a)、式(b),得转角方程和挠曲线方程分别为

$$\theta=\frac{q}{24EI}(6lx^2-4x^3-l^3)$$

$$w=\frac{qx}{24EI}(2lx^2-x^3-l^3)$$

显然,最大转角发生在左支座 A 或右支座 B 处,最大挠度发生在梁的正中间截面,分别为

$$\theta_{\max}=-\theta_A=\theta_B=-\theta\,|_{x=0}=\frac{ql^3}{24EI}$$

$$w_{\max}=w\Big|_{x=l/2}=-\frac{5ql^4}{384EI}$$

截面 A 转角为顺时针,截面 B 转角为逆时针。挠度为负,说明挠度向下。

例6.2 如图6.8所示悬臂梁,在自由端受集中载荷 F 作用,梁的抗弯刚度为 EI。试求梁的转角方程和挠曲线方程,并求最大转角 $\theta_{\max}$ 和最大挠度 $w_{\max}$。

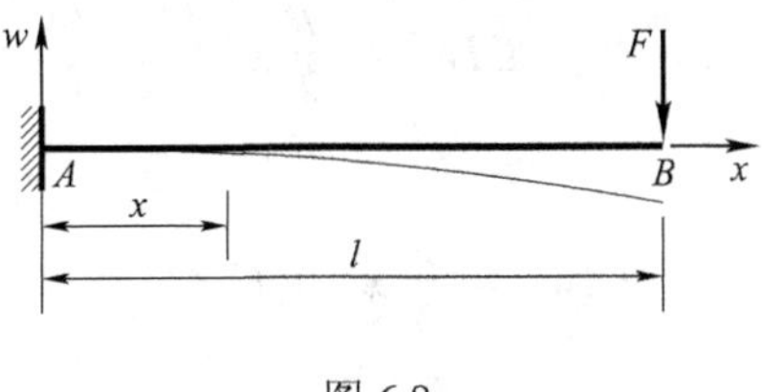

图 6.8

解:梁的弯矩方程为

$$M(x)=-F(l-x)=Fx-Fl$$

将其代入梁的挠曲线近似微分方程,得

$$EIw''=Fx-Fl$$

积分得

$$EIw'=\frac{F}{2}x^2-Flx+C \tag{c}$$

$$EIw=\frac{F}{6}x^3-\frac{Fl}{2}x^2+Cx+D \tag{d}$$

在固定端 A,转角和挠度均为零,即

$$x=0\ \text{时},\ \theta=0,\ w=0$$

将上述边界条件分别代入式(c)、式(d),得

$$C=0,\quad D=0$$

再将所得积分常数 C、D 代回式(c)、式(d),得转角方程和挠曲线方程分别为

$$\theta=\frac{Fx}{2EI}(x-2l)$$

$$w=\frac{Fx^2}{6EI}(x-3l)$$

最大转角和最大挠度显然都发生在梁的自由端 B

$$\theta_{max}=\theta|_{x=l}=-\frac{Fl^2}{2EI},\quad w_{max}=w|_{x=l}=-\frac{Fl^3}{3EI}$$

转角为负，说明转角是顺时针的。挠度为负，说明挠度向下。

例6.3 如图6.9所示简支梁，抗弯刚度为EI，在跨中C受集中载荷F作用。试求梁的转角方程和挠曲线方程，并求最大转角 θ_{max} 和最大挠度 w_{max}。

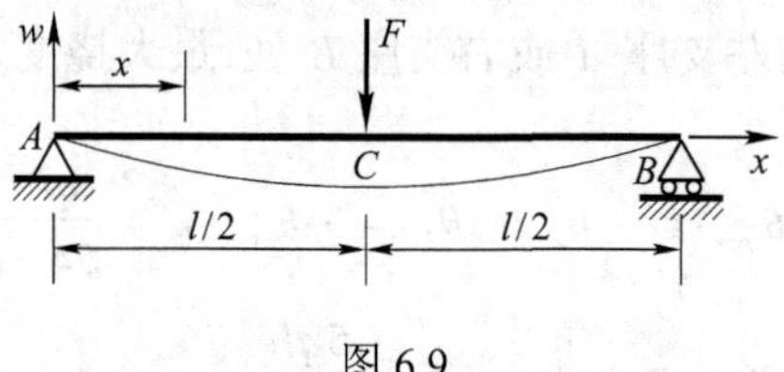

图 6.9

解： 此梁左右对称，只需考虑半跨梁。AC 段梁的弯矩方程为

$$M(x)=\frac{F}{2}x$$

将其代入梁的挠曲线近似微分方程，得

$$EIw''=\frac{F}{2}x$$

积分得

$$EIw'=\frac{F}{4}x^2+C \tag{e}$$

$$EIw=\frac{F}{12}x^3+Cx+D \tag{f}$$

边界条件为

$$x=0\text{ 时},\ w=0$$

将其代入式(f)，得 $D=0$。
对称条件为

$$x=\frac{l}{2}\text{ 时},\ \theta=0$$

将其代入式(e)，得

$$C=-\frac{Fl^2}{16}$$

将所得积分常数 C、D 代回式(e)、式(f)，得 AC 段梁的转角方程和挠曲线方程分别为

$$\theta=\frac{F}{16EI}(4x^2-l^2)$$

$$w=\frac{Fx}{48EI}(4x^2-3l^2)$$

最大转角发生在支座 A 处，最大挠度发生在截面 C 处，分别为

$$\theta_{max}=\theta|_{x=0}=-\frac{Fl^2}{16EI},\quad w_{max}=w\Big|_{x=\frac{l}{2}}=-\frac{Fl^3}{48EI}$$

例 6.4 如图 6.10 所示简支梁，抗弯刚度为 EI。试求梁的转角方程和挠曲线方程，并求最大转角 θ_{max} 和最大挠度 w_{max}。

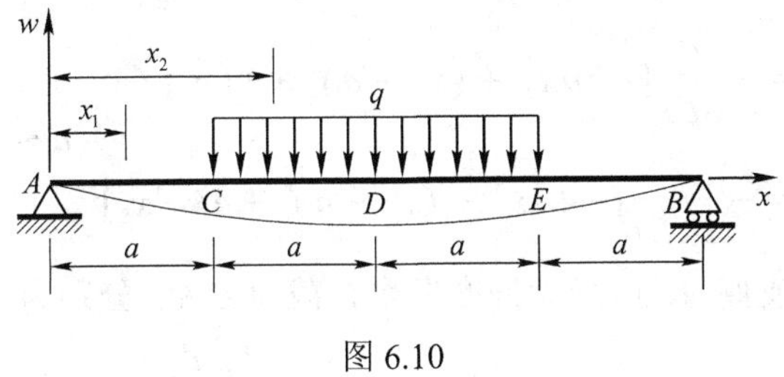

图 6.10

解：此梁左右对称，只需考虑半跨梁 ACD。

AC 段 $(0 \leqslant x_1 \leqslant a)$：

$$EIw_1'' = qax_1$$

$$EIw_1' = \frac{qa}{2}x_1^2 + C_1 \tag{g}$$

$$EIw_1 = \frac{qa}{6}x_1^3 + C_1x_1 + D_1 \tag{h}$$

CD 段 $(a \leqslant x_2 \leqslant 2a)$：

$$EIw_2'' = qax_2 - \frac{q}{2}(x_2 - a)^2$$

$$EIw_2' = \frac{qa}{2}x_2^2 - \frac{q}{6}(x_2 - a)^3 + C_2 \tag{i}$$

$$EIw_2 = \frac{qa}{6}x_2^3 - \frac{q}{24}(x_2 - a)^4 + C_2x_2 + D_2 \tag{j}$$

由于挠曲线应该是一条连续且光滑的曲线，故有连续条件

$$x_1 = x_2 = a\text{时}, \ \theta_1 = \theta_2, \ w_1 = w_2$$

将其代入式(g)、式(h)、式(i)、式(j)，得

$$C_1 = C_2 \ , \quad D_1 = D_2$$

边界条件为

$$x_1 = 0\text{ 时}, \ w_1 = 0$$

将其代入式(h)，得

$$D_1 = 0$$

对称条件为

$$x_2 = 2a\text{时}, \ \theta_2 = 0$$

将其代入式(i)，得

$$C_2 = -\frac{11}{6}qa^3$$

将所得积分常数 C_1、C_2、D_1、D_2 代回式(g)、式(h)、式(i)、式(j)，得 AC 段、CD 段梁的转角方程和挠曲线方程分别为

$$\begin{cases} \theta_1 = -\dfrac{qa}{6EI}(11a^2 - 3x_1^2) \\ w_1 = -\dfrac{qa}{6EI}(11a^2 x_1 - x_1^3) \end{cases} \quad (0 \leqslant x_1 \leqslant a)$$

$$\begin{cases} \theta_2 = -\dfrac{q}{6EI}[-3ax_2^2 + (x_2 - a)^3 + 11a^3] \\ w_2 = -\dfrac{q}{24EI}[-4ax_2^3 + (x_2 - a)^4 + 44a^3 x_2] \end{cases} \quad (a \leqslant x_2 \leqslant 2a)$$

最大转角发生在支座 A 处，最大挠度发生在截面 D 处，分别为

$$\theta_{\max} = \theta_1 \mid_{x_1=0} = -\frac{11qa^3}{6EI}$$

$$w_{\max} = w_2 \mid_{x_2=2a} = -\frac{19qa^4}{8EI}$$

由上例看出，梁上载荷愈复杂，写弯矩方程时分段数愈多，积分常数也愈多，确定积分常数的运算将特别烦琐。在例 6.4 中，采取了一些措施：将坐标 x_1、x_2 选择同起点、同方向；弯矩方程 $M_2(x_2)$ 中包含了 $M_1(x_1)$ 的全部项而只是多出了含有 $(x_2 - a)$ 的项；对含有 $(x_2 - a)$ 的项，积分时不要拆开。对于载荷复杂的梁，如果采取这些措施，则根据连续条件可得 $C_1 = C_2 = C_3 = \cdots$，$D_1 = D_2 = D_3 = \cdots$，积分常数最终归结为两个。

6.4 用叠加法求弯曲变形

用积分法可以求出梁的转角方程和挠曲线方程，从而可求出梁上任意截面的转角和挠度，但如果梁上载荷比较复杂，积分法则显得过于烦冗。特别是在只需求出梁上某些特定截面的挠度和转角时，积分法尤其显得麻烦。为此，将等截面直梁在简单载荷作用下的挠曲线方程、特殊截面的转角和挠度列于表 6.1 中，在下面用叠加法求弯曲变形时可直接查用。

表 6.1　梁在简单载荷作用下的变形

序号	梁的简图	挠曲线方程	转角	挠度
1	w, F, A, B, x, l	$w = -\dfrac{Fx^2}{6EI}(3l - x)$	$\theta_B = -\dfrac{Fl^2}{2EI}$	$w_B = -\dfrac{Fl^3}{3EI}$
2	w, M_e, A, B, x, l	$w = -\dfrac{M_e x^2}{2EI}$	$\theta_B = -\dfrac{M_e l}{EI}$	$w_B = -\dfrac{M_e l^2}{2EI}$
3	w, q, A, B, x, l	$w = -\dfrac{qx^2}{24EI}(x^2 - 4lx + 6l^2)$	$\theta_B = -\dfrac{ql^3}{6EI}$	$w_B = -\dfrac{ql^4}{8EI}$

续表

序号	梁的简图	挠曲线方程	转角	挠度
4		$w=-\dfrac{Fx}{48EI}(3l^2-4x^2)$ $\left(0\leqslant x\leqslant\dfrac{l}{2}\right)$	$\theta_A=-\dfrac{Fl^2}{16EI}$ $\theta_B=\dfrac{Fl^2}{16EI}$	$w_C=-\dfrac{Fl^3}{48EI}$
5		$w=-\dfrac{M_e x}{6EIl}(l^2-x^2)$	$\theta_A=-\dfrac{M_e l}{6EI}$ $\theta_B=\dfrac{M_e l}{3EI}$	在 $x=\dfrac{l}{\sqrt{3}}$ 处，$w_{max}=-\dfrac{M_e l^2}{9\sqrt{3}EI}$ $w\big\vert_{x=\frac{l}{2}}=-\dfrac{M_e l^2}{16EI}$
6		$w=-\dfrac{qx}{24EI}(l^3-2lx^2+x^3)$	$\theta_A=-\dfrac{ql^3}{24EI}$ $\theta_B=\dfrac{ql^3}{24EI}$	$w_C=-\dfrac{5ql^4}{384EI}$
7		$w=-\dfrac{Fbx}{6EIl}(l^2-x^2-b^2)$ $(0\leqslant x\leqslant a)$ $w=-\dfrac{Fb}{6EIl}\left[\dfrac{l}{b}(x-a)^3+(l^2-b^2)x-x^3\right]$ $(a\leqslant x\leqslant l)$	$\theta_A=-\dfrac{Fab(l+b)}{6EIl}$ $\theta_B=\dfrac{Fab(l+a)}{6EIl}$	设 $a>b$，在 $x=\sqrt{\dfrac{l^2-b^2}{3}}$ 处， $w_{max}=-\dfrac{Fb(l^2-b^2)^{3/2}}{9\sqrt{3}EIl}$ $w\big\vert_{x=\frac{l}{2}}=-\dfrac{Fb(3l^2-4b^2)}{48EI}$
8		$w=\dfrac{M_e x}{6EIl}(l^2-3b^2-x^2)$ $(0\leqslant x\leqslant a)$ $w=\dfrac{M_e}{6EIl}[-x^3+3l(x-a)^2+(l^2-3b^2)x]$ $(a\leqslant x\leqslant l)$	$\theta_A=-\dfrac{M_e}{6EIl}(l^2-3b^2)$ $\theta_B=\dfrac{M_e}{6EIl}(l^2-3a^2)$	

在线弹性、小变形的前提下，各种载荷与它所引起的变形成线性关系。也就是说，当梁上同时作用几个载荷时，各个载荷所引起的变形是各自独立的，互不影响。若计算几个载荷共同作用下在某截面上引起的变形，则可分别计算各个载荷单独作用下在同一截面上引起的变形，然后叠加而得。

例 6.5 如图 6.11(a)所示桥式起重机大梁为 32a 工字钢，$E=200$ GPa，$l=8$ m，自重为均布载荷，作用于梁上的最大吊重 $F=25$ kN。规定 $[w]=l/500$。试校核大梁的刚度。

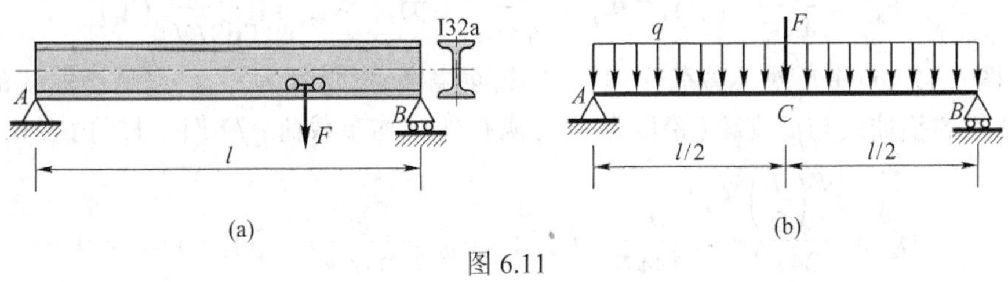

图 6.11

解：显然，当吊车移动到梁跨度中点 C 时[图 6.11(b)]，梁的 w_{max} 最大。

查型钢表知：$I = 11\ 100\ cm^4 = 1.11 \times 10^{-4}\ m^4$，$q = 52.7\ kg/m = 516.5\ N/m$。

由表 6.1 查得，简支梁在均布载荷 q 和集中力 F 单独作用下，梁跨中点 C 的挠度分别为

$$(w_C)_q = \frac{5ql^4}{384EI} = \frac{5 \times 516.5 \times 8^4}{384 \times 200 \times 10^9 \times 1.11 \times 10^{-4}}\ m = 1.24\ mm\ (\downarrow)$$

$$(w_C)_F = \frac{Fl^3}{48EI} = \frac{25 \times 10^3 \times 8^3}{48 \times 200 \times 10^9 \times 1.11 \times 10^{-4}}\ m = 12.0\ mm\ (\downarrow)$$

应用叠加法，求得在均布载荷和集中力共同作用下，梁跨中点 C 的挠度为

$$w_C = (w_C)_q + (w_C)_F = 13.2\ mm < [w] = 16\ mm$$

可见，大梁满足刚度要求。

例 6.6　如图 6.12(a)所示简支梁，在其半跨 AC 段受均布载荷 q 作用。若已知 q、EI 和 l，试求截面 A、B 的转角和截面 C 的挠度。

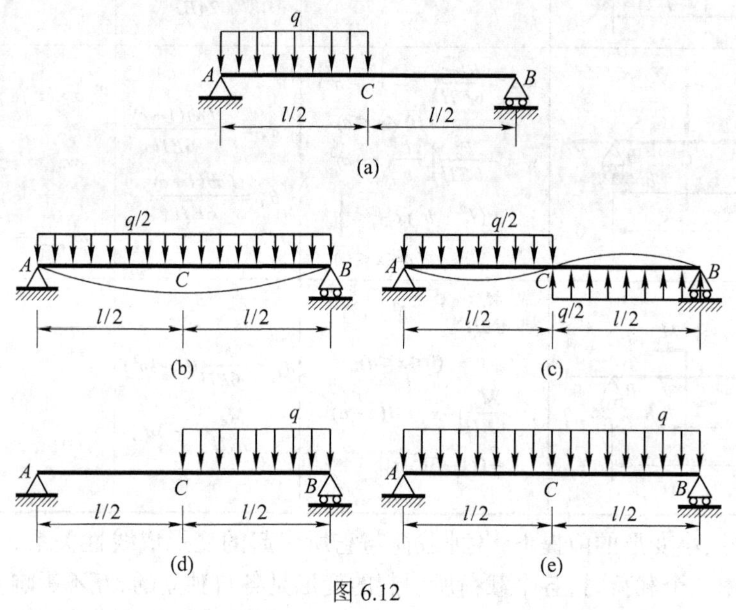

图 6.12

解：如图 6.12(a)所示载荷可看成图 6.12(b)正对称载荷和图 6.12(c)反对称载荷的叠加。

在图 6.12(b)中正对称载荷作用下，由表 6.1 查得

$$\theta_{A1} = \frac{ql^3}{48EI}\ (\circlearrowright),\quad \theta_{B1} = \frac{ql^3}{48EI}\ (\circlearrowleft),\quad w_{C1} = \frac{5ql^4}{768EI}\ (\downarrow)$$

在图 6.12(c)中反对称载荷作用下，C 截面挠度、弯矩都为零，C 点是挠曲线的拐点，AC、CB 段的挠曲线与简支梁（跨度为 $l/2$）满跨作用均布载荷 $q/2$ 时一样，由表 6.1 查得

$$\theta_{A2} = \frac{\frac{q}{2}\left(\frac{l}{2}\right)^3}{24EI} = \frac{ql^3}{384EI}\ (\circlearrowright),\quad \theta_{B2} = \frac{ql^3}{384EI}\ (\circlearrowright),\quad w_{C2} = 0$$

应用叠加法,得

$$\theta_A = \theta_{A1} + \theta_{A2} = \frac{ql^3}{48EI} + \frac{ql^3}{384EI} = \frac{3ql^3}{128EI} \ (\curvearrowright)$$

$$\theta_B = \theta_{B1} + \theta_{B2} = \frac{ql^3}{48EI} - \frac{ql^3}{384EI} = \frac{7ql^3}{384EI} \ (\curvearrowleft)$$

$$w_C = w_{C1} + w_{C2} = \frac{5ql^4}{768EI} \ (\downarrow)$$

亦可以用下面叠加方法求挠度 w_C。

如图 6.12(a)所示左半跨均布载荷叠加上图 6.12(d)右半跨均布载荷,就是图 6.12(e)简支梁满跨作用均布载荷。图 6.12(a)、(d)中两梁的 w_C 相等,都等于图 6.12(e)中梁 w_C 的一半。

例 6.7 如图 6.13(a)所示悬臂梁受线性分布载荷作用。若已知 q_0、抗弯刚度 EI、跨度 l,试求梁自由端 B 截面的转角和挠度。

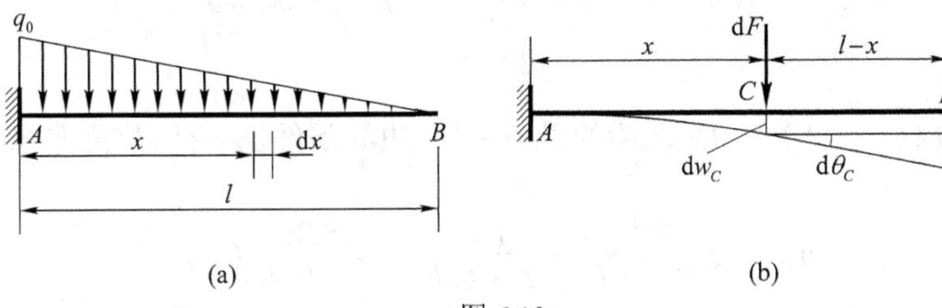

图 6.13

解: 线性分布载荷集度

$$q(x) = q_0\left(1 - \frac{x}{l}\right)$$

在任意截面 x 处取微段梁 dx [图 6.13(a)],其上载荷

$$dF = q(x)dx = q_0\left(1 - \frac{x}{l}\right)dx$$

图 6.13(b) 中由 dF 引起的 B 截面的转角和挠度分别为

$$d\theta_B = d\theta_C = \frac{dF \cdot x^2}{2EI} = \frac{q_0(l-x)x^2}{2EIl}dx \ (\curvearrowright)$$

$$\begin{aligned} dw_B &= dw_C + d\theta_C \cdot (l-x) \\ &= \frac{dF \cdot x^3}{3EI} + \frac{q_0(l-x)^2x^2}{2EIl}dx \\ &= \frac{q_0(3l^2 - 4lx + x^2)x^2}{6EIl}dx \ (\downarrow) \end{aligned}$$

应用叠加法,得

$$\theta_B = \int_0^l \frac{q_0(l-x)x^2}{2EIl}dx = \frac{q_0l^3}{24EI} \ (\curvearrowright)$$

$$w_B = \int_0^l \frac{q_0(3l^2 - 4lx + x^2)x^2}{6EIl}dx = \frac{q_0l^4}{30EI} \ (\downarrow)$$

例 6.8 求如图 6.14(a)所示变截面梁 B、C 截面的挠度 w_B、w_C。

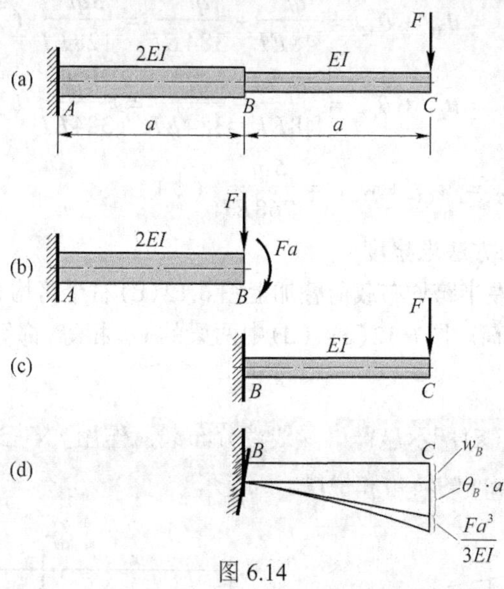

图 6.14

解：图 6.14(a)、(b)中 AB 段梁的受力一样，边界条件也一样，故挠曲线完全相同。所以

$$w_B = \frac{Fa^3}{3 \times (2EI)} + \frac{Fa \cdot a^2}{2 \times (2EI)} = \frac{5Fa^3}{12EI} \ (\downarrow)$$

$$\theta_B = \frac{Fa^2}{2 \times (2EI)} + \frac{Fa \cdot a}{2EI} = \frac{3Fa^3}{4EI} \ (\circlearrowright)$$

图 6.14(a)、(c)中 BC 段梁的受力一样，但边界条件不一样。可将图 6.14(c)中的 BC 梁先向下平移 w_B，再绕 B 点转动 θ_B[图 6.14(c)]，这样边界条件就一样了。再叠加上 BC 段本身的弯曲变形，就得

$$w_C = w_B + \theta_B \cdot a + \frac{Fa^3}{3EI} = \frac{3Fa^3}{2EI} \ (\downarrow)$$

例 6.9 如图 6.15(a)所示梁的抗弯刚度为 EI。试求截面 B、D 的挠度。

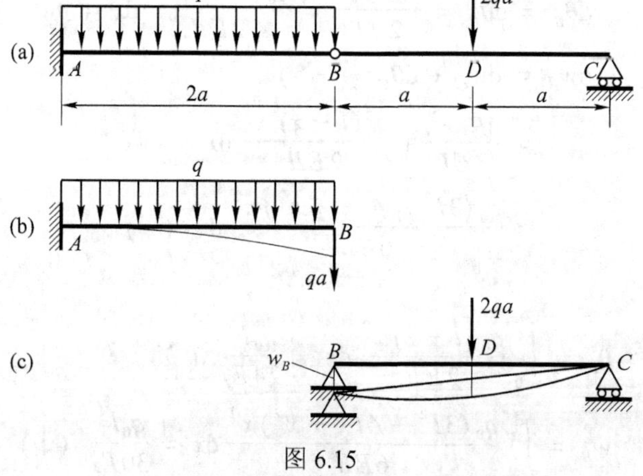

图 6.15

解: 图6.15(a)中 AB 段梁的受力和边界条件与图6.15(b)相同,故挠曲线完全相同。故

$$w_B = \frac{q(2a)^4}{8EI} + \frac{qa(2a)^3}{3EI} = \frac{14qa^4}{3EI} \ (\downarrow)$$

BC 段梁的受力和变形如图6.15(c)所示,将其看成一简支梁,但支座 B 有一沉陷 w_B。于是

$$w_D = \frac{w_B}{2} + \frac{2qa(2a)^3}{48EI} = \frac{8qa^4}{3EI} \ (\downarrow)$$

例6.10 如图6.16(a)所示外伸梁,抗弯刚度为 EI,B 处为弹性支座,弹簧刚度 $k=\frac{2EI}{a^3}$。求自由端 C 的挠度 w_C。

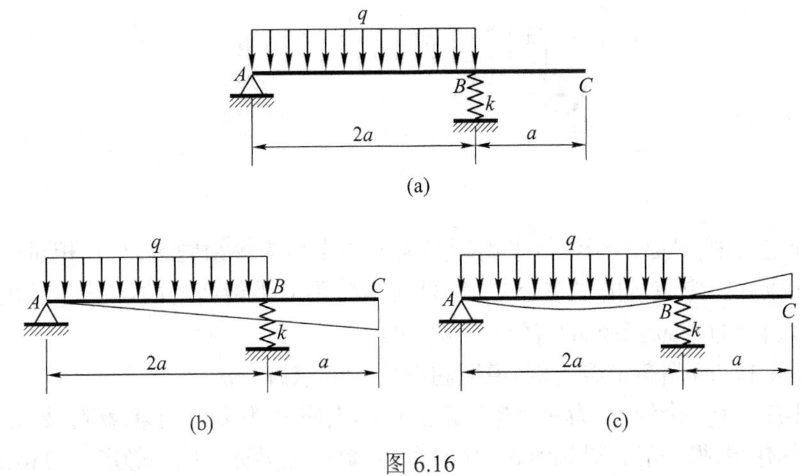

图6.16

解: (1) 见图6.16(b),梁不变形,仅弹簧变形引起的 C 点挠度为

$$w_{C1} = \frac{3}{2}\frac{qa}{k} = \frac{3qa^4}{4EI} \ (\downarrow)$$

(2) 见图6.16(c),弹簧不变形,仅梁变形引起的 C 点挠度为

$$w_{C2} = \frac{q(2a)^3}{24EI}\cdot a = \frac{qa^4}{3EI} \ (\uparrow)$$

(3) 由叠加法,得 C 点总挠度为

$$w_C = w_{C1} - w_{C2} = \frac{3qa^4}{4EI} - \frac{qa^4}{3EI} = \frac{5qa^4}{12EI} \ (\downarrow)$$

6.5 简单超静定梁

前面所研究的梁,其支座约束力通过静力平衡方程即可求得,所以都是静定梁。在工程实际中,有时为了提高梁的强度、刚度,或因构造的需要,除了维持平衡所必需的约束外,还需要再增加约束。这时梁的未知约束力的数目将多于静力平衡方程式的数目,这种梁称为**超静定梁**。

例如，承受均布载荷的悬臂梁，为了减小梁的变形，在其自由端增加一个可动铰支座，就变成了如图 6.17(a)所示的超静定梁。

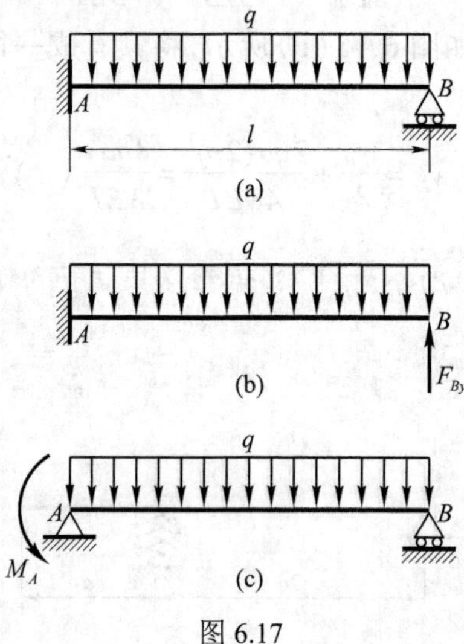

图 6.17

在超静定梁中，凡是多于维持平衡所必需的约束称为**多余约束**，与其相对应的约束力称为**多余约束力**。应该指出，“多余”二字是对维持梁的平衡而言的，但从梁的强度、刚度或构造而言，它们并不是多余的，甚至是必需的。

现以图 6.17(a)超静定梁为例，说明超静定梁的求解方法。

该梁具有一个多余约束，为一次超静定。选择支座 B 为多余约束，解除支座 B，以约束力 F_{By} 代替其作用，得一静定梁如图 6.17(b)所示，此静定梁称为原超静定梁的**相当系统**。

要使相当系统与原超静定梁的变形完全一样，必须满足变形协调条件

$$w_B = 0 \tag{a}$$

由叠加法知，如图 6.17(b)所示相当系统截面 B 的挠度

$$w_B = \frac{F_{By}l^3}{3EI} - \frac{ql^4}{8EI}$$

将上述物理关系代入变形协调条件(a)，得补充方程

$$\frac{F_{By}l^3}{3EI} - \frac{ql^4}{8EI} = 0$$

由此求得

$$F_{By} = \frac{3ql}{8}$$

求得多余约束力 F_{By} 后，其余约束力通过静力平衡方程即可求得。进一步可作弯矩图，进行强度计算等。

需要注意的是，超静定结构的相当系统通常不止一个。例如，可将图 6.17(a)中固定端 A 限制转动的约束看成多余约束，将其解除，也就是将固定端变成固定铰支座，相当系统如图 6.17(c)所示。变形协调条件为

$$\theta_A = 0 \tag{b}$$

由叠加法得如图 6.17(c)所示相当系统截面 A 的转角

$$\theta_A = \frac{M_A l}{3EI} - \frac{ql^3}{24EI} = 0$$

$$M_A = \frac{ql^2}{8}$$

例 6.11 如图 6.18(a)所示梁 ABC 由 AB 和 BC 两段组成,已知两段梁的抗弯刚度均为 EI。求支座约束力,并绘制剪力图和弯矩图。

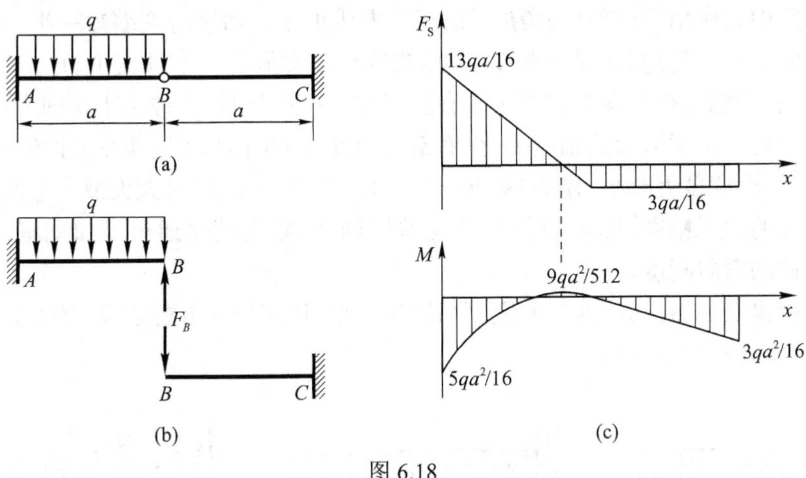

图 6.18

解: 将原梁拆成如图 6.18(b)所示两个悬臂梁,变形协调条件为悬臂梁 AB 和 BC 在 B 点的挠度相等,即

$$w_{AB\,B} = w_{BC\,B}$$

通过查表 6.1,可得悬臂梁 AB 和 BC 在 B 点的挠度,代入上式,得

$$\frac{qa^4}{8EI} - \frac{F_B a^3}{3EI} = \frac{F_B a^3}{3EI}$$

由此求得

$$F_B = \frac{3qa}{16}$$

再由静力平衡方程求得各支座约束力分别为

$$F_{Ay} = \frac{13qa}{16}(\uparrow), \quad M_A = \frac{5qa^2}{16}(\circlearrowleft), \quad F_{Cy} = \frac{3qa}{16}(\uparrow), \quad M_C = \frac{3qa^2}{16}(\circlearrowright)$$

梁的剪力图和弯矩图如图 6.18(c)所示。

6.6 提高弯曲刚度的一些措施

从梁的挠曲线近似微分方程及其积分方法可以看出,弯曲变形与弯矩、跨度、支承情况、截面惯性矩及材料弹性模量有关。要减小弯曲变形以提高弯曲刚度,就应从上述各种因素入手。

1. 增大梁的抗弯刚度EI

抗弯刚度EI越大，弯曲变形越小。抗弯刚度包含弹性模量E和截面惯性矩I两个因素。因为各类钢材弹性模量E的数值相差很小，故采用高强度钢虽然可以提高梁的强度，但却不能有效地提高梁的刚度。因此，主要应设法增大截面的惯性矩I。在截面面积不变的情况下，增大I的方法与增大抗弯截面系数W_z的方法相似。一般说来，增大惯性矩I的数值，往往也同时提高了梁的强度。在工程上常采用工字形、箱形、槽形、空心圆等截面，这些截面都比面积相等的圆形或矩形截面有更大的惯性矩。

2. 减小跨度或增加支承

梁在集中力作用下，挠度与跨度l的三次方成正比。如果跨度缩短一半，则梁的挠度减至原来的1/8。可见减小梁的跨度，变形的减小非常显著。增加支承，也是提高弯曲刚度的好方法。例如，在车床上用卡盘平夹住工件进行切削时，工件由于切削力而引起的弯曲变形使得吃刀深度沿梁的轴线变化，而出现锥度[图6.19(a)]；若在工件的自由端加装尾架顶针，则锥度显著减小[图6.19(b)]；若再安装中心架，就可大大减小弯曲变形，从而提高了工件的加工精度[图6.19(c)]。这些措施，实际上就是通过增加支座，减小跨度，来提高工件的弯曲刚度。

应该指出，为提高构件的弯曲刚度而增加支承，将使原来的静定梁[图6.19(a)]变为超静定梁[图6.19(b)、(c)]。

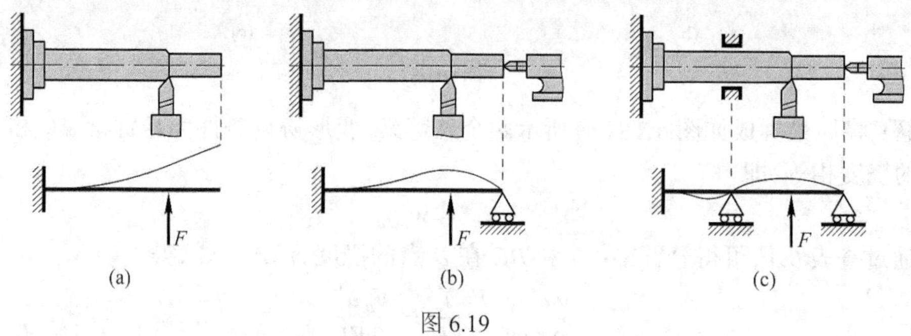

图6.19

3. 改变加载方式和支座位置

弯矩是引起弯曲变形的重要因素，减小弯矩值也就减小了弯曲变形。在设计时也可以从结构上合理安排载荷作用点，降低最大弯矩值。例如，皮带轮采用卸荷装置后（图6.20），皮带拉力经滚动轴承传给箱体，它对传动轴不再引起弯曲变形，从而消除了它对传动轴弯曲变形的影响；机床主轴传动齿轮的位置尽可能靠近主轴的前轴承，使主轴的变形减少；将简支梁中点的集中力F改为对称作用在梁上的两个分力$F/2$，或改为均布载荷作用在全梁上，均可减小梁的弯曲变形。

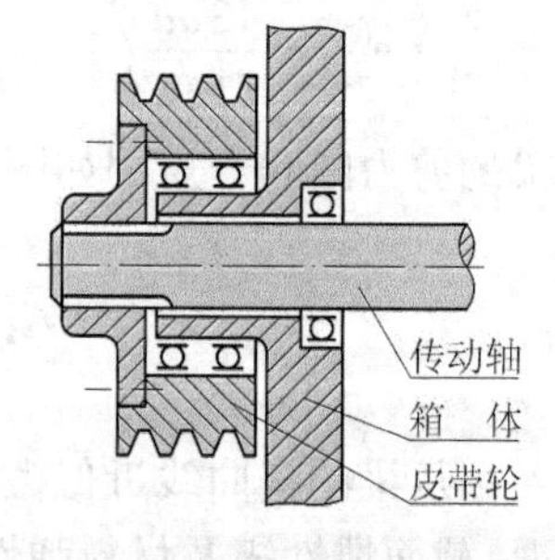

图6.20

此外，在工程中还常采用预拱的措施。例如，在制造桥式起重机的主梁时，一般规范上给它1/1 000的预拱，与吊运时产生的弯曲变形相反，从而改善了工作条件。

习 题

1. 已知直梁的挠曲线方程为

$$w = -\frac{q_0 x}{360EIl}(3x^4 - 10l^2x^2 + 7l^4)$$

试求梁的弯矩方程及剪力方程，并确定最大弯矩值。

2. 根据弯矩图和支座情况，大致画出图示梁的挠曲线形状，并标出拐点的位置。

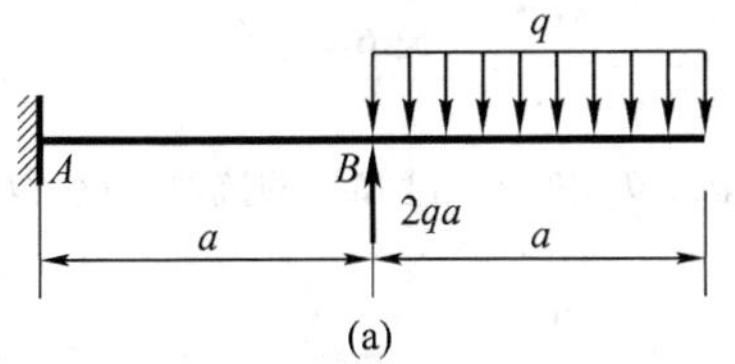

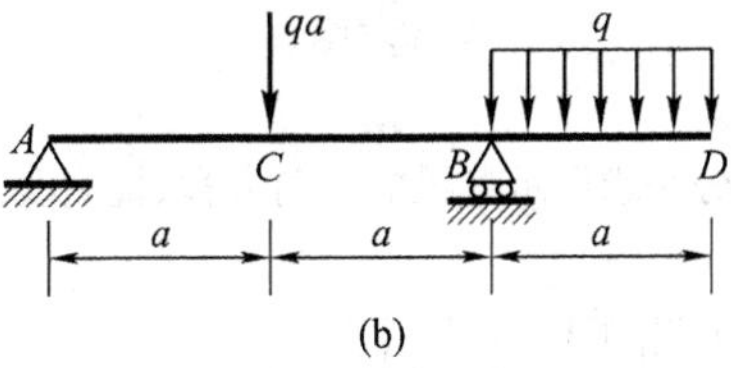

题2图

3. 根据弯矩图和支座情况，大致画出图示梁的挠曲线形状。

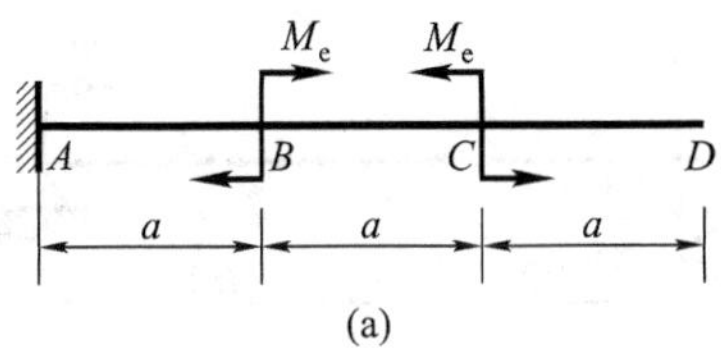

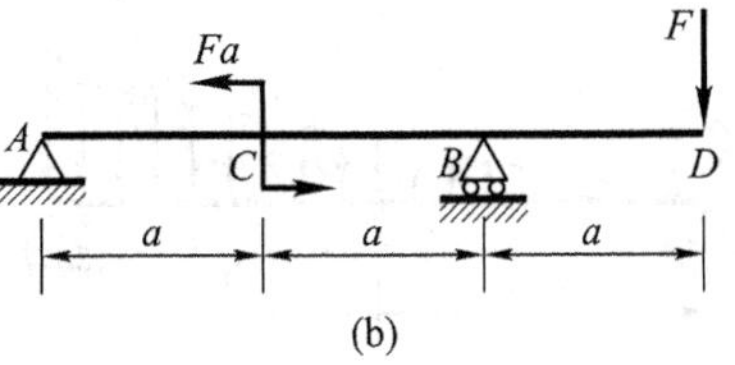

题3图

4. 试用积分法求图示各梁的转角方程、挠曲线方程，并求截面 C 的挠度 w_C 和转角 θ_C。已知图(b)、(c)、(d)所示梁的抗弯刚度 EI 为常量。

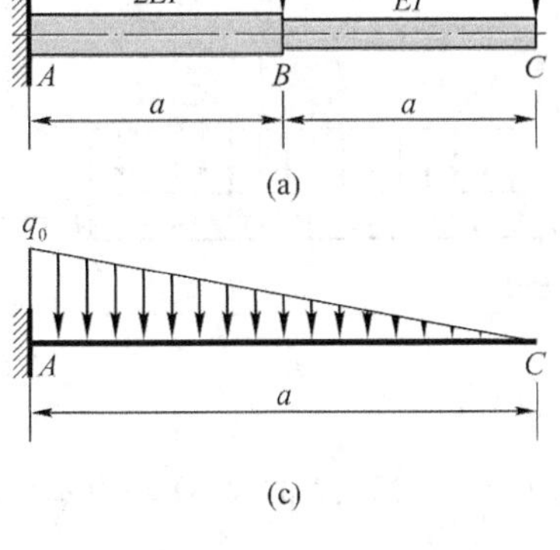

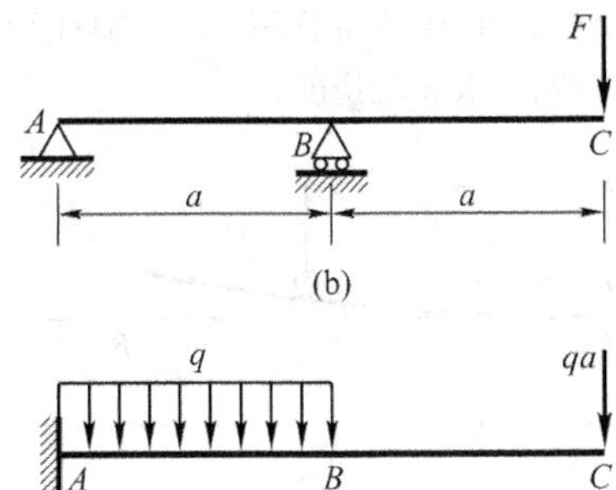

题4图

5. 图示悬臂梁横截面上剪力等于零，弯矩为常量，属于纯弯曲，由公式$\frac{1}{\rho}=\frac{M_e}{EI_z}$知 ρ = 常量，挠曲线应为圆弧，但由梁的挠曲线近似微分方程积分得到 $w=\frac{M_e x^2}{2EI}$，这表明挠曲线是一抛物线。为何产生这种差别？试求按两种结果所得最大挠度的相对误差。

6. 图示弯曲刚度为 EI 的两端固定梁，其挠曲线方程为

$$EIw=-\frac{q}{24}x^4+Ax^3+Bx^2+Cx+D$$

试根据边界条件确定常数 A、B、C、D，并绘制梁的剪力图和弯矩图。

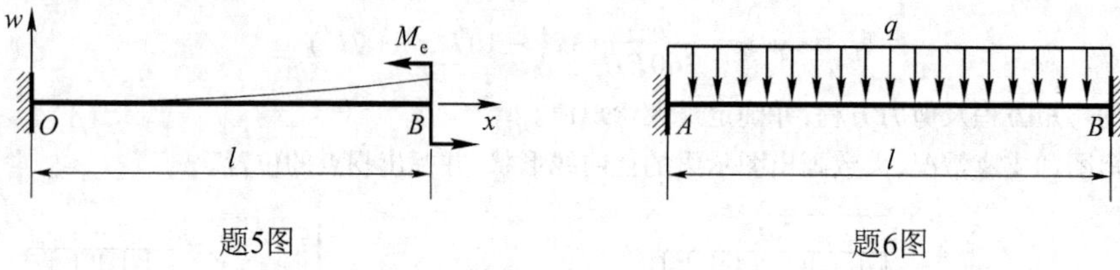

题5图　　题6图

7. 试用积分法求图示各梁的转角方程、挠曲线方程，并求 θ_A、θ_B 和 w_C。已知梁的抗弯刚度 EI 为常量。

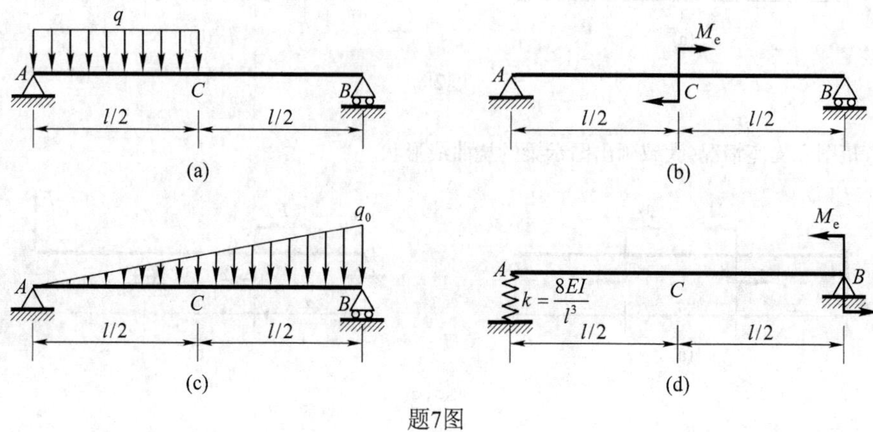

题7图

8. 抗弯刚度为 EI 的悬臂梁 AB，受移动载荷 F 作用，如图所示。若要求载荷沿梁移动时的轨迹为一水平线，试写出梁的轴线应预先弯成的曲线方程式。

9. 图示梁 AB 受均匀载荷 q 作用，在 B 端只能上下移动，不能左右移动，也不能转动。试用积分法求梁的挠曲线方程，并求 B 端挠度。

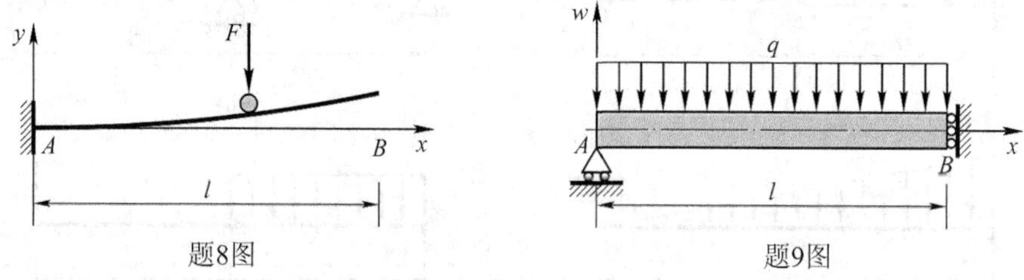

题8图　　题9图

10. 图示矩形截面悬臂梁的上下面承受均布载荷，载荷集度（单位面积上力的大小）均为 q，弹性模量为 E。试求梁自由端 B 的挠度。

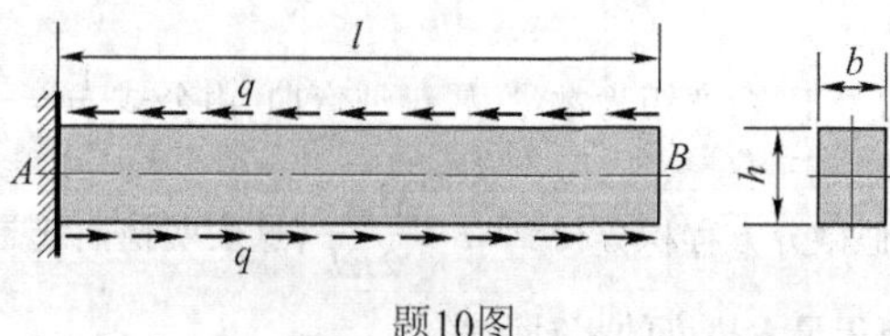

题10图

11. 试用叠加法求图示简支梁跨度中点 C 的挠度。已知梁的抗弯刚度 EI 为常量。

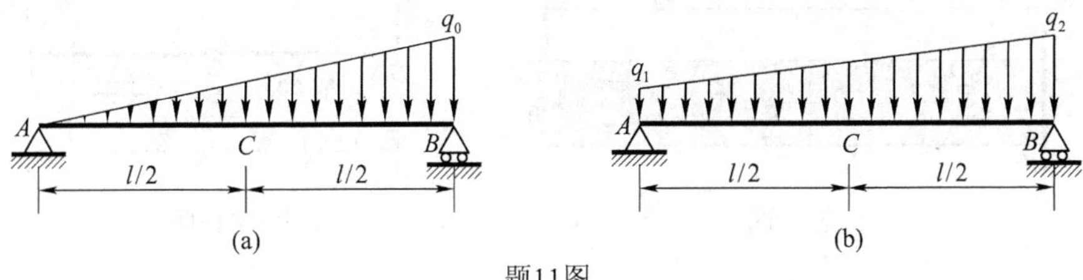

题11图

12. 试用叠加法求图示外伸梁截面 C 的挠度 w_C 以及截面 D 的转角 θ_D 和挠度 w_D。已知梁的抗弯刚度 EI 为常量。

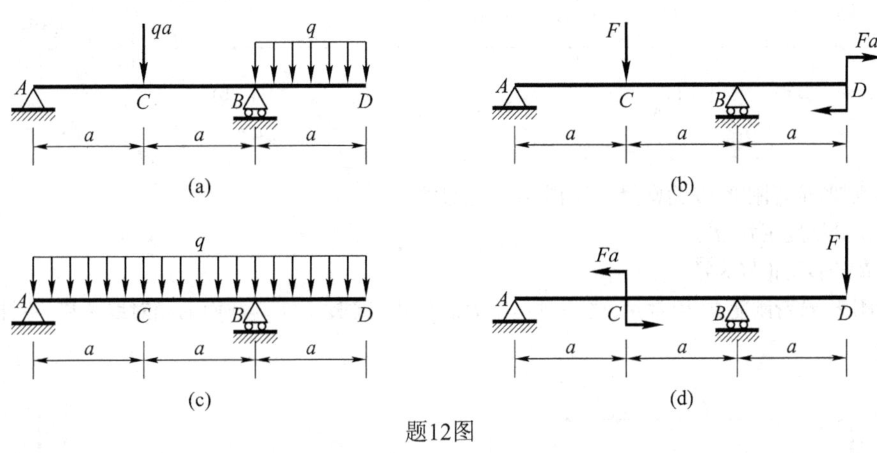

题12图

13. 试用叠加法求图示各梁的最大挠度 $w_{\max}$ 和最大转角 $\theta_{\max}$。

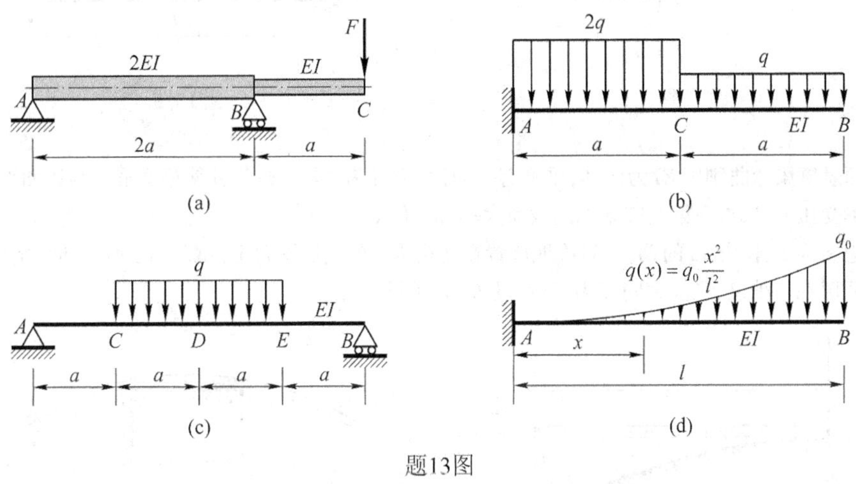

题13图

14. 图示悬臂梁横截面尺寸为75 mm×150 mm，弹性模量 E = 200 GPa，在截面 B 固定一指针。在集中力 F = 3 kN 作用下，试求指针端点 C 的铅垂位移。

15. 图示梁的抗弯刚度为 EI，弹簧刚度 $k = \dfrac{EI}{a^3}$。求自由端 D、E 的挠度 w_D、w_E。

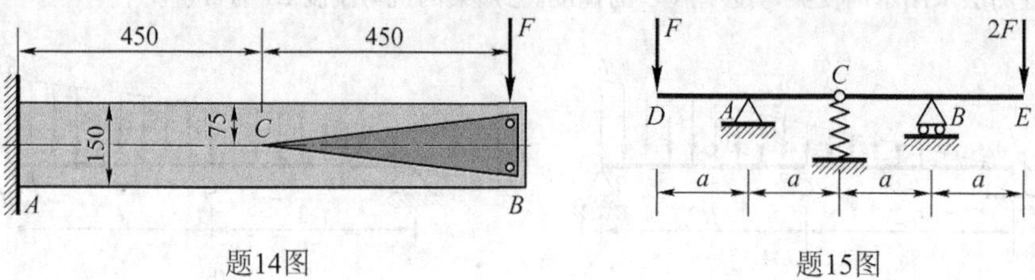

题14图　　题15图

16. 试用叠加法求图示各梁截面 C、D 的挠度 w_C、w_D。已知梁的抗弯刚度 EI 为常量。

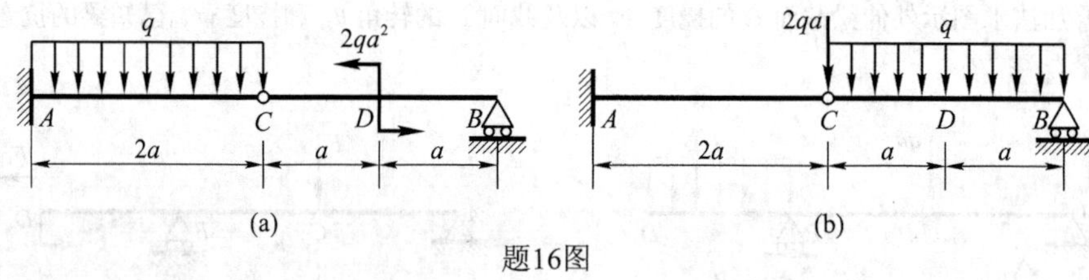

题16图

17. 图示刚架，抗弯刚度 EI 为常量。试确定 a/l 值，使得

（1）B 处挠度正好为零；

（2）B 处转角正好为零。

18. 图示刚架，抗弯刚度 EI 为常量，受一对集中力 F 作用。试求 A、B 两截面的相对线位移。不计轴力的影响。

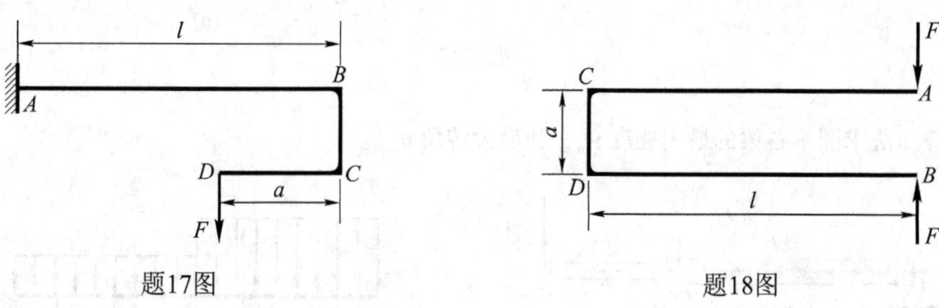

题17图　　题18图

19. 等截面悬臂梁弯曲刚度 EI 为已知，梁下有一曲面，方程为 $y = -Ax^3$。欲使梁变形后与该曲面密合，且曲面不受压力。试求在梁上应施加的载荷大小和方向。

20. 图示总重为 P、长为 $3a$ 的钢筋，对称地放置在宽度为 a 的刚性平台上。试问：在 AB 之间，钢筋与平台间的间隙在何处最大？最大间隙为多少？设 EI 为常量。

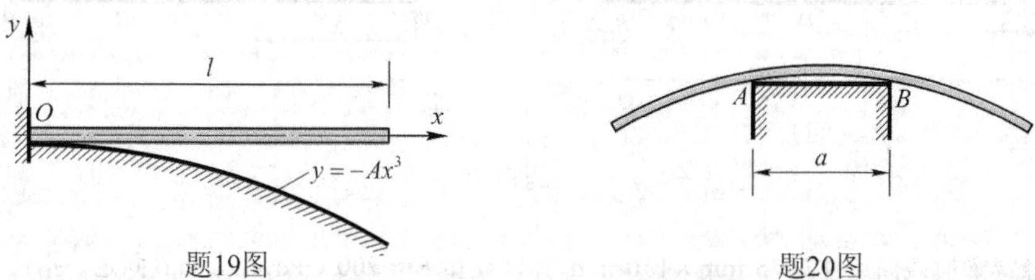

题19图　　题20图

21. 梁的受力情况如图所示，$q = 10$ kN/m，$a = 2$ m，$E = 210$ GPa，$[\sigma] = 100$ MPa，外伸端的许可挠度 $[w] = 0.004a$。试选择梁的工字钢型号。

22. 直角拐由 AB 与 BC 杆刚性连接而成，B 处为轴承，允许 AB 轴的端截面在轴承内自由转动，但不能上下移动，已知 $F = 60$ N，$E = 200$ GPa，$G = 80$ GPa。试求截面 C 的垂直位移。

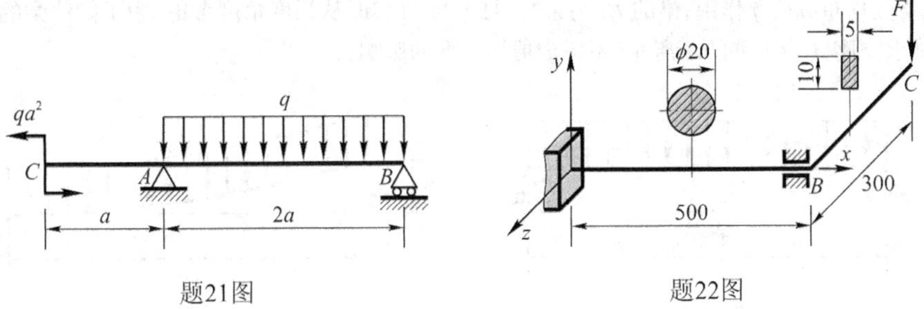

题21图　　题22图

23. 试求图示超静定梁支座约束力值。设 EI 为常量。

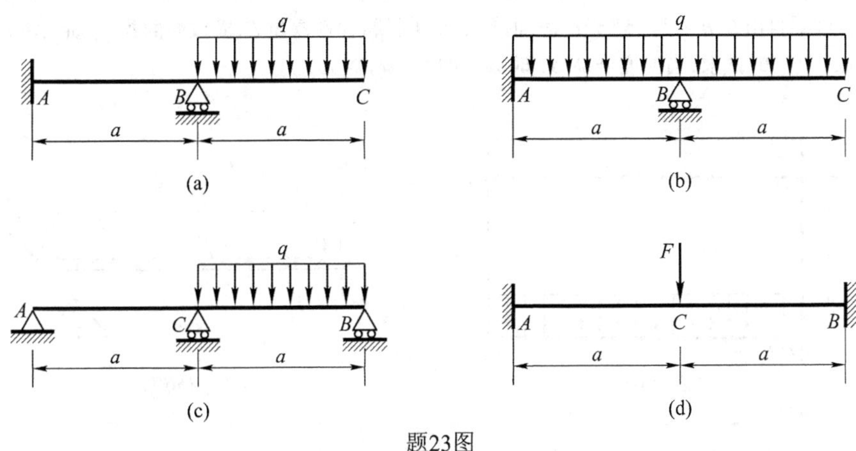

题23图

24. 图示三支座等截面轴，由于制造误差，轴承有高低。设 EI、δ 和 a 皆为已知量，试求图示两种情况的最大弯矩。

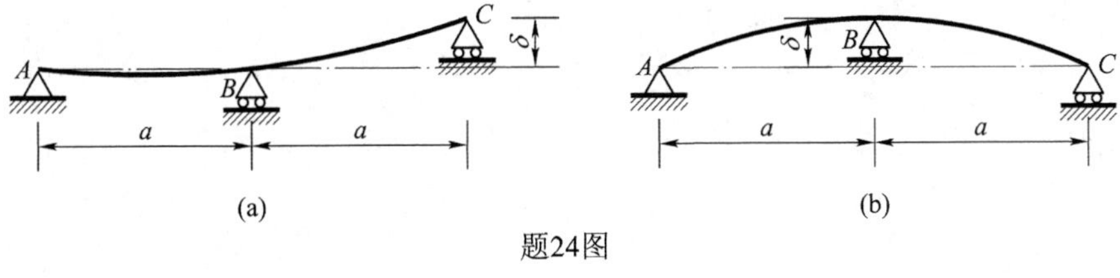

题24图

25. 图示一长度为 $2l$ 的微弯柔性弹簧片，原来的圆弧半径为 R，将其放置在刚性水平面上，在其自重作用下，中间段 AB 与刚性平面贴合，试求其贴合长度 a。设弹簧片的抗弯刚度为 EI，单位长度的容重为 q。

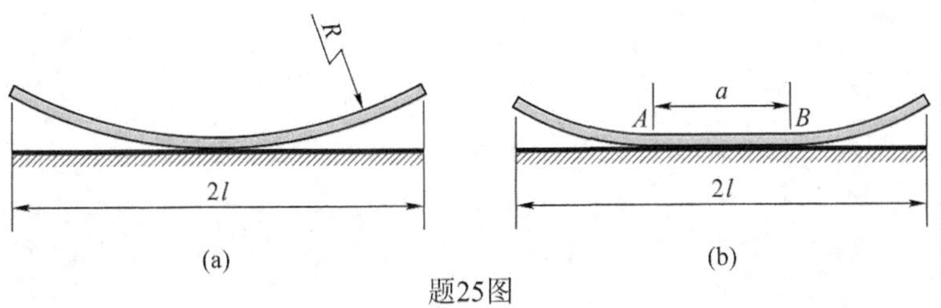

题25图

26. 图示弯曲刚度为 EI 的双跨梁受载荷前支承于支座 AB 上，梁与支座 C 间有一微小间隙。当均布载荷作用于梁上时，间隙密合，三支座均产生约束力。为使三支座约束力相等，试求间隙 δ 值。

27. 图示梁受均布载荷 q 作用，梁的 EI 为常数，且 q 与 l 已知。从强度角度考虑，为了能使梁的受力最合理，试求支座 A 应上移的距离 δ（不考虑剪切变形的影响）。

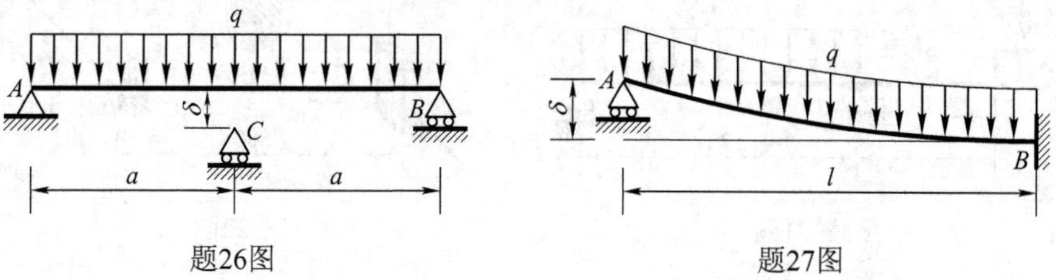

题26图　　题27图

28. 图示结构，已知 AB、CD 两梁的抗弯刚度 EI、BD 杆的抗拉刚度 EA 及均布载荷 q。试求 BD 杆的拉力。

29. 图示悬臂梁自由端 B 处与45°光滑斜面接触，设梁材料弹性模量 E、横截面面积 A、惯性矩 I 及线膨胀系数 α_l 均已知。试求，当温度升高 ΔT 时梁内的最大弯矩 $M_{\max}$。

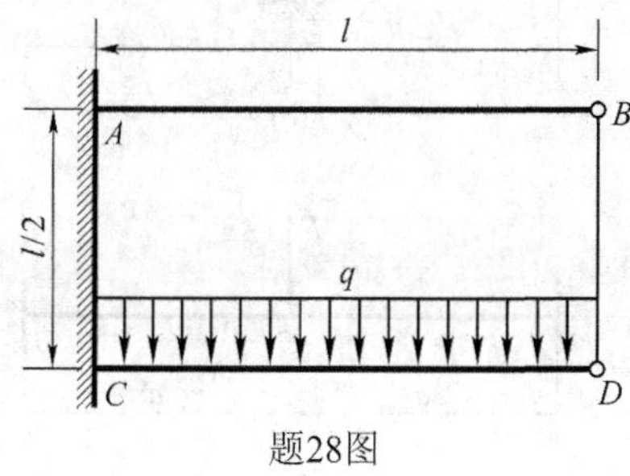

题28图

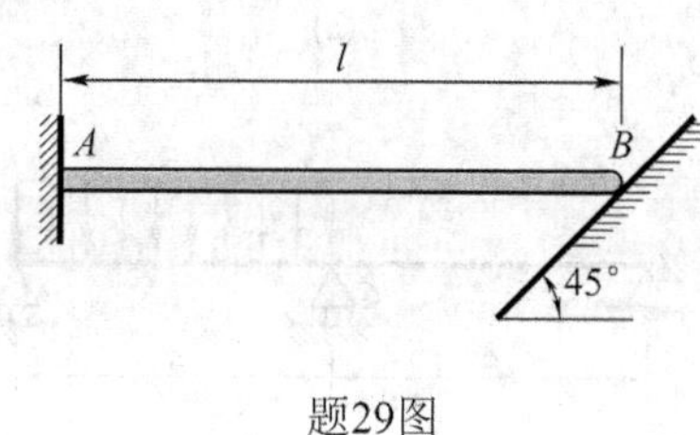

题29图

课件

7 应力状态分析与强度理论

7.1 应力状态的概念

构件内不同位置的点一般具有不同的应力，同一点的不同截面上的应力一般来说也不相同。所以，提及应力，必须说明清楚是哪一点的及哪个面上的应力。所谓一点的应力状态，就是指通过一点各个不同方位的截面上的应力情况，亦称一点的应力全貌。

如图7.1(a)所示直杆受轴向拉力F作用，假想以围绕A点的纵横六个截面，从杆内截取一个体积趋于零的单元体，放大后如图7.1(b)所示。单元体的左、右面是杆横截面的一部分，其上有正应力$\sigma = F/A$，单元体的上、下、前、后四个面都没有应力。从前往后看图7.1(b)，其平面图形表示为图7.1(c)。如在A点周围按图7.1(d)的方式截取单元体，使其四个侧面虽然与纸面垂直，但与杆件轴线既不平行又不垂直，成为斜截面，则在这四个侧面上既有正应力又有切应力。所以，单元体各面上的应力随所选取方位的不同而发生变化。

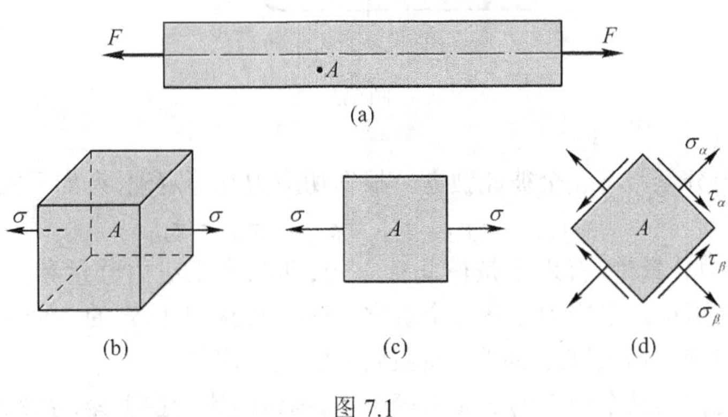

图7.1

如图7.2(a)所示圆截面杆，直径为d，受扭转和轴向拉伸共同作用。在A点截取单元体[图7.2(b)]。单元体的左、右面上有拉伸正应力σ和扭转切应力τ，即

$$\sigma = \frac{F}{A} = \frac{4F}{\pi d^2}$$

$$\tau = \frac{M_e}{W_t} = \frac{16M_e}{\pi d^3}$$

根据切应力互等定理，单元体的上、下面上存在切应力。单元体的前、后面上没有应力。从前往后看图 7.2(b)，简化用平面图形表示为图 7.2(c)。

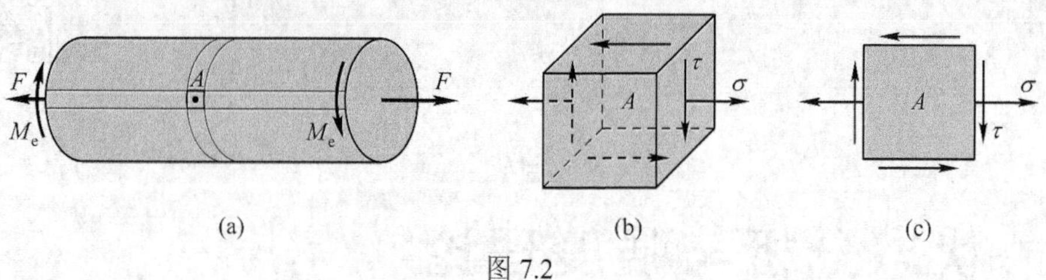

图 7.2

围绕一点取出的单元体，在三个方向的尺寸均为无穷小。因此可以认为，在单元体的每个面上的应力都是均匀分布的，在互相平行的截面上应力是相等的。

如图 7.3 所示单元体，左、右面的法线方向为 x 方向，左、右面可称为 x 面，而上、下面称为 y 面，前、后面称为 z 面。一般情况下，单元体的各平面上共有九个不同的应力分量，即三个正应力分量 σ_x、σ_y、σ_z，以及六个切应力分量 τ_{xy}、τ_{xz}、τ_{yx}、τ_{yz}、τ_{zx} 与 τ_{zy}。其中 τ_{xy} 代表 x 面上沿 y 方向的切应力，其余切应力的下标类推。

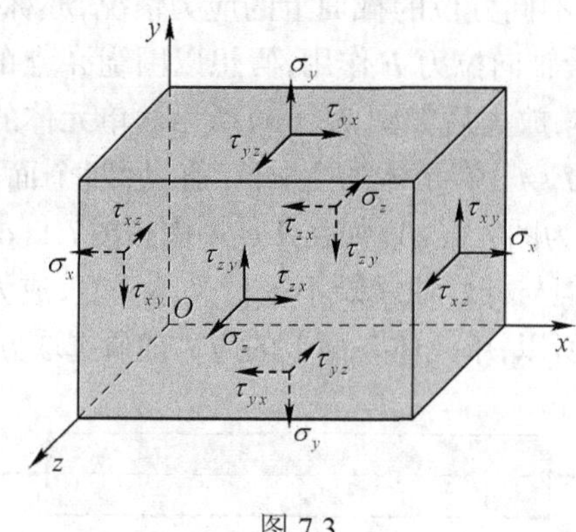

图 7.3

六个切应力分量并不完全彼此独立。根据切应力互等定理，有如下关系

$$\tau_{xy} = \tau_{yx}, \quad \tau_{yz} = \tau_{zy}, \quad \tau_{zx} = \tau_{xz}$$

因此，在九个应力分量中，有六个是彼此独立的，即三个正应力分量和三个切应力分量。一点的应力状态可由六个应力分量完全确定，这是因为根据已知的六个应力分量，应用静力平衡条件可以确定通过该点的任一斜截面上的应力情况。

如果在单元体的某个面上的切应力等于零，则该面称为**主平面**，主平面上的正应力称为**主应力**，主平面的法线方向称为**主方向**。弹性力学可以证明：通过受力构件的任意点，一定存在着三个互相垂直的主平面。因而每一点都有三个主应力，三个主应力依次用 σ_1、σ_2、σ_3 表示，且按代数值大小排序，即 $\sigma_1 \geqslant \sigma_2 \geqslant \sigma_3$。

若三个主应力中只有一个不等于零，则称为**单向应力状态**；若三个主应力中有两个不等于零，则称为**平面应力状态**或**二向应力状态**；若三个主应力都不等于零，则称为**空间应力状态**或**三向应力状态**。单向应力状态也称为**简单应力状态**，而二向和三向应力状态统称为**复杂应力状态**。

例7.1 如图7.4(a)所示圆筒形薄壁容器,内径为D,壁厚为δ ($\delta < D/20$)。容器内充满压强为p的气体。计算筒壁上任意点A处的三个主应力。

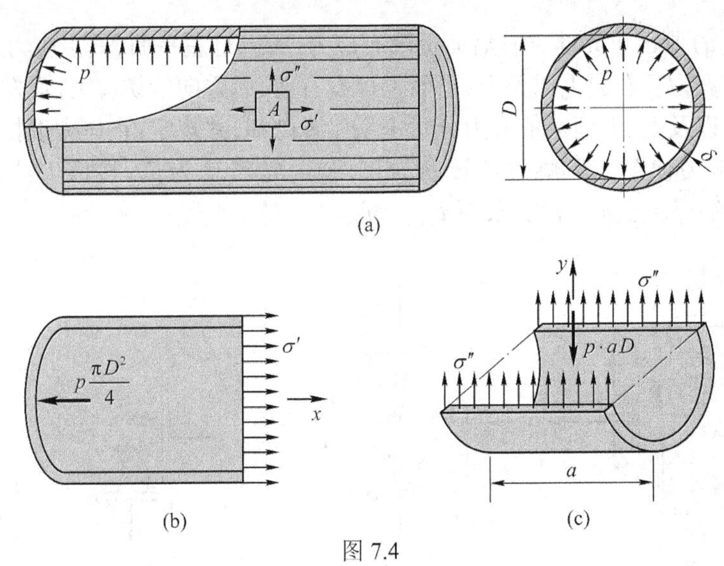

图 7.4

解: 容器因内压力作用而向外扩张。纵向扩张相当于轴向拉伸,横截面上只有正应力σ'而无切应力。又因内压力是轴对称载荷,故纵向截面上亦只有正应力σ''而无切应力。

为了求容器横截面上的正应力σ',假想用一个横截面将容器截开,取左边部分研究[图7.4(b)]。由平衡方程$\sum F_x=0$,可得

$$\sigma' \cdot \pi D\delta - p \cdot \frac{\pi}{4}D^2 = 0$$

由此求得

$$\sigma' = \frac{pD}{4\delta} \tag{7.1}$$

再求容器纵截面上的正应力σ''。假想在离容器两端稍远处,用两个相距为a的横截面从容器中截出一个圆筒,再用包含直径的纵截面将筒截开,取下部来研究[图7.4(c)]。当圆筒的壁厚δ远小于圆筒直径D时,可认为壁内应力沿壁厚均匀分布。由平衡方程$\sum F_y=0$,得

$$\sigma'' \cdot 2a\delta - p \cdot aD = 0$$

由此求得

$$\sigma'' = \frac{pD}{2\delta} \tag{7.2}$$

在图7.4(a)中单元体的前后方向上,有作用于内壁的内压强p或作用于外壁的大气压强,它们都远小于σ'和σ'',可以认为近似等于零。因此,单元体的三个主应力为

$$\sigma_1 = \frac{pD}{2\delta},\quad \sigma_2 = \frac{pD}{4\delta},\quad \sigma_3 = 0$$

其中的两个主应力不等于零,属于平面应力状态。

7.2　平面应力状态分析

如图 7.5(a)所示单元体,前、后面上没有应力,所以是主平面,其主应力等于零。根据切应力互等定理,左、右面上以及上、下面上都没有前、后方向的切应力。设左、右面上的应力分量 σ_x、τ_{xy} 以及上、下面上的应力分量 σ_y、τ_{yx} 皆已知,并规定:正应力以拉应力为正,压应力为负;切应力使单元体顺时针转动为正,逆时针转动为负。按照上述正负号规定,图 7.5(a) 中的 σ_x、τ_{xy}、σ_y 皆为正,而 τ_{yx} 为负。

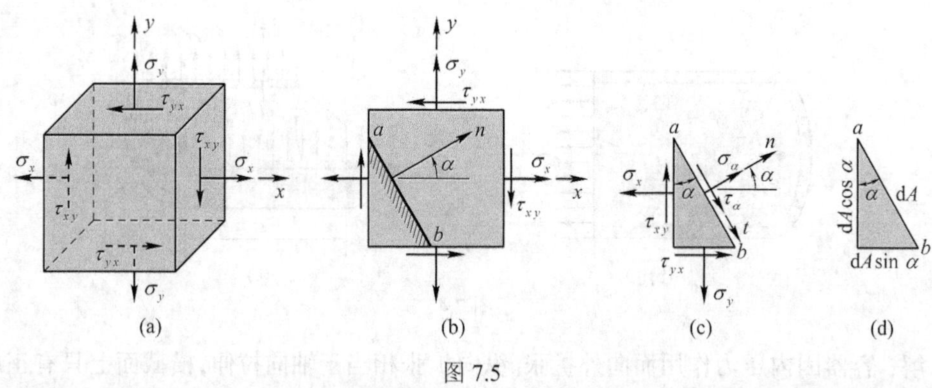

图 7.5

图 7.5(b) 是图 7.5(a) 的正投影。取与前、后面垂直的斜截面 ab,其外法线 n 与 x 轴的夹角为 α,并规定:从 x 轴逆时针转到外法线 n 时 α 为正,顺时针为负。现要求解斜截面 ab 上的应力,为此沿斜截面 ab 把单元体截成两部分,研究左下角部分的平衡[图 7.5(c)]。斜截面上的正应力 σ_α 和切应力 τ_α 按正方向假设。设斜截面 ab 的面积为 $\mathrm{d}A$[图 7.5(d)],则左侧和下侧的面积分别为 $\mathrm{d}A\cos\alpha$ 和 $\mathrm{d}A\sin\alpha$。考虑如图7.5(c) 所示微元体在 n 和 t 方向的平衡。注意:应力乘以面积才是力。

$$\sum F_n=0,\quad \sigma_\alpha \mathrm{d}A+(\tau_{xy}\mathrm{d}A\cos\alpha)\sin\alpha-(\sigma_x\mathrm{d}A\cos\alpha)\cos\alpha+(\tau_{yx}\mathrm{d}A\sin\alpha)\cos\alpha-(\sigma_y\mathrm{d}A\sin\alpha)\sin\alpha=0$$

$$\sum F_t=0,\quad \tau_\alpha \mathrm{d}A-(\tau_{xy}\mathrm{d}A\cos\alpha)\cos\alpha-(\sigma_x\mathrm{d}A\cos\alpha)\sin\alpha+(\tau_{yx}\mathrm{d}A\sin\alpha)\sin\alpha+(\sigma_y\mathrm{d}A\sin\alpha)\cos\alpha=0$$

根据切应力互等定理,τ_{xy} 和 τ_{yx} 在数值上相等,以 τ_{xy} 替换 τ_{yx},化简上面两平衡方程,得

$$\sigma_\alpha=\frac{\sigma_x+\sigma_y}{2}+\frac{\sigma_x-\sigma_y}{2}\cos 2\alpha-\tau_{xy}\sin 2\alpha \tag{7.3}$$

$$\tau_\alpha=\frac{\sigma_x-\sigma_y}{2}\sin 2\alpha+\tau_{xy}\cos 2\alpha \tag{7.4}$$

这就是任意斜截面上的正应力和切应力的计算公式。

由式(7.3) 和式(7.4) 可见,斜截面上的正应力 σ_α 和切应力 τ_α 都是角 α 的周期函数,下面求解正应力和切应力的极值,并确定它们所在截面的位置。

将式(7.3) 对 α 求导,得

$$\frac{\mathrm{d}\sigma_\alpha}{\mathrm{d}\alpha}=-2\left(\frac{\sigma_x-\sigma_y}{2}\sin 2\alpha+\tau_{xy}\cos 2\alpha\right) \tag{a}$$

若 $\alpha=\alpha_0$ 时，$\dfrac{d\sigma_\alpha}{d\alpha}=0$，则在 α_0 所确定的截面上，正应力取极大值或极小值（也是最大值或最小值）。将 α_0 代入式(a)，得

$$\frac{\sigma_x-\sigma_y}{2}\sin 2\alpha_0+\tau_{xy}\cos 2\alpha_0=0 \tag{b}$$

由此求得

$$\tan 2\alpha_0=-\frac{2\tau_{xy}}{\sigma_x-\sigma_y} \tag{7.5}$$

由上式可求得相差90°的两个角度 α_0 和 $\alpha_0+90°$，它们确定两个互相垂直的平面，其中一个是最大正应力所在平面，另一个是最小正应力所在平面。比较式(7.4)和式(b)，可见在正应力取极值的截面上，切应力正好等于零，而切应力等于零的平面就是主平面，主平面上的正应力就是主应力。因此，下面求出的正应力的极值就是主应力，式(7.5)是确定主方向的计算公式，从该式可求出 $\sin 2\alpha_0$ 和 $\cos 2\alpha_0$，代入式(7.3)可得正应力的极值

$$\left.\begin{matrix}\sigma_{\max}\\ \sigma_{\min}\end{matrix}\right\}=\frac{\sigma_x+\sigma_y}{2}\pm\sqrt{\left(\frac{\sigma_x-\sigma_y}{2}\right)^2+\tau_{xy}^2} \tag{7.6}$$

利用上式可求出两个主应力的值，已知还有一个主应力等于零，将三个主应力按代数值大小排序，就可求得三个主应力 σ_1、σ_2、σ_3。利用式(7.5)可求得两个主平面的方位，这两个主平面相互垂直，并且与第三个主平面[图7.5(a)的前、后面]两两垂直。

用完全相似的方法可以求解切应力的极值及其所在平面的方位。将式(7.4)对 α 求导，得

$$\frac{d\tau_\alpha}{d\alpha}=(\sigma_x-\sigma_y)\cos 2\alpha-2\tau_{xy}\sin 2\alpha \tag{c}$$

若 $\alpha=\alpha_1$ 时，$\dfrac{d\tau_\alpha}{d\alpha}=0$，则在 α_1 所确定的截面上，切应力取极大值或极小值（也是最大值或最小值）。将 α_1 代入式(c)，得

$$(\sigma_x-\sigma_y)\cos 2\alpha_1-2\tau_{xy}\sin 2\alpha_1=0 \tag{d}$$

由此求得

$$\tan 2\alpha_1=\frac{\sigma_x-\sigma_y}{2\tau_{xy}} \tag{7.7}$$

由上式可求得相差90°的两个角度 α_1 和 $\alpha_1+90°$，它们确定两个互相垂直的平面，其中一个是最大切应力所在平面，另一个是最小切应力所在平面。从式(7.7)可求出 $\sin 2\alpha_1$ 和 $\cos 2\alpha_1$，代入式(7.4)可得切应力的极值

$$\left.\begin{matrix}\tau_{\max}\\ \tau_{\min}\end{matrix}\right\}=\pm\sqrt{\left(\frac{\sigma_x-\sigma_y}{2}\right)^2+\tau_{xy}^2} \tag{7.8}$$

将上式与式(7.6)比较，可得

$$\left.\begin{matrix}\tau_{\max}\\ \tau_{\min}\end{matrix}\right\}=\pm\frac{\sigma_{\max}-\sigma_{\min}}{2} \tag{7.9}$$

由式(7.5)、式(7.7),得

$$\tan 2\alpha_0 \cdot \tan 2\alpha_1 = -1$$

故

$$2\alpha_1 = 2\alpha_0 + \frac{\pi}{2}, \quad \alpha_1 = \alpha_0 + \frac{\pi}{4}$$

可见,最大和最小切应力所在平面与主平面的夹角为45°。

以上是用解析法求解平面应力状态,下面应用图解法求解。

式(7.3)、式(7.4)可写成

$$\sigma_\alpha - \frac{\sigma_x + \sigma_y}{2} = \frac{\sigma_x - \sigma_y}{2}\cos 2\alpha - \tau_{xy}\sin 2\alpha \tag{e}$$

$$\tau_\alpha = \frac{\sigma_x - \sigma_y}{2}\sin 2\alpha + \tau_{xy}\cos 2\alpha \tag{f}$$

将上面两式等号两边平方,然后相加,得

$$\left(\sigma_\alpha - \frac{\sigma_x + \sigma_y}{2}\right)^2 + \tau_\alpha^2 = \left(\frac{\sigma_x - \sigma_y}{2}\right)^2 + \tau_{xy}^2 \tag{g}$$

因为 σ_x、σ_y、τ_{xy} 皆为已知量,所以上式是以 σ_α 和 τ_α 为变量的圆的方程。若以 σ 为横坐标,τ 为纵坐标,则圆心的坐标为 $\left(\frac{\sigma_x + \sigma_y}{2}, 0\right)$,半径为 $\sqrt{\left(\frac{\sigma_x - \sigma_y}{2}\right)^2 + \tau_{xy}^2}$。该圆称为**应力圆**或**莫尔圆**。

现以如图7.6(a)所示平面应力状态为例,说明应力圆的做法。根据 x 面上的应力可确定图7.6(b)中的点 $A(\sigma_x, \tau_{xy})$,y 面上的应力可确定图7.6(b)中的点 $B(\sigma_y, \tau_{yx})$,$\tau_{yx} = -\tau_{xy}$。以 A、B 两点的连线为直径画圆,该圆的圆心 C 的纵坐标为零,横坐标 $\overline{OC}$ 和半径 $\overline{CA}$ 分别为

$$\overline{OC} = \frac{\overline{OD} + \overline{OE}}{2} = \frac{\sigma_x + \sigma_y}{2}$$

$$\overline{CA} = \sqrt{\overline{CD}^2 + \overline{DA}^2} = \sqrt{\left(\frac{\overline{OD} - \overline{OE}}{2}\right)^2 + \overline{DA}^2} = \sqrt{\left(\frac{\sigma_x - \sigma_y}{2}\right)^2 + \tau_{xy}^2}$$

可见,该圆就是应力圆。

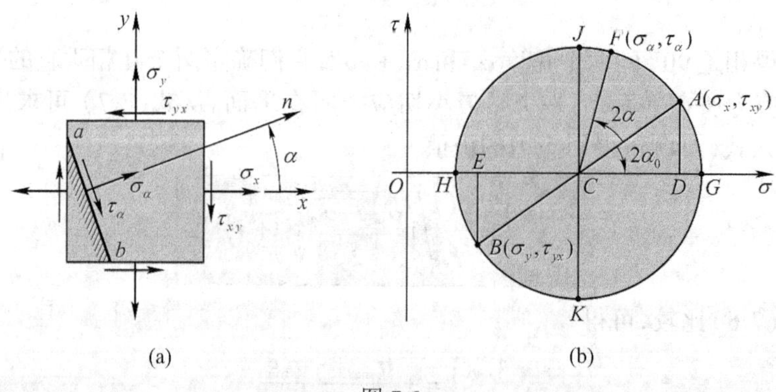

图7.6

如图 7.6(a) 所示单元体上的一个面,对应着图 7.6(b) 中应力圆上的一个点。x 面对应 A 点,y 面对应 B 点。从 x 面逆时针转 90° 到 y 面,而在应力圆上从 CA 转到 CB 却是逆时针转 180°,可见应力圆上的角度与单元体上的角度是两倍关系。从 x 轴逆时针转 α 到斜截面的法线方向 n,则在应力圆上,从 CA 逆时针转 2α 到 CF,F 点的坐标就应该是(σ_α,τ_α)。事实上,若求解点 F 的横坐标和纵坐标,求出来的表达式就是式(7.3) 和式(7.4)。

如图 7.6(b) 所示应力圆上的 G、H 两点,纵坐标 $\tau = 0$,因此这两点对应两个主平面,这两点的横坐标就是主应力的值,其值等于 $\overline{OC}$ 加半径或减半径,显然与式(7.6) 完全一致。

按定义,α_0 为从 x 轴转到主平面法线方向的角度,逆时针为正,但在如图 7.6(b) 所示应力圆上,从 CA 转到 CG 是顺时针转动的,因此,$\tan 2\alpha_0 = -\dfrac{\overline{AD}}{\overline{CD}}$,与式(7.5) 完全一致。

如图 7.6(b) 所示应力圆上的 J、K 两点,对应着最大和最小切应力所在平面。这两点的纵坐标分别等于正、负半径,显然与式(7.8) 完全一致。CJ(或 CK) 与 CG(或 CH) 的夹角为 90°,可见最大(或最小) 切应力所在平面与主平面的夹角为 45°。

图解法的最大益处是可以帮助理解和记忆解析法中的许多烦琐公式。例如,主应力的计算公式(7.6) 是非常重要的,联想到应力圆的形状,两个主应力分别等于圆心横坐标加、减半径,公式(7.6) 就很容易记忆。

例 7.2 分别用解析法和图解法求如图 7.7(a) 所示单元体的:
(1) 指定斜截面上的正应力和切应力;
(2) 主应力值及主方向,并画在单元体上;
(3) 最大切应力值。

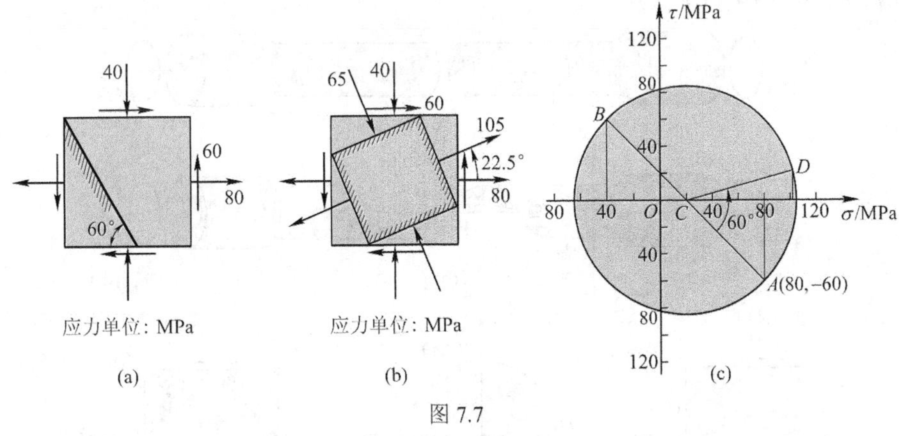

图 7.7

解:由图知:$\sigma_x = 80$ MPa, $\sigma_y = -40$ MPa, $\tau_{xy} = -60$ MPa, $\alpha = 30°$

先用解析法求解:

$$\sigma_\alpha = \frac{\sigma_x + \sigma_y}{2} + \frac{\sigma_x - \sigma_y}{2}\cos 2\alpha - \tau_{xy}\sin 2\alpha = 102 \text{ MPa}$$

$$\tau_\alpha = \frac{\sigma_x - \sigma_y}{2}\sin 2\alpha + \tau_{xy}\cos 2\alpha = 22 \text{ MPa}$$

$$\left.\begin{array}{l}\sigma_{\max}\\ \sigma_{\min}\end{array}\right\} = \frac{\sigma_x + \sigma_y}{2} \pm \sqrt{\left(\frac{\sigma_x - \sigma_y}{2}\right)^2 + \tau_{xy}^2} = \begin{cases}105\\ -65\end{cases} \text{MPa}$$

可见三个主应力

$$\sigma_1 = 105\ \text{MPa}, \quad \sigma_2 = 0, \quad \sigma_3 = -65\ \text{MPa}$$

由

$$\tan 2\alpha_0 = -\frac{2\tau_{xy}}{\sigma_x - \sigma_y} = 1$$

得

$$\alpha_0 = 22.5° \text{ 或 } 112.5°$$

将主应力值及主方向画在单元体上，如图 7.7(b) 所示。

$$\tau_{\max} = \sqrt{\left(\frac{\sigma_x - \sigma_y}{2}\right)^2 + \tau_{xy}^2} = 85\ \text{MPa}$$

再用图解法求解：建立 $\sigma-\tau$ 坐标系，以 x 面上的应力确定点 $A(80, -60)$，以 y 面上的应力确定点 $B(-40, 60)$，以 AB 为直径画应力圆，如图 7.7(c) 所示。从 CA 逆时针转 $2\alpha = 60°$ 到 CD，则 D 点的坐标就是$(\sigma_\alpha, \tau_\alpha)$。从应力圆上量出：

$$\sigma_\alpha = 102\ \text{MPa}, \quad \tau_\alpha = 22\ \text{MPa}$$

$$\sigma_1 = 105\ \text{MPa}, \quad \sigma_2 = 0, \quad \sigma_3 = -65\ \text{MPa}$$

$$\alpha_0 = 22.5° \text{ 或 } 112.5°$$

$$\tau_{\max} = 85\ \text{MPa}$$

例 7.3　讨论圆轴扭转时的应力状态，分析低碳钢和铸铁试样受扭时的破坏现象。

解： 试验结果表明：低碳钢试样的断口在横截面上[图 7.8(a)]，铸铁试样的断口在 45° 螺旋面上[图 7.8(b)]。

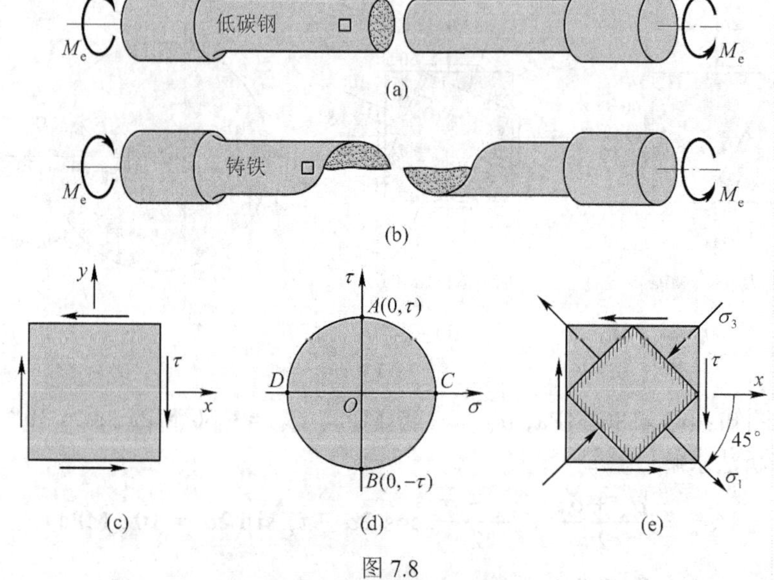

图 7.8

圆轴扭转时，在横截面的边缘处切应力最大，其值为

$$\tau = \frac{T}{W_t} = \frac{M_e}{W_t}$$

在圆轴的表层取单元体,单元体各面上的应力如图 7.8(c) 所示。在其左右及上下面上都没有正应力,只有切应力,这叫作**纯剪切应力状态**,应力分量

$$\sigma_x = \sigma_y = 0, \quad \tau_{xy} = \tau$$

纯剪切应力状态对应的应力圆如图 7.8(d) 所示。从应力圆上可以看出:代表 x 面(也就是横截面)上应力的 A 点切应力最大,而低碳钢试样扭转时断口就在横截面上[图7.8(a)],可见,低碳钢试样是因为在横截面上切应力最大而剪坏的。

从应力圆可以看出,纯剪切应力状态的三个主应力为

$$\sigma_1 = \tau, \quad \sigma_2 = 0, \quad \sigma_3 = -\tau$$

应力圆上 C 点对应的就是主应力 σ_1,也是最大拉应力 $\sigma_{\max}$。将 x 轴顺时针旋转45°到达 σ_1 的方向[图 7.8(e)]。表面上各点 σ_1 所在的主平面连成倾角为 45° 的螺旋面,而铸铁试样扭转时断口就在此螺旋面上[图 7.8(b)]。因此可以说,铸铁试样是因为 45° 螺旋面上拉应力最大而拉坏的。

扭断粉笔时,断口形状和铸铁试样一样,也是在 45° 螺旋面上发生拉伸断裂破坏。

7.3 三向应力状态简介

三个主应力都不等于零的应力状态称为三向应力状态。如图 7.9(a)所示单元体,六个平面都是主平面,这种单元体称为**主单元体**。本节只讨论当主单元体上的三个主应力已知时,任意斜截面上的应力计算,而且是定性不定量分析。

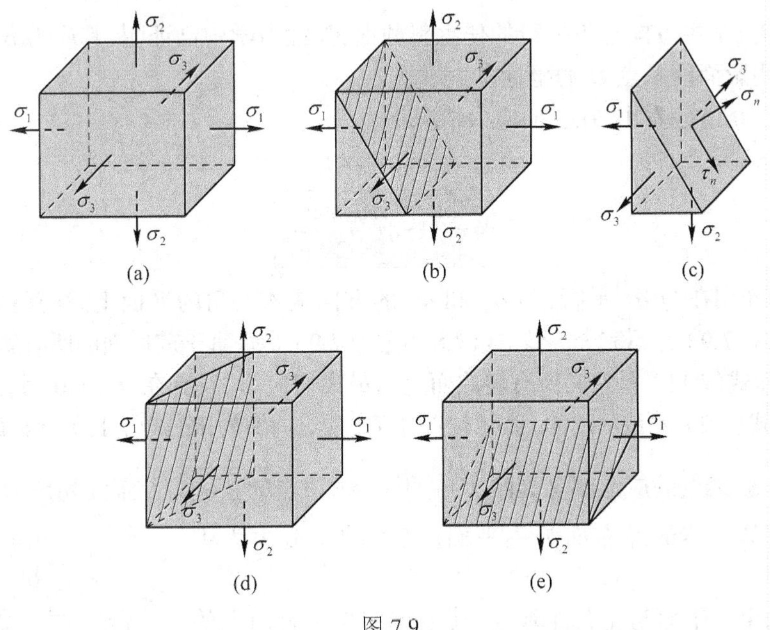

图 7.9

首先分析平行于主应力之一(如 σ_3)的各斜截面上的应力[图 7.9(b)]。取阴影面的左边部分(或右边部分)作为研究对象进行静力平衡分析[图 7.9(c)],因前后面上无切应力,由切应力互等定理知,斜截面上的切应力只能与斜边平行。前、后面上的力自相平

衡，因而斜截面上的应力与 σ_3 无关，只决定于 σ_1 和 σ_2。对这些斜截面，其应力分析和二向应力状态一样，可由主应力 σ_1 和 σ_2 所画的应力圆圆周上各点的坐标来表示。

同理，在平行于 σ_2 的各个斜截面上[图 7.9(d)]，其应力可由主应力 σ_1 和 σ_3 所画的应力圆圆周上各点的坐标来表示；在平行于 σ_1 的各个斜截面上[图 7.9(e)]，其应力可由主应力 σ_2 和 σ_3 所画的应力圆圆周上各点的坐标来表示。

这样，单元体上与主应力之一平行的各个斜截面上的正应力和切应力，可由图 7.10 所示三个应力圆圆周上各点的坐标来表示。

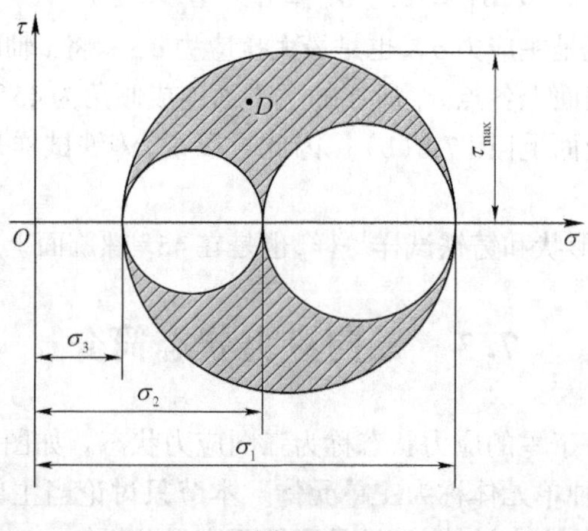

图 7.10

至于与三个主方向都不平行的任意斜截面，弹性力学中已证明，其应力 σ_n 和 τ_n 可由图 7.10 中阴影面内某点 D 的坐标来表示。

由图 7.10 清楚看出，在三向应力情况下

$$\sigma_{max} = \sigma_1, \quad \sigma_{min} = \sigma_3 \tag{7.10}$$

$$\tau_{max} = \frac{\sigma_1 - \sigma_3}{2} \tag{7.11}$$

最大切应力作用在与 σ_2 平行，与 σ_1 和 σ_3 的方向成 45° 角的平面上。注意：式(7.11)与式(7.8)或式(7.9)并不完全一致。式(7.8)或式(7.9)是垂直于前后面的所有斜截面上的最大切应力，而式(7.11)是空间所有斜截面上的最大切应力。只有在 $\sigma_2 = 0$ 时，式(7.11)与式(7.8)或式(7.9)才是一致的。学过本节内容之后，应该使用公式(7.11)计算最大切应力。

例 7.4 某点的应力状态如图 7.11 所示，求该点的主应力和最大切应力。

解：该单元体的左右面为主平面，其上的正应力为主应力。

另外两个主平面与左右面垂直，其主应力与左右面上的应力无关，只决定于上下和前后面上的应力。将前后面看成 x 面，上下面看成 y 面，由公式(7.6)求得两个主应力分别为

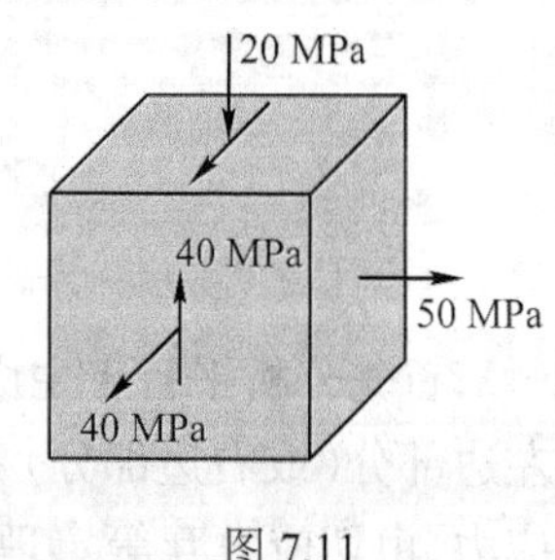

图 7.11

$$\left.\begin{matrix}\sigma' \\ \sigma''\end{matrix}\right\} = \frac{\sigma_x + \sigma_y}{2} \pm \sqrt{\left(\frac{\sigma_x - \sigma_y}{2}\right)^2 + \tau_{xy}^2}$$

$$= \left(\frac{40 - 20}{2} \pm \sqrt{\left(\frac{40 + 20}{2}\right)^2 + 40^2} \right) \text{MPa} = \begin{cases} 60 \\ -40 \end{cases} \text{MPa}$$

可见三个主应力和最大切应力分别为

$$\sigma_1 = 60 \text{ MPa}, \quad \sigma_2 = 50 \text{ MPa}, \quad \sigma_3 = -40 \text{ MPa}$$

$$\tau_{\max} = \frac{\sigma_1 - \sigma_3}{2} = 50 \text{ MPa}$$

7.4 平面应变状态分析

这里所指的平面应变状态，实际上是平面应力所对应的应变状态，它与弹性力学中所说的平面应变状态不同。

实际问题中，最大应变往往发生于受力构件的表面，表面的应变也易于测量，而表面上的点一般都可按平面应变状态进行分析。

设构件内某点M处的应变ε_x、ε_y和γ_{xy}皆为已知量，现求ε_α和γ_α[图7.12(a)]。假设：伸长的线应变和使直角增大的切应变规定为正，逆时针转动的角度α规定为正。ε_α表示x'方向的线应变，γ_α表示直角$x'My'$的改变量(增大为正)。

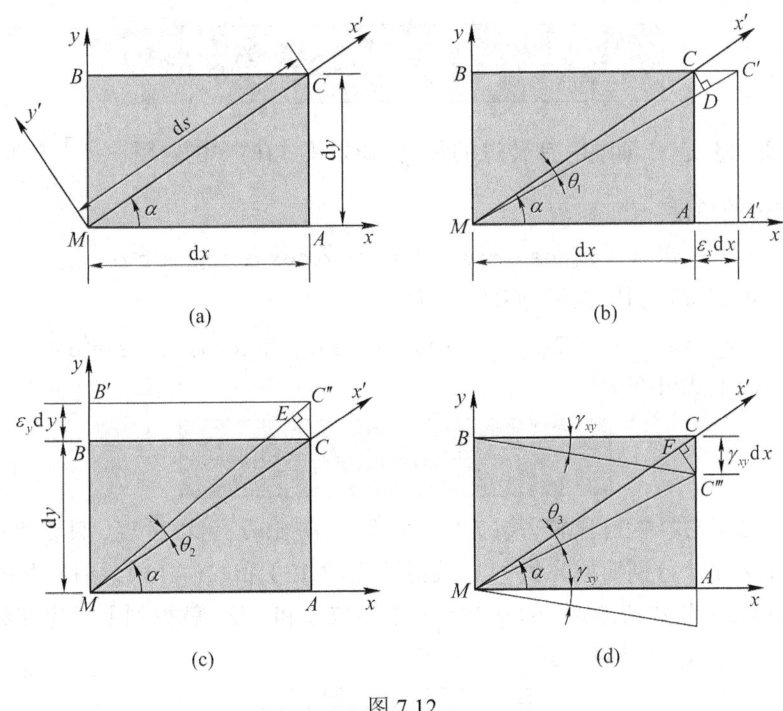

图 7.12

由于线应变ε_x而引起的线段MC的伸长量及转角分别为[图7.12(b)]

$$DC' = \varepsilon_x \mathrm{d}x \cos\alpha$$

$$\theta_1 = \frac{CD}{MC} = \frac{\varepsilon_x \mathrm{d}x \sin\alpha}{\mathrm{d}s} = \varepsilon_x \cos\alpha \sin\alpha \quad (\circlearrowright)$$

由于线应变 ε_y 而引起的线段 MC 的伸长量及转角分别为[图 7.12(c)]

$$EC'' = \varepsilon_y \mathrm{d}y \sin\alpha$$

$$\theta_2 = \frac{CE}{MC} = \frac{\varepsilon_y \mathrm{d}y \cos\alpha}{\mathrm{d}s} = \varepsilon_y \sin\alpha\cos\alpha \quad (\circlearrowright)$$

由于切应变 γ_{xy} 而引起的线段 MC 的伸长量及转角分别为[图 7.12(d)]

$$CF = \gamma_{xy} \mathrm{d}x \sin\alpha \quad \text{（缩短）}$$

$$\theta_3 = \frac{CF}{MC} = \frac{\gamma_{xy}\mathrm{d}x\cos\alpha}{\mathrm{d}s} = \gamma_{xy}\cos^2\alpha \quad (\circlearrowleft)$$

综上所述，ε_x、ε_y 和 γ_{xy} 同时存在而引起的线段 MC 的伸长量及转角分别为

$$\Delta(\mathrm{d}s) = DC' + EC'' + CF = \varepsilon_x \mathrm{d}x\cos\alpha + \varepsilon_y \mathrm{d}y\sin\alpha - \gamma_{xy}\mathrm{d}x\sin\alpha \tag{a}$$

$$\theta = \theta_1 - \theta_2 + \theta_3 = \varepsilon_x\cos\alpha\sin\alpha - \varepsilon_y\sin\alpha\cos\alpha + \gamma_{xy}\cos^2\alpha \tag{b}$$

因此，MC 方向（亦即 x' 方向）的线应变为

$$\varepsilon_\alpha = \frac{\Delta(\mathrm{d}s)}{\mathrm{d}s} = \frac{\varepsilon_x \mathrm{d}x\cos\alpha + \varepsilon_y \mathrm{d}y\sin\alpha - \gamma_{xy}\mathrm{d}x\sin\alpha}{\mathrm{d}s}$$

$$= \varepsilon_x\cos^2\alpha + \varepsilon_y\sin^2\alpha - \gamma_{xy}\sin\alpha\cos\alpha$$

利用倍角公式，上式可变为

$$\varepsilon_\alpha = \frac{\varepsilon_x + \varepsilon_y}{2} + \frac{\varepsilon_x - \varepsilon_y}{2}\cos 2\alpha - \frac{\gamma_{xy}}{2}\sin 2\alpha \tag{7.12}$$

式(b)实际上是 x' 轴顺时针转过的角度。如果将式(b)中的 α 用 $\alpha + \frac{\pi}{2}$ 替换，就得到 y' 轴顺时针转过的角度

$$\theta' = -\varepsilon_x\cos\alpha\sin\alpha + \varepsilon_y\sin\alpha\cos\alpha + \gamma_{xy}\sin^2\alpha$$

因此，直角 $x'My'$ 的增大量，亦即 γ_α 为

$$\gamma_\alpha = \theta - \theta' = 2(\varepsilon_x - \varepsilon_y)\cos\alpha\sin\alpha + \gamma_{xy}(\cos^2\alpha - \sin^2\alpha)$$

利用倍角公式，上式可变为

$$\frac{\gamma_\alpha}{2} = \frac{\varepsilon_x - \varepsilon_y}{2}\sin 2\alpha + \frac{\gamma_{xy}}{2}\cos 2\alpha \tag{7.13}$$

将式(7.12)与式(7.3)比较，式(7.13)与式(7.4)比较，可以发现，只要将式(7.3)和式(7.4)中的 σ 和 τ 分别换成 ε 和 $\gamma/2$，就得到式(7.12)和式(7.13)。同样，将平面应力状态下的公式(7.5)和式(7.6)中的 σ 和 τ 分别换成 ε 和 $\gamma/2$，就得到平面应变状态下主应变方向和主应变大小的计算公式

$$\tan 2\alpha_0 = -\frac{\gamma_{xy}}{\varepsilon_x - \varepsilon_y} \tag{7.14}$$

$$\left.\begin{matrix}\varepsilon_{\max}\\ \varepsilon_{\min}\end{matrix}\right\} = \frac{\varepsilon_x + \varepsilon_y}{2} \pm \sqrt{\left(\frac{\varepsilon_x - \varepsilon_y}{2}\right)^2 + \left(\frac{\gamma_{xy}}{2}\right)^2} \tag{7.15}$$

用应变仪实测应变时，切应变不易测量，只能测线应变。一般先测出三个选定方向

α_1、α_2、α_3 上的线应变 ε_{α_1}、ε_{α_2}、ε_{α_3}，由式(7.12)得

$$\left.\begin{aligned}\varepsilon_{\alpha_1} &= \frac{\varepsilon_x+\varepsilon_y}{2}+\frac{\varepsilon_x-\varepsilon_y}{2}\cos 2\alpha_1-\frac{\gamma_{xy}}{2}\sin 2\alpha_1\\ \varepsilon_{\alpha_2} &= \frac{\varepsilon_x+\varepsilon_y}{2}+\frac{\varepsilon_x-\varepsilon_y}{2}\cos 2\alpha_2-\frac{\gamma_{xy}}{2}\sin 2\alpha_2\\ \varepsilon_{\alpha_3} &= \frac{\varepsilon_x+\varepsilon_y}{2}+\frac{\varepsilon_x-\varepsilon_y}{2}\cos 2\alpha_3-\frac{\gamma_{xy}}{2}\sin 2\alpha_3\end{aligned}\right\} \tag{c}$$

上面三式中，ε_{α_1}、ε_{α_2}、ε_{α_3} 是已经测出的已知量。通过联立求解上面三式，可求得 ε_x、ε_y 和 γ_{xy}，代入式(7.15) 和式(7.14) 后可求得主应变的数值及方向。再利用下节介绍的广义胡克定律求出主应力，最后可进行强度计算。

实际测量时，可把三个角度 α_1、α_2、α_3 取为便于计算的数值。例如，$\alpha_1=0°$，$\alpha_2=45°$，$\alpha_3=90°$，将这三个方向的应变片组合在一起就变成了市场上常见的直角应变花(图 7.13)。将 $\alpha_1=0°$，$\alpha_2=45°$，$\alpha_3=90°$ 代入式(c)，可求得

$$\varepsilon_x=\varepsilon_{0°},\quad \varepsilon_y=\varepsilon_{90°},\quad \gamma_{xy}=\varepsilon_{0°}+\varepsilon_{90°}-2\varepsilon_{45°}$$

将上式代入式(7.15)及式(7.14)，可求得在直角应变花的情况下，主应变的数值及方向计算公式为

$$\left.\begin{aligned}\varepsilon_{\max}\\ \varepsilon_{\min}\end{aligned}\right\}=\frac{\varepsilon_{0°}+\varepsilon_{90°}}{2}\pm\frac{\sqrt{2}}{2}\sqrt{(\varepsilon_{0°}-\varepsilon_{45°})^2+(\varepsilon_{45°}-\varepsilon_{90°})^2} \tag{7.16}$$

$$\tan 2\alpha_0=\frac{2\varepsilon_{45°}-\varepsilon_{0°}-\varepsilon_{90°}}{\varepsilon_{0°}-\varepsilon_{90°}} \tag{7.17}$$

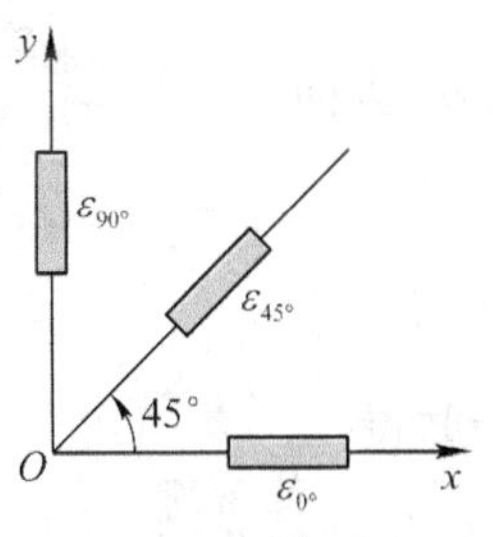

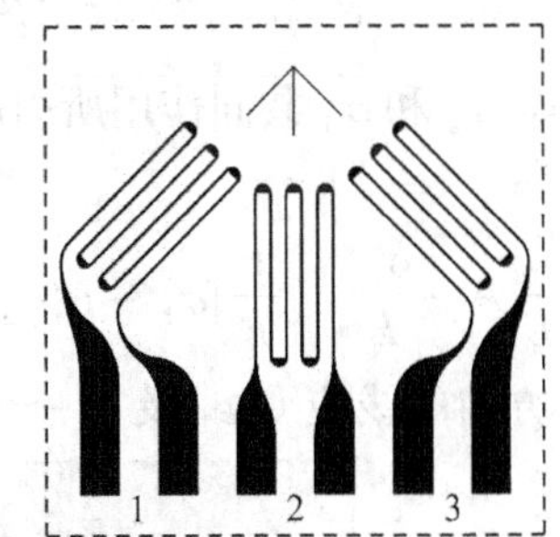

图 7.13

如图 7.14 所示的等角应变花也很常用，其中的三个应变片方向为 $\alpha_1=0°$、$\alpha_2=60°$、$\alpha_3=120°$，用同样的方法可求得主应变的数值及方向计算公式为

$$\left.\begin{aligned}\varepsilon_{\max}\\ \varepsilon_{\min}\end{aligned}\right\}=\frac{\varepsilon_{0°}+\varepsilon_{60°}+\varepsilon_{120°}}{3}\pm\frac{\sqrt{2}}{3}\sqrt{(\varepsilon_{0°}-\varepsilon_{60°})^2+(\varepsilon_{60°}-\varepsilon_{120°})^2+(\varepsilon_{120°}-\varepsilon_{0°})^2} \tag{7.18}$$

$$\tan 2\alpha_0=\frac{\sqrt{3}\ (\varepsilon_{60°}-\varepsilon_{120°})}{2\varepsilon_{0°}-\varepsilon_{60°}-\varepsilon_{120°}} \tag{7.19}$$

在主方向已知的情况下，易选用直角应变花，将其中的 $\alpha_1=0°$、$\alpha_3=90°$ 两个应变片方向对准两个主方向。对于主方向未知的情况，易选用等角应变花，选用等角应变花比选用直角应变花精度高。

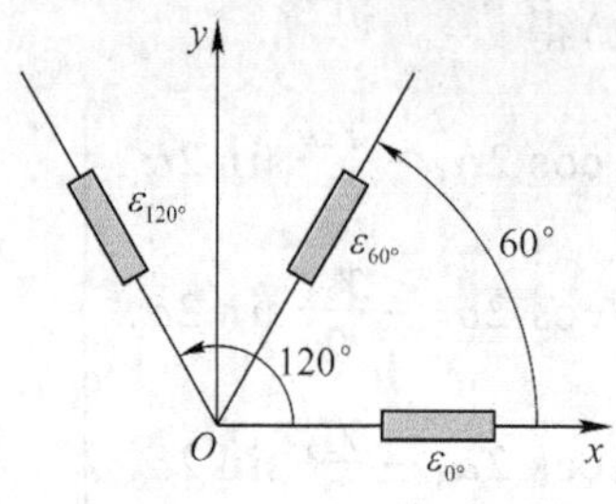

图 7.14

7.5 广义胡克定律

在讨论轴向拉(压)时,根据实验结果得知,在线弹性范围内,与正应力方向一致的轴向应变是

$$\varepsilon = \frac{\sigma}{E} \tag{a}$$

此即胡克定律,而垂直于正应力方向的横向应变是

$$\varepsilon' = -\mu\varepsilon = -\mu\frac{\sigma}{E} \tag{b}$$

在三向应力状态中，如图 7.15 所示主单元体上作用着主应力 σ_1、σ_2 和 σ_3。σ_1、σ_2 和 σ_3 单独作用所引起的 σ_1 方向的线应变分别为

$$\varepsilon_1' = \frac{\sigma_1}{E}, \quad \varepsilon_1'' = -\mu\frac{\sigma_2}{E}, \quad \varepsilon_1''' = -\mu\frac{\sigma_3}{E}$$

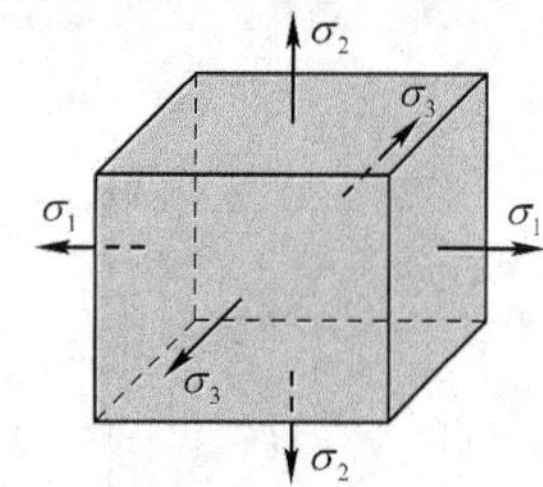

图 7.15

叠加以上结果,得 σ_1、σ_2 和 σ_3 共同作用所引起的 σ_1 方向的线应变为

$$\varepsilon_1 = \frac{\sigma_1}{E} - \mu\frac{\sigma_2}{E} - \mu\frac{\sigma_3}{E} = \frac{1}{E}[\sigma_1 - \mu(\sigma_2 + \sigma_3)]$$

同样可求得 σ_2、σ_3 方向的线应变 ε_2 及 ε_3。合在一起得

$$\left.\begin{aligned} \varepsilon_1 &= \frac{1}{E}[\sigma_1 - \mu(\sigma_2 + \sigma_3)] \\ \varepsilon_2 &= \frac{1}{E}[\sigma_2 - \mu(\sigma_3 + \sigma_1)] \\ \varepsilon_3 &= \frac{1}{E}[\sigma_3 - \mu(\sigma_1 + \sigma_2)] \end{aligned}\right\} \tag{7.20}$$

上式称为**广义胡克定律**,式中 ε_1、ε_2 和 ε_3 为沿三个主方向的主应变。在实测中,利用直角应变花或等角应变花测得三个方向的线应变后,利用式(7.16) 或式(7.18) 可求得主应变,再利用式(7.20) 可求得主应力。

如图 7.3 所示的单元体,可看成是三组单向应力和三组纯剪切的组合。对于各向同性材料,当变形很小且在线弹性范围内时,线应变只与正应力有关而与切应力无关,切应变只与切应力有关而与正应力无关。只要将式(7.20) 中的 1、2、3 分别换成 x、y、z,就得线应变与正应力之间的关系式

$$\left.\begin{aligned}\varepsilon_x &= \frac{1}{E}[\sigma_x - \mu(\sigma_y + \sigma_z)]\\ \varepsilon_y &= \frac{1}{E}[\sigma_y - \mu(\sigma_z + \sigma_x)]\\ \varepsilon_z &= \frac{1}{E}[\sigma_z - \mu(\sigma_x + \sigma_y)]\end{aligned}\right\} \tag{7.21}$$

而切应变与切应力之间的关系为

$$\gamma_{xy} = \frac{\tau_{xy}}{G},\quad \gamma_{yz} = \frac{\tau_{yz}}{G},\quad \gamma_{zx} = \frac{\tau_{zx}}{G} \tag{7.22}$$

式(7.21)和式(7.22)为任意三向应力状态的广义胡克定律。

对于常见的平面应力状态[图7.5(a)]，$\sigma_z = \tau_{zx} = \tau_{zy} = 0$，广义胡克定律为

$$\left.\begin{aligned}\varepsilon_x &= \frac{1}{E}(\sigma_x - \mu\sigma_y)\\ \varepsilon_y &= \frac{1}{E}(\sigma_y - \mu\sigma_x)\\ \gamma_{xy} &= \frac{\tau_{xy}}{G}\end{aligned}\right\} \quad 或 \quad \left.\begin{aligned}\sigma_x &= \frac{E}{1-\mu^2}(\varepsilon_x + \mu\varepsilon_y)\\ \sigma_y &= \frac{E}{1-\mu^2}(\varepsilon_y + \mu\varepsilon_x)\\ \tau_{xy} &= G\gamma_{xy}\end{aligned}\right\} \tag{7.23}$$

在平面应力状态下，尽管 σ_z 等于零，但一般来说 ε_z 并不等于零。

现讨论体积变化与应力分量间的关系。如图7.16所示主单元体，三个边长分别为dx、dy、dz。它在变形前的体积为

$$V_0 = \mathrm{d}x\,\mathrm{d}y\,\mathrm{d}z \tag{c}$$

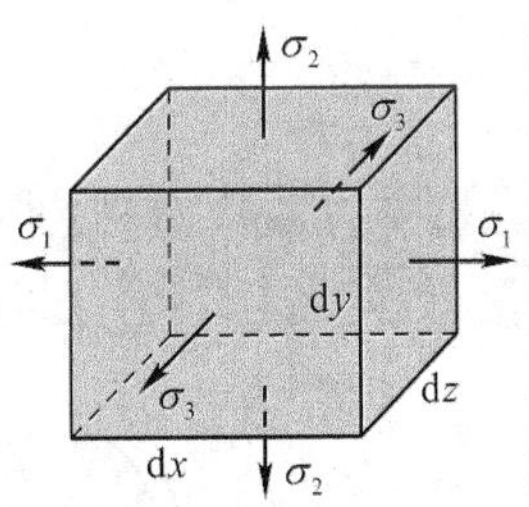

图7.16

变形后，三个边长分别变为

$$\mathrm{d}x + \varepsilon_1\mathrm{d}x = (1+\varepsilon_1)\mathrm{d}x$$
$$\mathrm{d}y + \varepsilon_2\mathrm{d}y = (1+\varepsilon_2)\mathrm{d}y$$
$$\mathrm{d}z + \varepsilon_3\mathrm{d}z = (1+\varepsilon_3)\mathrm{d}z$$

于是变形后的体积为

$$V_1 = (1+\varepsilon_1)(1+\varepsilon_2)(1+\varepsilon_3)\mathrm{d}x\,\mathrm{d}y\,\mathrm{d}z$$

将上式展开，并略去二阶及三阶小量，得

$$V_1 = (1+\varepsilon_1+\varepsilon_2+\varepsilon_3)\mathrm{d}x\,\mathrm{d}y\,\mathrm{d}z \tag{d}$$

单位体积的体积改变为

$$\theta = \frac{V_1 - V_0}{V_0}$$

将式(c)、式(d)代入上式，得

$$\theta = \varepsilon_1 + \varepsilon_2 + \varepsilon_3 \tag{7.24}$$

θ 称为**体应变**。如将广义胡克定律式(7.20)代入上式，整理后可得

$$\theta = \frac{1-2\mu}{E}(\sigma_1 + \sigma_2 + \sigma_3) \tag{7.25}$$

从上式可见，如果材料的泊松比 $\mu = 0.5$，则体应变 $\theta = 0$，即体积不变。

例 7.5　如图 7.17 所示钢块上开有宽度和深度均为 10 mm 的槽，槽内嵌入边长为 10 mm 的正立方体铝块，铝块受压力 $F = 6$ kN 作用。假设：铝块与钢块间的摩擦力不计，钢块的变形不计，铝的弹性模量 $E = 70$ GPa，泊松比 $\mu = 0.33$。求铝块的三个主应力和三个主应变。

解：铝块的前后、左右、上下面上都没有切应力，因此都是主平面。前后面不受力，左右、上下面都受压，因此前后、左右、上下面上的正应力分别是主应力 σ_1、σ_2、σ_3。

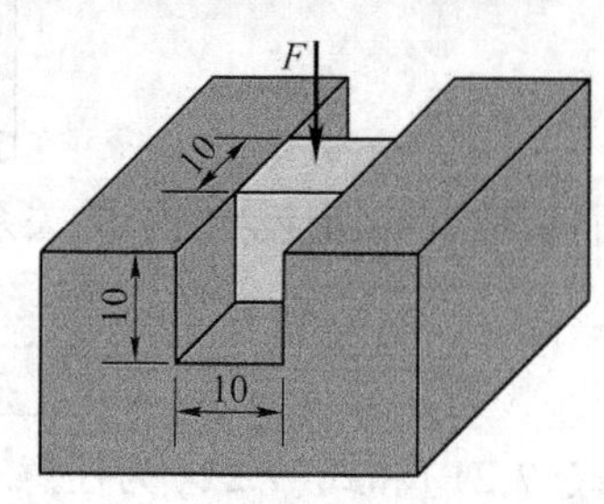

图 7.17

$$\sigma_1 = 0$$

$$\sigma_3 = -\frac{F}{A} = -\frac{6 \times 10^3 \text{ N}}{100 \text{ mm}^2} = -60 \text{ MPa}$$

因钢块的变形不计，所以铝块左右方向的应变 ε_2 应等于零。由广义胡克定律

$$\varepsilon_2 = \frac{1}{E}[\sigma_2 - \mu(\sigma_3 + \sigma_1)] = 0$$

解得

$$\sigma_2 = \mu(\sigma_3 + \sigma_1) = -19.8 \text{ MPa}$$

再由广义胡克定律，得三个主应变分别为

$$\varepsilon_1 = \frac{1}{E}[\sigma_1 - \mu(\sigma_2 + \sigma_3)] = 376 \times 10^{-6}$$

$$\varepsilon_2 = 0$$

$$\varepsilon_3 = \frac{1}{E}[\sigma_3 - \mu(\sigma_1 + \sigma_2)] = -764 \times 10^{-6}$$

例 7.6　如图 7.18(a) 所示圆轴，已知直径为 d，材料的弹性模量为 E，泊松比为 μ。现测得与轴线成 45° 方向的线应变为 ε'，求扭转外力偶矩 M_e 的大小。

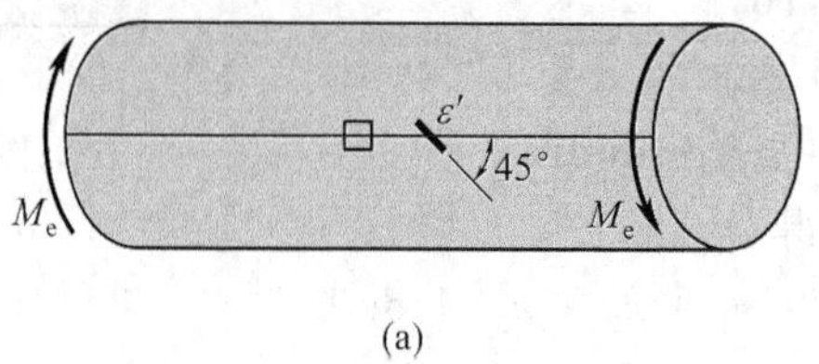

(a)

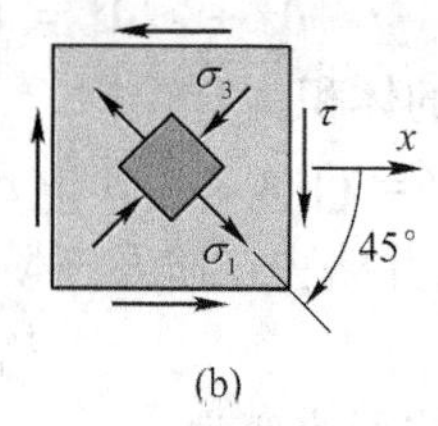

(b)

图 7.18

解：在圆轴外层取单元体，应力状态如图 7.18(b) 所示(见例 7.3)，三个主应力分别为

$$\sigma_1 = \tau, \quad \sigma_2 = 0, \quad \sigma_3 = -\tau$$

测得的与轴线成 45° 方向的线应变 ε' 实际上就是 σ_1 方向的主应变 ε_1，由广义胡克定律

$$\varepsilon_1 = \frac{1}{E}[\sigma_1 - \mu(\sigma_2 + \sigma_3)] = \frac{1+\mu}{E}\tau = \frac{1+\mu}{E} \cdot \frac{M_e}{W_t} = \varepsilon'$$

由此求得

$$M_e = \frac{EW_t\varepsilon'}{1+\mu} = \frac{\pi d^3 E\varepsilon'}{16(1+\mu)}$$

7.6 应变能密度

物体受外力作用而产生弹性变形时,在物体内部所储存的能量,称为弹性应变能,简称**应变能**。在弹性范围内,当外力缓慢增加时,若不考虑能量损失,根据能量守恒原理,外力所做的功将全部以应变能的形式储存在弹性体内。当外力逐渐解除时,变形逐渐消失,弹性体将释放出全部应变能而对外做功。

在单向拉伸(或压缩)时[图 7.19(a)],在线弹性范围内,力 F 与变形 Δl 成正比[图7.19(b)],外力所做的功就等于图 7.19(b)中三角形的面积,即

$$W=\frac{1}{2}F\cdot\Delta l=\frac{1}{2}F\frac{Fl}{EA}=\frac{F^2 l}{2EA}$$

杆内应变能 V_ε 就等于外力所做的功,即

$$V_\varepsilon = W = \frac{F^2 l}{2EA} \tag{7.26}$$

单位体积的应变能,即应变能密度 v_ε 为

$$v_\varepsilon = \frac{V_\varepsilon}{V} = \frac{F^2 l}{2EA\cdot Al} = \frac{1}{2E}\left(\frac{F}{A}\right)^2 = \frac{\sigma^2}{2E} = \frac{1}{2}\sigma\varepsilon \tag{7.27}$$

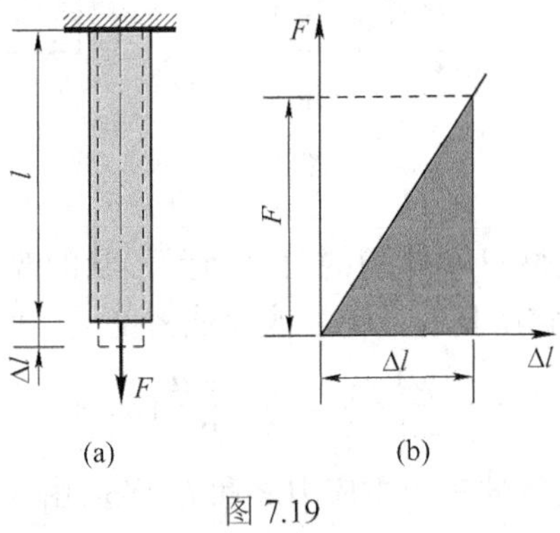

图 7.19

对于如图 7.20 所示的单元体,作用在单元体左右、上下、前后面上的力分别为 $\sigma_1\mathrm{d}y\mathrm{d}z$、$\sigma_2\mathrm{d}z\mathrm{d}x$、$\sigma_3\mathrm{d}x\mathrm{d}y$,与这些力对应的位移分别为 $\varepsilon_1\mathrm{d}x$、$\varepsilon_2\mathrm{d}y$、$\varepsilon_3\mathrm{d}z$。该单元体的应变能等于所有力做功之和,即

$$\begin{aligned}\mathrm{d}V_\varepsilon &= \mathrm{d}W\\ &= \frac{1}{2}\sigma_1\mathrm{d}y\mathrm{d}z\cdot\varepsilon_1\mathrm{d}x + \frac{1}{2}\sigma_2\mathrm{d}z\mathrm{d}x\cdot\varepsilon_2\mathrm{d}y\\ &\quad + \frac{1}{2}\sigma_3\mathrm{d}x\mathrm{d}y\cdot\varepsilon_3\mathrm{d}z\\ &= \frac{1}{2}(\sigma_1\varepsilon_1+\sigma_2\varepsilon_2+\sigma_3\varepsilon_3)\mathrm{d}x\mathrm{d}y\mathrm{d}z\\ &= \frac{1}{2}(\sigma_1\varepsilon_1+\sigma_2\varepsilon_2+\sigma_3\varepsilon_3)\mathrm{d}V\end{aligned}$$

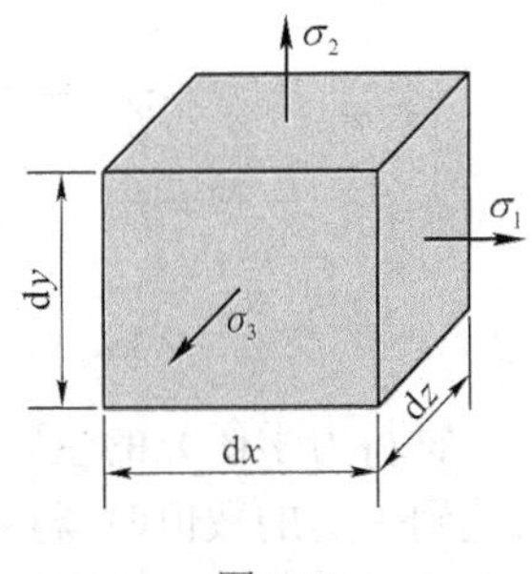

图 7.20

应变能密度为

$$v_\varepsilon = \frac{\mathrm{d}V_\varepsilon}{\mathrm{d}V} = \frac{1}{2}(\sigma_1\varepsilon_1 + \sigma_2\varepsilon_2 + \sigma_3\varepsilon_3) \tag{7.28}$$

将广义胡克定律式(7.18)代入上式,得

$$v_\varepsilon = \frac{1}{2E}[\sigma_1^2 + \sigma_2^2 + \sigma_3^2 - 2\mu(\sigma_1\sigma_2 + \sigma_2\sigma_3 + \sigma_3\sigma_1)] \tag{7.29}$$

单元体的变形一方面表现为体积的增大或减小,另一方面表现为形状的改变。因此,认为应变能密度 v_ε 也由两部分组成

$$v_\varepsilon = v_V + v_\mathrm{d} \tag{a}$$

式中,v_V 和 v_d 分别称为**体积改变能密度**和**畸变能密度**。

将图7.21(a) 中棱边长度相等的正立方单元体上的应力分成两组: 第一组如图7.21(b) 所示, $\sigma_\mathrm{m} = \dfrac{\sigma_1 + \sigma_2 + \sigma_3}{3}$; 第二组如图7.21(c) 所示。

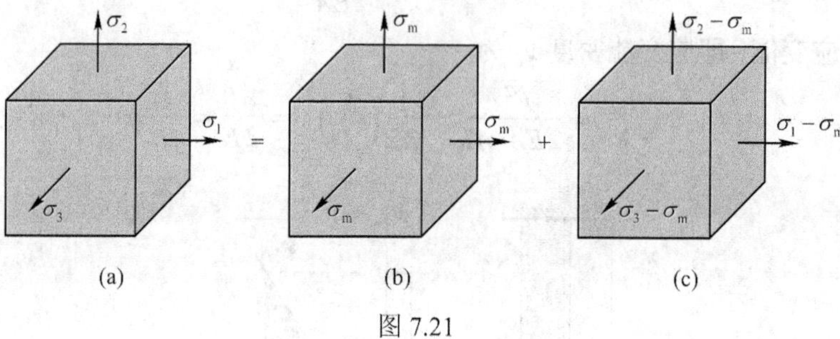

图 7.21

如图7.21(b)所示单元体只有体积的改变而无形状的改变,亦即正立方体保留为正立方体,只是边长改变了。它所具有的体积改变能密度 v_V 由式(7.29)求得

$$v_V = \frac{3(1-2\mu)}{2E}\sigma_\mathrm{m}^2 = \frac{1-2\mu}{6E}(\sigma_1 + \sigma_2 + \sigma_3)^2 \tag{b}$$

如图7.21(c)所示单元体的三个主应力之和等于零,由式(7.25)知,该单元体体积不变,仅形状改变。

由式(a)得单元体的畸变能密度

$$v_\mathrm{d} = v_\varepsilon - v_V$$

将式(7.29)和式(b)代入上式,得

$$v_\mathrm{d} = \frac{1+\mu}{6E}[(\sigma_1 - \sigma_2)^2 + (\sigma_2 - \sigma_3)^2 + (\sigma_3 - \sigma_1)^2] \tag{7.30}$$

7.7 强度理论

材料力学研究的主要问题之一就是强度问题。经验告诉我们,当作用在构件上的外力达到一定的数值时,材料就将在构件内某一点处开始发生破坏。也就是说,当该点上的应力状态达到某一极限状态后,材料就开始失效。

前面几章讨论构件的基本变形时,通常用直接实验的方法来确定材料的强度极限。

例如,通过轴向拉(压)实验和扭转实验测出材料的极限应力,进一步分析得出构件的许用应力,为建立强度条件打下了基础。已应用的强度条件有两种基本形式,即

$$\sigma_{\max} \leqslant [\sigma] \tag{a}$$

$$\tau_{\max} \leqslant [\tau] \tag{b}$$

式(a)称为正应力强度条件,式(b)称为切应力强度条件,$[\sigma]$和$[\tau]$分别是构件的许用正应力和许用切应力。

然而在工程实际中,经常会遇到一些构件,危险点的应力状态既不属于单向应力状态,也不属于纯剪切应力状态,而是复杂应力状态。为此需研究当材料的危险点处于复杂应力状态时,强度条件的建立方法。

人们曾尝试用直接试验的方法建立复杂应力状态下的强度条件,但这类试验要比轴向拉压实验困难得多。有些试验,例如三向应力,尤其是三向等值拉伸的试验就很难实现。除了技术上的原因以外,还由于复杂应力状态中三个方向上应力组合的方式有无数多种可能,要对每一种组合情况都由试验来建立强度条件,显然是不可能做到的。解决这类问题,通常是依据部分实验结果,经过推理,提出一些假说,推测材料失效的原因,从而建立强度条件。它的正确与否,必须经过生产实践的检验。在众多强度理论中,有的带有很大的片面性,相继被淘汰;另外一些强度理论则逐渐显示出它们的相对正确性。

经过长期的生产实践和试验研究,人们将材料的破坏归纳为脆性断裂和塑性屈服两种类型,相应地强度理论也分为两大类:关于脆性断裂的强度理论和关于塑性屈服的强度理论。

7.7.1 关于脆性断裂的强度理论

1. 最大拉应力理论(第一强度理论)

早在17世纪伽利略(Galileo)首先提出最大正应力理论,后来经拉梅(Lamé)和兰金(Rankine)的修正成为最大拉应力理论。该理论假定,无论材料内各点的应力状态如何,只要有一点的最大拉伸主应力 σ_1 达到单向拉伸断裂时的极限应力 σ_u,材料就发生断裂。在单向拉伸时,断裂破坏的极限应力就是强度极限 σ_b,所以失效条件可写为

$$\sigma_1 \geqslant \sigma_b$$

将极限应力 σ_b 除以大于1的安全因数,得到许用应力$[\sigma]$。所以按第一强度理论建立的强度条件是

$$\sigma_1 \leqslant [\sigma] \tag{7.31}$$

试验证明,这一理论与铸铁、岩石、混凝土、陶瓷、玻璃等脆性材料的拉断试验结果相符,这些材料在轴向拉伸时的断裂破坏发生于拉应力最大的横截面上。脆性材料的扭转破坏,也是沿拉应力最大的斜截面发生断裂,这些都与最大拉应力理论相符,但这个理论没有考虑其他两个主应力的影响,并且对没有拉应力的状态无法应用。

2. 最大伸长线应变理论(第二强度理论)

首先由法国学者马里奥脱(Mariotto)和纳维(Navier)分别提出最大线应变理论,后经修正建立了最大伸长线应变理论。该理论假定,无论材料内各点的应变状态如何,只要有一点的最大伸长线应变 ε_1 达到单向拉伸断裂时应变的极限值 ε_u,材料即破坏,所以发生脆性断裂的条件是

$$\varepsilon_1 \geqslant \varepsilon_u$$

若材料直到脆性断裂都是在线弹性范围内工作，则根据胡克定律，有

$$\varepsilon_1 = \frac{1}{E}[\sigma_1 - \mu(\sigma_2 + \sigma_3)], \quad \varepsilon_u = \frac{\sigma_u}{E} = \frac{\sigma_b}{E}$$

由此导出失效条件的应力表达式为

$$\sigma_1 - \mu(\sigma_2 + \sigma_3) \geqslant \sigma_b$$

将σ_b除以大于1的安全因数得许用应力$[\sigma]$，于是按第二强度理论建立的强度条件为

$$\sigma_1 - \mu(\sigma_2 + \sigma_3) \leqslant [\sigma] \tag{7.32}$$

石料或混凝土等材料在轴向压缩试验时，如端部无摩擦，试件将沿垂直于压力的方向发生断裂，这一方向就是最大伸长线应变的方向，这与第二强度理论的结果相近，但是按照这一理论，铸铁在二向拉伸时应比单向拉伸安全，这与试验结果不符合。

7.7.2 关于屈服的强度理论

1. 最大切应力理论（第三强度理论）

该理论由库仑（Coulomb）在1773年提出，并为特雷斯卡（Tresca）和格斯特（Guest）等人试验所验证，所以又称特雷斯卡屈服准则。该理论假定，无论材料内各点的应力状态如何，只要有一点的最大切应力τ_{max}达到单向拉伸时的屈服切应力τ_s，材料就在该处出现明显塑性变形或屈服。该理论的屈服失效条件是

$$\tau_{max} \geqslant \tau_s$$

而

$$\tau_{max} = \frac{\sigma_1 - \sigma_3}{2}, \quad \tau_s = \frac{\sigma_s}{2}$$

由此导出失效条件的应力表达式为

$$\sigma_1 - \sigma_3 \geqslant \sigma_s$$

将σ_s除以大于1的安全因数得许用应力$[\sigma]$，于是按第三强度理论建立的强度条件为

$$\sigma_1 - \sigma_3 \leqslant [\sigma] \tag{7.33}$$

第三强度理论曾被许多塑性材料的试验结果所证实，且稍偏于安全。这个理论所提供的计算式比较简单，故它在工程设计中得到了广泛的应用。

2. 畸变能密度理论（第四强度理论）

该理论是胡伯（Huber）和米泽斯（Mises）等人在贝尔特拉密（Beltrami）总应变能密度理论基础上修正后得到的。该理论假定，复杂应力状态下材料的畸变能密度达到单向拉伸屈服时的畸变能密度时，材料即会发生屈服失效。

由式（7.30）知，复杂应力状态下材料的畸变能密度为

$$v_d = \frac{1+\mu}{6E}[(\sigma_1 - \sigma_2)^2 + (\sigma_2 - \sigma_3)^2 + (\sigma_3 - \sigma_1)^2]$$

单向拉伸屈服时，$\sigma_1 = \sigma_s$，$\sigma_2 = \sigma_3 = 0$，由上式得畸变能密度为

$$v_d = \frac{1+\mu}{6E}(2\sigma_s^2)$$

故屈服失效条件为

$$\frac{1+\mu}{6E}[(\sigma_1-\sigma_2)^2+(\sigma_2-\sigma_3)^2+(\sigma_3-\sigma_1)^2]\geqslant\frac{1+\mu}{6E}(2\sigma_s^2)$$

或写成

$$\sqrt{\frac{1}{2}[(\sigma_1-\sigma_2)^2+(\sigma_2-\sigma_3)^2+(\sigma_3-\sigma_1)^2]}\geqslant\sigma_s$$

将 σ_s 除以大于 1 的安全因数得许用应力$[\sigma]$，于是按第四强度理论建立的强度条件为

$$\sqrt{\frac{1}{2}[(\sigma_1-\sigma_2)^2+(\sigma_2-\sigma_3)^2+(\sigma_3-\sigma_1)^2]}\leqslant[\sigma] \tag{7.34}$$

该理论和许多塑性材料的试验结果相符，用这个理论判断碳素钢的屈服失效是相当准确的。

综合式(7.31)～式(7.34)，可以把四个强度理论的强度条件写成下面的统一形式

$$\sigma_r\leqslant[\sigma] \tag{7.35}$$

式中 σ_r 称为**相当应力**，按照从第一到第四强度理论的顺序，相当应力分别是

$$\left.\begin{aligned}\sigma_{r1}&=\sigma_1\\ \sigma_{r2}&=\sigma_1-\mu(\sigma_2+\sigma_3)\\ \sigma_{r3}&=\sigma_1-\sigma_3\\ \sigma_{r4}&=\sqrt{\frac{1}{2}[(\sigma_1-\sigma_2)^2+(\sigma_2-\sigma_3)^2+(\sigma_3-\sigma_1)^2]}\end{aligned}\right\} \tag{7.36}$$

以上介绍了四种常用的强度理论。一般说来，在常温和静载的条件下，脆性材料多发生脆性断裂，故通常采用第一和第二强度理论；塑性材料通常以屈服的形式失效，故宜采用第三和第四强度理论。

影响材料的脆性和塑性的因素很多。例如，低温能提高脆性，高温一般能提高塑性；在高速动载荷作用下脆性提高，在低速静载荷作用下保持塑性。

无论是塑性材料还是脆性材料，在三向拉应力接近相等的情况下，都将以断裂的形式失效，所以宜采用最大拉应力理论；而在三向压应力接近相等的情况下，都可引起塑性变形，所以宜采用第三或第四强度理论。

例 7.7 试按强度理论建立纯剪切应力状态的强度条件，并寻求塑性材料的许用切应力$[\tau]$与许用拉应力$[\sigma]$之间的关系。

解： 纯剪切应力状态的三个主应力分别为

$$\sigma_1=\tau,\quad \sigma_2=0,\quad \sigma_3=-\tau$$

对塑性材料，应采用最大切应力理论或畸变能密度理论。按最大切应力理论得到的强度条件为

$$\sigma_1-\sigma_3=\tau-(-\tau)=2\tau\leqslant[\sigma]$$

$$\tau\leqslant\frac{[\sigma]}{2} \tag{c}$$

另一方面，剪切强度条件为

$$\tau\leqslant[\tau] \tag{d}$$

比较式(c)和式(d)后发现，按最大切应力理论求得$[\tau]=0.5[\sigma]$。

按畸变能密度理论得到的强度条件为

$$\sqrt{\frac{1}{2}[(\sigma_1-\sigma_2)^2+(\sigma_2-\sigma_3)^2+(\sigma_3-\sigma_1)^2]}=\sqrt{3}\,\tau\leqslant[\sigma]$$

将上式与剪切强度条件式(d)比较后发现，按畸变能密度理论求得$[\tau]=0.577[\sigma]$。

例7.8　如图7.22所示工字形钢梁，$F=210$ kN，许用应力$[\sigma]=160$ MPa，截面高度$h=250$ mm，宽度$b=118$ mm，腹板与翼缘的厚度分别为$t=10$ mm与$\delta=13$ mm。试按第三强度理论校核梁的强度。

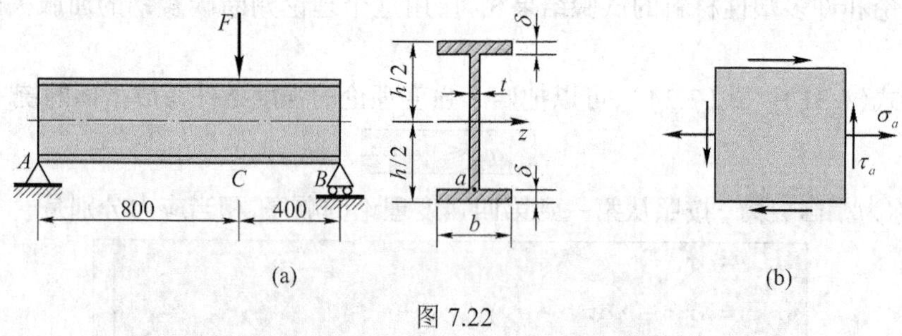

图 7.22

解：截面C的右侧为危险截面，其上$F_{S\max}=140$ kN，$M_{\max}=56$ kN·m。截面惯性矩

$$I_z=\frac{bh^3}{12}-\frac{(b-t)(h-2\delta)^3}{12}=5.249\times10^{-5}\ \mathrm{m}^4$$

(1) 最大弯曲正应力校核

$$\sigma_{\max}=\frac{M_{\max}}{I_z}\frac{h}{2}=133\ \mathrm{MPa}<[\sigma]$$

(2) 最大弯曲切应力校核

由例7.7知，按最大切应力理论得到$[\tau]=0.5[\sigma]=80$ MPa

$$S^*_{z\max}=b\delta\frac{h-\delta}{2}+t\left(\frac{h}{2}-\delta\right)\left(\frac{h}{4}-\frac{\delta}{2}\right)=2.445\times10^{-4}\ \mathrm{m}^3$$

$$\tau_{\max}=\frac{F_{S\max}S^*_{z\max}}{I_z t}=65.2\ \mathrm{MPa}<[\tau]$$

(3) 在腹板与翼缘交界处(点a)的强度校核

$$\sigma_a=\frac{M_{\max}}{I_z}\left(\frac{h}{2}-\delta\right)=119.5\ \mathrm{MPa}$$

$$\tau_a=\frac{F_{S\max}S^*_z}{I_z t}=\frac{F_{S\max}b\delta\frac{h-\delta}{2}}{I_z t}=48.48\ \mathrm{MPa}$$

点a处的应力状态如图7.22(b)所示。

$$\sigma_{1,3}=\frac{\sigma_a}{2}\pm\sqrt{\left(\frac{\sigma_a}{2}\right)^2+\tau_a^2}$$

$$\sigma_{r3}=\sigma_1-\sigma_3=\sqrt{\sigma_a^2+4\tau_a^2}=154\ \mathrm{MPa}<[\sigma]$$

可见，工字钢梁满足强度要求。

习 题

1. 两根圆截面杆，直径都为 d，受力如图所示。试用单元体表示危险点处的应力状态，并写出应力的大小。

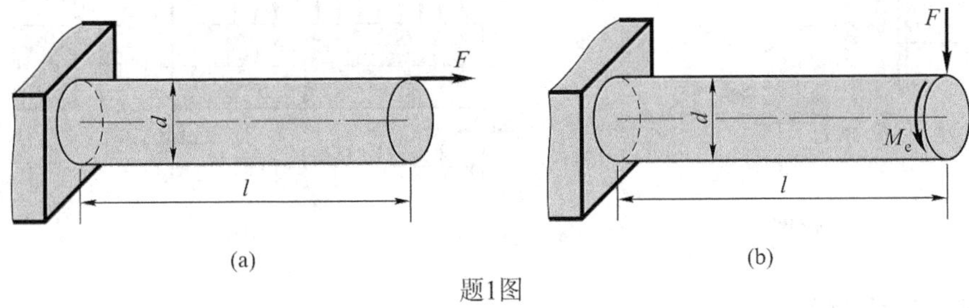

题1图

2. 试用解析法求图示各单元体中指定斜截面上的正应力和切应力（应力单位为 MPa）。

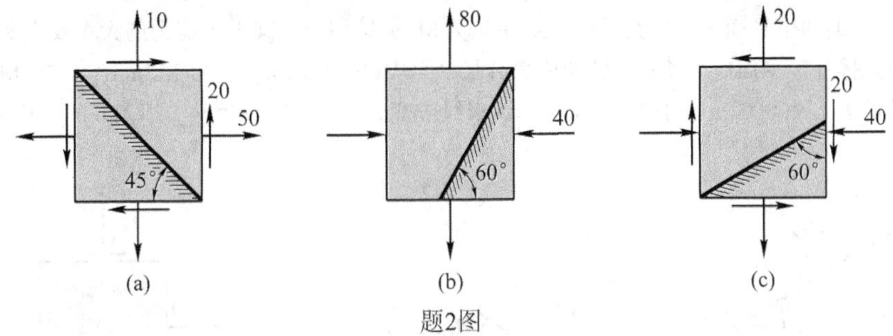

题2图

3. 已知单元体的应力状态如图所示，图中应力单位皆为 MPa，试用解析法求：

（1）主应力的大小及主平面的位置，并画在单元体上；

（2）图示平面内的极值切应力。

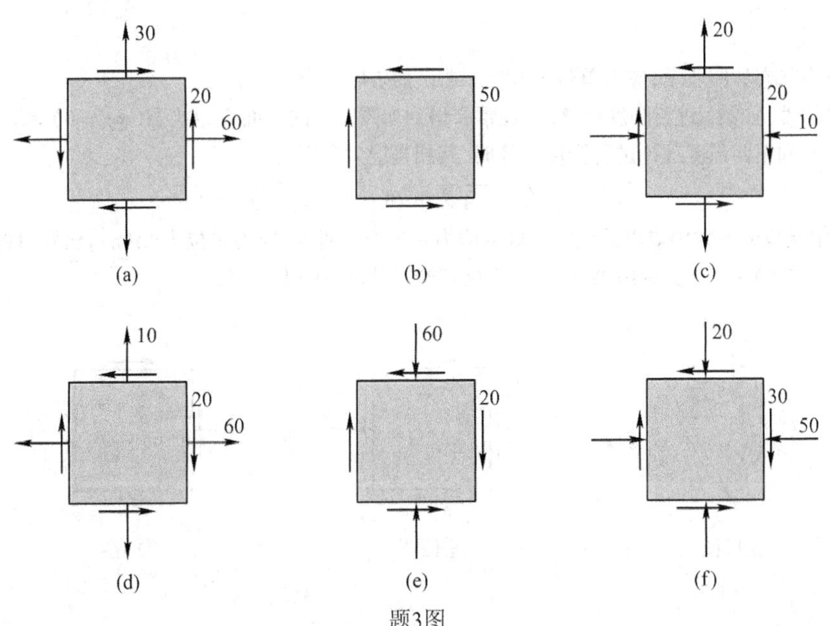

题3图

4. 图示单元体，已知 $\sigma_y = 40$ MPa，且 AB 面上无应力作用。试求 σ_x 及 τ_{xy} 的大小。

5. 图示简支梁，受均布载荷 $q = 12$ kN/m 作用。试画出 A、B 两点的应力单元体（忽略竖向应力），并算出在这两点的主应力数值。

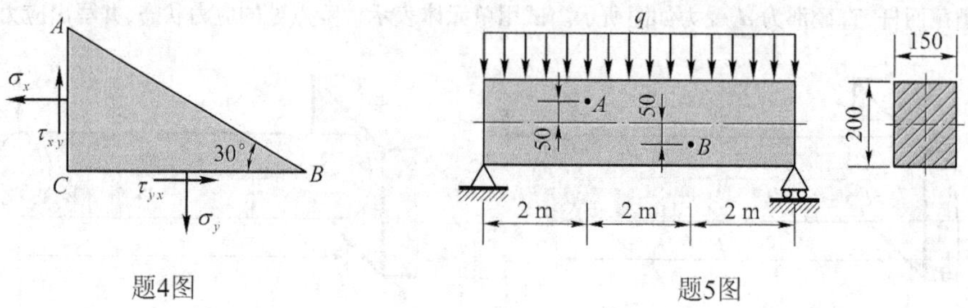

题4图　　题5图

6. 试用图解法求解题 2。

7. 试用图解法求解题 3。

8. 在通过一点的两个平面上，应力如图所示，单位为 MPa。试用应力圆求主应力的大小。

9. 在通过一点的两个平面上，应力如图所示，单位为 MPa。试用应力圆求主应力的大小及主平面的位置。

10. 图示单元体处于平面应力状态，已知应力分量 $\sigma_x = 100$ MPa、$\sigma_y = 80$ MPa、$\tau_{xy} = 50$ MPa。材料的弹性模量 $E = 200$ GPa，泊松比 $\mu = 0.3$。试求线应变 ε_x、ε_y 与切应变 γ_{xy}，以及 $\alpha = 30°$ 方向的线应变。

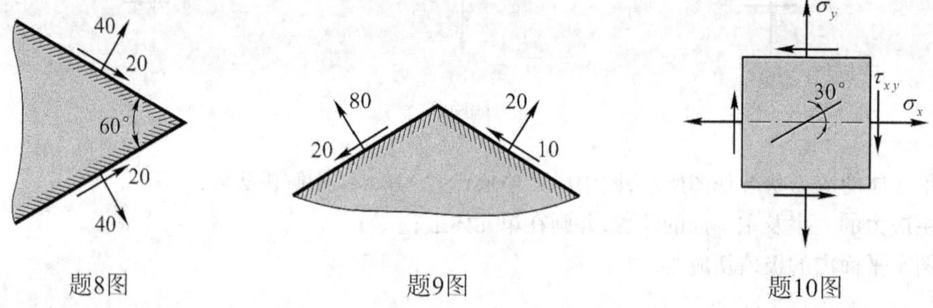

题8图　　题9图　　题10图

11. 二向应力状态如图所示，应力单位为 MPa。试求主应力。

12. 对某些构件（如梁）进行强度计算时，经常会遇到如图所示的平面应力状态（$\sigma_y = 0$）。试证明用第三强度理论和第四强度理论进行强度计算时，其相当应力分别为

$$\sigma_{r3} = \sqrt{\sigma^2 + 4\tau^2} \quad 和 \quad \sigma_{r4} = \sqrt{\sigma^2 + 3\tau^2}$$

13. 由 A3 钢制成的构件中取出的危险点处的应力状态如图所示（应力单位为 MPa），已知材料的许用应力$[\sigma] = 170$ MPa。试分别用第三、第四强度理论对其进行强度校核。

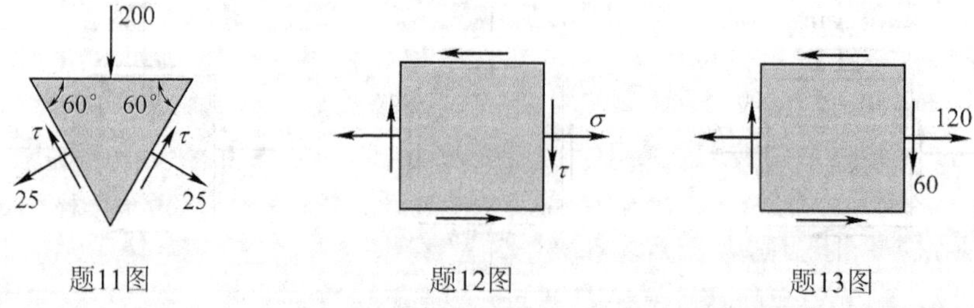

题11图　　题12图　　题13图

14. 图示矩形截面简支梁，已知截面尺寸 b、h，跨度 l，材料的弹性模量 E，泊松比 μ。现测得梁中性层上点 K 处与轴线成45°方向的线应变为 ε。试求载荷 F 的大小。

15. 图示直径 $d = 80$ mm 的圆轴，受轴向拉力 F 和扭转力偶矩 M_e 作用。材料的弹性模量 $E = 200$ GPa，泊松比 $\mu = 0.3$。现测得圆轴表面的轴向线应变 $\varepsilon_0 = 500 \times 10^{-6}$，45°方向的线应变 $\varepsilon_{45°} = 400 \times 10^{-6}$，试求 F 和 M_e 的大小。

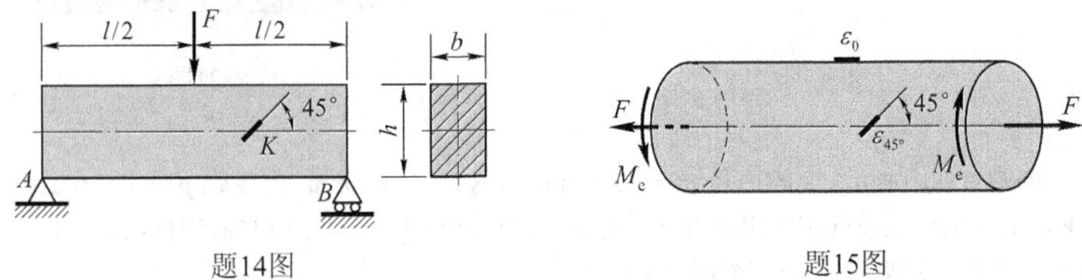

题14图　　题15图

16. 试求图示各应力状态的主应力和最大切应力（应力单位为 MPa）。

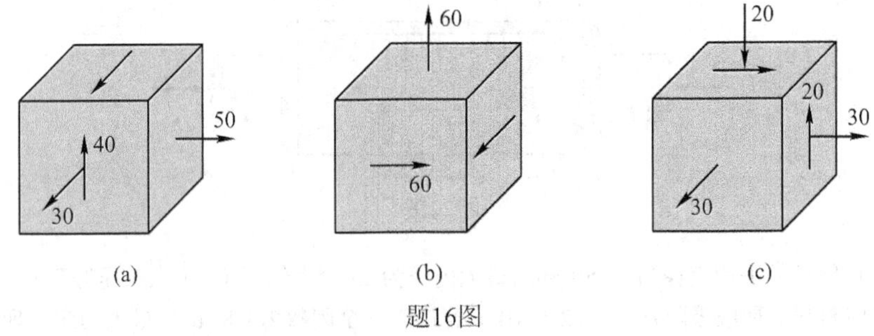

题16图

17. 直径 $d = 100$ mm 的实心钢球，受压强 $p = 50$ MPa 的静水压力作用。设钢球的弹性模量 $E = 200$ GPa，泊松比 $\mu = 0.3$。试求钢球的直径和体积的减小量。

18. 外半径 $R = 20$ mm，壁厚 $\delta = 10$ mm 的圆筒受扭，如图所示。弹性模量 $E = 200$ GPa，泊松比 $\mu = 0.3$。圆筒受扭变形在弹性范围内，当其上的最大切应力 $\tau_{max} = 100$ MPa 时，求：

（1）表层点 A 两方向的线应变 ε_x 和 ε_y；

（2）受扭后的筒壁厚度值。

19. 图示矩形截面杆受轴向拉力 F 作用，若截面尺寸 b、h 和材料的弹性模量 E、泊松比 μ 均已知，试求

（1）杆表面45°方向线段 AB 的伸长量 Δl_{AB}；

（2）线段 AB 的转角 θ_{AB}。

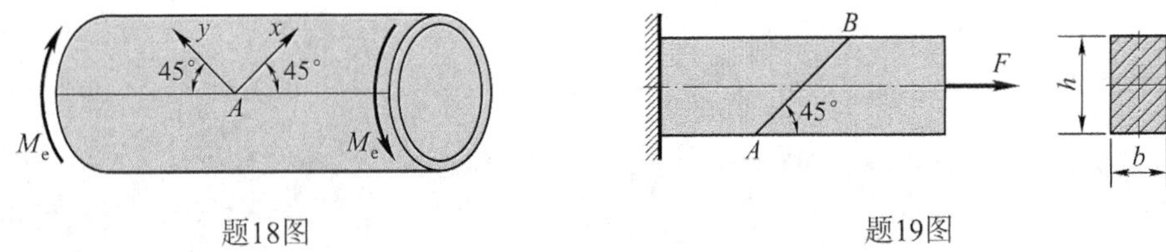

题18图　　题19图

20. 图示矩形截面拉杆，高为 h，宽为 b，在拉杆表面画直角 ABC，已知拉力 F、弹性模量 E、泊松比 μ，求直角 ABC 的变化以及 BC 线的变形 Δl_{BC}。

21. 图示直径 $d = 40$ mm 的铝圆杆，放在厚度 $\delta = 2$ mm 的钢套筒内，且设两者之间无间隙。作用于铝杆

上的轴向压力 $F = 40$ kN。若铝的弹性模量和泊松比分别为 $E_a = 70$ GPa、$\mu_a = 0.35$；钢的弹性模量 $E_s = 210$ GPa。试求筒内的周向应力。

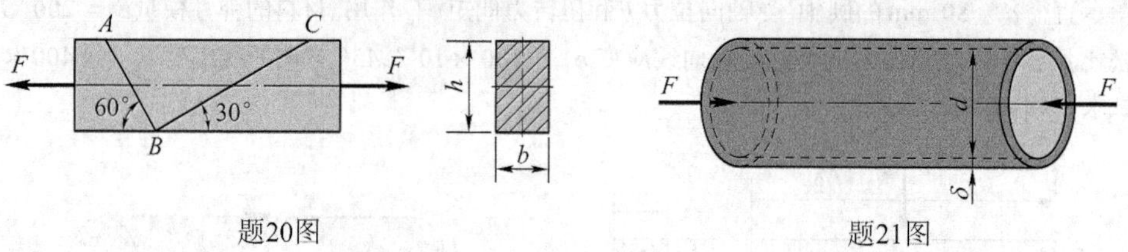

题20图　　　题21图

22. 铸铁薄壁圆管如图所示。管的内径 $d = 170$ mm，壁厚 $\delta = 15$ mm，内压强 $p = 4$ MPa，压力 $F = 200$ kN。铸铁的抗拉及抗压许用应力分别为$[\sigma_t] = 30$ MPa、$[\sigma_c] = 120$ MPa，泊松比$\mu = 0.25$。试用第二强度理论及莫尔强度理论校核该管的强度。

提示：莫尔强度理论的相当应力 $\sigma_{rM} = \sigma_1 - \dfrac{[\sigma_t]}{[\sigma_c]}\sigma_3$，强度条件为 $\sigma_{rM} \leqslant [\sigma_t]$。

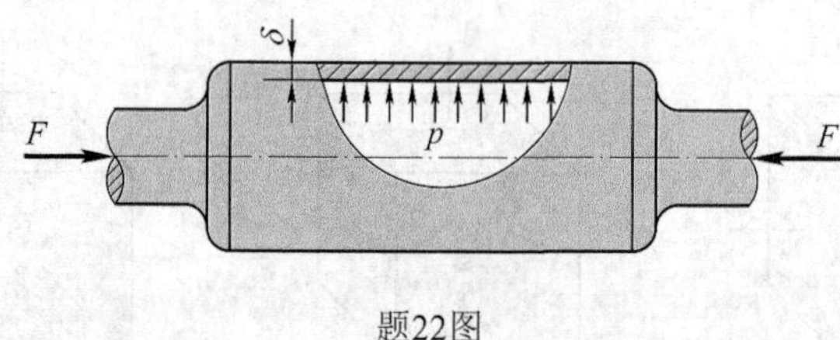

题22图

23. 薄壁圆柱形锅炉的平均直径为1 250 mm，最大内压为23 个大气压（1 个大气压等于0.1 MPa），在高温下工作时材料的屈服极限 $\sigma_s = 182.5$ MPa。若规定安全因数为1.8，试按最大切应力理论设计锅炉的壁厚 δ。

8

课件

组合变形

8.1 组合变形的概念

前面几章分别讨论了杆件轴向拉伸或压缩、扭转及弯曲等几种基本变形，但工程实际中的许多构件，往往同时产生两种或两种以上基本变形。如图 8.1(a)所示手摇绞车，轴 AB 的扭矩图和弯矩图如图 8.1(b)所示，其 AC 段既有扭矩又有弯矩，因此存在着扭转和弯曲两种基本变形。这类由两种或两种以上基本变形组合的情况称为组合变形。

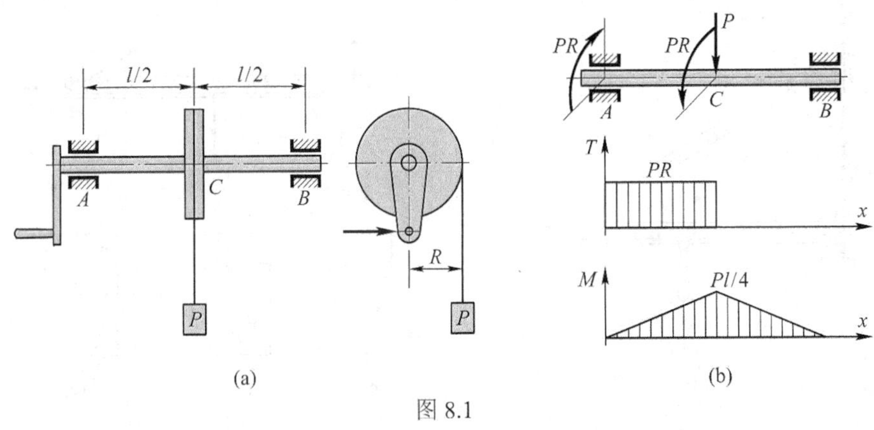

图 8.1

在组合变形的计算中，通常都是从力作用的独立性原理出发。在线弹性范围内，假设作用在体系上的诸载荷中的任一个所引起的变形对其他载荷作用的影响可忽略不计。实验表明，在小变形情况下，这个原理是足够精确的。因此，可将实际载荷转化成几组静力等效的载荷，使这几组载荷各自对应着一种基本变形，先分别计算每一种基本变形情况下的应力和变形，然后采用叠加原理计算组合变形情况下的应力和变形。

叠加原理只适用于小变形情形。如图 8.2 所示杆件发生压缩与弯曲的组合变形，设变形后任意截面 x 的挠度为 w，则弯矩方程应为

$$M(x) = \frac{qlx}{2} - \frac{qx^2}{2} + Fw \quad (0 \leqslant x \leqslant l) \tag{a}$$

可见，轴向压力 F 对弯曲变形是有影响的。只是当变形很小时，式(a)中的 Fw 项可忽略不计，弯矩可以按杆件变形前的位置来计算。这时轴向力 F 只引起杆件压缩，而横向载荷

q 只引起杆件弯曲，两者各自独立互不影响，可应用叠加原理进行计算，但是，当变形较大时，弯矩应按杆件变形后的位置计算，即式(a)中的 Fw 项不可忽略，力的独立作用原理不成立，当然就不能应用叠加原理进行计算。本章只研究小变形情形。

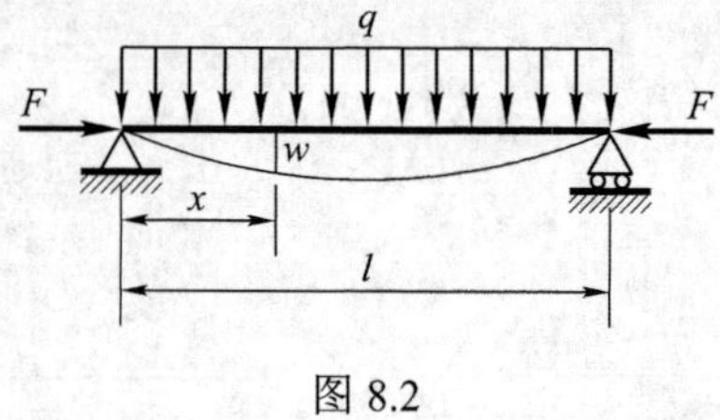

图 8.2

以下将就工程实际中常见的几种组合变形情况进行讨论。分析中，一般是将实际载荷转化成几组静力等效的载荷，使这几组静力等效的载荷各自对应着一种基本变形，然后按叠加原理去分析组合变形所产生的应力和位移。

8.2 拉伸或压缩与弯曲的组合

如图 8.3(a)所示起重机，其横梁 AB 的受力如图 8.3(b)所示，在载荷 F 及约束力共同作用下产生压缩与弯曲的组合变形。

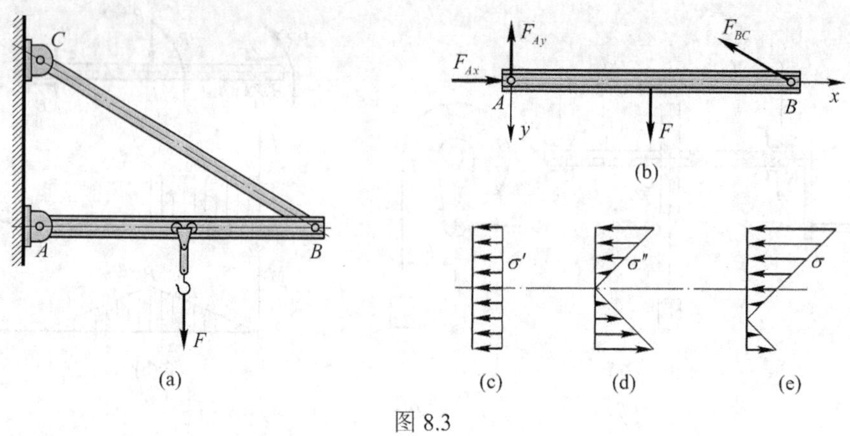

图 8.3

由轴力引起的正应力在横截面上均匀分布[图 8.3(c)]，应力大小为

$$\sigma' = -\frac{F_{Ax}}{A}$$

任意横截面上由弯矩 $M(x)$ 引起的正应力在截面上线性分布[图 8.3(d)]，应力大小为

$$\sigma'' = \frac{M(x)\cdot y}{I_z}$$

应用叠加法求得梁的任意横截面上任意点的正应力为

$$\sigma = \sigma' + \sigma'' = -\frac{F_{Ax}}{A} + \frac{M(x)\cdot y}{I_z}$$

叠加后横截面上的应力分布如图 8.3(e) 所示。在梁的上边缘，由于两种变形都引起压缩，所以具有最大压应力，而在梁的下边缘，合成的结果，可能是压应力，也可能是拉应力。

例8.1　如图8.4(a)所示矩形截面钢杆。用应变片测得杆件上、下表面的轴向线应变分别为 $\varepsilon_a = 450 \times 10^{-6}$ 与 $\varepsilon_b = -150 \times 10^{-6}$，材料的弹性模量 $E = 200$ GPa。试画出横截面上的正应力分布图，并求拉力 F 及其偏心距 e 的大小。

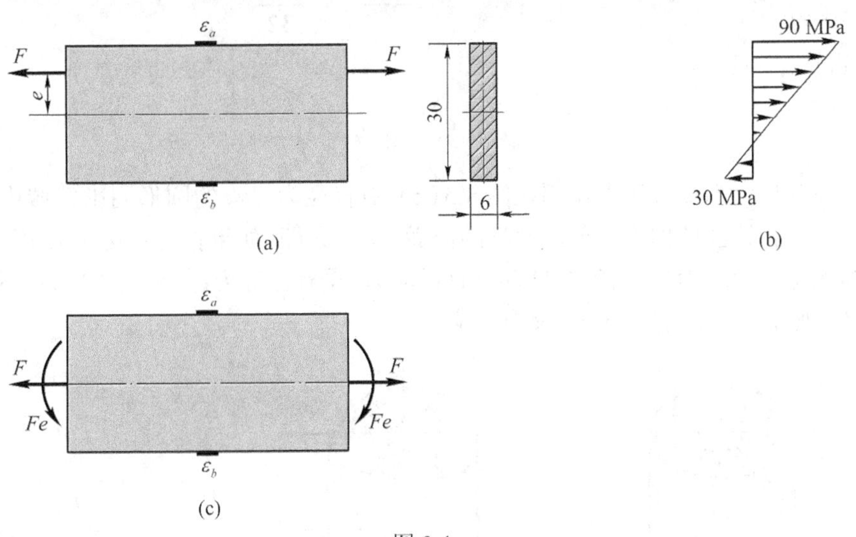

图 8.4

解：杆件上、下表面的正应力分别为

$$\sigma_a = E\varepsilon_a = (200 \times 10^3 \text{ MPa}) \times 450 \times 10^{-6} = 90 \text{ MPa}$$

$$\sigma_b = E\varepsilon_b = (200 \times 10^3 \text{ MPa}) \times (-150 \times 10^{-6}) = -30 \text{ MPa}$$

杆横截面上的正应力分布图如图8.4(b)所示。

将图8.4(a)中的偏心拉力 F 按静力等效的原则移到轴线上，如图8.4(c)所示，可见，偏心拉伸实际上是轴向拉伸和弯曲的组合。

$$\frac{F}{A} + \frac{Fe}{W} = \sigma_a = E\varepsilon_a \tag{a}$$

$$\frac{F}{A} - \frac{Fe}{W} = \sigma_b = E\varepsilon_b \tag{b}$$

由式(a)+式(b)，可求得

$$F = \frac{E(\varepsilon_a + \varepsilon_b)A}{2} = \frac{(200 \times 10^3 \text{ N/mm}^2) \times 300 \times 10^{-6} \times (6 \times 30 \text{ mm}^2)}{2} = 5.4 \text{ kN}$$

由式(a)－式(b)，可求得

$$e = \frac{E(\varepsilon_a - \varepsilon_b)W}{2F} = \frac{(200 \times 10^3 \text{ N/mm}^2) \times 600 \times 10^{-6} \times \dfrac{6 \times 30^2 \text{ mm}^3}{6}}{2 \times 5\,400 \text{ N}} = 10 \text{ mm}$$

例8.2　如图8.5(a)所示圆形截面杆，直径为 d，受偏心压力 F 作用。求该杆中不出现拉应力时的最大偏心矩 e。

解：将偏心压力 F 按静力等效的原则移到截面形心处[图8.5(b)]。杆任一横截面上的内力为

$$F_N = -F, \quad M = Fe$$

令杆内的最大拉应力 $\sigma_t = 0$，即

$$\sigma_t = \frac{F_N}{A} + \frac{M}{W} = -\frac{F}{\frac{\pi d^2}{4}} + \frac{Fe}{\frac{\pi d^3}{32}} = 0$$

由此求得

$$e = \frac{d}{8}$$

从上例可见，当偏心压力作用在图8.5(c)中直径为 $d/4$ 的圆形阴影区域内时，杆中不出现拉应力，该区域称为圆形截面杆的**截面核心**。亦即，如果偏心压力 F 作用在截面核心内，则无论压力 F 为多大，整个杆都只有压应力，没有拉应力；如果偏心压力 F 作用在截面核心外，则整个杆既有压应力，又有拉应力。

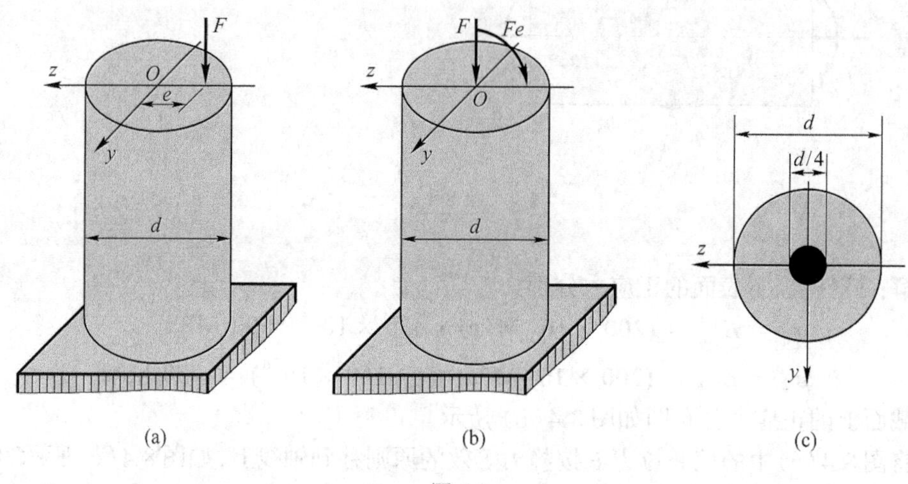

图 8.5

例 8.3 如图8.6(a)所示矩形截面杆受偏心压力 F 作用。求杆内的最大拉、压应力，并求矩形截面杆的截面核心。

解： 将偏心压力 F 向左移动距离 e_1 到 y 轴上得力 F 和矩为 Fe_1 的力偶，再将力 F 向前移动距离 e_2 到截面形心得力 F 和矩为 Fe_2 的力偶，最后结果如图8.6(b)所示。

力 F、矩为 Fe_1 及 Fe_2 的力偶引起的横截面上的应力分布分别如图8.6(c)、(d)、(e)所示。最大拉应力发生在杆的左前角，最大压应力发生在杆的右后角，其值分别为

$$\left.\begin{matrix}\sigma_t \\ \sigma_c\end{matrix}\right\} = -\frac{F}{bh} \pm \frac{Fe_1}{\frac{hb^2}{6}} \pm \frac{Fe_2}{\frac{bh^2}{6}} = -\frac{F}{bh} \pm \frac{6Fe_1}{hb^2} \pm \frac{6Fe_2}{bh^2}$$

上式中 σ_t 的值可能为正、为负或为零。如果 $\sigma_t \leqslant 0$，则整个杆只受压，不受拉。令上式中的 $\sigma_t = 0$，即

$$-\frac{F}{bh} + \frac{6Fe_1}{hb^2} + \frac{6Fe_2}{bh^2} = 0$$

化简后得

$$\frac{e_1}{b} + \frac{e_2}{h} = \frac{1}{6}$$

这是关于变量 e_1 和 e_2 的一条直线方程,即图 8.7 中的线段 AB。亦即如果偏心压力 F 作用在线段 AB 上,则杆内的最大拉应力 $\sigma_t = 0$,而矩形截面有两根对称轴,因此,矩形截面杆的截面核心是图 8.7 中所示菱形 $ABCD$。

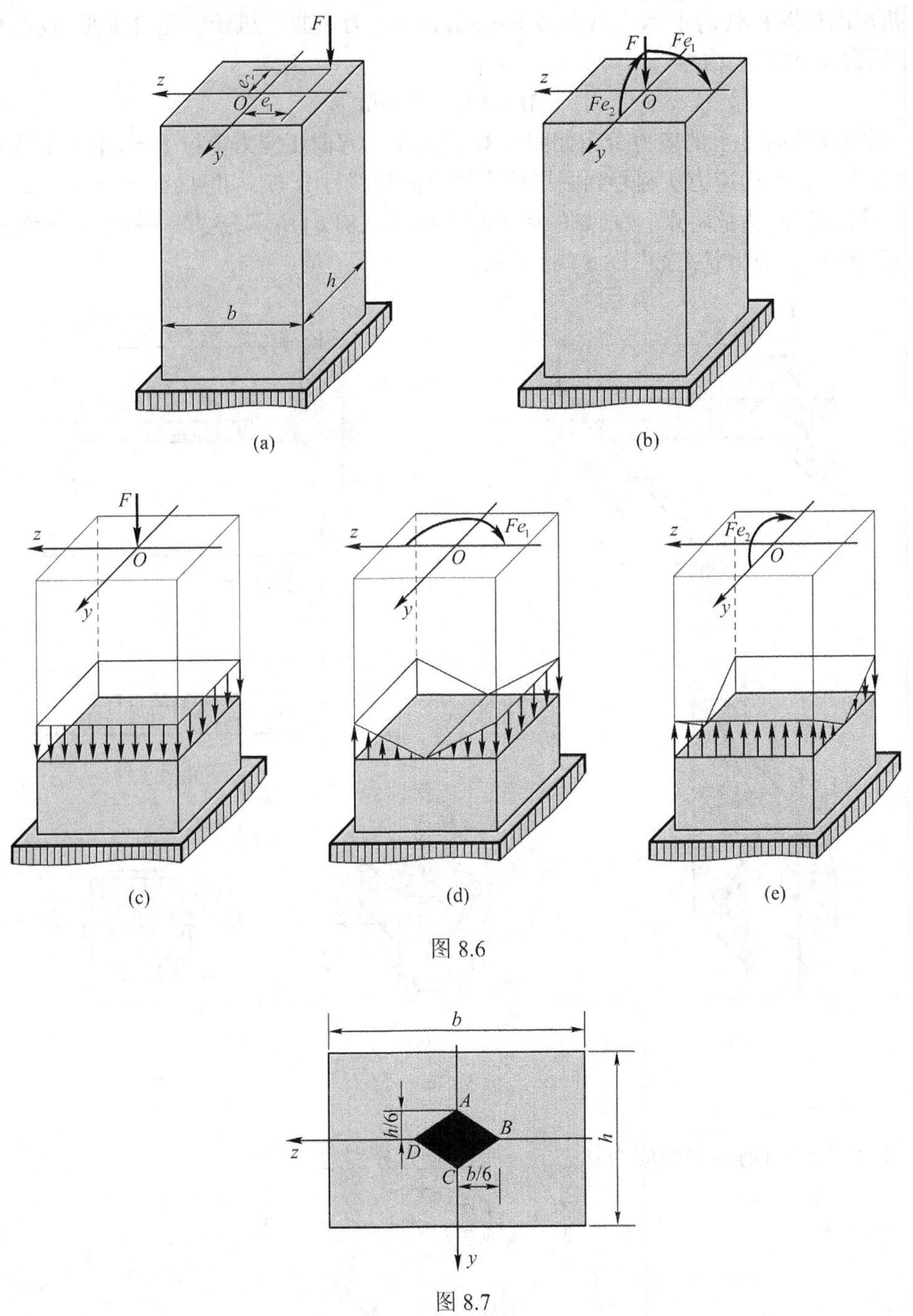

图 8.6

图 8.7

8.3 扭转与弯曲的组合

如图8.8(a)所示水平面上的直角拐，在自由端受铅垂力 F 作用。为分析圆杆 AB 的受力及变形，将铅垂力 F 平移到 AB 杆的端点 B，同时附加一力偶 Fa，杆 AB 的受力及弯矩、扭矩图如图8.8(b)所示。从内力图可见，杆 AB 为弯曲与扭转的组合变形，危险截面位于固定端 A，其上内力

$$M = Fl, \quad T = Fa$$

固定端截面 A 上的应力分布如图8.8(c)所示。弯曲正应力上拉下压，沿上下方向呈线性分布。扭转切应力从圆心到圆周沿半径方向呈线性分布。可见，截面 A 上的最高点 D_1 及最低点 D_2 为危险点。D_1 点的应力状态如图8.8(d)所示，这是一平面应力状态，从上往下俯视，其应力状态如图8.8(e)所示。

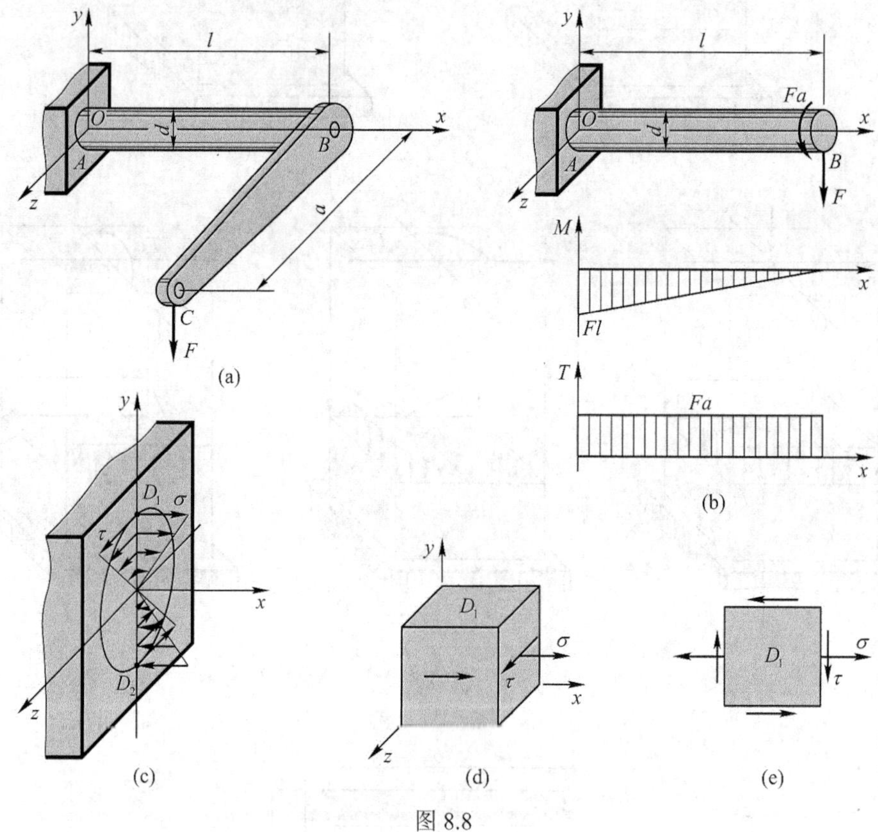

图 8.8

如图8.8(e)所示平面应力状态的三个主应力分别为

$$\sigma_{1,3} = \frac{\sigma}{2} \pm \sqrt{\left(\frac{\sigma}{2}\right)^2 + \tau^2}, \quad \sigma_2 = 0 \tag{a}$$

式中

$$\sigma = \frac{M}{W}, \quad \tau = \frac{M}{W_t} \tag{b}$$

因轴类零件通常为塑性材料,故应采用第三或第四强度理论对其进行强度校核。若用第三强度理论,则

$$\sigma_{r3} = \sigma_1 - \sigma_3$$

将式(a)代入上式,得

$$\sigma_{r3} = \sqrt{\sigma^2 + 4\tau^2} \tag{8.1}$$

将式(b)代入上式,并注意到 $W_t = 2W$,得

$$\sigma_{r3} = \frac{\sqrt{M^2 + T^2}}{W} \tag{8.2}$$

若用第四强度理论,则

$$\sigma_{r4} = \sqrt{\frac{1}{2}[(\sigma_1 - \sigma_2)^2 + (\sigma_2 - \sigma_3)^2 + (\sigma_3 - \sigma_1)^2]}$$

将式(a)代入上式,得

$$\sigma_{r4} = \sqrt{\sigma^2 + 3\tau^2} \tag{8.3}$$

将式(b)代入上式,并注意到 $W_t = 2W$,得

$$\sigma_{r4} = \frac{\sqrt{M^2 + 0.75T^2}}{W} \tag{8.4}$$

式(8.2)和式(8.4)是圆轴在弯扭组合变形时的相当应力表达式,据此可进行强度计算。

例 8.4 如图 8.9 所示电动机功率 $P = 9$ kW,转速 $n = 715$ r/min,皮带轮直径 $D = 250$ mm,主轴外伸部分长度 $l = 120$ mm,主轴直径 $d = 40$ mm,许用应力 $[\sigma] = 60$ MPa。试用第三强度理论校核主轴强度。

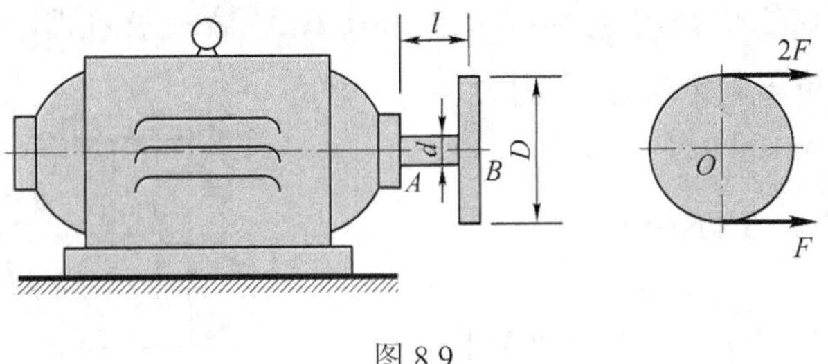

图 8.9

解: 皮带轮传递给轴的扭转力矩为

$$M_e = 9\ 549\frac{P}{n} = \left(9\ 549 \times \frac{9}{715}\right)\ \text{N·m} = 120.2\ \text{N·m}$$

皮带张力对轮心 O 取矩应等于扭转力矩 M_e,即

$$(2F - F)\frac{D}{2} = M_e$$

$$F = \frac{2M_e}{D} = \frac{2 \times 120.2\ \text{N·m}}{0.25\ \text{m}} = 961.6\ \text{N}$$

轴 AB 发生扭转与弯曲组合变形,横截面 A 为危险截面,其上内力

$$T = M_e = 120.2\ \mathrm{N \cdot m}, \quad M = 3Fl = 346.2\ \mathrm{N \cdot m}$$

由第三强度理论

$$\sigma_{r3} = \frac{\sqrt{M^2 + T^2}}{W} = \frac{\sqrt{346.2^2 + 120.2^2}\ \mathrm{N \cdot m}}{\dfrac{\pi \times (0.04\ \mathrm{m})^3}{32}} = 58.3\ \mathrm{MPa} < [\sigma]$$

所以满足强度条件,安全。

例8.5　如图8.10(a)所示圆截面杆,直径 $d = 60\ \mathrm{mm}$,承受轴向拉力 $F = 80\ \mathrm{kN}$,扭转力矩 $M_e = 1\ \mathrm{kN \cdot m}$,轴的许用应力$[\sigma] = 60\ \mathrm{MPa}$。试采用第三强度理论校核该杆强度。

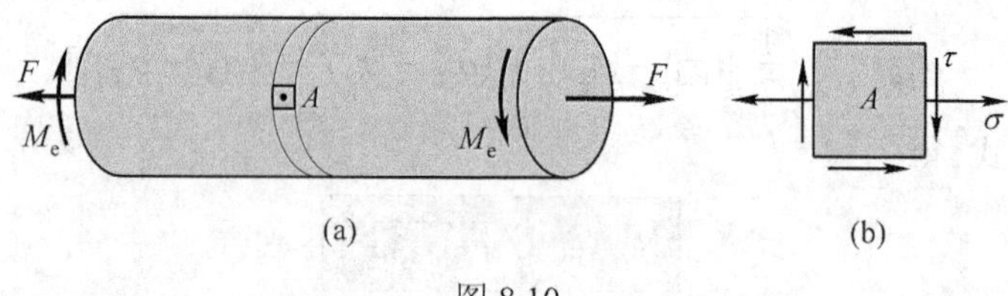

图 8.10

解: 该杆发生拉伸与扭转的组合变形,其危险点 A 的应力状态如图8.10(b)所示,其中

$$\sigma = \frac{F}{A} = 28.3\ \mathrm{MPa}, \quad \tau = \frac{M_e}{W_t} = 23.6\ \mathrm{MPa}$$

由公式(8.1)得

$$\sigma_{r3} = \sqrt{\sigma^2 + 4\tau^2} = \sqrt{(28.3\ \mathrm{MPa})^2 + 4 \times (23.6\ \mathrm{MPa})^2} = 55\ \mathrm{MPa} < [\sigma]$$

可见,该杆满足强度条件,安全。

例8.6　如图8.11所示圆杆直径 $d = 100\ \mathrm{mm}$, 长度 $l = 1\ \mathrm{m}$, 自由端受力 $F_1 = 100\ \mathrm{kN}$, $F_2 = 50\ \mathrm{kN}$, $F_3 = 60\ \mathrm{kN}$。许用应力$[\sigma] = 160\ \mathrm{MPa}$。试用第三强度理论校核杆的强度。

解: 危险截面位于固定端,其上内力

$$F_N = F_1 = 100\ \mathrm{kN}$$

$$T = F_3 \frac{d}{2} = 3\ \mathrm{kN \cdot m}$$

$$M = \sqrt{\left(F_1 \frac{d}{2}\right)^2 + [(F_3 - F_2)l]^2} = 11.18\ \mathrm{kN \cdot m}$$

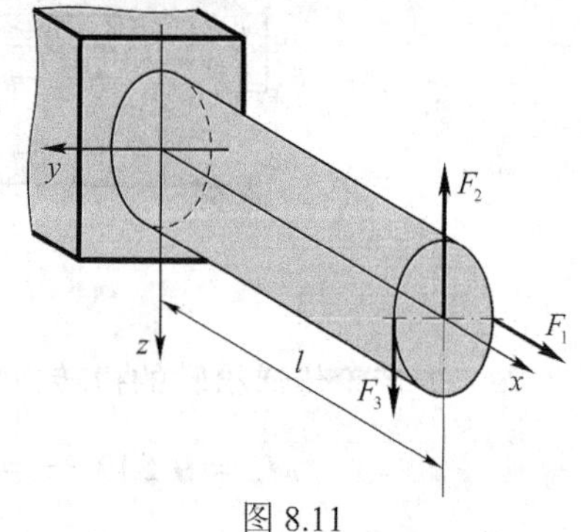

图 8.11

可见,这是拉、弯、扭组合变形,其危险点的应力状态仍然如图8.8(e)所示,其中正应力 σ 等于拉伸正应力与最大弯曲正应力的叠加。由式(8.1)得

$$\sigma_{r3} = \sqrt{\sigma^2 + 4\tau^2} = \sqrt{\left(\frac{F_N}{A} + \frac{M}{W}\right)^2 + 4\left(\frac{T}{W_t}\right)^2} = 130\ \mathrm{MPa} < [\sigma]$$

可见,该杆满足强度条件,安全。

8.4 斜弯曲

如图8.12所示为一矩形截面悬臂梁，设作用于自由端的集中力 F 通过截面形心，垂直于 x 轴，且与对称轴 z 的夹角为 φ。将力 F 向对称轴 y 和 z 方向分解，得

$$F_y = F\sin\varphi, \quad F_z = F\cos\varphi \tag{a}$$

F_y 使梁在水平平面 xy 内发生对称弯曲，中性轴是 z 轴；F_z 使梁在铅垂平面 xz 内发生对称弯曲，中性轴是 y 轴。

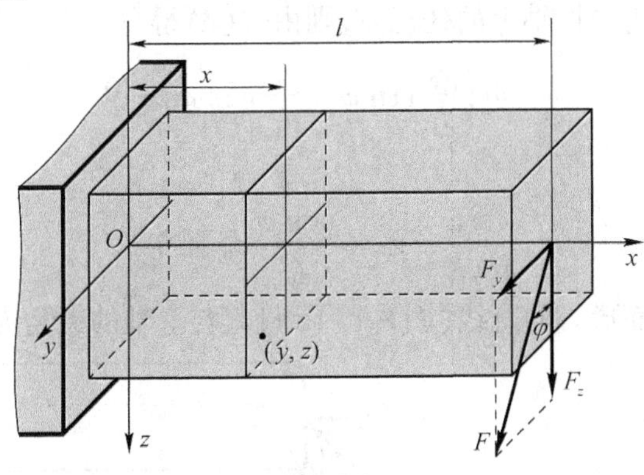

图 8.12

8.4.1 斜弯曲时的变形

下面计算如图8.12所示悬臂梁自由端形心处的位移。

梁自由端形心处由 F_y 引起的 y 方向的位移为

$$w_y = \frac{F_y l^3}{3EI_z} = \frac{Fl^3}{3EI_z}\sin\varphi$$

梁自由端形心处由 F_z 引起的 z 方向的位移为

$$w_z = \frac{F_z l^3}{3EI_y} = \frac{Fl^3}{3EI_y}\cos\varphi$$

由叠加法得梁在自由端的总位移（挠度）及其方向[图8.13（a）]分别为

$$w = \sqrt{w_y^2 + w_z^2}$$

$$\tan\beta = \frac{w_y}{w_z} = \frac{I_y}{I_z}\tan\varphi \tag{b}$$

由上式可见，如果 $I_y \neq I_z$，那么 $\beta \neq \varphi$，挠曲线不在外力 F 作用的平面内[图8.13（b）]，梁挠曲线所在平面与载荷作用面不重合的弯曲称为**斜弯曲**。如果 $I_y = I_z$，例如任意正多边形截面，那么 $\beta = \varphi$。梁挠曲线所在平面与载荷作用面重合的弯曲称为**平面弯曲**。

8.4.2 斜弯曲时的应力

图8.11中，到固定端距离为 x 的任意截面上的弯矩为

$$\left.\begin{aligned} M_z &= F_y(l-x) = F(l-x)\sin\varphi = M\sin\varphi \\ M_y &= F_z(l-x) = F(l-x)\cos\varphi = M\cos\varphi \end{aligned}\right\} \tag{c}$$

式中，$M = F(l - x)$为截面上的总弯矩。M_y 和 M_z 引起的应力分布分别如图8.14(a)，(b)所示。任意点(y,z)处的应力大小为

$$\sigma = -\frac{M_z y}{I_z} - \frac{M_y z}{I_y}$$

将式(c)代入上式，得

$$\sigma = -M\left(\frac{y}{I_z}\sin\varphi + \frac{z}{I_y}\cos\varphi\right) \tag{d}$$

这就是任意横截面 x 上任意点(y,z)的正应力计算公式。如果令上式等于零，就得到中性轴的方程。设(y_0,z_0)为中性轴上的任意点，则由式(d)得

$$-M\left(\frac{y_0}{I_z}\sin\varphi + \frac{z_0}{I_y}\cos\varphi\right) = 0$$

故中性轴的方程为

$$\frac{\sin\varphi}{I_z}y_0 + \frac{\cos\varphi}{I_y}z_0 = 0$$

中性轴是一条通过截面形心的直线(图8.15)，设其与 y 轴的夹角为 α，则

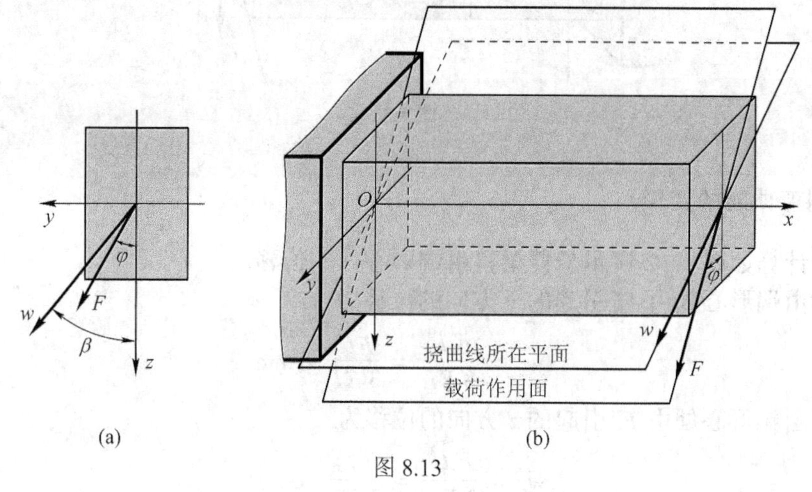

图 8.13

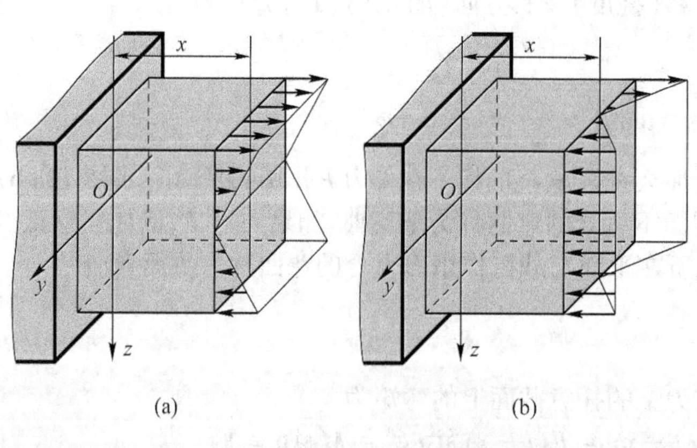

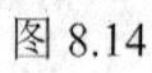

(b)

图 8.14

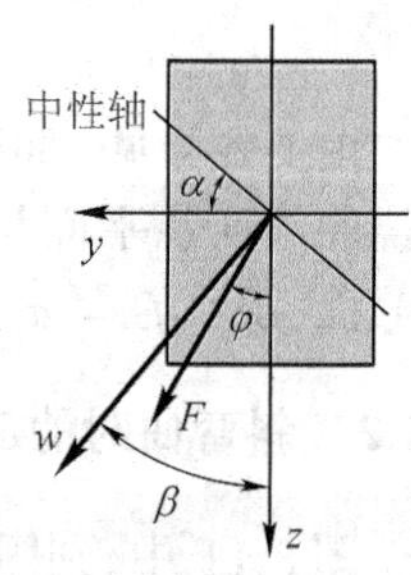

图 8.15

$$\tan\alpha = \left|\frac{z_0}{y_0}\right| = \frac{I_y}{I_z}\tan\varphi \tag{e}$$

比较式(b)和式(e),发现

$$\tan\beta = \tan\alpha \quad 即 \quad \beta = \alpha$$

可见,总位移 w 与中性轴垂直。

例8.7 如图8.16所示矩形截面木檩条,$b = 110$ mm,$h = 160$ mm,$l = 4$ m,$q = 1.6$ kN/m。木材为杉木,弯曲许用应力$[\sigma] = 12$ MPa,弹性模量 $E = 9$ GPa,容许挠度$[w] = l/200$。试校核檩条的强度和刚度。

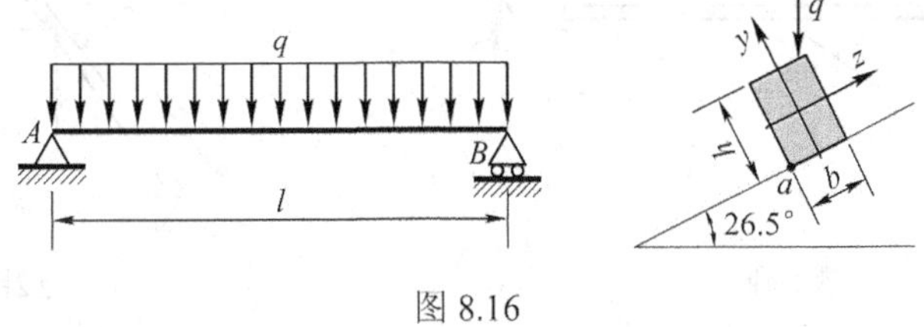

图 8.16

解: 截面惯性矩和抗弯截面系数分别为

$$I_z = \frac{bh^3}{12} = 3.755 \times 10^{-5}\ \text{m}^4,\quad W_z = \frac{bh^2}{6} = 4.693 \times 10^{-4}\ \text{m}^3$$

$$I_y = \frac{hb^3}{12} = 1.755 \times 10^{-5}\ \text{m}^4,\quad W_y = \frac{hb^2}{6} = 3.227 \times 10^{-4}\ \text{m}^3$$

最大弯矩发生在跨中,其值为

$$M_{\max} = \frac{ql^2}{8} = \frac{(1.6\ \text{kN/m}) \times (4\ \text{m})^2}{8} = 3.2\ \text{kN}\cdot\text{m}$$

$$M_z = M_{\max}\cdot\cos 26.5° = 2.864\ \text{kN}\cdot\text{m}$$

$$M_y = M_{\max}\cdot\sin 26.5° = 1.428\ \text{kN}\cdot\text{m}$$

危险点在梁跨中横截面的点 a 处,此处应力

$$\sigma_{\max} = \frac{M_z}{W_z} + \frac{M_y}{W_y} = \frac{2.864 \times 10^3\ \text{N}\cdot\text{m}}{4.693 \times 10^{-4}\ \text{m}^3} + \frac{1.428 \times 10^3\ \text{N}\cdot\text{m}}{3.227 \times 10^{-4}\ \text{m}^3} = 10.5\ \text{MPa} < [\sigma]$$

可见,该檩条满足强度条件。

最大挠度发生在梁跨中

$$w_z = \frac{5q\sin 26.5° l^4}{384EI_y} = \frac{5 \times (1.6 \times 10^3\ \text{N/m}) \times \sin 26.5° \times (4\ \text{m})^4}{384 \times (9 \times 10^9\ \text{N/m}^2) \times (1.755 \times 10^{-5}\ \text{m}^4)} = 15.07\ \text{mm}$$

$$w_y = \frac{5q\cos 26.5° l^4}{384EI_z} = \frac{5 \times (1.6 \times 10^3\ \text{N/m}) \times \cos 26.5° \times (4\ \text{m})^4}{384 \times (9 \times 10^9\ \text{N/m}^2) \times (3.755 \times 10^{-5}\ \text{m}^4)} = 14.12\ \text{mm}$$

$$w_{\max} = \sqrt{w_y^2 + w_z^2} = \sqrt{(14.12\ \text{mm})^2 + (15.07\ \text{mm})^2} = 20.7\ \text{mm}$$

容许挠度为

$$[w] = \frac{l}{200} = \frac{4\ \text{m}}{200} = 20\ \text{mm}$$

最大挠度 $w_{\max}$ 已超过容许挠度$[w]$,但未超过5%,可认为仍然满足刚度条件。

习　题

1. 图示结构，横梁 AB 为 18 号工字钢，已知 $F=30$ kN。试求横梁横截面上的最大正应力。

2. 图示结构，斜杆 AB 的横截面为 100×100 mm^2 的正方形，$F=3$ kN。试求杆的最大拉应力和最大压应力。

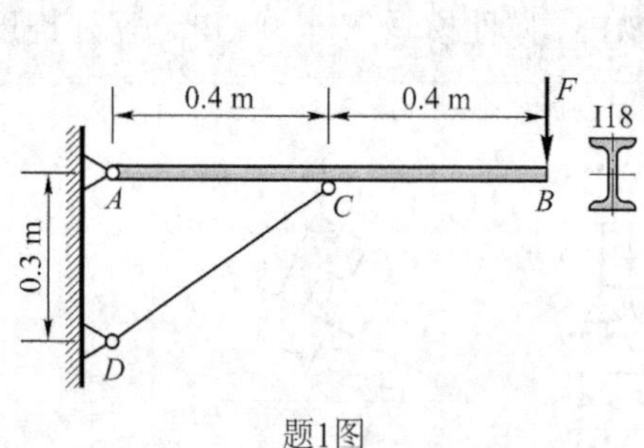

题1图

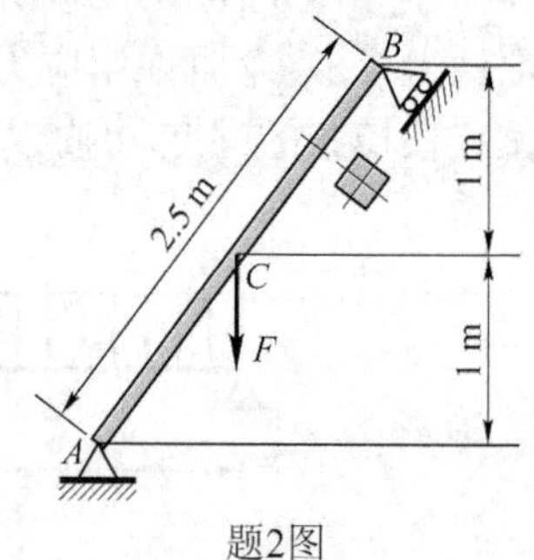

题2图

3. 图示杆，左端固定，在右端截面形心处作用拉力 F，杆的中间部位被挖去一半。试求下列两种情况下截面 m—m 上的最大拉应力和最大压应力：

（1）杆横截面为图(a) 所示边长为 a 的正方形；

（2）杆横截面为图(b) 所示直径为 a 的圆形。

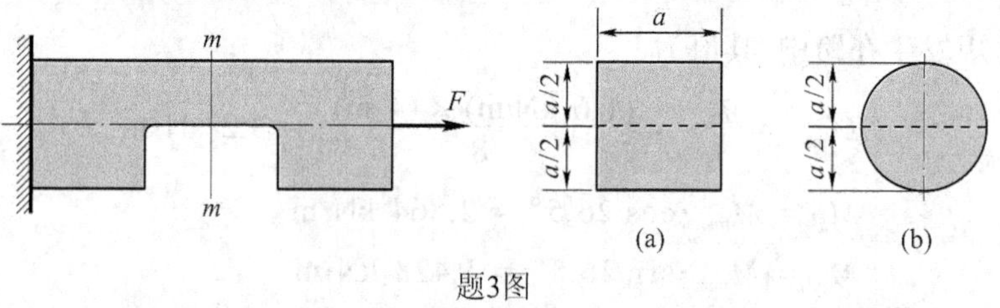

题3图

4. 图示链条中的一环，受到拉力 $F=10$ kN 的作用。已知链环的横截面为直径 $d=50$ mm 的圆形，材料的许用应力 $[\sigma]=80$ MPa。试校核链条的强度。

5. 图示受拉构件，截面为 40 mm × 5 mm 的矩形，通过轴线的拉力 $F=12$ kN。现拉杆开有切口，如不计应力集中影响，当材料的 $[\sigma]=100$ MPa 时，试确定切口容许最大深度 a，并绘出切口截面的应力变化图。

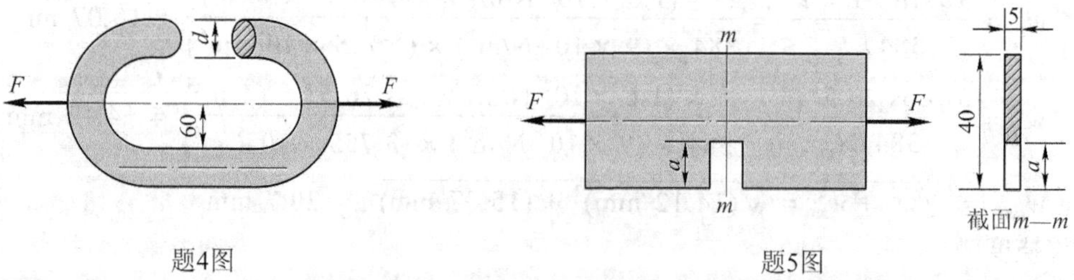

题4图　　　　题5图

6. 一圆截面直杆受偏心拉力作用，其偏心距 $e=20$ mm，杆的直径 $d=70$ mm，许用应力 $[\sigma]=120$ MPa。试求此杆容许承受的最大拉力值。

7. 图示铝制路灯柱，重 $P_1 = 2\ 300$ N，灯臂和灯共计重 $P_2 = 330$ N，柱的外径 $D = 225$ mm，壁厚 $\delta = 18$ mm。试求灯柱中的最大拉应力和最大压应力。

8. 图示矩形截面杆，右侧表面受均布载荷作用，载荷集度为 q（单位长度杆所受力），材料的弹性模量为 E。试求最大拉应力及左侧表面 AB 长度的改变量。

9. 厂房的边柱，受屋顶传来的载荷 $F_1 = 120$ kN 及吊车传来的载荷 $F_2 = 100$ kN 作用，柱的自重 $P = 77$ kN，底截面如图所示。试求：

（1）底截面上的正应力分布图；

（2）若在柱的左侧又有墙壁传来的向右风力 $q = 1$ kN/m，求底截面上的正应力分布图。

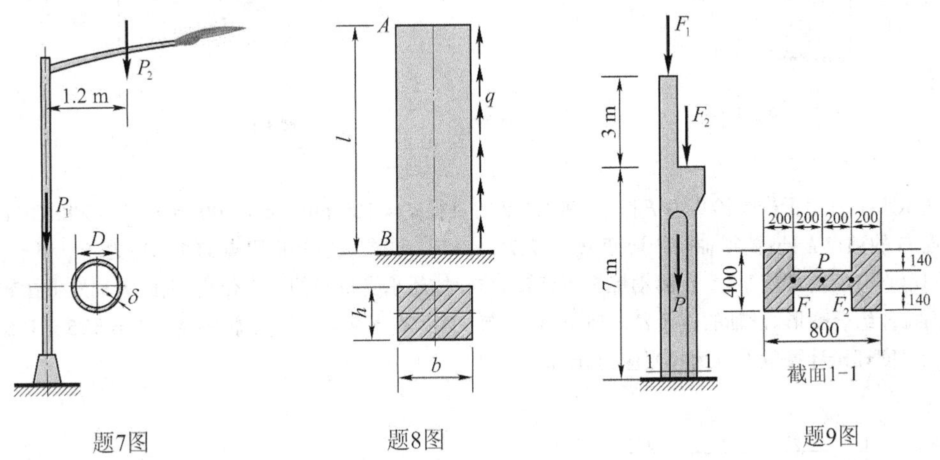

题7图　　题8图　　题9图

10. 图示混凝土坝，坝高 $l = 2$ m，在混凝土坝的右侧整个面积上作用着静水压力，水的质量密度 $\rho_1 = 10^3$ kg/m^3，混凝土的质量密度 $\rho_2 = 2.2 \times 10^3$ kg/m^3。试求坝中不出现拉应力时的宽度 b（设坝厚 1m）。

11. 手摇绞车如图所示，$l = 800$ mm，轴的直径 $d = 30$ mm，材料的许用应力 $[\sigma] = 80$ MPa。试按第三及第四强度理论求绞车的最大起吊重 P。

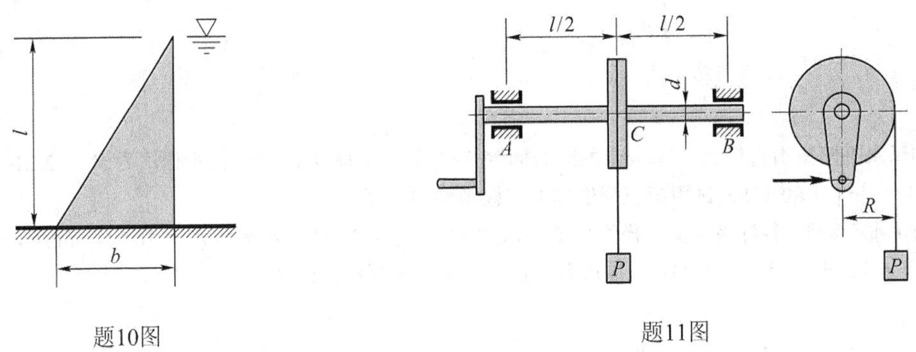

题10图　　题11图

12. 图示一标志牌，支在外径为 50 mm、内径为 40 mm、高度为 3 m 的圆管上。若标志牌的尺寸为 1 m×1 m，作用在标志牌上的风压力的压强为 400 Pa。试求由于风压作用使管底截面在点 A 处产生的主应力和在点 B、C 处产生的切应力。

13. 图示齿轮传动轴，齿轮 1 与 2 的节圆直径分别为 $d_1 = 50$ mm、$d_2 = 130$ mm。在齿轮 1 上，作用有切向力 $F_y = 3.83$ kN，径向力 $F_z = 1.393$ kN。在齿轮 2 上，作用有切向力 $F_y' = 1.473$ kN，径向力 $F_z' = 0.536$ kN。轴的材料为 45 号钢，许用应力 $[\sigma] = 180$ MPa，直径 $d = 22$ mm。试按第三强度理论校核轴的强度。

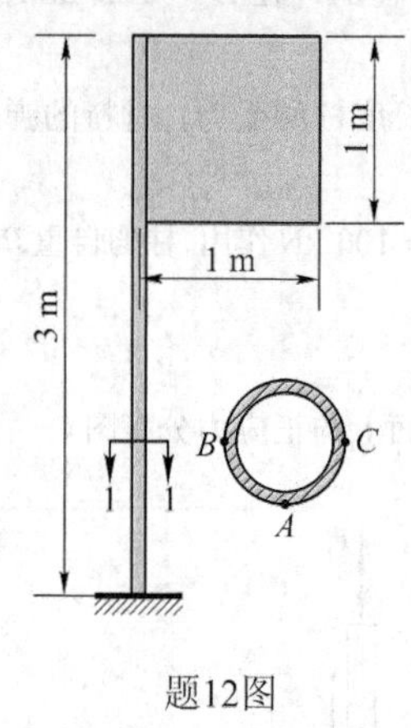

题12图

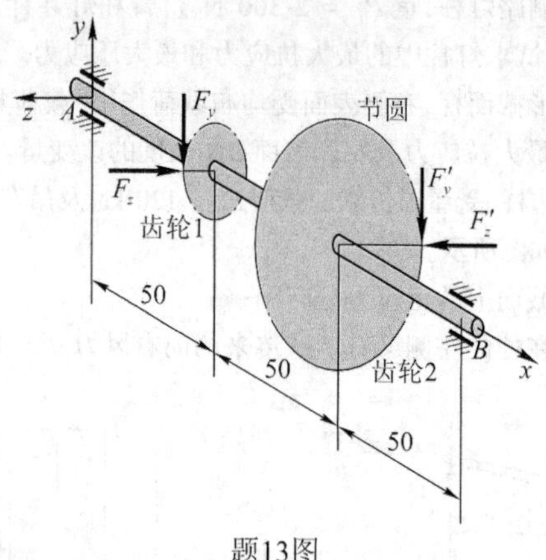

题13图

14. 图示水平直角折杆受铅直力F作用。圆轴AB的直径d = 100 mm，a = 400 mm，E = 200 GPa。在截面D的顶点k处，测得轴向线应变$\varepsilon_0 = 2.75\times10^{-4}$。试求该折杆危险点的相当应力$\sigma_{r3}$和$\sigma_{r4}$。

15. 图示直升机的螺旋桨轴，在驱动螺旋桨旋转的同时，还承受机身的重力作用，因此该轴发生扭转和轴向拉伸组合变形。设轴的直径d = 55 mm，扭转力矩M_e = 2.4 kN·m，轴向拉力F = 125 kN。试按第三强度理论计算危险点的相当应力σ_{r3}。

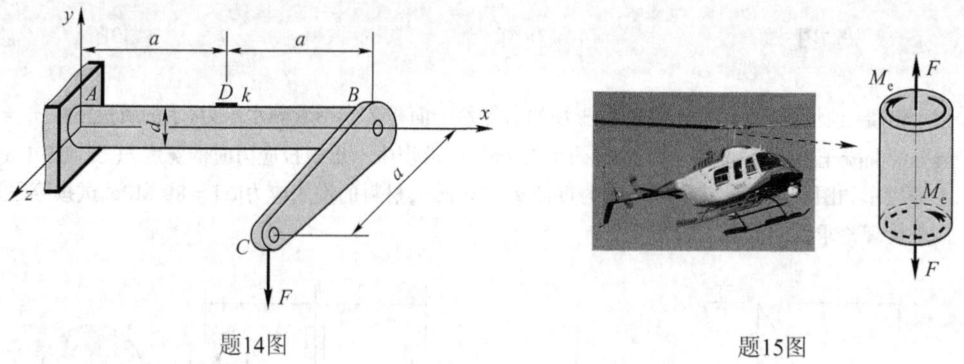

题14图　　题15图

16. 图示水平刚架由直径d = 80 mm的圆截面钢杆组成，AB垂直于CD，铅垂作用力F_1 = 2 kN，F_2 = 4 kN，$[\sigma]$ = 80 MPa。试用第三强度理论校核刚架的强度。

17. 图示水平刚架，各杆横截面直径均为d，承受铅直力F_y = 20 kN，水平力F_z = 10 kN，铅直均布载荷q = 5 kN/m，$[\sigma]$ = 160 MPa。试用第三强度理论选择圆杆直径d。

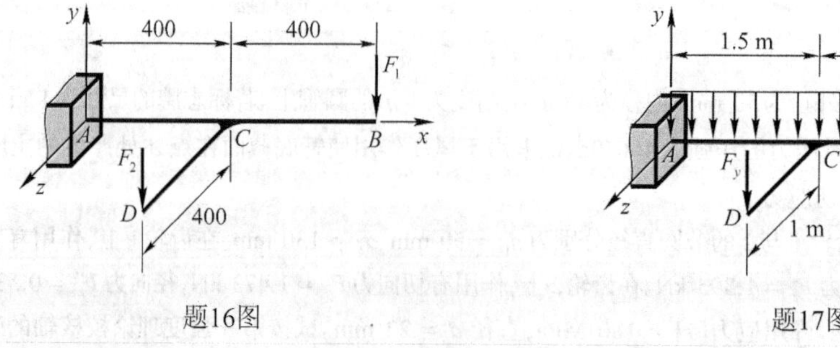

题16图　　题17图

18. 圆截面水平直角折杆，横截面直径为 d，在 B 处受铅直力 F 作用，材料的弹性模量为 E，切变模量为 G。求支座 C 的约束力。

19. 图示矩形截面悬臂梁 $l = 2$ m，$h = 2b$，自由端面内承受力 $F = 240$ N，$[\sigma] = 10$ MPa。试选择截面尺寸 b 和 h。

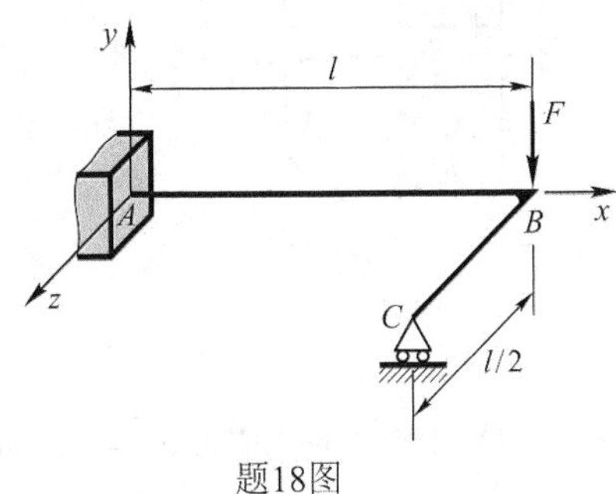

题18图

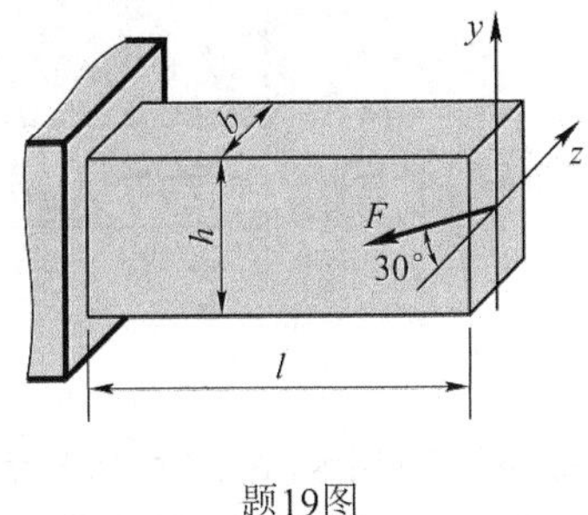

题19图

20. 图示矩形截面简支木梁，跨度 $l = 3$ m，在梁的跨中 C 受集中力 $F = 10$ kN 作用，F 与 y 轴的夹角 $\varphi = 15°$，如图所示。设木材的弹性模量 $E = 10$ GPa，试求：

(1) 中性轴的位置；

(2) 梁的最大正应力；

(3) 梁跨中点的总挠度。

21. 图示简支梁，选用了25a号工字钢，跨度 $l = 4$ m。已知：作用在跨中的集中载荷 $F = 5$ kN，力 F 的作用线与对称轴 y 的夹角 $\varphi = 30°$，钢材的弹性模量 $E = 210$ GPa，许用应力 $[\sigma] = 160$ MPa，梁的容许挠度 $[w] = l/500$。试对此梁进行强度校核和刚度校核。

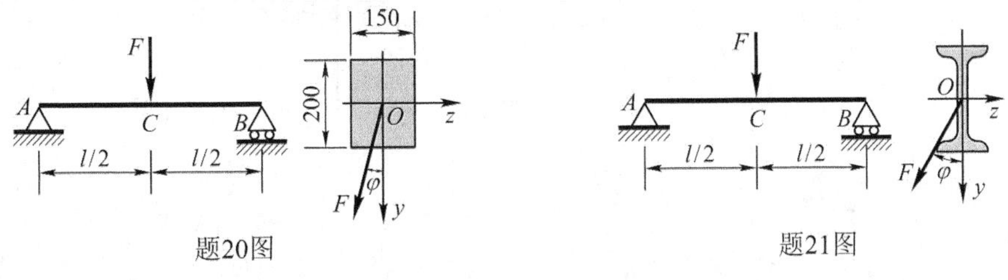

题20图　　题21图

22. 图示矩形截面水平悬臂木梁 $h = 2b$，承受水平力 $F_1 = 800$ N，垂直力 $F_2 = 1\,600$ N。若木材的许用应力 $[\sigma] = 10$ MPa，试确定截面尺寸 b 与 h。

23. 图示圆截面悬臂梁承受水平力 F 与铅垂力 $2F$ 作用，圆形截面的直径为 d。试求梁的最大正应力。

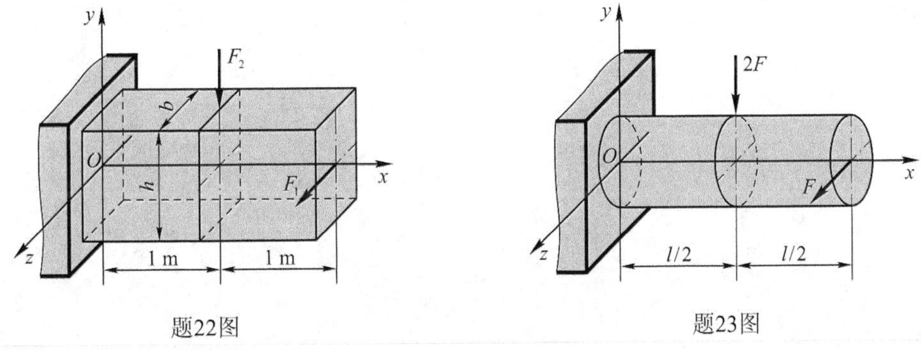

题22图　　题23图

24. 试证明：对于矩形截面梁，当集中载荷 F 沿矩形截面的一对角线作用时，其中性轴将与另一对角线重合。

25. 求图示悬臂梁中性轴到形心距离 s 随 x 变化的规律。

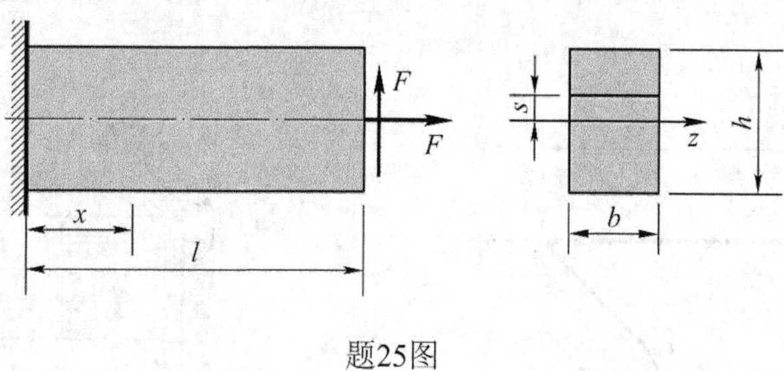

题25图

26. 传动轴受力如图示，F_1、F_2 分别平行于 y、z 轴。若图中 $F_1 = 2$ kN，材料的许用应力$[\sigma] = 120$ MPa，试根据第三强度理论设计该轴的直径 d。

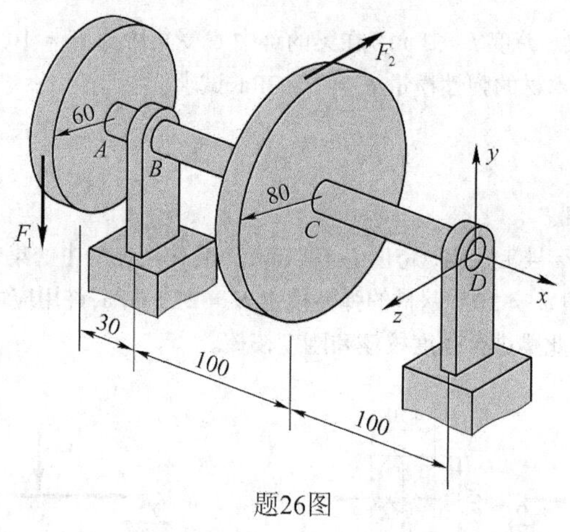

题26图

课件

9 压杆稳定

9.1 压杆稳定的概念

构件的承载能力包括强度、刚度和稳定性。前面各章详细地讨论了构件的强度和刚度问题，本章讨论受压杆件的稳定性问题。

在外力作用下，处于变形状态的构件保持原有平衡状态的能力，就是构件的稳定性。在前面各章讨论构件的强度和刚度问题时，都假定构件的变形状态有足够的稳定性，即构件从受力直到破坏，都不会因为外界的干扰而改变原有的变形状态。

如图9.1(a)所示刚性直杆，下端销钉连接，上端受一轴向拉力F。若杆因微小的水平干扰力而偏离铅垂位置[图9.1(b)]，干扰力解除后，拉力F会促使杆恢复到原先的平衡位置。这表明此平衡是稳定的。

然而，在图9.2(a)中，相同的杆受一轴向压力F，当杆稍微偏离铅垂位置[图9.2(b)]，就会加速偏离，不能恢复到原先的平衡状态，这是不稳定平衡。

另一更复杂的情况如图9.3(a)所示，杆因有水平弹簧而在铅垂位置保持平衡。杆因微小水平干扰力而偏离铅垂位置[图9.3(b)]，杆上端在水平方向移动x时，就产生一个倾覆力矩Fx和一个恢复力矩$2kxl$，其中k是弹簧刚度系数。因而有下面的分析式：

$$Fx < 2kxl \qquad \text{稳定平衡}$$
$$Fx > 2kxl \qquad \text{不稳定平衡}$$

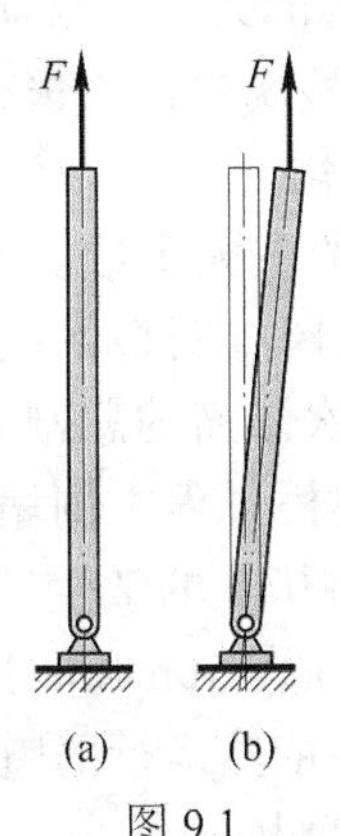

图9.1

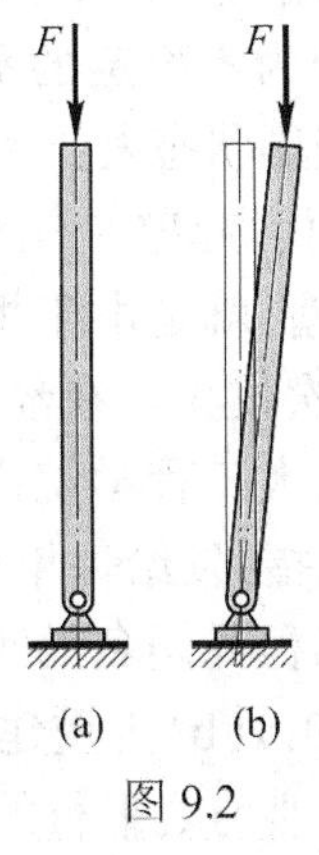

图9.2

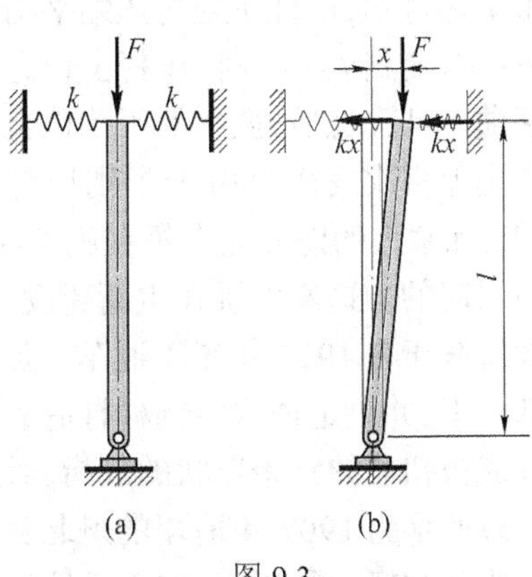

图9.3

临界条件是

$$F_{cr}x = 2kxl$$

或

$$F_{cr} = 2kl$$

式中,F_{cr}称为临界载荷或屈曲载荷。此时是稳定平衡和不稳定平衡之间的临界状态。

如图 9.4(a)所示两端铰支的细长杆,在轴向压力作用下处于平衡。当轴向压力 F 的大小不超过某个数值 F_{cr}时,在微小的侧向干扰力作用下,压杆会发生微小的弯曲变形。当干扰力解除后,压杆将恢复到原有的直线平衡状态,说明压杆稍偏离原有的平衡位置时,总有恢复到原来平衡位置的趋势,称压杆原有压缩变形平衡状态是稳定平衡。当压杆所受的轴向压力 F 大于 F_{cr}时[图 9.4(b)],在微小侧向干扰力作用下,使压杆发生弯曲变形。当干扰力去掉后,压杆再也不会恢复到原有的压缩平衡状态,而处于压弯平衡,则称压杆原有的压缩平衡是不稳定平衡。如果压杆所受的轴向压力 F 正好等于 F_{cr}[图 9.4(c)],压杆由原来的稳定压缩平衡开始趋向于不稳定的压缩平衡,它处于微弯的压弯平衡状态。这种情况,称压杆原来的压缩平衡状态是临界状态。临界状态下,压杆所受轴向压力的数值称为**临界压力**。

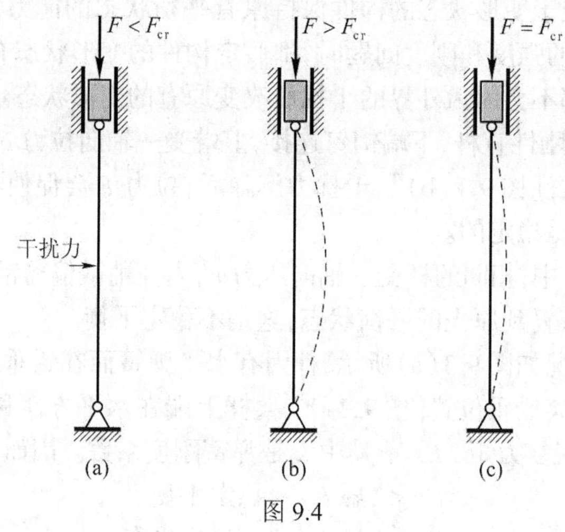

图 9.4

由上述可知,压杆所处的压缩平衡状态是否稳定,取决于轴向压力的大小。当轴向压力由 $F < F_{cr}$变到 $F \geq F_{cr}$时,压杆由稳定的平衡变为不稳定的平衡,这种现象称为**失稳**,也称为**屈曲**。杆失稳后,微小的干扰也会使它的变形状态发生本质的变化。

历史上多次发生过由于个别压杆的失稳而引起整个结构破坏的重大事故。例如,1907 年,加拿大的魁北克大桥在施工时突然倒塌,就是由于桥南端锚跨处两根下弦杆被压弯而引起的。这座大桥在重新建设中悲剧再次发生。在经历了两次惨痛的悲剧后,魁北克大桥终于在 1917 年竣工通车。加拿大的七大工程学院出资将建桥过程中倒塌的残骸全部买下,并决定把这些钢材打造成一枚枚戒指,发给每年从工程系毕业的学生。这枚被设计成被扭曲的钢条形状的戒指,后来成为工程界闻名的工程师之戒(Iron Ring)。如图9.5(a)所示为 1907 年坍塌的魁北克大桥,图 9.5(b)为重建后、现在依然运行的魁北克大桥。为了减轻运行压力,在不远处又修建了一座与之平行的悬索公路桥。

(a) (b)

图 9.5

工程中的受压杆件很多,如图9.6(a)所示汽车起重机的压杆,图9.6(b)自卸汽车(又称翻斗车)中的活塞杆,还有千斤顶的丝杠,内燃机活塞杆,矿井的液压支柱等。这些杆件在设计时必须考虑其稳定性问题。细长杆件在失稳时,杆内的应力有时低于材料的比例极限,且失稳前没有明显的变形现象,因此它比强度失效具有更大的破坏性。

(a)

(b)

图 9.6

除了压杆外,其他一些构件也存在稳定失效问题。如图9.7(a)所示狭长矩形截面的悬臂梁,自由端的集中力 F 增大到临界值后,由于外界的干扰,梁会发生侧向弯曲。图9.7(b)中薄壁圆筒在轴向均布压力达到临界值时,会因失稳而形成波纹状。图9.7(c)中扁球壳在均布压力达到临界值时,球顶会发生“跳跃”。这些都是稳定性问题,本章仅讨论压杆的稳定性问题。

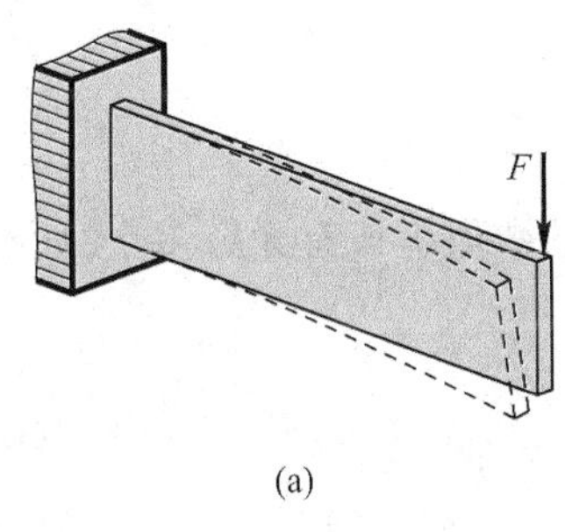

(a)

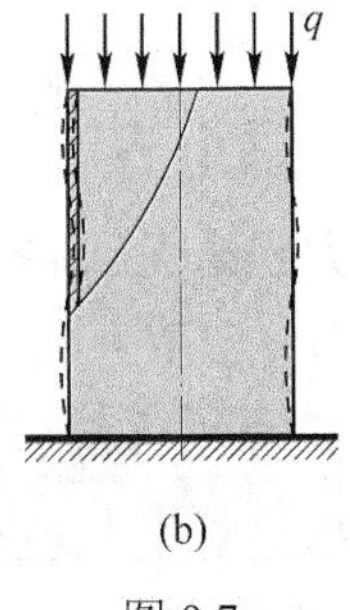

(b)

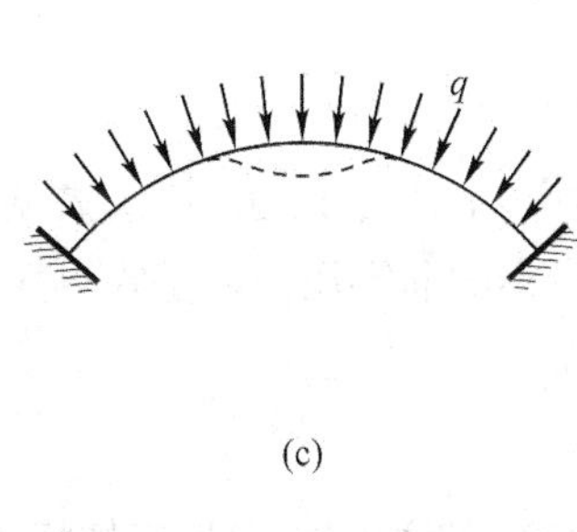

(c)

图 9.7

9.2 两端铰支细长压杆的临界压力

如图9.8(a)所示细长压杆的两端为球铰支座,轴线为直线,压力 F 与轴线重合。当压力增加到临界压力时,压杆将在微弯状态下保持平衡。选取坐标系如图9.8所示,距原点为 x 的任意截面的挠度为 w,该截面的弯矩为

$$M = -Fw \tag{a}$$

由于压杆处于微弯状态,可将上式代入梁的挠曲线近似微分方程(6.2),得

$$\frac{d^2w}{dx^2} = -\frac{Fw}{EI} \tag{b}$$

令

$$k^2 = \frac{F}{EI} \tag{c}$$

则式(b)可写成

$$\frac{d^2w}{dx^2} + k^2w = 0$$

上式为二阶常系数齐次微分方程,它的通解为

$$w = C_1\sin kx + C_2\cos kx \tag{d}$$

式中,C_1、C_2 为积分常数。

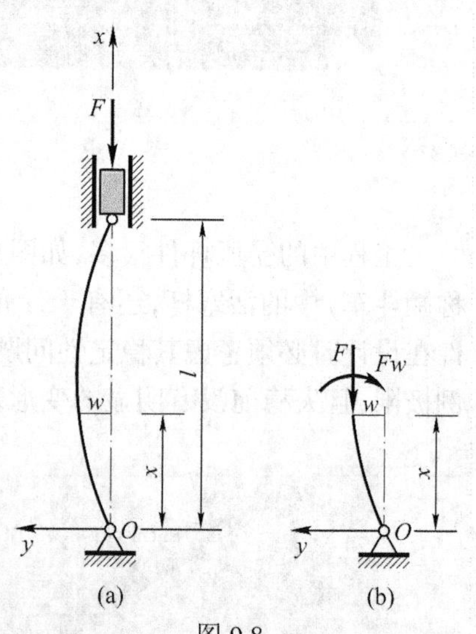

图9.8

压杆的边界条件为:$x=0$ 和 $x=l$ 时,$w=0$。代入式(d),得

$$C_2 = 0,\quad C_1\sin kl = 0$$

上行第二式表明,C_1 或 $\sin kl$ 等于零,但因 C_2 已等于零,如果 C_1 再等于零,则由式(d)知 $w=0$,这表示压杆没有弯曲变形,显然与假设的前提不符。因此只能是

$$\sin kl = 0$$

于是

$$kl = n\pi \quad 即 \quad k = \frac{n\pi}{l} \quad (n = 0,1,2,\cdots) \tag{e}$$

把上式与式(c)相比较,可得到

$$\frac{F}{EI} = \frac{n^2\pi^2}{l^2}$$

从而有

$$F = \frac{n^2\pi^2EI}{l^2}$$

上式中,$n=0, 1, 2, \cdots$。若从求解方程来看,临界压力的数值应该有无穷多个,而实际上,最小的非零压力才是临界压力。因此应取 $n=1$,即

$$F_{cr} = \frac{\pi^2EI}{l^2} \tag{9.1}$$

上式就是两端铰支细长压杆临界压力的计算公式,也称为两端铰支细长压杆的**欧拉公式**。

公式(9.1)中的I应取横截面的最小惯性矩，这是由于杆两端是球铰，允许杆件在任意纵向平面内发生弯曲变形，因此杆失稳时一定是绕惯性矩最小的轴发生弯曲变形。

由于$n=1$，代入式(e)得$k=\frac{\pi}{l}$，可知压杆微弯时的挠曲线方程为

$$w = C_1 \sin\frac{\pi x}{l} \tag{f}$$

上式表示压杆在临界压力作用下处于微弯状态时，其挠曲线为半波正弦曲线。

例 9.1 如图 9.9 所示为一根矩形截面细长压杆，$b=30$ mm，$h=40$ mm，$l=1.5$ m，材料为 Q235 钢，$E=206$ GPa，两端简化为铰支座。试按欧拉公式计算其临界压力。

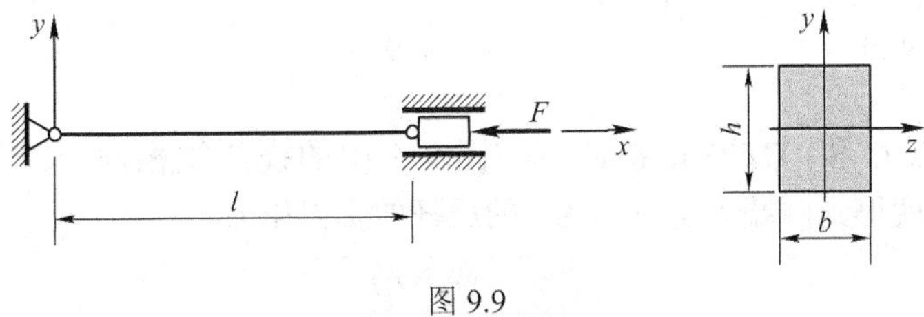

图 9.9

解： 压杆两端铰支，且$I_y<I_z$，因此该杆一定是在xz平面内绕y轴弯曲而失稳。

$$I_y=\frac{hb^3}{12}=\frac{40\times30^3}{12}\ \text{mm}^4=9\times10^4\ \text{mm}^4$$

该杆的临界压力

$$F_{cr}=\frac{\pi^2EI_y}{l^2}=\frac{\pi^2\times(206\times10^9\ \text{Pa})\times(9\times10^{-8}\ \text{m}^4)}{(1.5\ \text{m})^2}=81.3\ \text{kN}$$

9.3 其他杆端约束条件下细长压杆的临界压力

对于如图 9.10(a)所示一端固定、另一端自由且长为l的压杆，可以用与上节相同的方法导出其临界压力计算公式，但也可用比较简单的类比方法求出。设杆件以微弯形式保持平衡[图 9.10(b)]。现把挠曲线上下镜像，使其对称于固定端A，如图中虚线所示。图 9.10(b)中的挠曲线BC与图 9.8 中的挠曲线相同。因此，用$2l$替换式(9.1)中的l，就得到一端固定、另一端自由且长为l的压杆的临界压力

$$F_{cr}=\frac{\pi^2EI}{(2l)^2} \tag{9.2}$$

对于一端固定、另一端铰支且长为l的压杆，临界状态下挠曲线如图 9.11 所示，挠曲线上有一拐点C，BC段挠曲线与图 9.5 中的挠曲线相同。因此，用$0.7l$替换式(9.1)中的l，就得到一端固定、另一端铰支且长为l的压杆的临界压力

$$F_{cr}=\frac{\pi^2EI}{(0.7l)^2} \tag{9.3}$$

对于两端都是固定端约束且长为l的压杆，临界状态下挠曲线如图 9.12 所示，挠曲

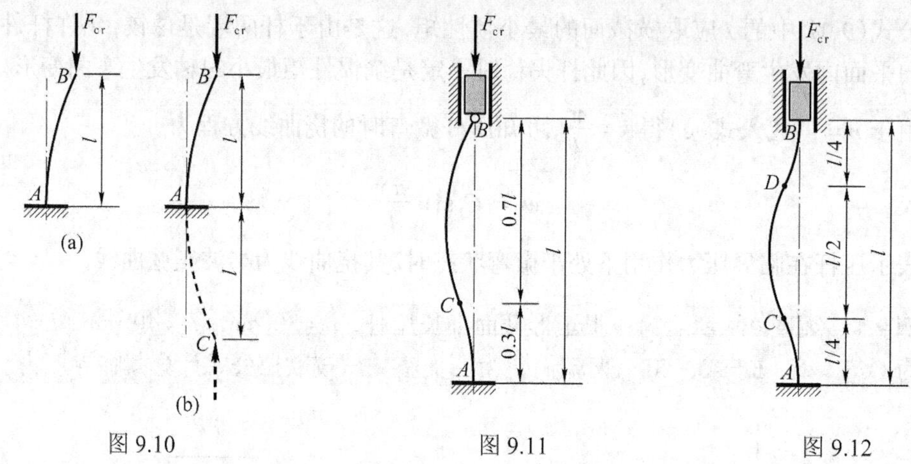

图 9.10　　图 9.11　　图 9.12

线上有两个拐点 C 和 D，CD 段挠曲线与图 9.5 中的挠曲线相同。因此，用 $0.5l$ 替换式(9.1)中的 l，就得到两端固定且长为 l 的压杆的临界压力

$$F_{cr}=\frac{\pi^2 EI}{(0.5l)^2} \tag{9.4}$$

式(9.1)~式(9.4)可以写成统一的形式

$$F_{cr}=\frac{\pi^2 EI}{(\mu l)^2} \tag{9.5}$$

这是欧拉公式的普遍形式。式中 μl 表示把压杆折算成两端铰支杆的长度，称为**相当长度**。μ 称为**长度因数**，它反映了杆端约束对临界压力的影响。常见的四种压杆的欧拉公式及长度因数列于表 9.1 中。

表 9.1　四种常见压杆的欧拉公式及长度因数

支承情况	两端铰支	一端固定，另一端自由	一端固定，另一端铰支	两端固定
简图				
欧拉公式	$F_{cr}=\frac{\pi^2 EI}{l^2}$	$F_{cr}=\frac{\pi^2 EI}{(2l)^2}$	$F_{cr}=\frac{\pi^2 EI}{(0.7l)^2}$	$F_{cr}=\frac{\pi^2 EI}{(0.5l)^2}$
长度因数	$\mu=1$	$\mu=2$	$\mu=0.7$	$\mu=0.5$

例 9.2 某结构失稳时，挠曲线如图 9.13 所示，即上端可水平移动但不能转动，下端固定。试推导计算其临界压力的欧拉公式。

解：可用比较简单的类比方法求出。将挠曲线上下镜像，使其对称于固定端 A。镜像后的挠曲线与两端固定且长为 l 的压杆的挠曲线（图 9.12）一样。因此，用 $2l$ 替换式（9.4）中的 l，就得到如图9.13所示压杆的临界压力

$$F_{cr} = \frac{\pi^2 EI}{l^2}$$

亦可将如图 9.13 所示压杆的挠曲线与图 9.8 中两端铰支压杆的挠曲线进行类比：图 9.13 中挠曲线的拐点显然位于挠曲线正中间。图 9.13 中挠曲线的下半截与图 9.8 中挠曲线的上半截一样。同样可得到上式。

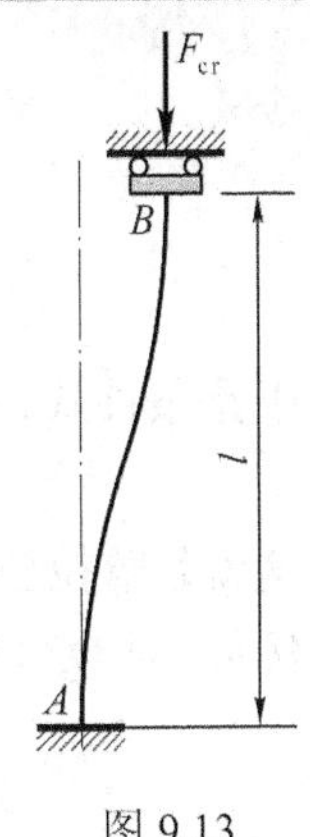

图 9.13

9.4 欧拉公式的适用范围 经验公式

上节已经导出了计算临界压力的欧拉公式（9.5），将 F_{cr}除以压杆的横截面面积 A，可得与临界压力对应的应力，即临界应力

$$\sigma_{cr} = \frac{F_{cr}}{A} = \frac{\pi^2 EI}{(\mu l)^2 A} \tag{a}$$

根据附录 A 中的式（A.8），上式中的横截面惯性矩 I 可表示为

$$I = i^2 A$$

式中，i 为截面的惯性半径，则式（a）可写成

$$\sigma_{cr} = \frac{\pi^2 E \cdot i^2 A}{(\mu l)^2 A} = \frac{\pi^2 E}{\left(\frac{\mu l}{i}\right)^2} \tag{b}$$

引用记号

$$\lambda = \frac{\mu l}{i} \tag{9.6}$$

于是，式（b）可写成

$$\sigma_{cr} = \frac{\pi^2 E}{\lambda^2} \tag{9.7}$$

上式是计算临界应力的欧拉公式。式中，λ 为量纲一的量，称为压杆的**长细比**或**柔度**，它集中反映了压杆的长度、杆端约束条件、截面尺寸和形状等因素对临界应力的影响。

推导欧拉公式时，使用了梁的挠曲线近似微分方程$\frac{d^2 w}{dx^2} = \frac{M}{EI}$，而推导该方程时又应用了胡克定律。因此，只有在满足胡克定律，亦即临界应力小于比例极限时，才能应用欧拉公式计算压杆的临界压力或临界应力，即

$$\sigma_{cr} = \frac{\pi^2 E}{\lambda^2} \leqslant \sigma_p$$

或写成

$$\lambda \geqslant \sqrt{\frac{\pi^2 E}{\sigma_p}} \tag{c}$$

令

$$\lambda_p = \sqrt{\frac{\pi^2 E}{\sigma_p}} \tag{9.8}$$

于是条件式(c)可表示为

$$\lambda \geqslant \lambda_p \tag{9.9}$$

这就是欧拉公式(9.5)或式(9.7)的适用范围。满足式(9.9)的杆称为**细长杆**或**大柔度杆**。例如,对Q2353钢，取$E = 206$ GPa，$\sigma_p = 200$ MPa，则

$$\lambda_p = \sqrt{\frac{\pi^2 \times 206 \times 10^9 \text{ Pa}}{200 \times 10^6 \text{ Pa}}} \approx 100$$

所以,只有压杆的柔度$\lambda \geqslant 100$时,才能应用欧拉公式计算其临界压力。

当压杆的柔度$\lambda < \lambda_p$时,欧拉公式已不适用。在工程上,一般采用根据试验得出的比较简单的经验公式。在我国的设计手册和规范中给出的是直线公式和抛物线公式。

直线公式的表达式为

$$\sigma_{cr} = a - b\lambda \tag{9.10}$$

式中,λ是压杆的实际柔度,a和b是与材料性质有关的系数,其量纲和应力的量纲相同,一些常见材料的a和b的值列于表9.2中。

表9.2 直线公式的系数 a 和 b

材料	a/MPa	b/MPa
Q235钢 ($\sigma_b \geqslant 372$ MPa, $\sigma_s = 235$ MPa)	304	1.12
优质碳钢 ($\sigma_b \geqslant 471$ MPa, $\sigma_s = 306$ MPa)	461	2.568
硅钢 ($\sigma_b \geqslant 510$ MPa, $\sigma_s = 353$ MPa)	578	3.744
铬钼钢	980.7	5.296
铸铁	332.2	1.454
强铝	373	2.15
松木	28.7	0.19

对于塑性材料,按式(9.10)算出的应力最高只能等于σ_s,否则材料已经屈服,成了强度问题,即要求

$$\sigma_{cr} = a - b\lambda \leqslant \sigma_s$$

或写成

$$\lambda \geqslant \frac{a - \sigma_s}{b}$$

令

$$\lambda_s = \frac{a - \sigma_s}{b} \tag{9.11}$$

可见,经验公式的适用范围为

$$\lambda_s \leqslant \lambda < \lambda_p \tag{9.12}$$

满足上式的压杆称为**中长杆**,或**中柔度杆**。对Q235钢, $a = 304$ MPa, $b = 1.12$ MPa, $\sigma_s = 235$ MPa, 则 $\lambda_s = 61.6$。

对于 $\lambda < \lambda_s$ 的压杆, 称为**短粗杆**或**小柔度杆**,应按强度条件进行计算。

对于脆性材料, 只需将以上各式中的 σ_s 改为 σ_b 即可。

经验公式中,抛物线公式的表达式为

$$\sigma_{cr} = a_1 - b_1\lambda^2 \tag{9.13}$$

式中,a_1、b_1 也是与材料性质有关的系数,可在有关的设计手册和规范中查到。

综上所述, 可用如图9.14所示图形来表示临界应力σ_{cr}随压杆柔度λ的变化规律。λ_p 和 λ_s 将压杆按柔度 λ 的大小分成三类:大柔度杆、中柔度杆、小柔度杆。对于 $\lambda \geqslant \lambda_p$ 的大柔度杆,应使用欧拉公式计算临界应力;对于 $\lambda_s \leqslant \lambda < \lambda_p$ 的中柔度杆,应使用经验公式计算临界应力;对于 $\lambda < \lambda_s$ 的小柔度杆,应按强度条件进行计算。图 9.14 称为**临界应力总图**。

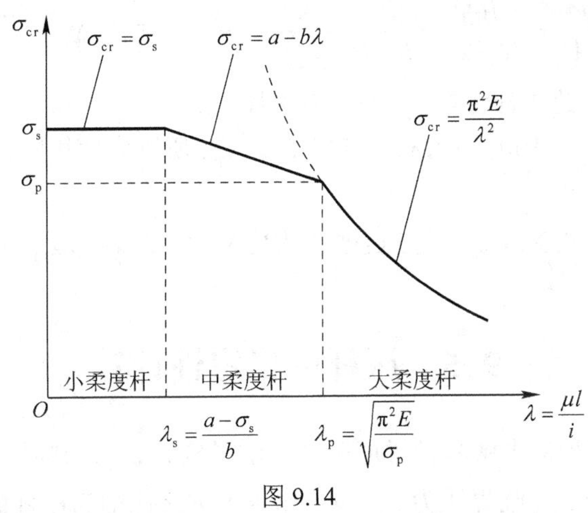

图 9.14

对于中柔度杆,应使用经验公式计算临界应力,如果误用欧拉公式计算临界应力,从临界应力总图9.14 可以看出,误算出的临界应力值比实际值要大,因此偏危险。同样,对于大柔度杆,应使用欧拉公式计算临界应力,如果误用经验公式计算临界应力,从临界应力总图9.14 可以看出,误算出的临界应力值比实际值还是大,同样是偏危险。因此,除非明确说明是细长杆或大柔度杆而可以直接使用欧拉公式,一般来说都要首先根据柔度大小来判断杆是大柔度、中柔度还是小柔度,然后选择对应的公式计算临界应力。

例9.3 截面为 $b \times h$ 的矩形压杆两端用柱形铰接。在 xy 平面内弯曲时,可视为两端铰支[图9.15(a)]; 在 xz 平面内弯曲时,可视为两端固定[图9.15(b)]。材料为Q235钢,弹性模量 $E = 206$ GPa。$b = 40$ mm, $h = 60$ mm, $l = 2$ m。试求此杆的临界载荷。

解: 在 xy 平面内弯曲时

$$i_z = \sqrt{\frac{I_z}{A}} = \sqrt{\frac{bh^3}{12} \times \frac{1}{bh}} = \frac{h}{\sqrt{12}}, \quad \mu = 1, \quad \lambda_z = \frac{\mu l}{i_z} = 115.5$$

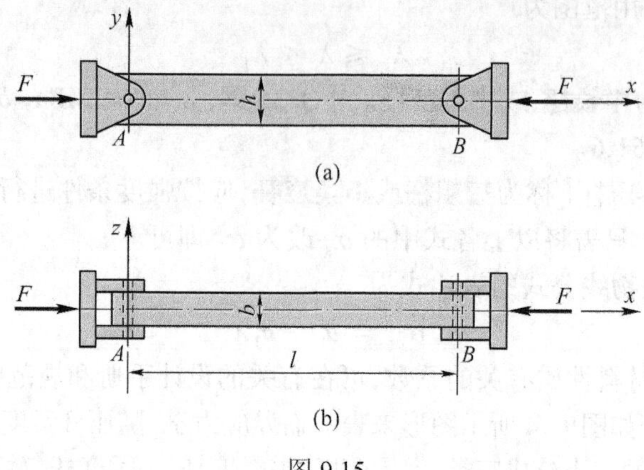

图 9.15

在 xz 平面内弯曲时

$$i_y = \sqrt{\frac{I_y}{A}} = \sqrt{\frac{hb^3}{12} \times \frac{1}{bh}} = \frac{b}{\sqrt{12}}, \quad \mu = 0.5, \quad \lambda_y = \frac{\mu l}{i_y} = 86.6$$

由于 $\lambda_z > \lambda_y$，因此压杆将在 xy 平面内失稳。

对于 Q235 钢，$\lambda_p = 100$。因为 $\lambda_z = 115.5 > \lambda_p$，所以应使用欧拉公式计算临界应力，临界载荷为

$$F_{cr} = \sigma_{cr} \cdot A = \frac{\pi^2 E}{\lambda_z^2} bh = \frac{\pi^2 \times (206 \times 10^3 \text{ MPa})}{115.5^2} \times (40 \times 60 \text{ mm}^2) = 366 \text{ kN}$$

9.5 压杆的稳定性计算

上一节中讨论了如何求解各种柔度压杆的临界应力 σ_{cr}，而临界应力 σ_{cr} 乘以横截面面积 A 便是临界压力 F_{cr}。临界压力 F_{cr} 与工作压力 F 之比即为压杆的工作安全因数 n，它应大于或等于规定的稳定安全因数 n_{st}，即

$$n = \frac{F_{cr}}{F} \geqslant n_{st} \tag{9.14}$$

上式就是压杆稳定条件，即稳定性设计准则。考虑到杆件的初始曲率、压力偏心、材料不均匀等不利因素，稳定安全因数一般要大于强度安全因数。可在有关设计手册或规范中查到稳定安全因数的数值。

例 9.4 如图 9.16(a) 所示托架，杆 AB 是圆管，外径 $D = 50$ mm，内径 $d = 40$ mm，两端为球铰，材料为 Q235 钢，弹性模量 $E = 206$ GPa，$\lambda_p = 100$，若稳定安全因数 $n_{st} = 3$。试确定托架的许可载荷 $[F]$。

解： 杆 AB 的惯性半径为

$$i = \sqrt{\frac{I}{A}} = \sqrt{\frac{\pi(D^4 - d^4)}{64} \times \frac{4}{\pi(D^2 - d^2)}} = \frac{\sqrt{D^2 + d^2}}{4} = 16 \text{ mm}$$

杆 AB 两端铰支，其柔度为

$$\lambda = \frac{\mu l}{i} = \frac{1 \times \frac{1.5\ \text{m}}{\cos 30^\circ}}{0.016\ \text{m}} = 108.3$$

而 Q235 钢的 $\lambda_p = 100$，可见 $\lambda > \lambda_p$，由欧拉公式可求得杆 AB 的临界压力

$$F_{cr} = \frac{\pi^2 E}{\lambda^2} \cdot A = \frac{\pi^2 \times (206 \times 10^3\ \text{N/mm}^2)}{108.3^2} \cdot \frac{\pi}{4}(50^2 - 40^2)\ \text{mm}^2 = 122.5\ \text{kN}$$

根据稳定性条件

$$n = \frac{F_{cr}}{F_N} \geqslant n_{st}$$

求得杆 CD 的压力

$$F_N \leqslant \frac{F_{cr}}{n_{st}} = \frac{122.5\ \text{kN}}{3} = 40.83\ \text{kN}$$

横梁 CD 受力如图 9.16(b)所示，由静力平衡条件 $\sum M_C = 0$ 得

$$(F_N \sin 30^\circ) \times (1.5\ \text{m}) - F \times (2\ \text{m}) = 0$$

由此求得

$$F = \frac{3}{8} F_N \leqslant \frac{3}{8} \times 40.83\ \text{kN} = 15.3\ \text{kN}$$

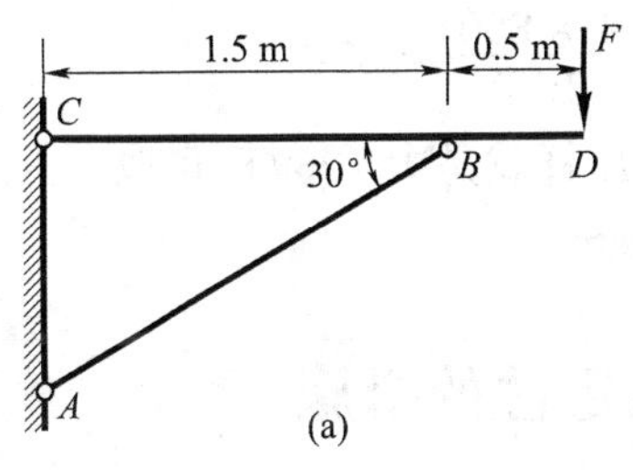

(a)

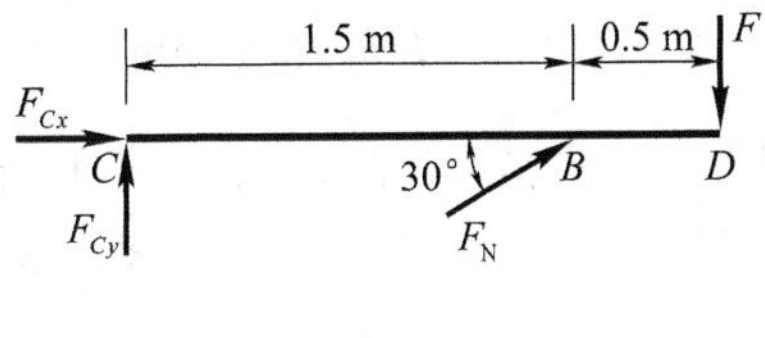

(b)

图 9.16

所以托架的许可载荷为

$$[F] = 15.3\ \text{kN}$$

例 9.5 两端铰支的圆截面压杆，杆长 $l = 800$ mm，所受压力 $F = 36$ kN，材料为 Q235 钢，$E = 206$ GPa，稳定安全因数 $n_{st} = 6$。试根据稳定性条件选择压杆直径。

解： 先假定压杆为大柔度杆，根据欧拉公式和稳定性条件，有

$$\frac{F_{cr}}{F} = \frac{\pi^2 EI}{l^2 \cdot F} \geqslant n_{st}$$

上式取等号，有

$$\frac{\pi^2 EI}{l^2 \cdot F} = n_{st}$$

圆截面惯性矩 $I = \frac{\pi d^4}{64}$，代入上式，可得到

$$d = \sqrt[4]{\frac{64 l^2 F n_{st}}{\pi^3 E}} = \sqrt[4]{\frac{64 \times (800\ \text{mm})^2 \times (36 \times 10^3\ \text{N}) \times 6}{\pi^3 \times 206 \times 10^3\ \text{N/mm}^2}} = 34.31\ \text{mm}$$

按上面求得的直径计算压杆的柔度

$$i = \sqrt{\frac{I}{A}} = \sqrt{\frac{\pi d^4}{64} \times \frac{4}{\pi d^2}} = \frac{d}{4}$$

$$\lambda = \frac{\mu l}{i} = \frac{4l}{d} = \frac{4 \times 800\ \text{mm}}{34.31\ \text{mm}} = 93.3$$

对 Q235 钢，$\lambda_p \approx 100$，可见 $\lambda < \lambda_p$，压杆不是大柔度杆。

再按中柔度杆计算，采用直线公式。对于 Q235 钢，$a = 304$ MPa，$b = 1.12$ MPa，由

$$\frac{F_{cr}}{F} = \frac{(a - b\lambda)A}{F} \geqslant n_{st}$$

上式取等号，有

$$\frac{(a - b\lambda)A}{F} = n_{st}$$

将 $\lambda = \dfrac{4l}{d}$，$A = \dfrac{\pi d^2}{4}$ 代入，可得到

$$\frac{\pi a}{4} d^2 - \pi b l d - n_{st} F = 0$$

求解上述方程，把数据代入，可求出

$$d = 36.5\ \text{mm} \quad , \quad \lambda = \frac{4 \times 800}{36.5} = 87.7$$

对 Q235 钢，$\lambda_s \approx 61.6$，可见 $\lambda_s < \lambda < \lambda_p$，说明压杆就是中柔度杆，可取

$$d = 36.5\ \text{mm}$$

9.6 提高压杆稳定性的措施

由前几节的讨论可知，影响压杆稳定的因素有：压杆截面的形状和尺寸、长度和约束条件、材料的性能等。因此，也应从这几个方面入手，讨论提高稳定性的措施。

1. 尽可能减小压杆杆长

由欧拉公式(9.5)可见，细长杆的临界压力与杆长平方成反比。因此，减小杆长可以显著提高压杆的承载能力。如图 9.17 所示两种桁架中的杆 1、2 均为压杆，但图 9.17(b)中压杆承载能力要远高于图 9.17(a)中的压杆。

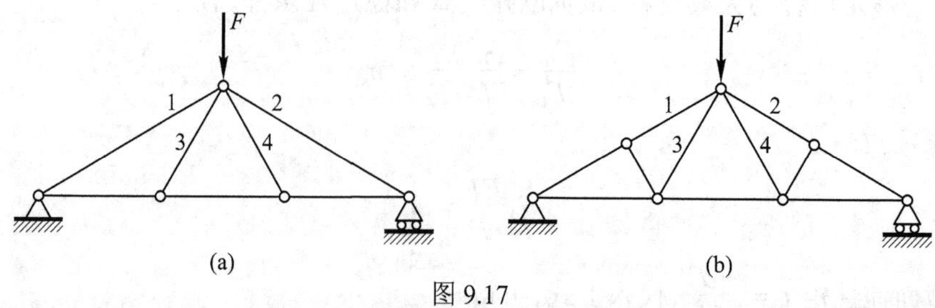

图 9.17

2. 选择合理的截面形状

惯性半径 i 越大，柔度 λ 就越小，用欧拉公式或经验公式计算所得临界应力就越大。因

此,应尽可能地将材料安放在离截面形心较远处,以获得较大的惯性半径 i 值。例如,对同样的截面面积,空心环形截面的惯性半径显然比实心圆截面的大得多(图 9.18)。

另外,应使压杆在任一纵向平面内的柔度都相等或接近相等,这样就可保证压杆在任一纵向平面内有相同或相近的稳定性。例如,当压杆的杆端约束条件在各个方向相同,且计算长度也一样时,应把截面设计成在各个方向惯性矩相等或相近,如选择正方形、圆形或环形等截面。如果采用型钢构成组合截面,则可适当选择型钢放置间距,使压杆在两个主惯性平面内的柔度接近相等(图 9.19)。

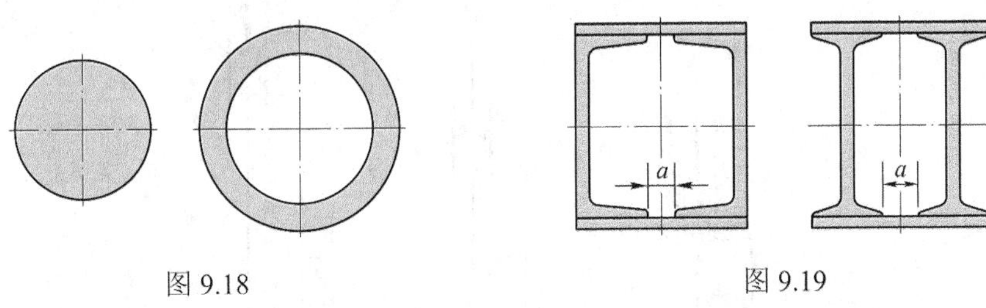

图 9.18　　图 9.19

3. 改变压杆的约束条件

改变压杆的杆端约束或长度,直接影响临界力的大小。例如,把图 9.20(a) 中压杆的铰支座改成图 9.20(b) 中固定端约束,即尽量增加杆端约束的刚性,改变后其柔度 λ 明显减小,临界压力增大。如果结构允许,可以在压杆中间加一个中间铰支座[图 9.20(c)],这样压杆的长度减小一半,也可使 λ 减小。

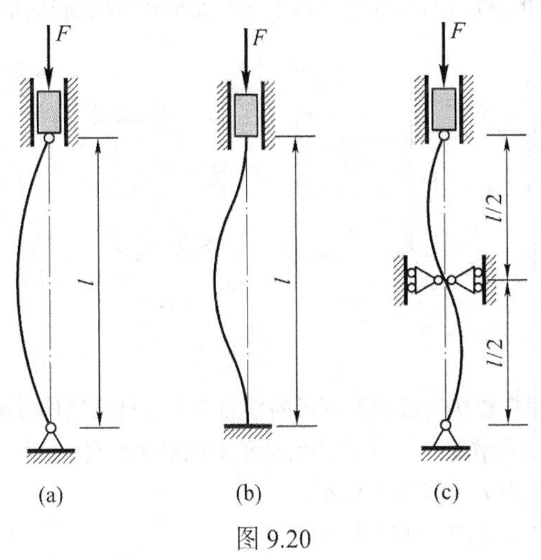

图 9.20

4. 合理选择压杆的材料

由欧拉公式可知,临界压力的大小与材料的弹性模量 E 有关,而与材料的强度指标无关,但是对各种钢材来说,弹性模量的差别不大,因此,对大柔度杆,选择优质碳素钢与选择低碳钢,对压杆的稳定性影响不大。对中柔度杆,由经验公式可知,临界应力与压杆材料的强度指标有关,因此选择优质钢材,在一定程度上可以提高临界压力的数值,增强压杆的稳定性。至于小柔度的粗短杆,本来就是强度问题,优质钢材的强度高,其优越性自然是明显的。

习 题

1. 两端球形铰支的压杆，选用 No.20a 工字钢，材料的弹性模量 $E=200$ GPa，杆长 $l=5$ m。试用欧拉公式求其临界压力 F_{cr}。

2. 材料相同，直径相等的三根细长压杆如图示，如取 $E=200$ GPa，$d=160$ mm，试计算三根压杆的临界压力，并比较它们的大小。

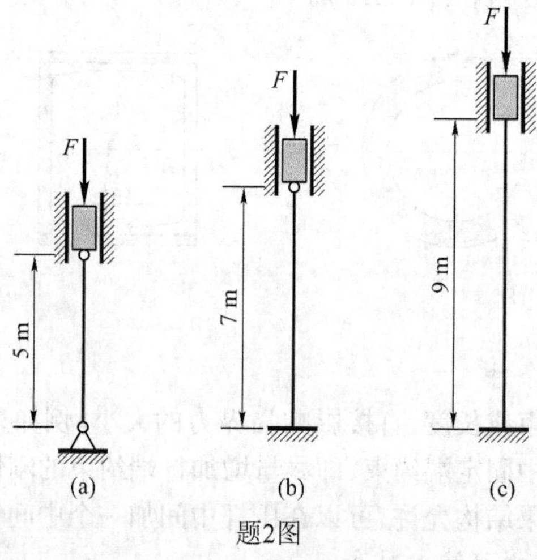

题2图

3. 两端铰支细长压杆，同样的截面面积，选择图示不同截面形式。试比较它们的临界压力的大小。

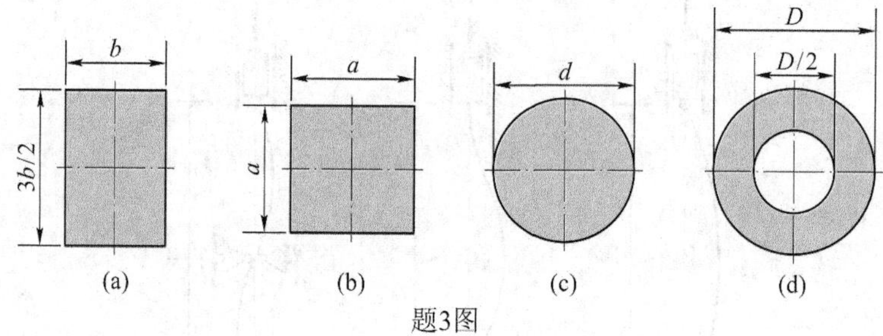

题3图

4. 五根直径都为 d 的细长圆杆铰接构成如图所示的平面正方形杆系结构 $ABCD$。如各杆材料相同，弹性模量为 E。试求下面两种载荷作用方式下结构所能承受的最大载荷。

（1）A、C 两点作用一对拉力 F，如图(a) 所示；

（2）A、C 两点作用一对压力 F，如图(b) 所示。

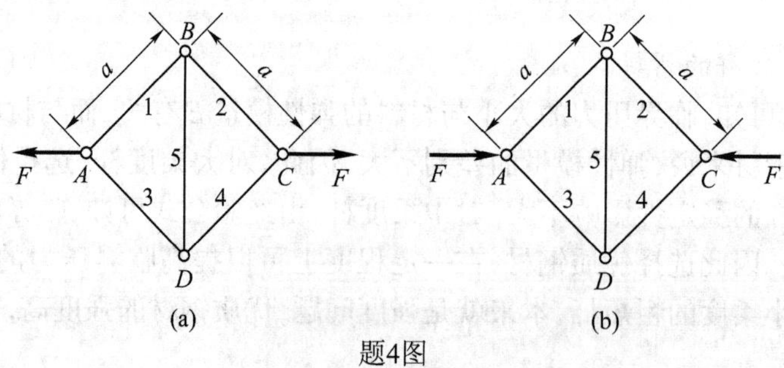

题4图

5. 图示直径为 d 的两根细长钢质压杆，一根两端铰支，另一根一端固定、一端自由，要使两根压杆的临界压力相同。试确定两杆长度之间的关系。

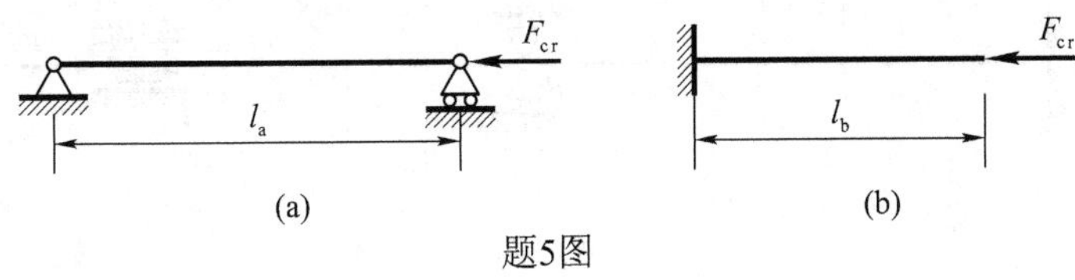

题5图

6. 在图示铰接杆系 ABC 中，AB 和 BC 皆为细长压杆，且截面和材料相同。若杆系因在 ABC 平面内失稳而破坏，并规定 $0 < \theta < \pi/2$。试确定 F 为最大值时的 θ 角。

7. 某厂自制的简易起重机如图所示，其压杆 BD 为 20 号槽钢，材料为 Q235 钢。起重机起吊最大 $P = 40$ kN 的重物。若稳定安全因数 $n_{st} = 5$。试校核杆 BD 的稳定性。

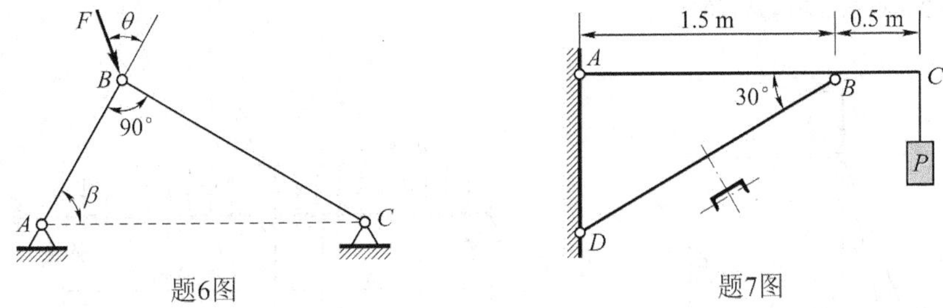

题6图　　题7图

8. 两端铰支的细长立柱，长 $l = 10$ m，由两根 No.20a 槽钢组成一个整体，材料的弹性模量 $E = 200$ GPa，试用欧拉公式计算：

(1) 截面如图(a) 所示方式布置时柱的临界压力；

(2) 截面如图(b) 所示方式布置时柱的临界压力；

(3) 截面应如何布置，柱的临界压力才最大?其值为多少?[参考图(c)]

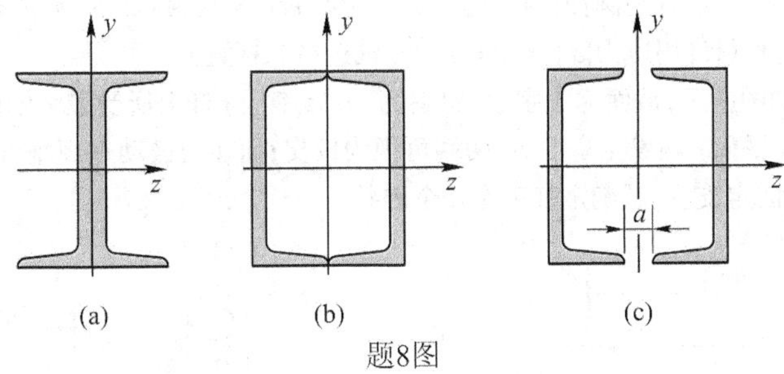

题8图

9. 两端铰支的圆截面直杆，长 $l = 250$ mm，直径 $d = 8$ mm，材料的弹性模量 $E = 210$ GPa，$\sigma_p = 240$ MPa。承受轴向压力 $F = 1.8$ kN，稳定安全因数 $n_{st} = 2.5$。试校核该杆的稳定性。

10. 三根圆截面压杆，直径均为 $d = 160$ mm，两端均为球铰铰支，长度分别为 l_1、l_2 和 l_3，且 $l_1 = 2l_2 = 4l_3 = 5$ m。材料为 Q235 钢，$E = 206$ GPa，$\sigma_s = 235$ MPa，$\sigma_p = 200$ MPa，计算临界应力的直线公式为 $\sigma_{cr} = (304 - 1.12\lambda)$ MPa。试求各杆的临界压力。

11. 在图示结构中，AB 为圆截面杆，直径 $d = 80$ mm，A 端固定，B 端铰支；BC 杆为正方形截面杆，边长 $a = 70$ mm，C 端也为铰支座。AB 和 BC 杆可以各自独立发生弯曲变形，两杆的材料均为 Q235 钢，已知 $l = 3$ m，稳定安全因数 $n_{st} = 2.5$，$E = 200$ GPa。试求此结构的许可载荷[F]。

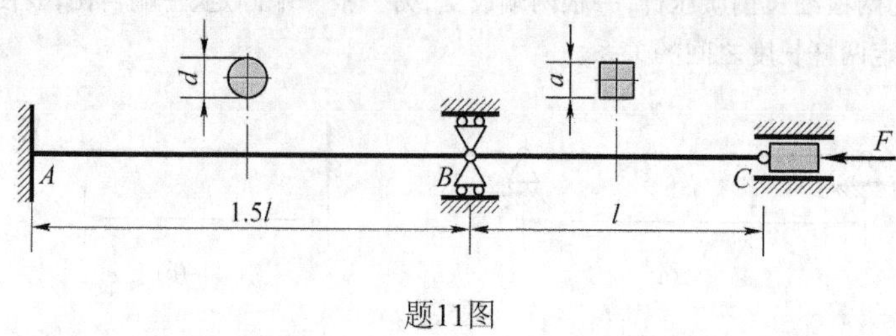

题11图

12. 由三根钢管构成的支架如图所示。钢管外径 D = 30 mm，内径 d = 22 mm，长度 l = 2.5 m，E = 210 GPa。在支架的顶点三杆铰接，若取稳定安全因数 n_{st} = 3，试求许可载荷[F]。
13. 图示梁、柱结构，梁用 16 号工字钢，柱由两根 63 mm × 63 mm × 10 mm 的角钢组成，材料均为 Q235 钢，E = 200 GPa，σ_s = 240 MPa，λ_p = 100，λ_s = 57，若规定强度安全因数 n_s = 1.4，稳定安全因数 n_{st} = 2，试校核结构是否安全。

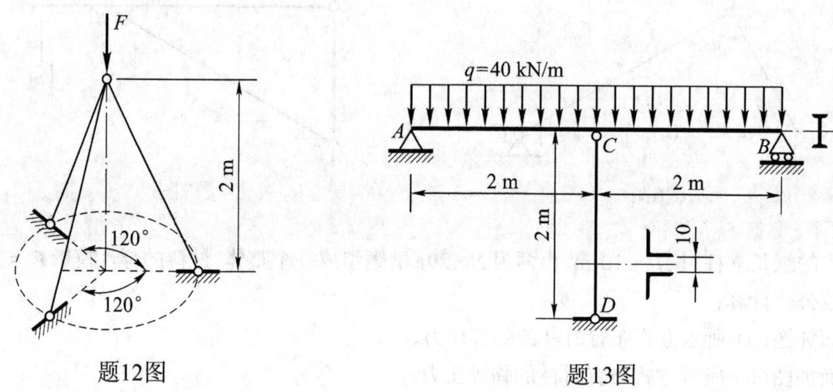

题12图　　题13图

14. 一托架如图所示，AB、AC 皆为圆截面杆，已知 F = 100 kN，材料为 Q235 钢，E = 200 GPa，稳定安全因数取为 n_{st} = 2，材料许用应力[σ] = 160 MPa。试选择二杆直径。
15. 蒸汽机车的连杆如图所示，截面为工字形，材料为 Q235 钢。连杆上所受最大轴向压力为 465 kN，连杆在摆动平面（xy 平面）内发生弯曲时，两端可视为铰支；而在与摆动平面垂直的 xz 平面内发生弯曲时，两端可视为固定支座。试确定其工作安全因数。

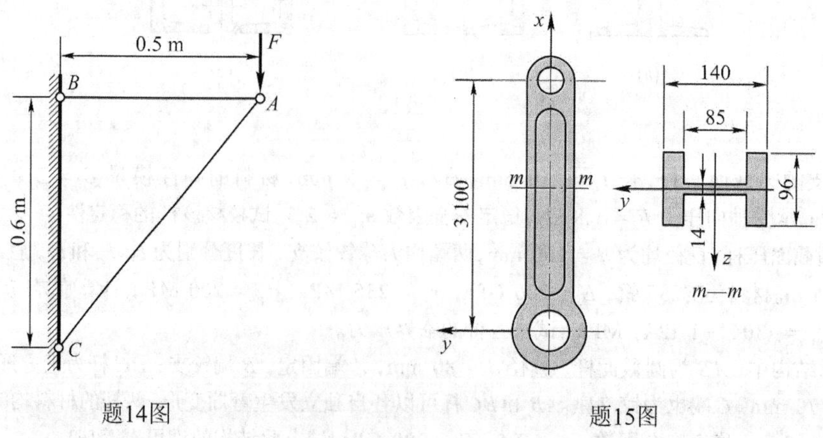

题14图　　题15图

16. 图示矩形截面梁 AB 与圆形截面压杆 AD 均用 Q235 钢制成，A、D 两处均为球铰，$b = 100$ mm, $h = 180$ mm, $d = 30$ mm。材料的弹性模量 $E = 200$ GPa，屈服极限 $\sigma_s = 240$ MPa，比例极限 $\sigma_p = 200$ MPa，材料许用应力$[\sigma] = 160$ MPa，稳定安全因数 $n_{st} = 3$。试确定结构的最大许可载荷$[F]$。

17. 图示结构，立柱 CD 的长度 $l = 2.5$ m，材料为 Q235 钢，其比例极限 $\sigma_p = 200$ MPa，屈服极限 $\sigma_s = 240$ MPa，弹性模量 $E = 200$ GPa。设计要求的强度安全因数 $n_s = 2$，稳定安全因数 $n_{st} = 3$。计算临界应力的公式有欧拉公式以及直线经验公式 $\sigma_{cr} = (304 - 1.12\lambda)$ MPa。则

(1) 若 CD 柱的横截面是 $b = 80$ mm, $h = 160$ mm 的矩形，试求许可载荷$[F]$的值；

(2) 在满足同样强度及稳定条件的情况下，若采用正方形截面，则其边长 a 应取多大？

(3) 在满足同样强度及稳定条件的情况下，若采用 $\alpha = d/D = 0.8$ 的空心圆截面，则其外径 D 应取多大？

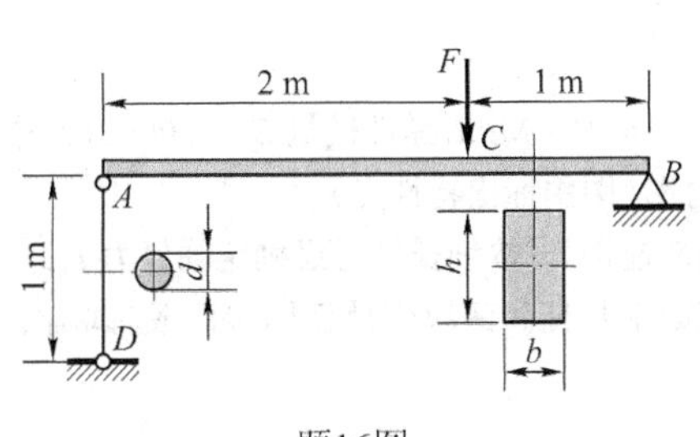

题16图

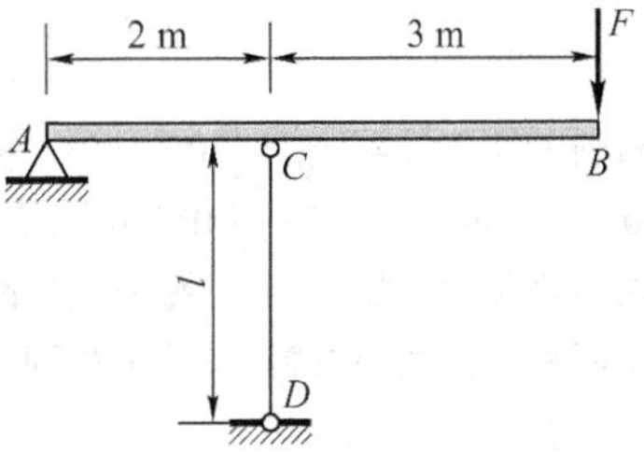

2 m
3 m
F
A
C
B
l
D

题17图

18. 图示钢管在温度为10℃ 时安装在两固定支座之间，此时管子不受力。已知管的长度$l = 6$ m，管的外径 $D = 70$ mm，内径 $d = 60$ mm，钢的线胀系数 $\alpha_l = 12.5 \times 10^{-6}$ ℃$^{-1}$，弹性模量 $E = 206$ GPa，比例极限 $\sigma_p = 200$ MPa，屈服极限 $\sigma_s = 240$ MPa。计算临界应力的公式有欧拉公式以及直线经验公式$\sigma_{cr} = (304 - 1.12\lambda)$ MPa。试问当温度升到多少时管子将失去稳定？

19. 图示托架，如长度 a 和细长压杆 AB 的截面面积保持不变，试根据稳定性计算 θ 为何值时托架承载能力最大。

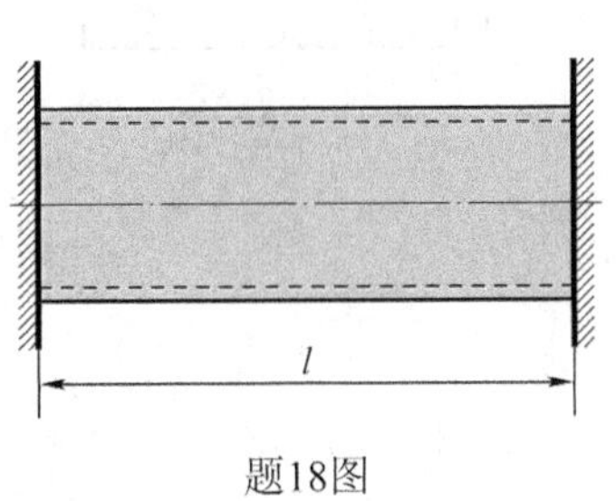

题18图

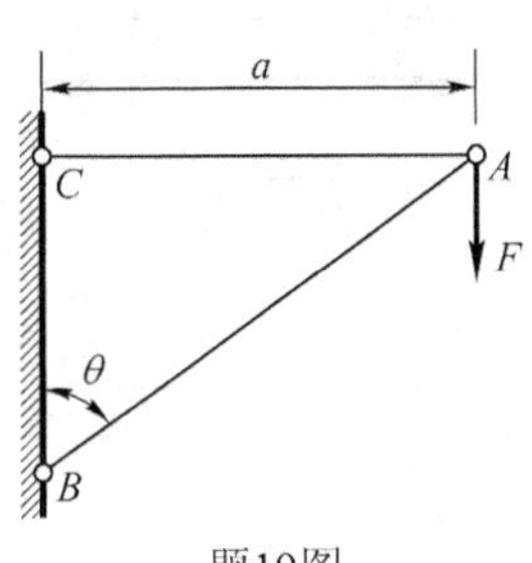

题19图

20. 图示两端铰支的细长杆 AB 在15 ℃ 时装配，装配后 B 端刚性滑块与刚性槽之间有间隙 $\delta = 0.25$ mm。已知杆长 $l = 1$ m，直径 $d = 16$ mm，弹性模量 $E = 200$ GPa，线胀系数 $\alpha_l = 11.2 \times 10^{-6}$ ℃$^{-1}$。试求温度升到多少时杆将失稳。

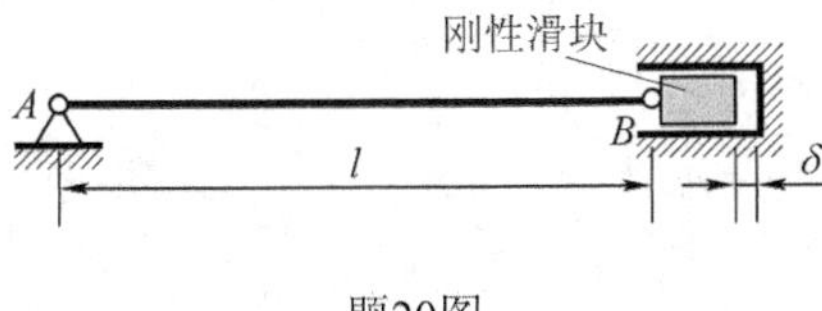

题20图

21. 图(a)所示一端固定，另一端铰支的圆截面杆 AB，直径 $d = 100$ mm，杆的材料为Q235钢，弹性模量 $E = 200$ GPa，稳定安全因数 $n_{st} = 2.5$。试求：

(1) 许可载荷；

(2) 为提高承载能力，在杆 AB 的 C 处增加中间球铰链支承，将杆 AB 分成 AC、CB 两段，如图(b)所示。此结构的承载能力是原结构的多少倍？

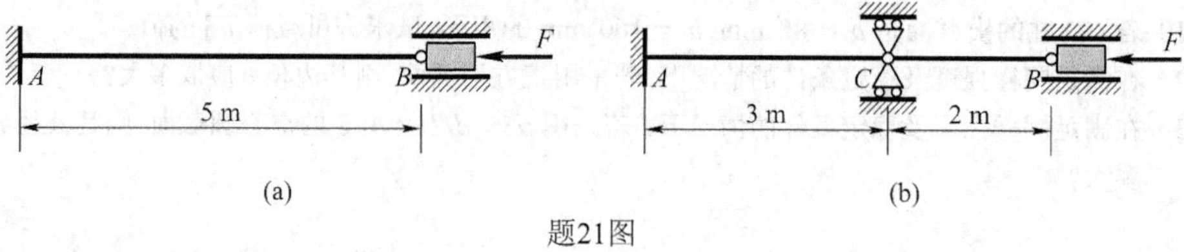

题21图

22. 已知材料的比例极限 $\sigma_p = 200$ MPa，屈服极限 $\sigma_s = 240$ MPa，弹性模量 $E = 200$ GPa，中长杆经验公式 $\sigma_{cr} = (304 - 1.12\lambda)$ MPa。试画临界应力总图(图中标出特性点)。

23. 图示两根直径为 d 的杆，上下端分别与刚性板刚性连接。试按细长杆考虑确定临界力 F_{cr}。

24. 图示空间框架由两根材料、尺寸都相同的矩形截面细长杆和两块刚性板固接而成。试确定压杆横截面尺寸的合理比值 h/b。

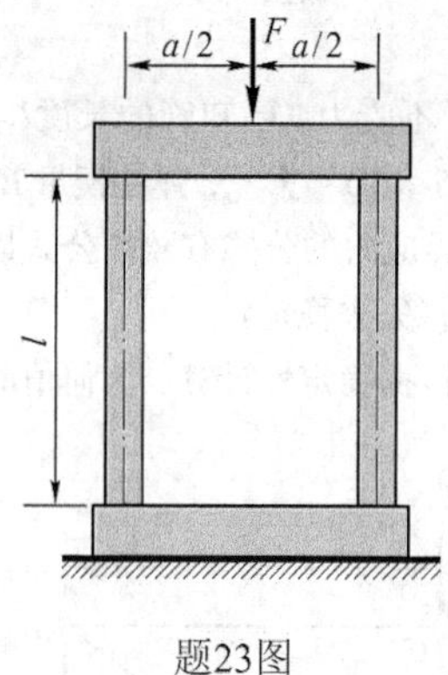

题23图

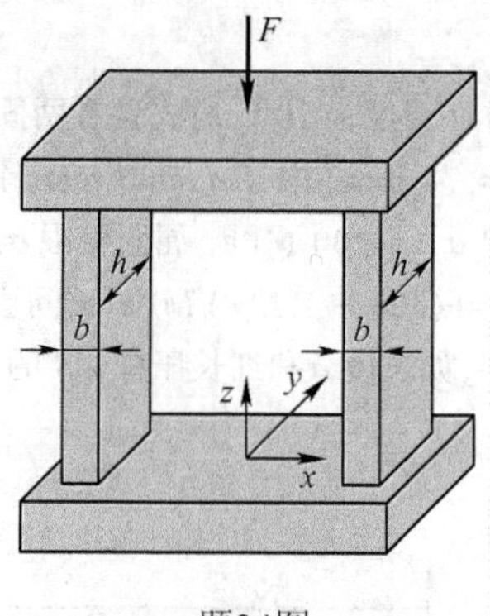

题24图

10 动载荷与交变应力

10.1 概　述

前面几章讨论了构件在静载荷作用下所产生的应力和变形。**静载荷**(statical load)是指由零开始缓慢增加至最终值,然后保持不变或没有显著变化的载荷。这时,构件内各点的加速度很小,可以忽略不计。静载荷产生的应力和变形分别称为**静应力**(statical stress)和**静变形**(statical deformation)。

如果构件本身处于加速运动状态,或受到处于运动状态的物体作用时,则构件受到的载荷就是**动载荷**(dynamic load)。在动载荷作用下,构件内部各点有速度改变,亦即产生了加速度。工程中有很多承受动载荷作用的实例。例如,起重机加速起吊重物时,吊索受到的惯性力;大型汽轮机的叶轮和叶片,旋转时的离心惯性力在构件内可以引起很大的拉应力;高速转动的砂轮,由于离心惯性力作用而有可能炸裂;汽锤在锻造坯件时,汽锤与锻体在碰撞瞬间所产生的冲击载荷,能使锤杆内的应力较之静荷应力增加几倍甚至几十倍;波浪对堤岸的冲击力;炸药对物体的爆破力等。这些都属于动载荷的问题。

构件中因动载荷而引起的应力称为**动应力**(dynamic stress)。实验结果表明,在动载荷作用下,只要应力不超过比例极限,胡克定律仍然适用,通常情况下弹性模量也与静载荷下的数值相同。

本章主要研究作等加速直线运动或匀速转动时构件的应力计算;构件受到冲击载荷作用时的应力和变形计算。此外,本章还将介绍交变应力和疲劳失效的概念。

10.2 构件做等加速直线运动时的应力计算

现以图10.1(a)中某矿井升降机起吊一重为 P 的吊笼为例,说明构件作等加速直线运动时的应力计算方法。起吊时以等加速度 a 将重为 P 的吊笼向上升起。如已知钢索材料每单位体积的自重为 γ,钢索横截面面积为 A,现求离钢索下端为 x 的横截面上的内力和应力。

当吊笼静止或匀速上升时,在离钢索下端为 x 的截面处,将钢索截开,取截面以下部分为研究对象[图10.1(b)],在轴力 F_{Nst}、钢索自重 γAx 及吊笼自重 P 的共同作用下平衡。则

$$F_{Nst} = P + \gamma Ax \tag{a}$$

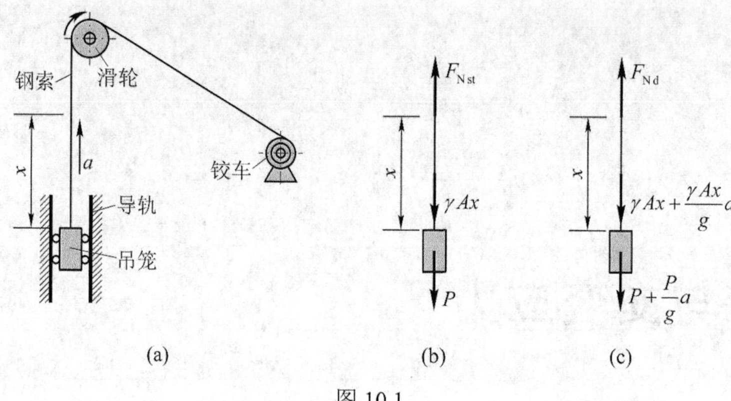

图 10.1

当吊笼以等加速度 a 上升时，按照动静法（达朗伯原理），对作匀加速运动的质点系，如假想地在每一质点上加上惯性力，则质点系上的原力系与惯性力系组成平衡力系。截面以下部分除受有轴力 F_{Nd}、钢索的自重 γAx 和吊笼自重 P 的作用外，还需加上吊笼的惯性力 $\frac{P}{g}a$，以及钢索的惯性力 $\frac{\gamma Ax}{g}a$，惯性力的方向与加速度方向相反，如图10.1（c）所示。根据静力平衡条件求得

$$\begin{aligned}F_{\mathrm{Nd}} &= \gamma Ax + \frac{\gamma Ax}{g}a + P + \frac{P}{g}a \\ &= (P+\gamma Ax) + (P+\gamma Ax)\frac{a}{g} \\ &= (P+\gamma Ax)\left(1+\frac{a}{g}\right)\end{aligned} \tag{b}$$

式中，$P+\gamma Ax$ 为 x 截面上的静内力［见式（a）］，所以上式即为

$$F_{\mathrm{Nd}} = F_{\mathrm{Nst}}\left(1+\frac{a}{g}\right) = K_{\mathrm{d}}F_{\mathrm{Nst}} \tag{c}$$

式中

$$K_{\mathrm{d}} = 1 + \frac{a}{g} \tag{10.1}$$

称为动荷因数，即动内力与静内力之比值。

钢索是轴向拉伸，由式（c）得钢索横截面上的动应力

$$\sigma_{\mathrm{d}} = \frac{F_{\mathrm{Nd}}}{A} = K_{\mathrm{d}}\frac{F_{\mathrm{Nst}}}{A} = K_{\mathrm{d}}\sigma_{\mathrm{st}} \tag{d}$$

式中，σ_{st} 是钢索横截面上的静应力，亦即加速度 $a=0$ 时钢索横截面上的应力，由式（a）知

$$\sigma_{\mathrm{st}} = \frac{F_{\mathrm{Nst}}}{A} = \frac{P}{A} + \gamma x \tag{e}$$

由式（d）和式（e）可见，钢索各处的应力随截面位置不同呈线性变化。危险截面在最上端，其强度条件为

$$\sigma_{\mathrm{d\,max}} = K_{\mathrm{d}}\sigma_{\mathrm{st\,max}} \leqslant [\sigma]$$

式中，$[\sigma]$ 是钢索材料在静载作用下的许用应力。

例 10.1 如图 10.2 所示一起重机重 $P_1 = 5$ kN,装在两根跨度 $l = 4$ m 的20a号工字钢组成的梁上,并用钢索起吊 $P_2 = 50$ kN 的重物。该重物在前 4 s 内按匀加速度上升 8 m,若梁的许用应力$[\sigma] = 160$ MPa 。试校核梁的强度(不计梁的自重)。

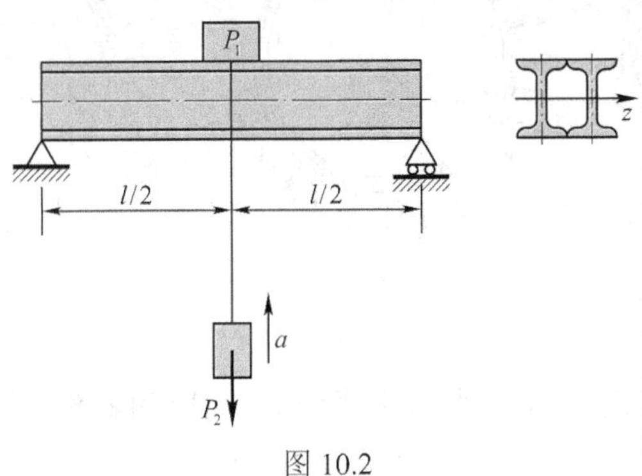

图 10.2

解: 重物上升的加速度为

$$a = \frac{2s}{t^2} = \frac{2 \times (8\ \text{m})}{(4\ \text{s})^2} = 1\ \text{m/s}^2$$

梁跨中所受动载荷大小为

$$F_d = P_1 + P_2\left(1 + \frac{a}{g}\right) = (5\ \text{kN}) + (50\ \text{kN}) \times \left(1 + \frac{1}{9.8}\right) = 60.1\ \text{kN}$$

梁在动载荷作用下的最大弯矩为

$$M_{d\max} = \frac{1}{4}F_d l = \frac{1}{4} \times (60.1\ \text{kN}) \times (4\ \text{m}) = 60.1\ \text{kN·m}$$

查表知单根 20a 号工字钢的 $W_z = 237\ \text{cm}^3$,梁的最大弯曲正应力为

$$\sigma_{d\max} = \frac{M_{d\max}}{2W_z} = \frac{60.1 \times 10^3\ \text{N·m}}{2 \times 237 \times 10^{-6}\ \text{m}^3} = 127\ \text{MPa} < [\sigma]$$

可见,该梁满足强度条件。

10.3 构件做匀速转动时的应力计算

现以匀速旋转圆环为例,说明构件作等角速转动时的应力计算方法。

如图 10.3(a)所示薄壁圆环,厚度 δ 远小于平均直径 D,横截面面积为 A,材料每单位体积的自重为 γ,环以等角速度 ω 绕通过圆心 O 且垂直于纸面的轴旋转。现求解圆环由于旋转而在横截面上产生的动应力。

当环以等角速 ω 旋转时,环内各点有向心加速度 $a_n = \dfrac{D}{2}\omega^2$,于是沿圆环轴线均匀分布的惯性力集度为

$$q_d = \frac{A\gamma}{g}a_n = \frac{A\gamma D}{2g}\omega^2$$

将此离心惯性力加在圆环轴线上[图 10.3(b)],就可按静力平衡方法进行计算。

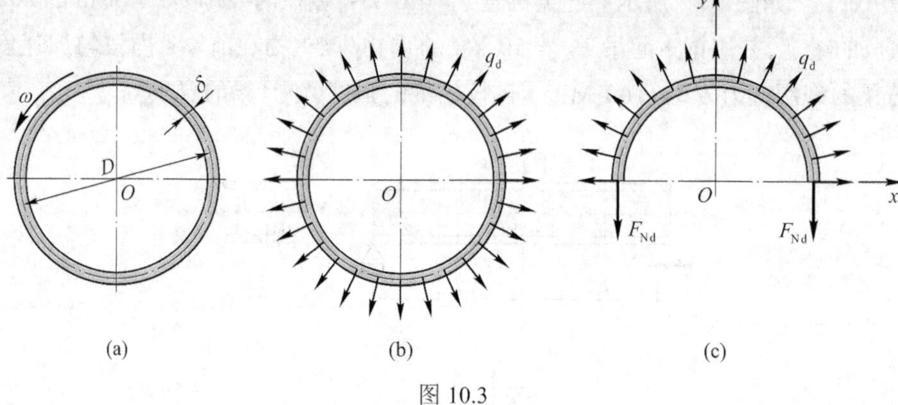

图 10.3

沿圆环直径将圆环截开，由上半部分[图 10.3(c)]的平衡方程$\sum F_y=0$，得

$$2F_{Nd} = q_d D$$

$$F_{Nd} = \frac{q_d D}{2} = \frac{A\gamma D^2}{4g}\omega^2$$

由此求得圆环横截面上的正应力为

$$\sigma_d = \frac{F_{Nd}}{A} = \frac{\gamma D^2\omega^2}{4g} = \frac{\gamma v^2}{g}$$

式中，$v = \dfrac{D\omega}{2}$是圆环轴线上点的线速度。强度条件为

$$\sigma_d = \frac{\gamma v^2}{g} \leqslant [\sigma] \tag{10.2}$$

可见，环内应力仅与γ和v有关，而与横截面面积A无关，因而增加A并不能改善圆环的强度。若要求旋转圆环不致因强度不足而破裂，应限制圆环的转速。

例 10.2 如图 10.4(a) 所示机车平行杆AB，两端分别铰接于机车的两个车轮上，铰至轮心的距离$r = 250$ mm，平行杆长$l = 2$ m，材料的容重$\gamma = 78.6$ kN/m^3，车轮匀速前进，轮的角速度$\omega = 30$ rad/s。设杆AB的横截面为矩形，宽$b = 28$ mm，高$h = 56$ mm。试求杆AB的最大弯曲正应力。

解： 车轮匀速前进时，连杆AB作平移运动，其上各点相对机车作半径为r的等速圆周运动。因此，在同一瞬时，连杆上各点的速度与加速度均相同。连杆各点的加速度为向心加

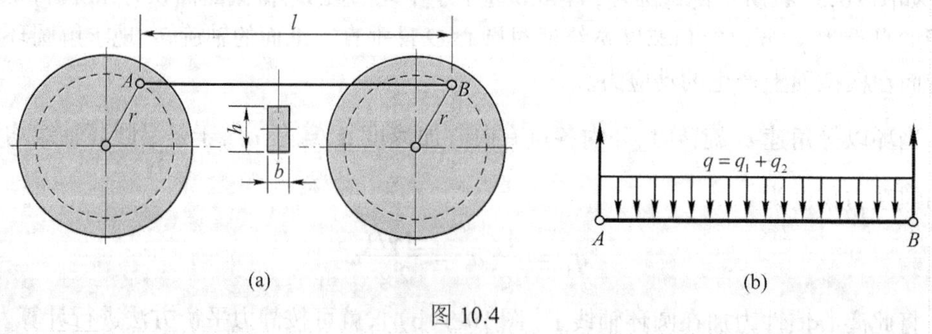

图 10.4

速度 $a_n = r\omega^2$。在连杆各点加上与向心加速度反向的惯性力 q_2 后，即可按静载荷处理。

运动时，连杆的自重 q_1 的方向总是向下，但作用于连杆上的惯性力 q_2 的方向则与连杆的位置有关。当连杆旋转到下面的最低位置时，q_1 与 q_2 同方向[图10.4(b)]，连杆内出现最大弯曲正应力。

连杆单位长度上的自重为

$$q_1 = \gamma A = \gamma bh$$

连杆单位长度上的惯性力为

$$q_2 = \frac{\gamma bh}{g} r\omega^2$$

最大弯矩发生在杆的中点

$$M_{\mathrm{d\,max}} = \frac{ql^2}{8} = \frac{q_1 + q_2}{8} l^2 = \frac{\gamma bhl^2}{8}\left(1 + \frac{r\omega^2}{g}\right)$$

最大弯曲正应力为

$$\sigma_{\mathrm{d\,max}} = \frac{M_{\mathrm{d\,max}}}{W_z} = \frac{3\gamma l^2}{4h}\left(1 + \frac{r\omega^2}{g}\right) = 101\ \mathrm{MPa}$$

例10.3 在直径 $d = 100$ mm 的轴上装有转动惯量 $J = 0.5\ \mathrm{kN\cdot m\cdot s^2}$ 的飞轮，如图10.5所示，轴的转速 $n = 300$ r/min。制动器开始作用后，在20转内将飞轮刹停。设在制动器作用前，轴已与驱动装置脱开，且轴承内的摩擦力可以不计。试求轴内最大切应力。

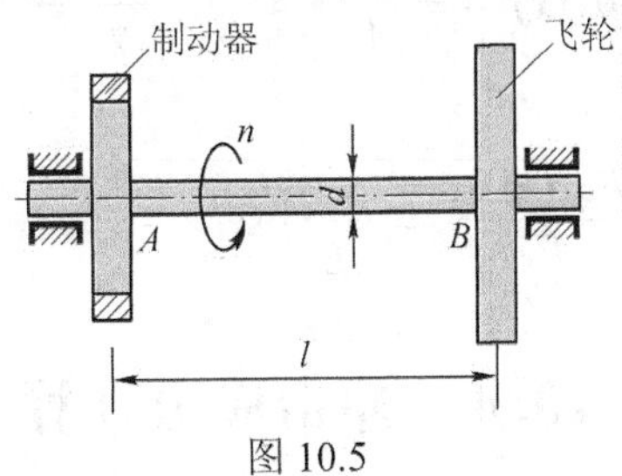

图 10.5

解： 飞轮与轴的转动初角速度为

$$\omega_0 = \frac{2\pi n}{60} = 10\pi\ \mathrm{rad/s}$$

末角速度 $\omega = 0$，轴被认为作等减速转动，由理论力学知

$$\omega^2 = \omega_0^2 + 2\alpha\varphi = 0$$

由此求得角加速度的绝对值为

$$|\alpha| = \frac{\omega_0^2}{2\varphi} = \frac{(10\pi)^2}{2 \times 20 \times 2\pi} = 3.927\ \mathrm{rad/s^2}$$

轴内扭矩为

$$T_{\mathrm{d}} = J\cdot|\alpha| = 0.5 \times 3.927\ \mathrm{kN\cdot m} = 1.96\ \mathrm{kN\cdot m}$$

轴内最大切应力为

$$\tau_{\mathrm{d\,max}} = \frac{T_{\mathrm{d}}}{W_{\mathrm{t}}} = \frac{1.96 \times 10^3\ \mathrm{N\cdot m}}{\frac{\pi}{16} \times (0.1\ \mathrm{m})^3} = 9.98\ \mathrm{MPa}$$

例 10.4 如图 10.6(a) 所示杆 AB 以匀角速度 ω 绕 y 轴在水平面内旋转，杆材料密度为 ρ，弹性模量为 E。求沿杆轴线各横截面上正应力的变化规律（不考虑弯曲），并求杆的总伸长。

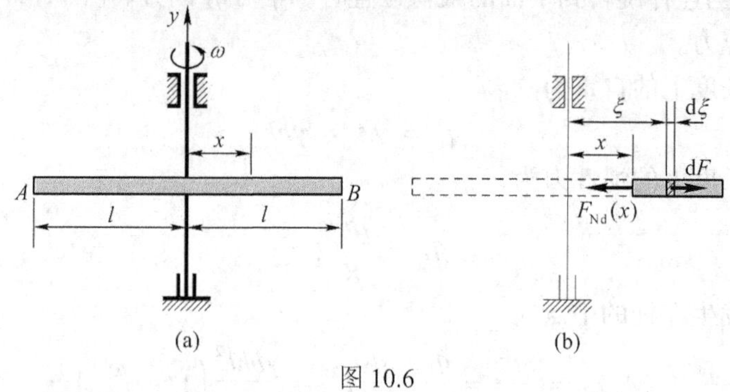

图 10.6

解： 如图 10.6(b) 所示微段 $d\xi$ 的惯性力为

$$dF = \rho A d\xi \cdot \omega^2 \xi$$

任意截面 x 上的轴力，即轴力方程为

$$F_{Nd}(x) = \int_x^l \omega^2 \xi \rho A d\xi = \frac{A\omega^2 \rho (l^2 - x^2)}{2}$$

沿杆轴线各横截面上正应力的变化规律为

$$\sigma_d(x) = \frac{F_{Nd}(x)}{A} = \frac{\omega^2 \rho (l^2 - x^2)}{2}$$

杆的总伸长为

$$\Delta l = 2\int_0^l \frac{F_{Nd}(x)\,dx}{EA} = \frac{\omega^2 \rho}{E}\int_0^l (l^2 - x^2)\,dx = \frac{2\omega^2 \rho l^3}{3E}$$

10.4 冲击应力计算

当一物体以一定的速度撞击另一物体时，受冲击的构件便受到冲击载荷的作用。例如，汽锤锻造、落锤打桩、金属冲压加工、用铆钉枪进行铆接、传动轴突然制动、运动中飞轮或砂轮突然刹车等现象都属冲击问题。上述例子中的锤、冲头、飞轮等为冲击物，而被打的锻件、桩、轴等则是承受冲击的构件。冲击物在冲击其他物体后，其速度在很短的时间内发生很大的变化，有时甚至降为零，这表示它将获得很大的负值加速度。因而，在冲击物和被冲击物之间存在着很大的作用力和反作用力，并将在被冲击物中引起很大的应力和变形。

由于冲击持续的时间非常短促，加速度的数值很难确定，所以不宜采用动静法。在工程计算时，一般采用能量法，并作如下假设。

(1) 将冲击物视为刚体，不考虑其变形。

(2) 被冲击物的质量远小于冲击物的质量，可忽略不计。

(3) 冲击后冲击物与被冲击物附着在一起运动。

(4) 不考虑冲击时热能等的损失，即认为只有系统动能与势能的转化。

实际问题中，承受各种变形的弹性杆件都可以看成一个弹簧。例如，图 10.7 中受拉伸、扭转、弯曲的杆件的变形分别为

$$\Delta l = \frac{Fl}{EA} = \frac{F}{k_1}, \quad \varphi = \frac{M_e l}{GI_p} = \frac{M_e}{k_2}, \quad w = \frac{Fl^3}{48EI} = \frac{F}{k_3}$$

可见，如果将这些杆件看成弹簧，其弹簧刚度系数分别为

$$k_1 = \frac{EA}{l}, \quad k_2 = \frac{GI_p}{l}, \quad k_3 = \frac{48EI}{l^3}$$

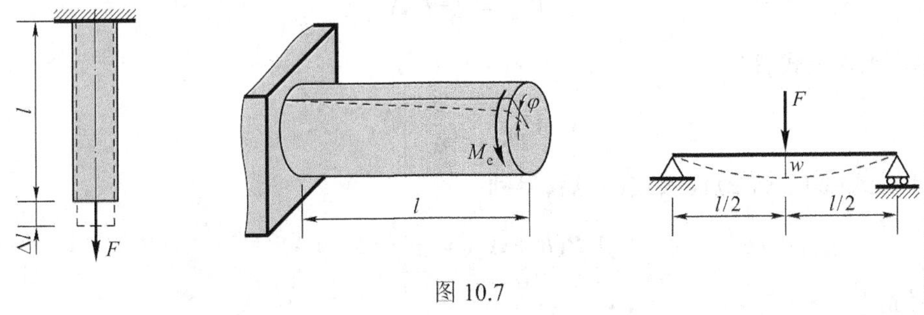

图 10.7

在图 10.8(a) 中，以弹簧代表一受冲击构件。设有一重为 P 的物体从距弹簧顶端高度为 h 处自由落下，冲击到弹簧顶面上。然后冲击物附着于弹簧而成为一个运动系统，当重物 P 的速度随着弹簧变形的增长而逐渐降低到零时，弹簧的变形达到最大值 Δ_d [图 10.8(b)]，与之对应的冲击载荷为 F_d。

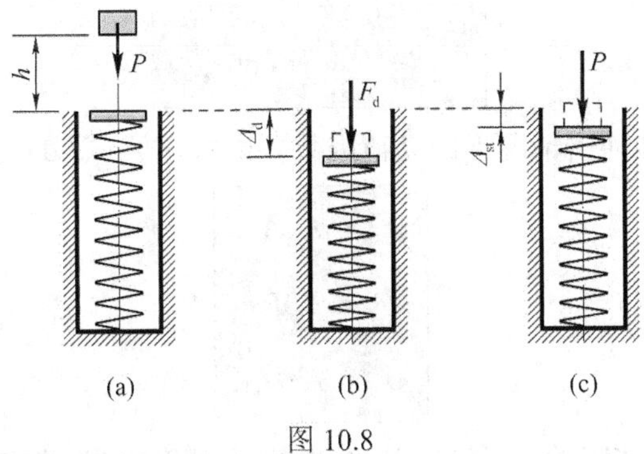

图 10.8

根据能量守恒定律可知，冲击物从初始位置到冲击后速度降低到零，所减少的动能 ΔT 和势能 ΔV，应全部转换为受冲构件的应变能 $V_{\varepsilon d}$，即

$$\Delta T + \Delta V = V_{\varepsilon d} \tag{a}$$

冲击物势能的减少量为

$$\Delta V = P(h + \Delta_d) \tag{b}$$

由于冲击物的初速度与最终速度均为零，动能没有变化，故

$$\Delta T = 0 \tag{c}$$

设弹簧在静载荷 P 作用下的静变形为 Δ_{st} [图 10.8(c)]。因为力与变形的关系服从胡克定律，故有

$$\frac{F_d}{P}=\frac{\Delta_d}{\Delta_{st}}$$

即

$$F_d=\frac{\Delta_d}{\Delta_{st}}P \tag{d}$$

式中，Δ_{st} 为弹性系统在静载荷 P 作用下产生的变形。

因在冲击过程中，F_d 和 Δ_d 都是由零增至最大值，故弹簧的应变能为

$$V_{\varepsilon d}=\frac{1}{2}F_d\Delta_d$$

将式(d)代入上式，得

$$V_{\varepsilon d}=\frac{P}{2\Delta_{st}}\Delta_d^2 \tag{e}$$

将式(b)、式(c)、式(e)代入式(a)后，得到

$$P(h+\Delta_d)=\frac{P}{2\Delta_{st}}\Delta_d^2$$

或者写成

$$\Delta_d^2-2\Delta_{st}\Delta_d-2h\Delta_{st}=0$$

由此解出

$$\Delta_d=\Delta_{st}\left(1+\sqrt{1+\frac{2h}{\Delta_{st}}}\right) \tag{f}$$

引用记号

$$\boxed{K_d=1+\sqrt{1+\frac{2h}{\Delta_{st}}}} \tag{10.3}$$

式中，K_d 即为自由落体冲击情况下的动荷因数。由式(f)、式(d)可得到

$$\boxed{\begin{aligned}\Delta_d&=K_d\Delta_{st}\\F_d&=K_dP\\\sigma_d&=K_d\sigma_{st}\end{aligned}} \tag{10.4}$$

由此可见，只要求出动荷因数 K_d，然后以 K_d 分别乘以静载荷、静变形和静应力，即可求得冲击时的载荷、变形和应力。因此求解各种冲击问题的关键在于确定动荷因数 K_d。

当载荷突然全部加到被冲击物上，即 $h=0$ 时，由式(10.3)，得

$$K_d=1+\sqrt{1+0}=2$$

因此，突加载荷的动荷因数是2，这时所引起的应力和变形都是静荷应力和变形的2倍。

若已知冲击开始瞬间冲击物与被冲击物接触时的速度为 v，在式(10.3)中用 $\frac{v^2}{2g}$ 来代替 h，从而得

$$\boxed{K_d=1+\sqrt{1+\frac{v^2}{g\Delta_{st}}}} \tag{10.5}$$

当重为 P 的物体以速度 v 水平冲击构件时[图 10.9(a)]，设构件受到的最大冲击力为 F_d，冲击点的最大位移为 Δ_d[图 10.8(b)]。构件在静载荷 P 作用下的静位移为 Δ_{st}[图 10.8(c)]。冲击物从刚刚接触构件到速度为零，系统的势能和动能的变化分别为

$$\Delta V = 0, \quad \Delta T = \frac{1}{2}\frac{P}{g}v^2$$

式(d)、式(e) 仍然成立。将 ΔV、ΔT 及式(e) 代入式(a)，得到

$$\frac{1}{2}\frac{P}{g}v^2 = \frac{P}{2\Delta_{st}}\Delta_d^2$$

$$\Delta_d = \sqrt{\frac{v^2}{g\Delta_{st}}}\cdot\Delta_{st} = K_d\Delta_{st} \tag{g}$$

因此，水平冲击时的动荷因数为

$$K_d = \sqrt{\frac{v^2}{g\Delta_{st}}} \tag{10.6}$$

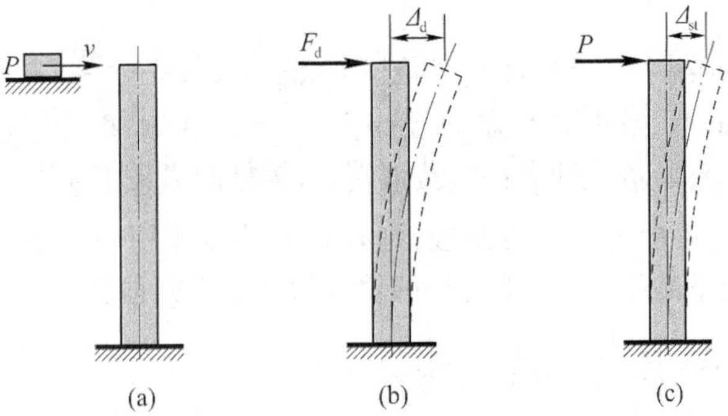

(a) (b) (c)

图 10.9

综上所述，对于构件受自由落体冲击或水平冲击的情况，可以转化为静载荷来求解，具体方法是：在构件的冲击点加上沿冲击方向的静载荷，静载荷大小等于冲击物的自重 P，首先求出构件在静载荷 P 作用下冲击点沿冲击方向的静位移 Δ_{st}，然后根据式(10.5)或式(10.6) 求出动荷因数 K_d。而构件在冲击载荷作用下的应力、变形等，则分别等于 K_d 乘以构件在静载荷作用下的应力、变形等。

在上面的推导过程中，假设全部能量转变为应变能，而不考虑热能、声能等其他形式能量的损失。在实际冲击过程中，能量必有损失。所以计算所得受冲击构件应变能比实际值要高，用此法求得的结果偏于安全。

在冲击载荷作用下，材料的机械性质也有较大变化。实验结果表明，当加载速度增加时，材料开始变脆，材料在破坏前所吸收的能量显著减小。工程上衡量材料抗冲击能力的标准，是冲断试样所需能量的多少。试验时，将带有切槽的弯曲试样放在试验机的支架上，并使切槽位于受拉侧，如图 10.10 所示。当摆锤从一定高度自由落下，冲断试样后回摆到另一高度。试样所吸收的能量等于重摆所做的功 W，亦即等于重摆势能的减小。将 W 除以试样在切槽处的最小横截面面积 A，得

$$\alpha_K = \frac{W}{A} \tag{10.7}$$

式中，α_K 称为**冲击韧性**，其单位常用 J/mm²。α_K 越大，表明材料抗冲击的能力越强。一般来说，塑性材料的抗冲击能力远高于脆性材料。

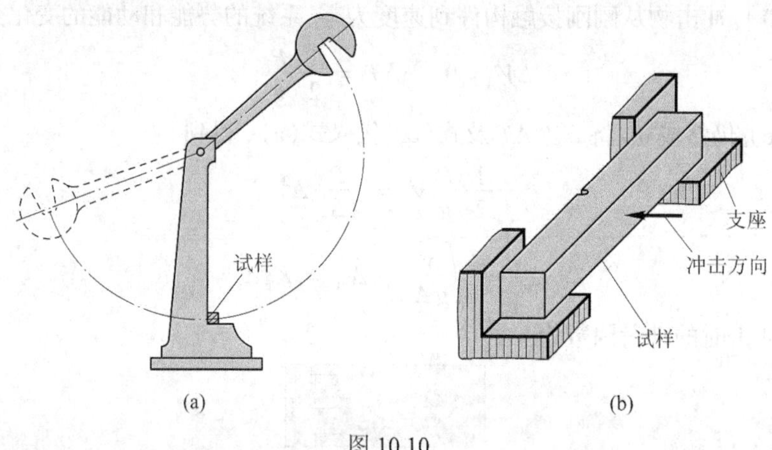

图 10.10

例 10.5　如图 10.11 所示钢杆，直径 $d=20$ mm，长度 $l=3$ m，弹性模量 $E=200$ GPa。钢杆下端有一固定圆盘，盘上放置弹簧，弹簧刚度 $k=3$ kN/mm。若有重 $P=300$ N 的重物自高 $h=0.5$ m 处自由落下冲击在弹簧顶端，求钢杆的最大正应力。

解：重物自由下落冲击在弹簧顶端，则在弹簧顶端作用一向下的集中力 $P=300$ N，Δ_{st} 即为弹簧顶端向下的位移，亦即等于弹簧缩短加上钢杆伸长

$$\Delta_{st} = \frac{P}{k} + \frac{Pl}{EA} = 0.114\ \text{mm}$$

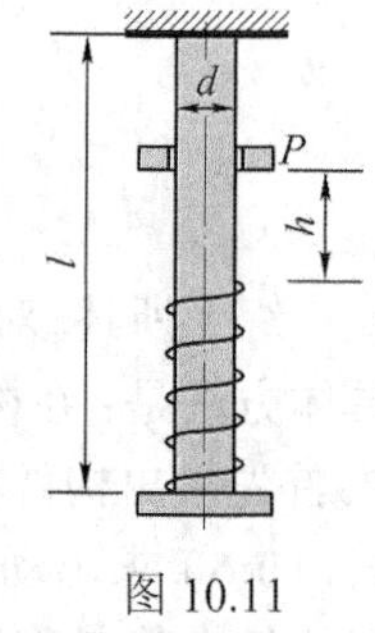

图 10.11

动荷因数

$$K_d = 1 + \sqrt{1 + \frac{2h}{\Delta_{st}}} = 94.7$$

钢杆的最大拉应力

$$\sigma_d = K_d\sigma_{st} = K_d\frac{P}{A} = 94.7 \times \frac{300\ \text{N}}{\frac{\pi}{4} \times (20\ \text{mm})^2} = 90.4\ \text{MPa}$$

例 10.6　如图 10.12 所示直径为 d 的圆杆 AB，下端固定，长度为 l，弹性模量为 E，在 B 端受到水平运动物体的冲击。冲击物自重为 P，与杆 AB 接触时的速度为 v，求杆 AB 的最大正应力。

解：这是水平冲击问题。在杆的冲击点 B 作用一水平力 P，Δ_{st} 即为 B 点的水平位移

$$\Delta_{st} = \frac{Pl^3}{3EI} = \frac{64Pl^3}{3\pi Ed^4}$$

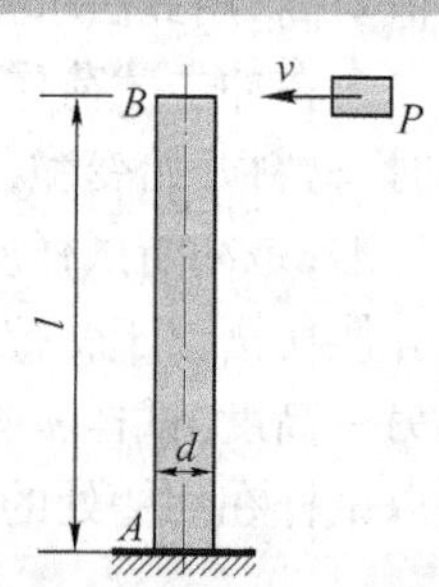

图 10.12

动荷因数

$$K_d = \sqrt{\frac{v^2}{g\Delta_{st}}} = \sqrt{\frac{3\pi Ed^4v^2}{64gPl^3}}$$

杆 AB 的最大正应力为

$$\sigma_{\mathrm{d\,max}} = K_{\mathrm{d}}\sigma_{\mathrm{st\,max}} = K_{\mathrm{d}}\frac{Pl}{W} = \sqrt{\frac{48EPv^2}{\pi gld^2}}$$

从上式可见,杆的最大静应力随着杆长l的增大而增大,但最大动应力却是随着杆长l的增大而减小。这是由于杆变长后,静位移Δ_{st}变大,动荷因数K_{d}变小,缓冲效果更好了。

例 10.7 如例 10.3 中图 10.5 所示轴AB的长度$l = 1$ m,材料的剪切弹性模量$G =$ 80 GPa。求当轴的A端突然刹住(即A端突然停止转动)时轴内最大切应力。

解: 当A端紧急刹车时,B端飞轮具有动能,轴AB受扭转冲击,发生扭转变形。在冲击过程中,飞轮的角速度最后降到零,它的动能全部转化为轴的应变能。飞轮以角速度ω旋转时的动能为

$$T = \frac{1}{2}J\omega^2$$

设轴AB所受动荷扭矩为T_{d},动荷扭转角为φ_{d},则轴的扭转应变能为

$$V_{\varepsilon\mathrm{d}} = \frac{1}{2}T_{\mathrm{d}}\varphi_{\mathrm{d}} = \frac{1}{2}T_{\mathrm{d}}\frac{T_{\mathrm{d}}l}{GI_{\mathrm{p}}} = \frac{T_{\mathrm{d}}^2 l}{2GI_{\mathrm{p}}}$$

根据能量守恒定律,有

$$T = V_{\varepsilon\mathrm{d}} \quad 即 \quad \frac{1}{2}J\omega^2 = \frac{T_{\mathrm{d}}^2 l}{2GI_{\mathrm{p}}}$$

由此求得

$$T_{\mathrm{d}} = \omega\sqrt{\frac{JGI_{\mathrm{p}}}{l}}$$

这样扭转冲击所产生的轴内最大切应力

$$\tau_{\mathrm{d\,max}} = \frac{T_{\mathrm{d}}}{W_{\mathrm{t}}} = \omega\sqrt{\frac{8JG}{\pi ld^2}} = 3\ 171\ \mathrm{MPa}$$

与例 10.3 比较,本例求得的$\tau_{\mathrm{d\,max}}$比之大 317 倍,对于常用钢材,许用扭转切应力$[\tau] =$ 80 ~ 100 MPa,上面求出的$\tau_{\mathrm{d\,max}}$已经远超过了许用应力,所以对轴的安全来说,冲击载荷是十分有害的。

例 10.8 如图 10.13 所示吊索的下端悬挂一重为P的重物,并以匀速v下降。当吊索长为l时,滑轮突然被卡住。设吊索的横截面面积为A,弹性模量为E,滑轮和吊索的质量可略去不计。求吊索受到的冲击载荷F_{d}。

解: 设重物P以匀速v下降且吊索长为l时,吊索的伸长为Δ_{st}。滑轮被卡住后,吊索的最大拉力为F_{d},最大伸长为Δ_{d}。

卡住前后能量减小为

$$\Delta T + \Delta V = \frac{1}{2}\frac{P}{g}v^2 + P(\Delta_{\mathrm{d}} - \Delta_{\mathrm{st}})$$

而绳索应变能增加为

$$\Delta V_{\varepsilon} = \frac{1}{2}F_{\mathrm{d}}\Delta_{\mathrm{d}} - \frac{1}{2}P\Delta_{\mathrm{st}}$$

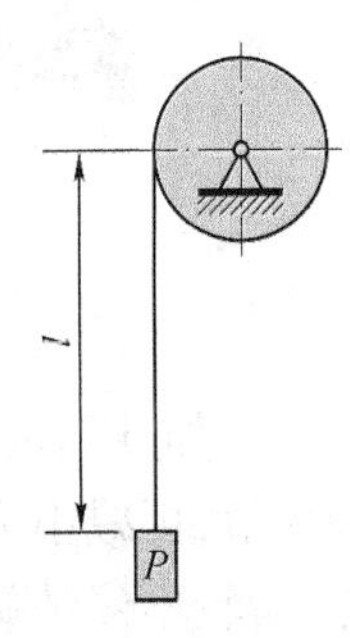

图 10.13

根据能量守恒定律,得

$$\frac{1}{2}\frac{P}{g}v^2 + P(\Delta_d - \Delta_{st}) = \frac{1}{2}F_d\Delta_d - \frac{1}{2}P\Delta_{st}$$

将 $F_d = \dfrac{\Delta_d}{\Delta_{st}}P$ 代入上式，整理后得

$$\Delta_d^2 - 2\Delta_{st}\Delta_d + \Delta_{st}^2\left(1 - \frac{v^2}{g\Delta_{st}}\right) = 0$$

由此求得

$$\Delta_d = \left(1 + \sqrt{\frac{v^2}{g\Delta_{st}}}\right)\Delta_{st}$$

故动荷因数为

$$K_d = 1 + \sqrt{\frac{v^2}{g\Delta_{st}}}$$

吊索受到的冲击载荷为

$$F_d = K_dP = \left(1 + \sqrt{\frac{v^2}{g\Delta_{st}}}\right)P = \left(1 + \sqrt{\frac{v^2}{g}\frac{EA}{Pl}}\right)P$$

10.5 交变应力及疲劳失效

机械和工程结构中，有许多构件在工作时承受着随时间作周期变化的应力。例如，图 10.14(a) 中火车轮轴，在来自车厢的力 F 作用下，两轮之间的一段轴为纯弯曲。随着火车匀速前进，轴以匀角速度 ω 转动，横截面上 A 点到中性轴的距离 $y = r\sin\omega t$ 随时间 t 而变化，该点的弯曲正应力为

$$\sigma = \frac{My}{I_z} = \frac{Mr}{I_z}\sin\omega t$$

正应力 σ 随时间 t 按正弦曲线变化[图 10.14(b)]。

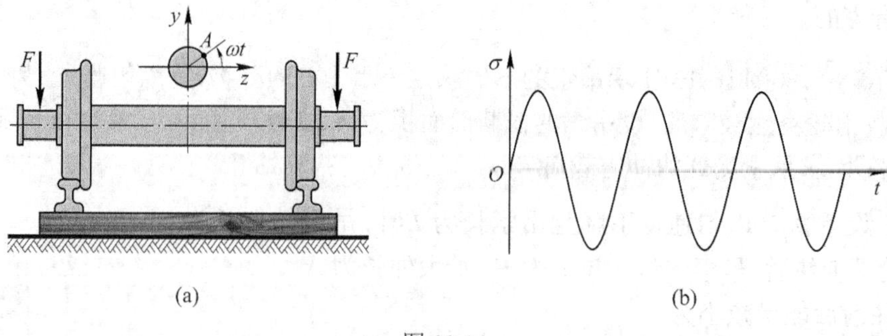

图 10.14

又如，图10.15(a) 中齿轮每旋转一周，轮齿 Ⅰ 啮合一次。啮合时力 F 由零迅速增加到最大值，再减小为零。相应地，齿根 A 处的弯曲正应力 σ 也由零增加到最大值，再减小为零。齿轮不停地旋转，应力 σ 也就不停地重复上述过程。应力 σ 随时间 t 变化的曲线如图 10.15(b) 所示。

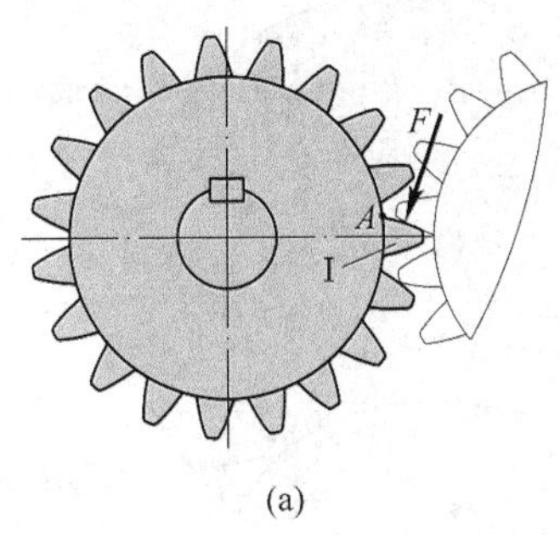

(a)

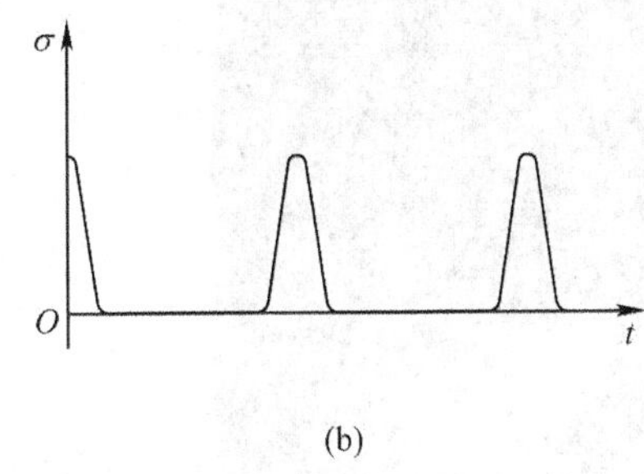

(b)

图 10.15

另外,在承受强迫振动的构件中,其应力也是随时间作周期性变化的。例如,简支梁在电动机转子偏心惯性力作用下作强迫振动时[图 10.16(a)],梁中弯曲应力随时间变化的曲线如图 10.16(b) 所示。图中 σ_{st} 表示电动机自重 P 按静载荷方式作用于梁上引起的静应力,σ_{max} 和 σ_{min} 分别表示梁在最大和最小位移时的应力。

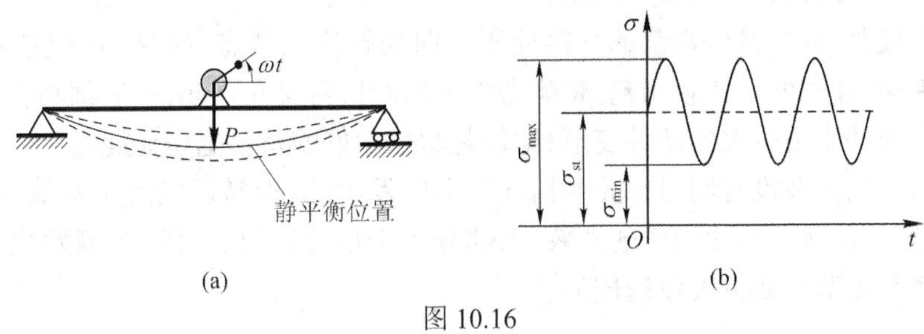

(a) (b)

图 10.16

在上述三个实例中,随时间作周期性变化的应力称为**交变应力**。材料在交变应力作用下的失效情况与静应力失效有其本质的不同。因交变应力产生失效时,最大应力值一般低于静载荷作用下材料的抗拉(压) 强度极限 σ_b,有时甚至低于屈服极限 σ_s。材料发生失效前,应力随时间变化经过多次重复,其循环次数与应力的大小有关。应力愈大,循环次数愈少。

在交变应力作用下发生的失效,习惯上称为**疲劳失效**。在生活实践中,用手折断铁丝,弯折一次一般不会断,但反复来回弯折多次后,铁丝就会发生裂断,这就是材料受交变应力作用而失效的例子。

疲劳断口分为以下 3 个区(图 10.17)。

(1) **疲劳源区**。疲劳源区是疲劳裂纹的萌生地,该区一般位于构件的表面或内部缺陷处,可能一个,也可能多个。在构件外形突变(如拐角、切口、沟槽等) 或缺陷(如内部夹杂物、表面切削刀痕、划伤) 等部位,都将发生应力集中,出现很大的应力,在长期的交变应力作用下形成裂纹源。由于裂纹尖端处又有严重的应力集中,致使裂纹逐步扩展,形成宏观裂纹。

(2) **裂纹扩展区**。裂纹扩展区光滑、平整,这是由于循环加载时,反复变形,裂开的两个面不断张开、闭口,相互摩擦。扩展区通常可见形似贝壳或海浪冲击后形成的海滩条带。海滩条带是疲劳断口的宏观基本特征,是判断构件是否为疲劳失效的重要依据。

(a)

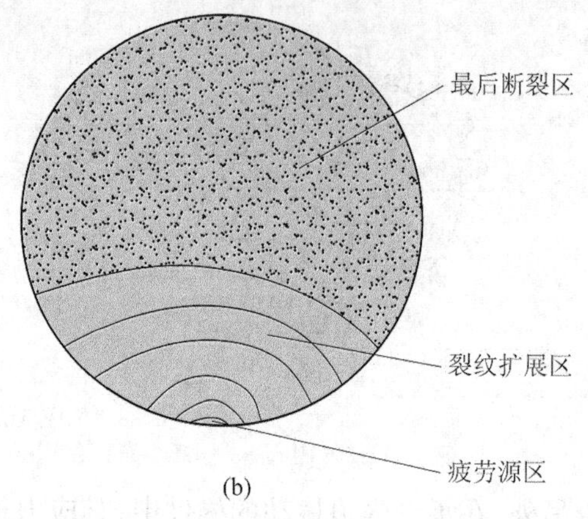

(b)

图 10.17

（3）**最后断裂区（瞬断区）**。瞬断区，是裂纹扩展到剩余面积不足以承担最大疲劳载荷，最后发生强度失效（即过载）形成的。

因在裂纹张开时，其尖端部的材料处于三向受拉应力状态，故材料（包括塑性材料）呈现脆性断裂，在瞬断区比较粗糙。将疲劳失效的断口对接在一起，一般都吻合得很好，这表明失效之前并未发生大的塑性变形，即使是塑性很好的材料也是如此。

因疲劳失效是在没有明显征兆的情况下突然发生的，极易造成严重事故。据统计，机械零件，尤其是高速运转的构件的失效，大部分属于疲劳失效。飞机、车辆发生的事故中，有很大比例是零部件疲劳失效造成的。

10.6 交变应力的循环特征 疲劳极限

图 10.18 表示交变应力 σ 随时间 t 周期性变化的关系曲线，从 a 到 b，应力值从 σ_{max} 变到 σ_{min}，再从 σ_{min} 变到 σ_{max}，称为一个应力循环。完成一个应力循环所需的时间（图中的 T）称为**周期**。比值

$$r = \frac{\sigma_{min}}{\sigma_{max}} \tag{10.8}$$

称为交变应力的**循环特征**。最大应力与最小应力之和的一半，即

$$\sigma_m = \frac{\sigma_{max} + \sigma_{min}}{2} \tag{10.9}$$

称为**平均应力**。最大应力与最小应力之差的一半，即

$$\sigma_a = \frac{\sigma_{max} - \sigma_{min}}{2} \tag{10.10}$$

称为**应力幅**。显然有

$$\sigma_{max} = \sigma_m + \sigma_a, \quad \sigma_{min} = \sigma_m - \sigma_a \tag{10.11}$$

若交变应力的 σ_{max} 与 σ_{min} 大小相等而符号相反，例如，图 10.14 中火车轮轴上 A 点的

应力就是如此，这种情况称为**对称循环**。此时

$$r=-1,\quad \sigma_m=0,\quad \sigma_a=\sigma_{max}$$

$r\neq -1$ 的循环称为**非对称循环**。由式(10.11)可见，非对称循环可看成是在平均应力 σ_m 上叠加一个应力幅度为 σ_a 的对称循环，如图 10.18 所示。

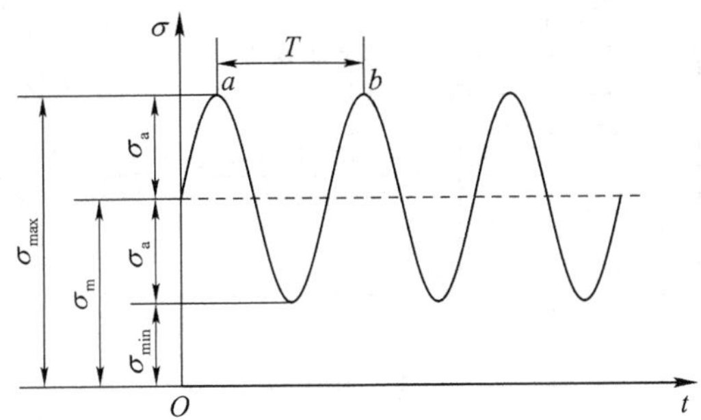

图 10.18

若交变应力的 $\sigma_{min}=0$（或 $\sigma_{max}=0$），即交变应力变动于零与某一应力之间，图 10.15 中齿根 A 点的应力就是如此，这种情况称为**脉动循环**。此时

$$r=0,\quad \sigma_m=\sigma_a=\frac{\sigma_{max}}{2}\quad (\sigma_{min}=0)$$

或者

$$r=-\infty,\quad \sigma_m=-\sigma_a=\frac{\sigma_{min}}{2}\quad (\sigma_{max}=0)$$

静应力也可以看成是交变应力的一种特例，此时

$$r=1,\quad \sigma_a=0,\quad \sigma_m=\sigma_{max}=\sigma_{min}$$

实验表明，在交变应力作用下，构件是否发生疲劳，不仅与 σ_{max} 有关，还与循环特征 r 及循环次数 N 有关。在一定的循环特征下，σ_{max} 愈高，至断裂所经历的应力循环次数 N 愈少；σ_{max} 愈低，循环次数 N 愈多。当最大应力 σ_{max} 不超过某一极限时，材料虽经受"无数次"的应力循环也不发生疲劳失效，这一极限值称为**疲劳极限**或**持久极限**，用 σ_r 表示，下角标 r 表示它的循环特征。对称循环时的疲劳极限记为 σ_{-1}。

测定对称循环的疲劳极限 σ_{-1}，技术上比较简单，也最为常见，可在弯曲疲劳试验机上进行。疲劳试验的试样一般做成直径为 7 ~ 10 mm、表面抛光的光滑小试样，使它们分别在不同的 σ_{max} 下承受交变应力，直到疲劳失效为止，并记录每根试样在疲劳失效前经历的循环次数 N。第一根试样的最大应力 $\sigma_{max,1}$ 约为强度极限 σ_b 的 70%，经历 N_1 次循环后试样疲劳失效。以后各个试样的最大应力逐渐递减。对钢试样，经过 10×10^6 次循环仍不疲劳，即可认为它能承受无限次循环而不疲劳，试验即可结束。对有色金属试件，则须经过 200×10^6 甚至 500×10^6 次循环。

根据试验结果，以 σ_{max} 为纵坐标，循环次数 N 为横坐标，绘出一条曲线，称为应力-寿命曲线或 $S-N$ 曲线(图 10.19)。当 σ_{max} 降到某一极限值时，应力-寿命曲线趋近于水平线。这一极限值即是材料在对称循环下的疲劳极限 σ_{-1}。

有色金属的 $S-N$ 曲线无明显趋于水平的直线部分。通常规定一个循环次数，例如 10^8，把与此循环次数对应的最大应力作为这类材料的"条件"疲劳极限。

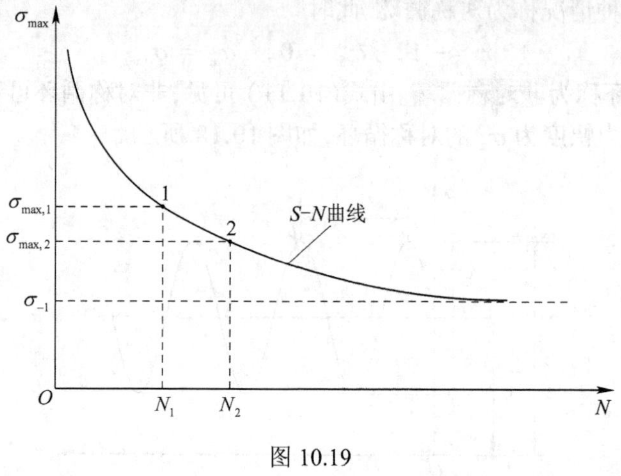

图 10.19

10.7 影响构件疲劳极限的因素

上节讨论的材料的疲劳极限是用标准试件测定的,而实际构件的形状,尺寸及加工状况等都不同于标准试件,所以材料的疲劳极限不能直接用于构件的疲劳强度计算,而必须考虑构件外形、尺寸及加工状况等因素对疲劳极限的影响,从而确定具体构件的疲劳极限。下面就分别讨论这些影响因素。

(1) **构件外形的影响**。工程实际中的构件,外形的突然变化,如构件上有螺纹、键槽、键肩(不同直径的过渡)等,将引起应力集中。因疲劳失效是在构件的高应力区出现细微裂纹并逐步扩展所致,所以具有应力集中的构件其疲劳极限要比同样尺寸的光滑试件有所降低。一般用有效应力集中因数 K_σ 来表示其影响的程度,即

$$K_\sigma = \frac{\sigma_{-1}}{(\sigma_{-1})_k} = \frac{\text{光滑试件的疲劳极限}}{\text{同尺寸而有应力集中的试件的疲劳极限}} \tag{10.12}$$

K_σ 大于 1。K_σ 不但与构件的形状、尺寸有关,而且与材料的性质有关。可以从有关图表中查得 K_σ 值。

(2) **构件尺寸的影响**。材料的疲劳极限 σ_{-1} 是用直径为7 ~ 10 mm的小试样测得的。随着试样横截面尺寸的增大,疲劳极限却相应地降低。这是由于试件尺寸越大,截面上的高应力区也就越大,因此产生疲劳裂纹的机会就越多。以图10.20 中两个受扭试件为例来说明。沿圆截面的半径,切应力是线性分布的,若两者最大切应力相等,显然有 $\alpha_1 < \alpha_2$,即沿圆截面半径,大试件应力的衰减比小试件缓慢,因而大试件横截面上的高应力区比小试件的大。

尺寸增大对疲劳极限的影响程度,通常用尺寸因数 ε_σ 表示

$$\varepsilon_\sigma = \frac{(\sigma_{-1})_d}{\sigma_{-1}} = \frac{\text{光滑大试件的疲劳极限}}{\text{光滑小试件的疲劳极限}} \tag{10.13}$$

尺寸因数 ε_σ 小于 1。弯曲和扭转时尺寸因数的大小可从有关的尺寸因数表查得。在拉(压) 的对称应力循环下进行的实验结果表明,尺寸的大小对于轴向拉伸和轴向压缩的疲劳极限无影响,即轴向拉压的尺寸因数 $\varepsilon_\sigma \approx 1$。

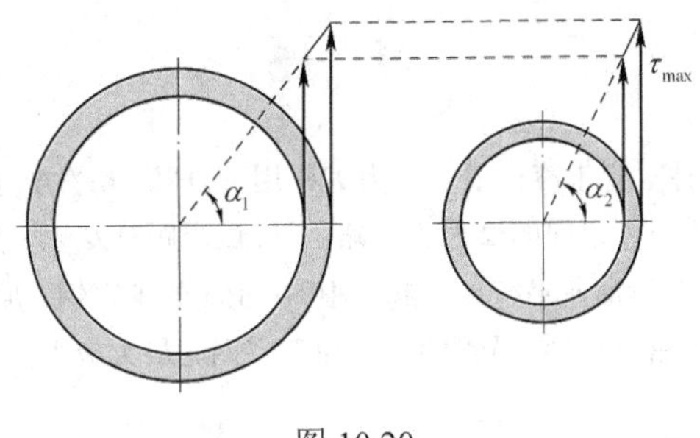

图 10.20

(3) **构件表面质量的影响**。实际构件表面的加工质量对疲劳极限也有影响,这是因为不同的加工精度在表面上造成的刀痕将呈现不同程度的应力集中,因而降低了疲劳极限,但若构件表面经过淬火、氮化、渗碳等强化处理,其疲劳极限也就得到提高。表面质量对疲劳极限的影响用表面质量因数β表示

$$\beta = \frac{(\sigma_{-1})_\beta}{\sigma_{-1}} = \frac{\text{表面为其他加工状况时构件的疲劳极限}}{\text{表面磨光试件的疲劳极限}} \tag{10.14}$$

构件表面质量低于磨光的试件时,$\beta < 1$;若表面经过强化处理,则$\beta > 1$。表面质量因数β的大小可从有关的表面质量因数表查得。

综合考虑上述三种影响因素,构件的疲劳极限应为

$$\sigma_{-1}^0 = \frac{\varepsilon_\sigma \beta}{K_\sigma}\sigma_{-1} \tag{10.15}$$

式中,σ_{-1}为表面磨光的光滑小试件的疲劳极限。

以式(10.15)求得的构件的疲劳极限σ_{-1}^0作为极限应力,将此除以适当的安全因素n,得到构件的许用应力为

$$[\sigma_{-1}] = \frac{\sigma_{-1}^0}{n}$$

所以,构件的强度条件为

$$\sigma_{max} \leqslant [\sigma_{-1}]$$

式中,σ_{max}为构件受到拉(压)或弯曲时的最大工作应力。

在工程实际中往往采用安全因数法进行强度校核,也就是要求构件在交变应力下的实际工作安全因数n_σ(即实际构件的疲劳极限σ_{-1}^0与它的最大工作应力之比)要大于规定的安全因数n,即

$$n_\sigma = \frac{\sigma_{-1}^0}{\sigma_{max}} = \frac{\varepsilon_\sigma \beta}{K_\sigma} \cdot \frac{\sigma_{-1}}{\sigma_{max}} \geqslant n$$

构件承受交变应力时,为提高其疲劳极限,可采取两方面的措施。一方面是降低应力集中的影响。在轴类零件中,根据结构的可能,应尽量使截面变化处过渡缓和,避免急剧过渡。另一方面是改善构件的表面层质量。对于构件中最大应力所在的表面采用某些工艺措施,例如,表面热处理或化学处理(高频淬火、氮化、渗碳和氰化等);或对表面层用滚压、喷弹(高速小球冲打零件表面)等冷加工方法。这些方法的共同特点是使构件表层产生残余压应力,减少出现表面细微裂缝的机会,以达到提高疲劳极限的目的。

习 题

1. 图示一横截面面积为 A 的杆，置于滚柱上。在力 F 作用下，杆沿水平方向以匀加速度 a 向前运动，已知杆材料的容重为 γ，滚柱与杆之间的摩擦力忽略不计。试求距杆左端 x 处横截面上的轴力 $F_N(x)$。
2. 如图所示，用两根吊索向上匀加速平行地吊起一根 No.36a 的工字钢，加速度 $a = 10\ \text{m/s}^2$，吊索直径 $d = 12\ \text{mm}$。若不计吊索自重，试计算吊索的应力和工字钢的最大应力。

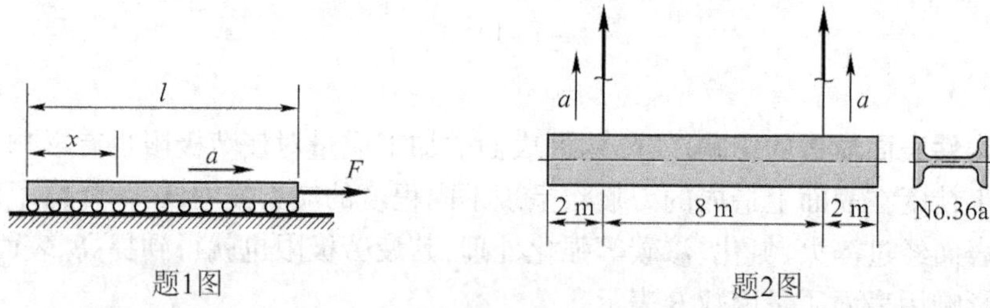

题1图　　题2图

3. 图示等直杆 CD 以匀角速度 ω 绕竖直轴 y 在水平面内旋转，杆材料的密度为 ρ。
   (1) 试画出杆 CD 的轴力图，并求杆 CD 内产生的最大正应力。由自重引起的弯曲应力很小，可略去。
   (2) 设杆材料的弹性模量为 E，求杆 CD 的伸长量 Δl_{CD}。
4. 图示飞轮的最大圆周速度 $v = 25\ \text{m/s}$，材料的容重 $\gamma = 72.6\ \text{kN/m}^3$。若不计轮辐的影响，试求轮缘内的最大正应力。

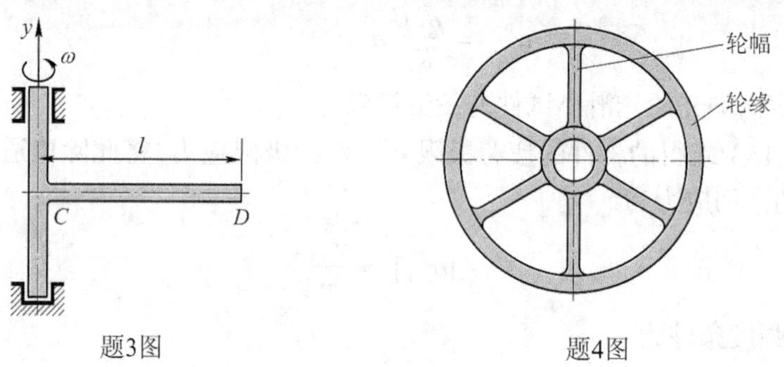

题3图　　题4图

5. 圆轴 AB 上装有两个重为 P 的偏心载荷，假定偏心载荷作用于轴的两对面，并作用在跨长的三等分点处，如图所示。设轴 AB 以等角速度 ω 旋转，试求在图示位置时轴内的最大弯矩。
6. 图示直径为 d 的轴上装有一厚度为 δ 的钢质圆盘，盘上有一直径为 d_1 的圆孔。圆盘以匀角速度 ω 旋转，密度为 ρ。试求由此圆盘偏心圆孔而引起的轴内最大弯曲正应力。

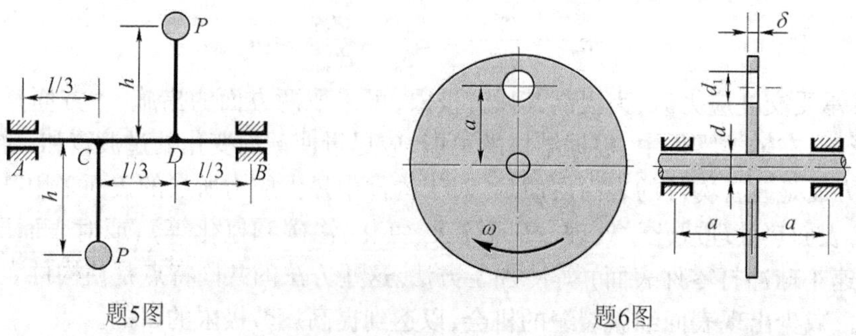

题5图　　题6图

7. 图示桥式起重机主梁由两根No.16号工字钢组成，重物自重$P = 40$ kN，主梁以匀速度$v = 1$ m/s向前移动（垂直纸面），当起重机突然停止时，重物向前摆动。试求此瞬时梁内最大正应力（不考虑斜弯曲影响）。

8. 图示起重吊索的下端有一刚度$k = 800$ kN/m的弹簧，并有挂重$P = 20$ kN。已知钢索的横截面面积$A = 1\,000$ mm^2，弹性模量$E = 160$ GPa。若重物以匀速$v = 1.2$ m/s下降，当钢索的长度$l = 20$ m时，绞车突然刹车，试计算此时钢索内的正应力。如果钢索与重物之间无弹簧联结时，钢索内的正应力等于多少？

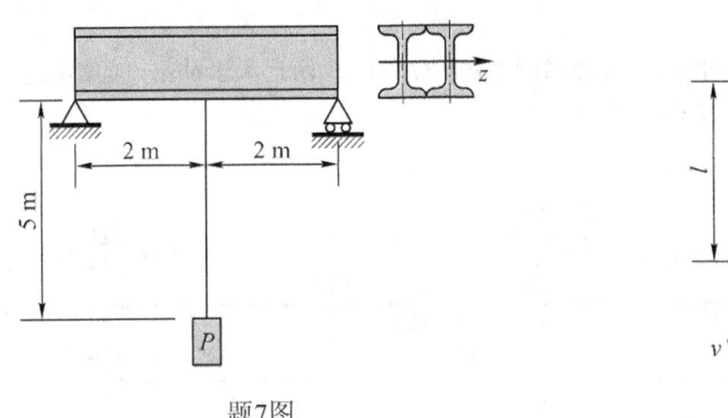

题7图　　　　题8图

9. 重$P = 5$ kN的重物，自高度$h = 40$ mm处自由下落在长度$l = 4$ m的直杆的下端托盘上，如图所示。杆的横截面是30 mm × 30 mm的正方形，材料的弹性模量$E = 200$ GPa。试求冲击力引起的杆内正应力。

10. 直径$d = 300$ mm，长度$l = 6$ m的圆木桩，下端固定，上端受重$P = 5$ kN的重锤作用，如图所示，木材的弹性模量$E_1 = 10$ GPa。在下列三种情况下，试求木桩内的最大正应力：

（1）重锤以静载荷的方式作用于木桩上；

（2）重锤从离桩顶1 m的高度处自由落下；

（3）在桩顶放置直径为150 mm、厚为40 mm的橡胶垫，橡胶的弹性模量$E_2 = 8$ MPa，重锤也是从离橡胶垫顶面1 m的高度处自由落下。

11. 图示圆形截面钢杆，直径$d = 60$ mm，杆长$l = 1$ m，弹性模量$E = 200$ GPa，比例极限$\sigma_p = 200$ MPa，$P = 1$ kN。试按稳定条件计算允许冲击高度h值。

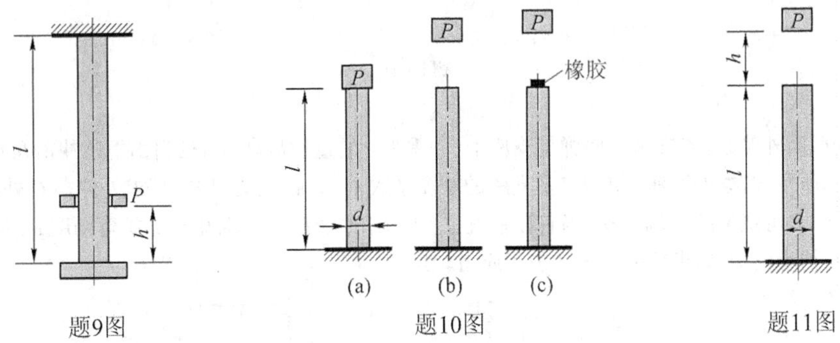

题9图　　　　题10图　　　　题11图

12. 体重$P = 700$ N的跳水运动员，从$h = 300$ mm高处落到跳板上。设跳板尺寸如图所示，$a = 1.2$ m，$E = 10$ GPa。试求跳板中的最大弯曲正应力。

13. 图示悬臂钢梁，自由端处吊车将重物以匀速v下放，已知梁长为l，梁的弯曲刚度为EI，绳的横截面面积为A，绳材料的弹性模量为E，重物自重为P，梁、吊车和钢绳的质量不计。当绳长为a时吊车突然制动，试求钢绳中的动应力。

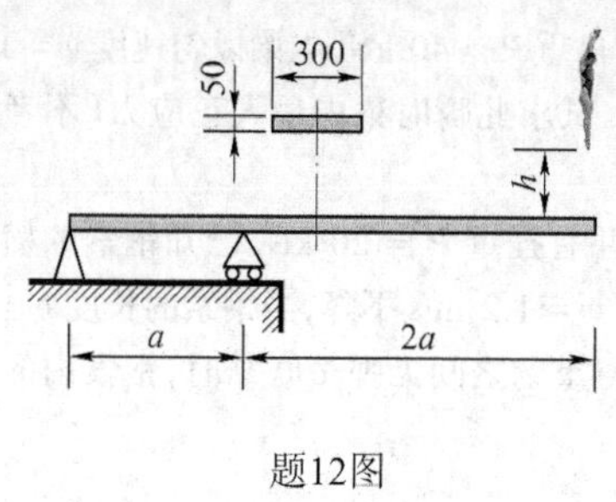

题12图

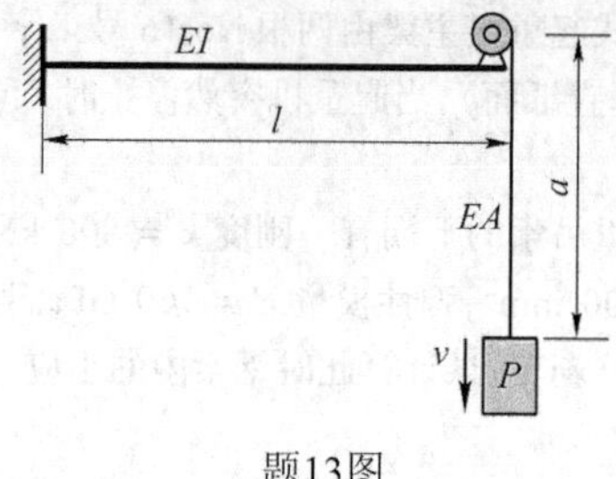

题13图

14. 图示相同两梁，受自由落体冲击，已知弹簧刚度 $k = 3EI/l^3$。如 h 远大于冲击点的静挠度，试求两种情况下的动荷因数之比及最大动应力之比。

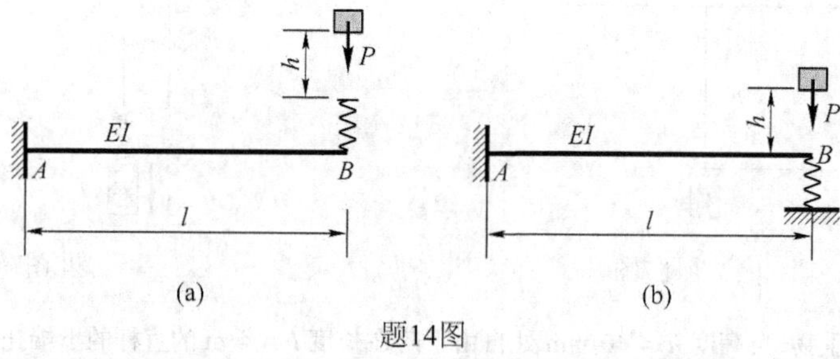

题14图

15. 图(a) 所示矩形截面梁，梁长 $l = 2$ m，其宽度 $b = 75$ mm，高度 $h = 25$ mm，材料的弹性模量 $E = 200$ GPa。弹簧刚度 $k = 10$ kN/m。今有重 $P = 250$ N 的重物自高度 $h_0 = 50$ mm 处自由下落，试求被冲击时梁内的最大正应力。若将弹簧置于梁的上边，如图(b) 所示，则受冲击时梁内的最大正应力又为何值?

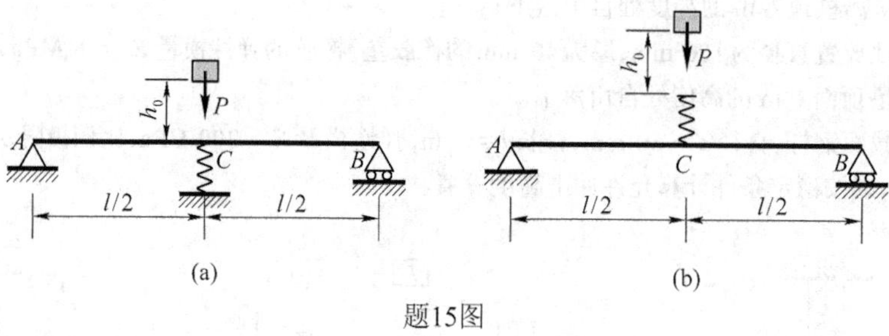

题15图

16. 图示变截面外伸梁 AC 支承于两弹性支座上，一重为 P 的重物从高度 h 处自由下落冲击在其外伸端 C 处，如图所示。若梁的弯曲刚度 EI 及支座的刚度系数 k_1 及 k_2 均为已知，试求外伸端 C 处的挠度。

17. 图示重物 P 可绕梁的 A 端转动，当它在垂直位置时，水平速度为 v。若梁长 l、抗弯刚度 EI 及抗弯截面系数 W 均为已知，试求梁的最大冲击正应力。

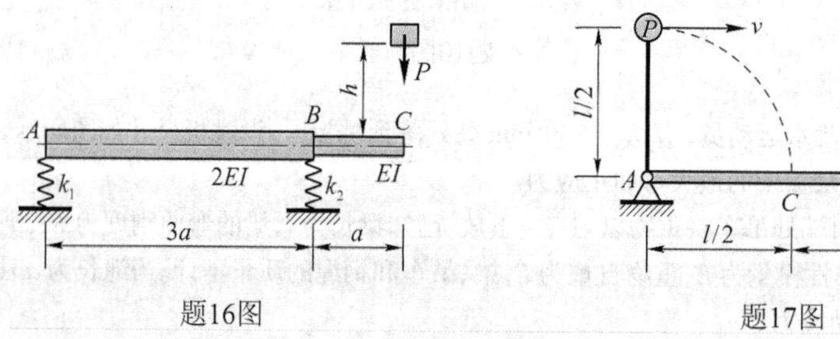

题16图

题17图

18. 图示超静定梁，受高 $h = l/100$ 处的重量为 P 的自由落体冲击。求：

(1) 动荷因数 K_d；

(2) 若 A 端改为固定铰支（其他不变），动荷因数是变大还是缩小？

19. 图示结构，梁 AB 和杆 CD 均由 Q235 钢制成，弹性模量 $E = 200$ GPa，屈服极限 $\sigma_s = 235$ MPa，强度安全因数 $n_s = 1.5$，$l = 1.2$ m。在梁 B 端正上方有一重 $P = 5$ kN 的物体，自高度 $h = 5$ mm 处自由下落。已知梁 AB 为工字钢，截面惯性矩 $I_z = 1.13 \times 10^7\ \text{mm}^4$，抗弯截面系数 $W_z = 1.41 \times 10^5\ \text{mm}^3$；杆 CD 为大柔度杆，横截面直径 $d = 40$ mm，稳定安全因数 $n_{st} = 3$。试校核该结构是否安全。

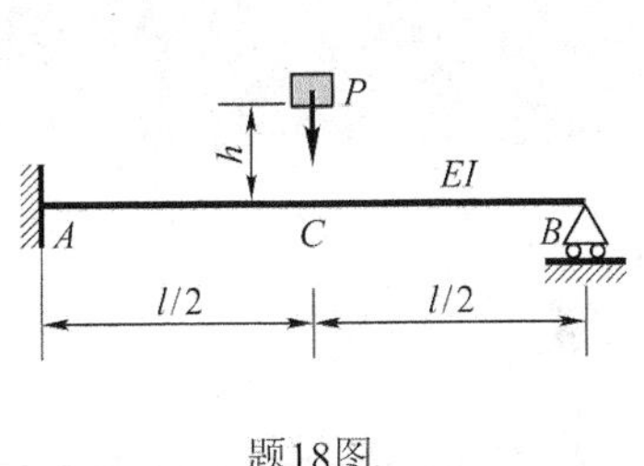

题18图

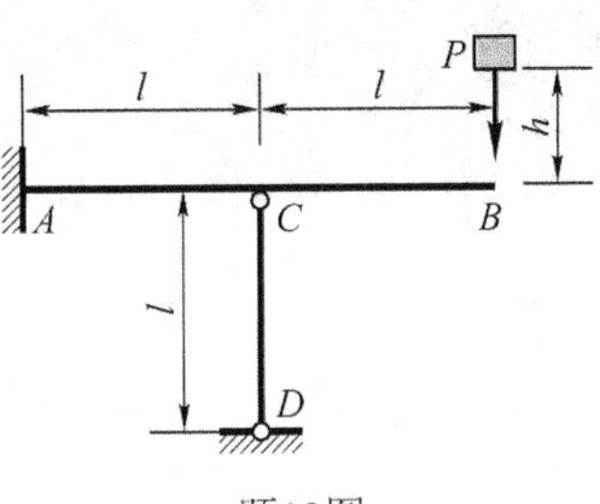

题19图

20. 图示火车轮轴，长度 $a = 500$ mm，$l = 1\,435$ mm，轮轴中段的直径 $d = 150$ mm，$F = 50$ kN。试求轮轴中段截面边缘上任一点的最大应力 σ_{max}、最小应力 σ_{min} 及循环特征 r。

21. 试求图示交变应力的平均应力 σ_m、应力幅 σ_a 和循环特征 r。

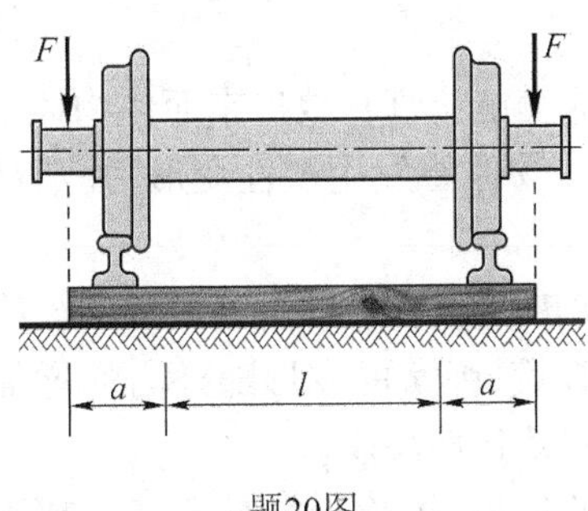

题20图

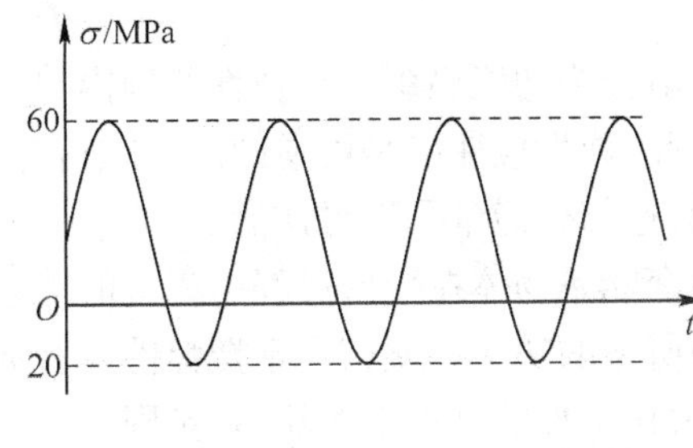

题21图

22. 柴油机活塞杆的直径 $d = 60$ mm，当汽缸发火时，活塞杆受轴向压力 520 kN；吸气时，所受轴向拉力 120 kN。试求杆的平均应力 σ_m 和应力幅 σ_a 和循环特征 r。

23. 圆轴 AB 以等角速度 ω 旋转，尺寸和受力如图所示，载荷方向不变。试求危险点的最大应力 σ_{max}、最小应力 σ_{min}、应力幅 σ_a 及平均应力 σ_m。

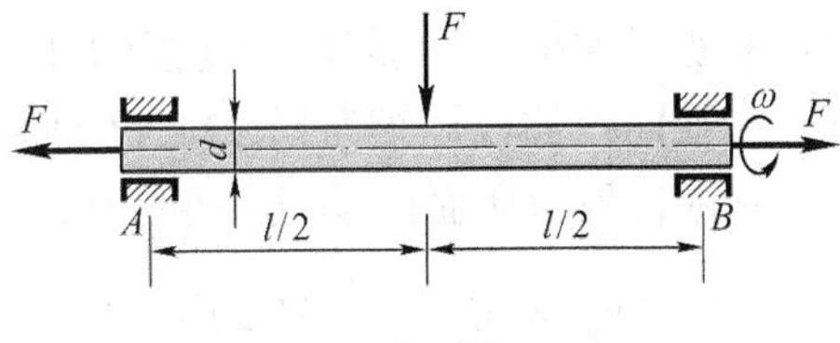

题23图

11 能量法

课件

11.1 概 述

在7.6节中，已经引入了弹性应变能的概念，即在弹性范围内，弹性体在外力作用下发生变形而在体内积蓄的能量，称为弹性应变能。

物体在外力作用下发生变形，根据能量守恒定律，当忽略其他能量损耗时，物体的应变能在数值上等于外力在加载过程中在相应位移上所做的功，即

$$V_\varepsilon = W \tag{11.1}$$

上式一般称为**功能原理**。在弹性范围内，当卸载时，应变能全部释放出来而使物体变形恢复。因此，弹性应变能是可逆的。当超过弹性范围后，物体将发生塑性变形，并消耗一部分能量，这部分能量是不可逆的。

应变能是物体在变形过程中积蓄的能量，外力功 W 是载荷从零逐渐增加到最终值的过程中所做的功。这就相当于把弹性体看成为一个弹簧，弹簧的变形随外力的增加而增大，外力在增加的过程中做功，弹簧则在变形过程中积蓄弹性势能。

在固体力学中，由式(11.1)导出的功和能关系的原理，统称为能量原理。利用能量原理求解固体力学问题的方法，称为能量法。能量法是固体力学的主要内容之一，在计算构件变形，求解超静定问题以及近似计算方面，都起着重要的作用。

11.2 杆件应变能计算

下面分别讨论杆件在基本变形和组合变形时，应变能的计算。

(1) **轴向拉伸或压缩**。在轴向拉伸或压缩时[图11.1(a)]，在线弹性范围内，力 F 与变形 Δl 呈线性关系[图11.1(b)]，外力所做的功就等于图11.1(b)中三角形阴影的面积

$$V_\varepsilon = W = \frac{1}{2} F \cdot \Delta l$$

将 $\Delta l = \dfrac{Fl}{EA}$ 代入上式，得

$$V_\varepsilon = W = \frac{F^2 l}{2EA} \tag{11.2}$$

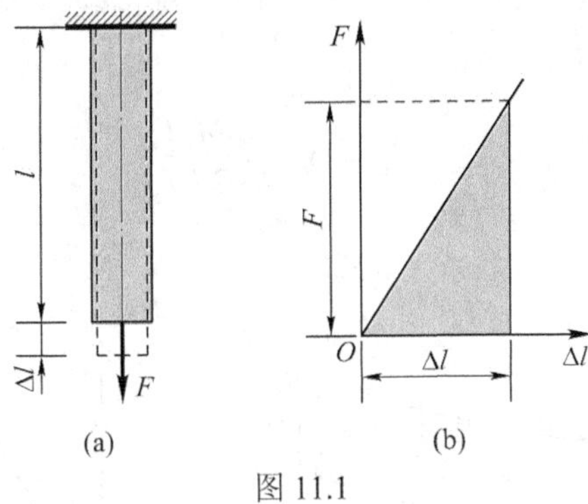

图 11.1

若杆件的轴力和截面面积沿轴线为变量时,利用上式可求出微段杆 dx 的应变能,积分求出整个杆件的应变能为

$$V_\varepsilon = \int_l \frac{F_N^2(x)\,dx}{2EA(x)} \tag{11.3}$$

(2) **扭转**。在圆轴扭转时[图 11.2(a)],在线弹性范围内,外力偶矩 M_e 与扭转角 φ 呈线性关系[图 11.2(b)],外力偶所做的功就等于图 11.2(b) 中三角形阴影的面积

$$V_\varepsilon = W = \frac{1}{2}M_e \cdot \varphi$$

将 $\varphi = \dfrac{M_e l}{GI_p}$ 代入上式,得

$$V_\varepsilon = W = \frac{M_e^2 l}{2GI_p} \tag{11.4}$$

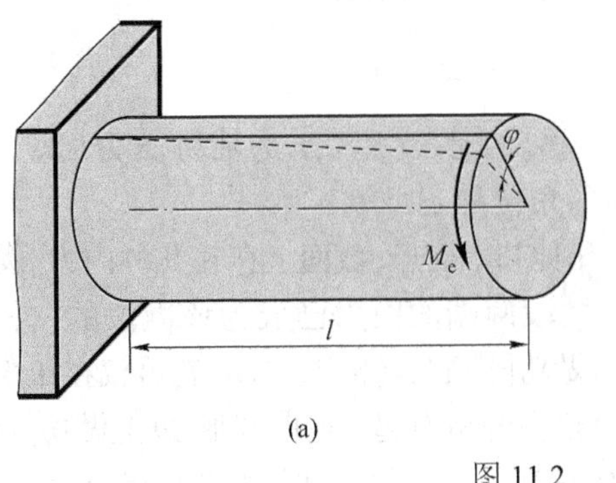

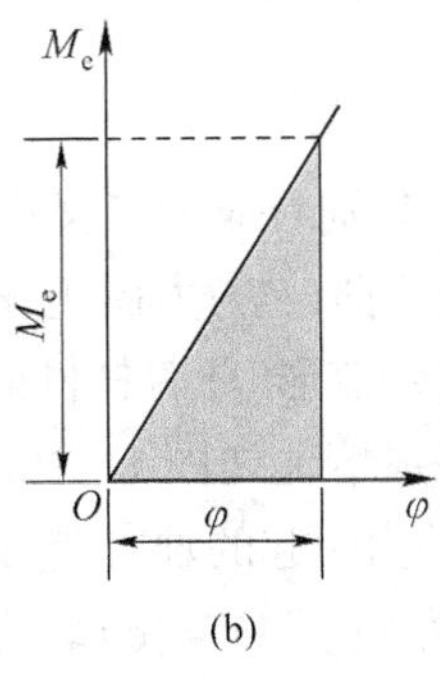

图 11.2

当扭矩或截面面积沿轴线变化时,同样可由微段圆轴的应变能积分而得到整个圆轴的应变能

$$V_\varepsilon = \int_l \frac{T^2(x)\,dx}{2GI_p(x)} \tag{11.5}$$

(3) **弯曲**。如图 11.3(a)所示纯弯曲梁,在线弹性范围内,外力偶矩 M_e 与自由端转角 θ 呈线性关系[图 11.3(b)],外力偶所做的功就等于图 11.3(b) 中三角形阴影的面积

$$V_\varepsilon = W = \frac{1}{2}M_e \cdot \theta$$

将 $\theta = \dfrac{M_e l}{EI}$ 代入上式，得

$$V_\varepsilon = W = \frac{M_e^2 l}{2EI} \tag{11.6}$$

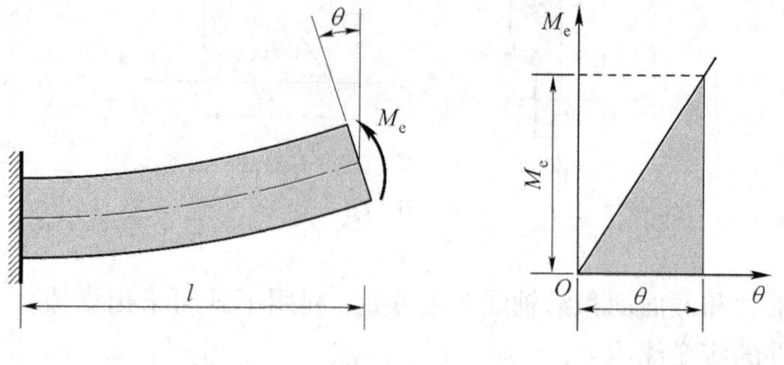

(a)　　(b)

图 11.3

对于横力弯曲的梁，其横截面上既有弯矩，又有剪力，应该分别计算弯曲应变能和剪切应变能，再求和，但是，对于细长梁，剪切应变能与弯曲应变能相比，一般很小，可以略去不计，所以只计算弯曲应变能。横力弯曲时，弯矩一般是截面位置坐标 x 的函数，同样可由微段梁的应变能积分而得到整个梁的应变能

$$V_\varepsilon = \int_l \frac{M^2(x)\,\mathrm{d}x}{2EI(x)} \tag{11.7}$$

上面讨论的三种基本变形的应变能，它们在数值上都等于在加载过程中载荷所做的功，所以可把应变能的计算公式表示成为统一的形式，即

$$V_\varepsilon = W = \frac{1}{2} F \cdot \delta \tag{11.8}$$

式中，F 和 δ 分别看成为广义力和广义位移。如对拉（压），F 为轴力，δ 为相应的线位移 Δl；对扭转和纯弯曲，F 为力偶矩，δ 为相应的角位移 φ 或 θ。

（4）**组合变形**。此时杆件同时发生几种基本变形，截面上存在几种内力。圆截面杆微段 $\mathrm{d}x$ 受力的一般情况如图 11.4(a) 所示，微段两端的内力已成为该微段的“外力”，且轴力 $F_\mathrm{N}(x)$ 仅在轴力引起的轴向变形 $\mathrm{d}(\Delta l)$ 上做功[图 11.4(b)]，扭矩 $T(x)$ 仅在扭矩引起的扭转变形 $\mathrm{d}\varphi$ 上做功[图 11.4(c)]，弯矩 $M(x)$ 仅在弯矩引起的弯曲变形 $\mathrm{d}\theta$ 上做功[图 11.4(d)]，它们相互独立。因此，在忽略剪力影响的情况下，由式(11.8) 得微段 $\mathrm{d}x$ 的应变能

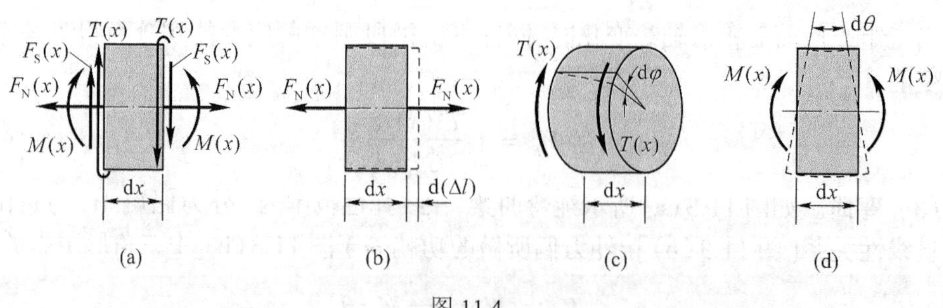

图 11.4

$$dV_{\varepsilon} = \frac{F_{N}(x)\,d(\Delta l)}{2} + \frac{T(x)\,d\varphi}{2} + \frac{M(x)\,d\theta}{2}$$

将 $d(\Delta l) = \dfrac{F_{N}(x)\,dx}{EA(x)}$, $d\varphi = \dfrac{T(x)\,dx}{GI_{p}(x)}$, $d\theta = \dfrac{M(x)\,dx}{EI(x)}$代入上式，积分得组合变形时杆的应变能为

$$V_{\varepsilon} = \int_{l} \frac{F_{N}^{2}(x)\,dx}{2EA(x)} + \int_{l} \frac{T^{2}(x)\,dx}{2GI_{p}(x)} + \int_{l} \frac{M^{2}(x)\,dx}{2EI(x)} \tag{11.9}$$

例 11.1 如图 11.5 所示变截面悬臂梁，在自由端受集中力 F 作用，材料的弹性模量为 E。计算梁的应变能 V_{ε}，并利用功能原理求自由端 A 的挠度 w_{A}。

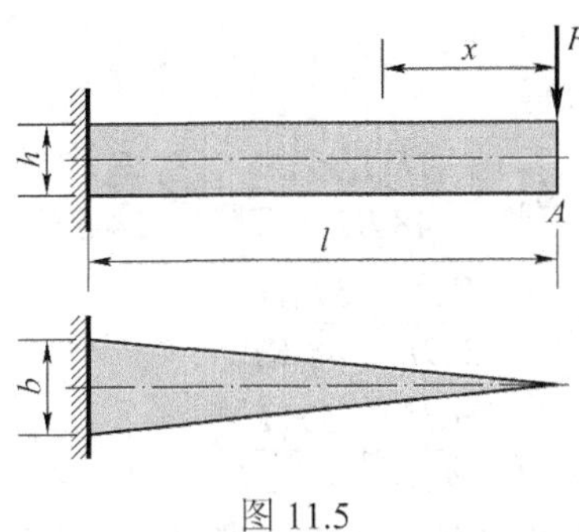

图 11.5

解：梁的弯矩方程为

$$M(x) = -Fx$$

任意截面 x 的惯性矩为

$$I(x) = \frac{b(x)\cdot h^{3}}{12} = \frac{bh^{3}}{12l}x$$

梁的应变能及外力功分别为

$$V_{\varepsilon} = \int_{l} \frac{M^{2}(x)\,dx}{2EI(x)} = \int_{0}^{l} \frac{6l}{Ebh^{3}x}(Fx)^{2}\,dx = \frac{3F^{2}l^{3}}{Ebh^{3}}$$

$$W = \frac{1}{2}F\cdot w_{A}$$

由功能原理 $V_{\varepsilon} = W$，得

$$w_{A} = \frac{6Fl^{3}}{Ebh^{3}}$$

例 11.2 试计算如图 11.6(a) 所示悬臂梁在不同加载次序时的应变能：

(1) 先加 F_{1}，后加 F_{2}；

(2) 先加 F_{2}，后加 F_{1}；

(3) F_{1}、F_{2} 按同样的比例同时从零增加到最终值。

解：设 F_{1} 作用点为 1 点，F_{2} 作用点为 2 点。图 11.6(b)、(c) 中，F_{i} 单独作用下，在 j 点引起的位移用 Δ_{ji} 表示($i = 1,2$；$j = 1,2$)。

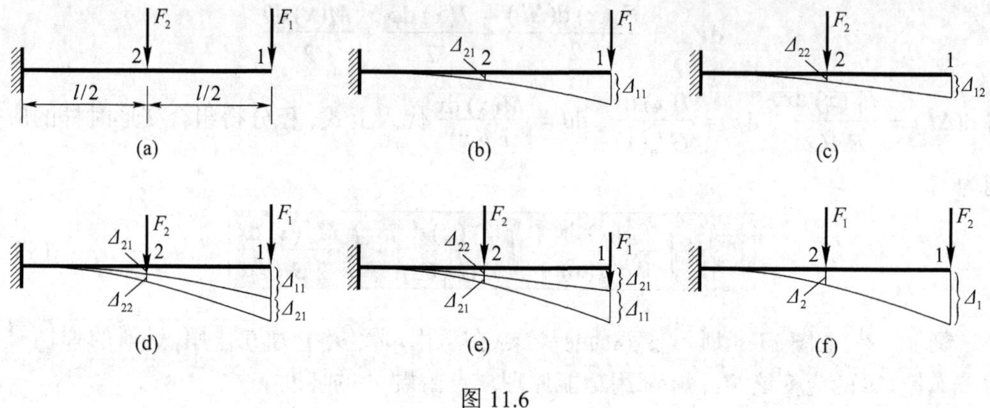

图 11.6

利用表 6.1 及叠加原理求得

$$\Delta_{11} = \frac{F_1 l^3}{3EI}, \quad \Delta_{21} = \frac{5F_1 l^3}{48EI}, \quad \Delta_{22} = \frac{F_2 l^3}{24EI}, \quad \Delta_{12} = \frac{5F_2 l^3}{48EI}$$

$$\Delta_1 = \Delta_{11} + \Delta_{12} = \frac{F_1 l^3}{3EI} + \frac{5F_2 l^3}{48EI}$$

$$\Delta_2 = \Delta_{22} + \Delta_{21} = \frac{F_2 l^3}{24EI} + \frac{5F_1 l^3}{48EI}$$

下面应用功能原理分别计算各种加载次序下梁的应变能。

（1）先加 F_1，后加 F_2，见图 11.6(d)：

$$V_{\varepsilon 1} = W_1 = \frac{1}{2}F_1\Delta_{11} + \frac{1}{2}F_2\Delta_{22} + F_1\Delta_{12} = \frac{F_1^2 l^3}{6EI} + \frac{F_2^2 l^3}{48EI} + \frac{5F_1F_2 l^3}{48EI}$$

（2）先加 F_2，后加 F_1，见图 11.6(e)：

$$V_{\varepsilon 2} = W_2 = \frac{1}{2}F_2\Delta_{22} + \frac{1}{2}F_1\Delta_{11} + F_2\Delta_{21} = \frac{F_2^2 l^3}{48EI} + \frac{F_1^2 l^3}{6EI} + \frac{5F_1F_2 l^3}{48EI}$$

（3）F_1、F_2 按同样比例同时由零增加至最终值，见图 11.6(f)：

$$V_{\varepsilon 3} = W_3 = \frac{1}{2}F_1\Delta_1 + \frac{1}{2}F_2\Delta_2 = \frac{F_1^2 l^3}{6EI} + \frac{F_2^2 l^3}{48EI} + \frac{5F_1F_2 l^3}{48EI}$$

由计算结果可知 $V_{\varepsilon 1} = V_{\varepsilon 2} = V_{\varepsilon 3}$。

由例 11.2 的计算结果，可以得到一个很有用的结论：在弹性范围内，小变形条件下，杆件的应变能仅决定于载荷的最终数值，而与载荷的加载次序无关。

当所有的载荷按同样比例同时从零增加到最终值时，根据功能原理，杆件的应变能可以用外力功表示为

$$V_\varepsilon = W = \frac{1}{2}F_1\delta_1 + \frac{1}{2}F_2\delta_2 + \cdots + \frac{1}{2}F_n\delta_n$$

或

$$V_\varepsilon = \sum_{i=1}^{n}\frac{1}{2}F_i\delta_i \tag{11.10}$$

式中，F_i 和 δ_i 为广义力和对应的广义位移，该式一般称为克拉贝依隆原理。

11.3 互等定理

为方便起见，以一梁表示线弹性体。图 11.7(a)、(b)中，位移 Δ_{ij} 中的第1个下标 i 表示位移发生点，第2个下标 j 表示力作用点。例如，Δ_{12} 表示(在点2作用) F_2 引起的点1的(沿 F_1 方向的)位移。

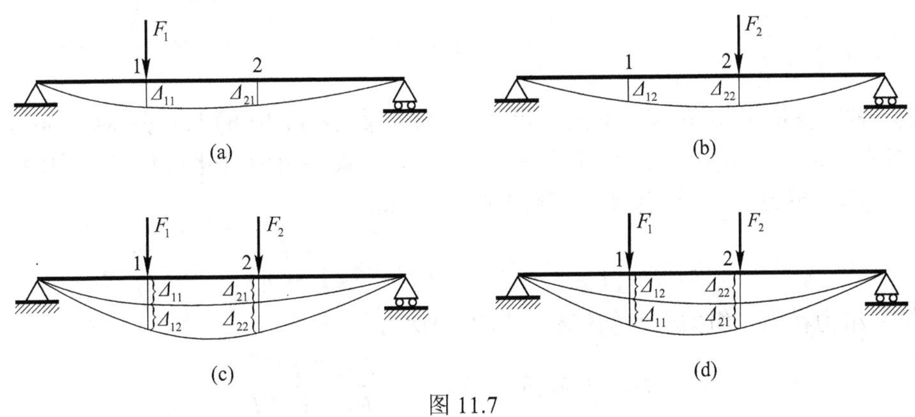

图 11.7

若在梁上先加 F_1，在此基础上再加 F_2[图 11.7(c)]，由功能原理，梁的应变能为

$$V_{\varepsilon 1} = W_1 = \frac{1}{2}F_1\Delta_{11} + \left(\frac{1}{2}F_2\Delta_{22} + F_1\Delta_{12}\right) \tag{a}$$

若在梁上先加 F_2，在此基础上再加 F_1[图 11.7(d)]，由功能原理，梁的应变能为

$$V_{\varepsilon 2} = W_2 = \frac{1}{2}F_2\Delta_{22} + \left(\frac{1}{2}F_1\Delta_{11} + F_2\Delta_{21}\right) \tag{b}$$

由于应变能与载荷的加载次序无关，应有 $V_{\varepsilon 1} = V_{\varepsilon 2}$，由式(a)等于式(b)，得

$$F_1\Delta_{12} = F_2\Delta_{21} \tag{11.11}$$

上式表明，F_1 在 Δ_{12}(即 F_2 在点1沿 F_1 方向产生的位移)上所做的功，等于 F_2 在 Δ_{21}(即 F_1 在点2沿 F_2 方向产生的位移)上所做的功。这就是**功的互等定理**。

可将式(11.11)中的力 F_1(或 F_2)看成广义力，Δ_{12}(或 Δ_{21})看成与之对应的广义位移，只要保证广义力的量纲和广义位移的量纲乘积为功的量纲即可。例如，把力换成力偶矩，相应的位移换成角位移，推导过程完全一样，结论自然不变。另外，这里的位移是指在结构不发生刚体位移的情况下，只是由变形引起的位移。

上述定理中，力 F_1 可以推广到一组广义力，力 F_2 可以推广为另一组广义力，即功的互等定理的一般叙述为：第一组力在第二组力引起的位移上所做的功，等于第二组力在第一组力引起的位移上所做的功。

如果式(11.11)中，$F_1 = F_2$，即两个广义力数值相等，则其广义位移在数值上相等，即

$$\Delta_{12} = \Delta_{21} \tag{11.12}$$

这就是**位移互等定理**。

例 11.3 试利用互等定理求解如图 11.8(a)所示超静定梁。

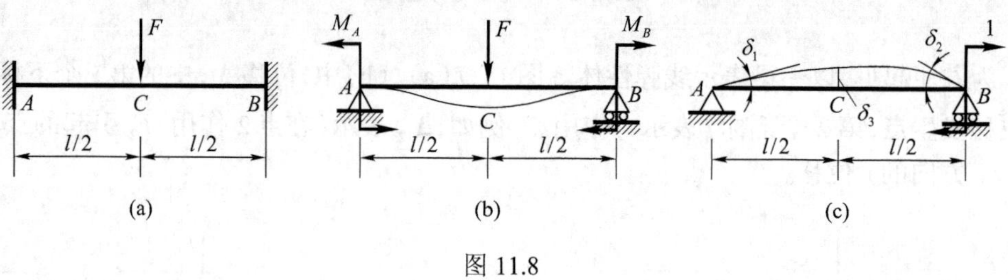

图 11.8

解：解除支座 A、B 限制转动的约束，变为简支梁[图 11.8(b)]，显然 $M_A=M_B$。

将图 11.8(b)上的外力 F、约束力 M_A 及 M_B 作为第一组力，将图 11.8(c)中的单位力偶 1 作为第二组力。在 M_e 作用下，利用表 6.1 查得

$$\delta_1=\frac{l}{6EI},\quad \delta_2=\frac{l}{3EI},\quad \delta_3=\frac{l^2}{16EI}$$

第一组力在第二组力引起的位移上所做的功为

$$M_A\delta_1+M_B\delta_2-F\delta_3=\frac{M_Al}{2EI}-\frac{Fl^2}{16EI}$$

第二组力[即图 11.8(c)中的单位力偶]在第一组力引起的位移[即图 11.8(b)中截面 B 转角]上所做的功为零。于是由功的互等定理，得

$$\frac{M_Al}{2EI}-\frac{Fl^2}{16EI}=0$$

由此求得

$$M_A=M_B=\frac{Fl}{8}$$

例 11.4 如图 11.9(a)所示圆截面杆受一对横向力 F 作用，杆的直径为 d，材料的弹性模量为 E，泊松比为 μ。试计算杆的轴向伸长量。

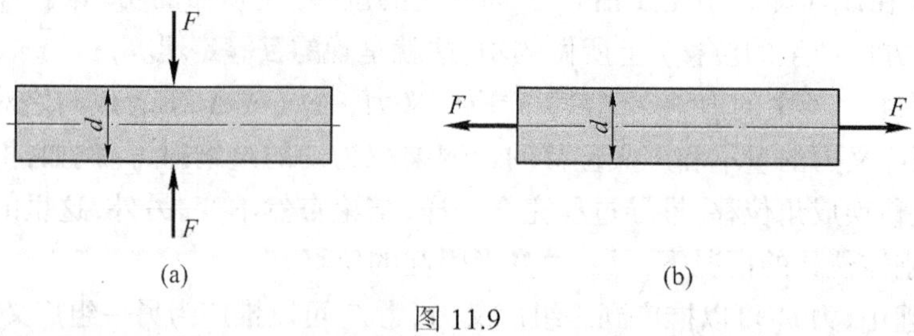

图 11.9

解：由功的互等定理知，图 11.9(a)中一对横向力 F 在图 11.9(b)中直径减小量上所做的功，等于图 11.9(b)中一对纵向力 F 在图 11.9(a)中轴向伸长量上所做的功。或由位移互等定理知，如图 11.9(a)所示杆的轴向伸长量，等于如图 11.9(b)所示杆的直径减小量，即

$$\Delta l_{\rm a}=\Delta d_{\rm b}=\mu\frac{F}{AE}d=\frac{4\mu F}{\pi dE}$$

11.4 卡氏定理

设弹性体结构在支座约束下无任何刚性位移,如图11.10所示,结构上作用着外力 $F_1, F_2, \cdots, F_i, \cdots, F_n$。$F_i$ 作用点沿着 F_i 方向的位移为 δ_i。结构的应变能等于外力所做的功,它应为 $F_1, F_2, \cdots, F_i, \cdots, F_n$ 的函数,即

$$V_\varepsilon = f(F_1, F_2, \cdots, F_i, \cdots, F_n) \quad \text{(a)}$$

如果这些外力中的任意一个 F_i 有一增量 $\mathrm{d}F_i$,则应变能的增量为$\dfrac{\partial V_\varepsilon}{\partial F_i}\mathrm{d}F_i$。于是应变能变为

$$V_\varepsilon + \frac{\partial V_\varepsilon}{\partial F_i}\mathrm{d}F_i \quad \text{(b)}$$

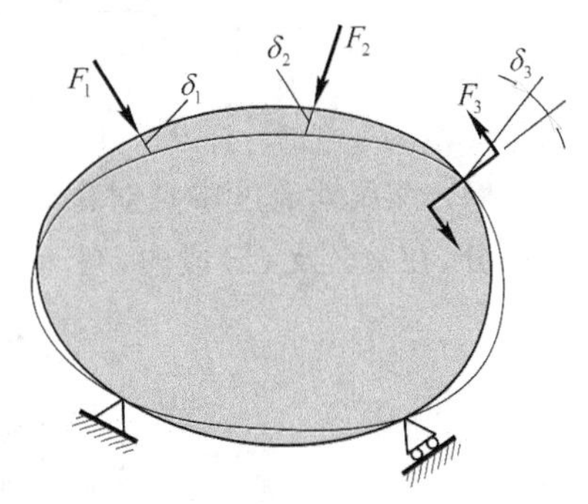

图11.10

首先作用 $\mathrm{d}F_i$,然后再作用 $F_1, F_2, \cdots, F_i, \cdots, F_n$。先作用 $\mathrm{d}F_i$ 时,其作用点沿 $\mathrm{d}F_i$ 方向的位移为 $\mathrm{d}\delta_i$,$\mathrm{d}F_i$ 做功$\dfrac{1}{2}\mathrm{d}F_i\mathrm{d}\delta_i$。再作用 $F_1, F_2, \cdots, F_i, \cdots, F_n$ 时,对于线弹性结构来说,$F_1, F_2, \cdots, F_i, \cdots, F_n$ 引起的位移仍与未作用过 $\mathrm{d}F_i$ 一样,因此这些力做功等于应变能 V_ε。在作用 $F_1, F_2, \cdots, F_i, \cdots, F_n$ 的过程中,常力 $\mathrm{d}F_i$ 在位移 δ_i 上做功 $\delta_i\mathrm{d}F_i$。所以,按此加载次序,外力共做功

$$\frac{1}{2}\mathrm{d}F_i\mathrm{d}\delta_i + V_\varepsilon + \delta_i\mathrm{d}F_i \quad \text{(c)}$$

由功能原理,式(b)、式(c)应相等,即

$$\frac{1}{2}\mathrm{d}F_i\mathrm{d}\delta_i + V_\varepsilon + \delta_i\mathrm{d}F_i = V_\varepsilon + \frac{\partial V_\varepsilon}{\partial F_i}\mathrm{d}F_i$$

略去二阶小量 $\dfrac{1}{2}\mathrm{d}F_i\mathrm{d}\delta_i$,得

$$\boxed{\delta_i = \frac{\partial V_\varepsilon}{\partial F_i}} \quad (11.13)$$

可见,位移 δ_i 等于应变能对力 F_i 的偏导数,此即卡氏第二定理,通常简称为**卡氏定理**。卡氏定理中的力是广义力,位移是与广义力对应的广义位移。

对于横力弯曲的梁,应用卡氏定理,得

$$\delta_i = \frac{\partial V_\varepsilon}{\partial F_i} = \frac{\partial}{\partial F_i}\left(\int_l \frac{M^2(x)\,\mathrm{d}x}{2EI}\right)$$

式中,积分是对 x 积分,而求导则是对 F_i 求导,所以可以先求导再积分,故有

$$\delta_i = \int_l \frac{M(x)}{EI}\frac{\partial M(x)}{\partial F_i}\mathrm{d}x$$

对于桁架,每根杆都是二力杆,每根杆的轴力都是常量,应用卡氏定理,得

$$\delta_i = \frac{\partial V_\varepsilon}{\partial F_i} = \frac{\partial}{\partial F_i}\left(\sum_{j=1}^{n}\frac{F_{Nj}^2 l_j}{2EA_j}\right) = \sum_{j=1}^{n}\frac{F_{Nj}l_j}{EA_j}\frac{\partial F_{Nj}}{\partial F_i}$$

例 11.5 如图 11.11 所示变截面梁,试用卡氏定理求梁的最大挠度。

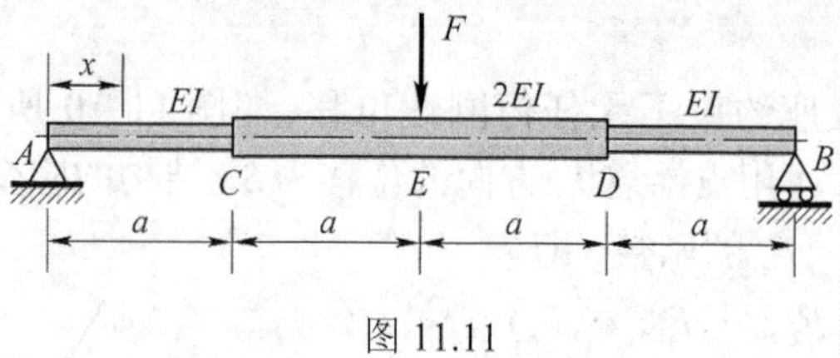

图 11.11

解: 该梁对跨度中点对称。另外,梁的抗弯刚度分段是常数,在应用卡氏定理时可分段积分。在 AC 及 CE 段内,有

$$M(x) = \frac{Fx}{2} \quad (0 \leqslant x \leqslant 2a)$$

$$\frac{\partial M(x)}{\partial F} = \frac{x}{2}$$

梁的最大挠度位于跨中截面 E,由卡氏定理得

$$\begin{aligned} w_{\max} &= \frac{\partial V_\varepsilon}{\partial F} \\ &= 2\left[\int_0^a \frac{M(x)}{EI}\frac{\partial M(x)}{\partial F}\mathrm{d}x + \int_a^{2a}\frac{M(x)}{2EI}\frac{\partial M(x)}{\partial F}\mathrm{d}x\right] \\ &= 2\left(\int_0^a \frac{1}{EI}\frac{Fx}{2}\frac{x}{2}\mathrm{d}x + \int_a^{2a}\frac{1}{2EI}\frac{Fx}{2}\frac{x}{2}\mathrm{d}x\right) \\ &= \frac{3Fa^3}{4EI} \end{aligned}$$

例 11.6 如图 11.12(a) 所示刚架的 EI 为常量,在其自由端 A 受一水平力 F 及一铅垂力 F。试用卡氏定理求 A 点的水平位移 Δ_{AH} 及铅垂位移 Δ_{AV}。不计轴力和剪力对变形的影响。

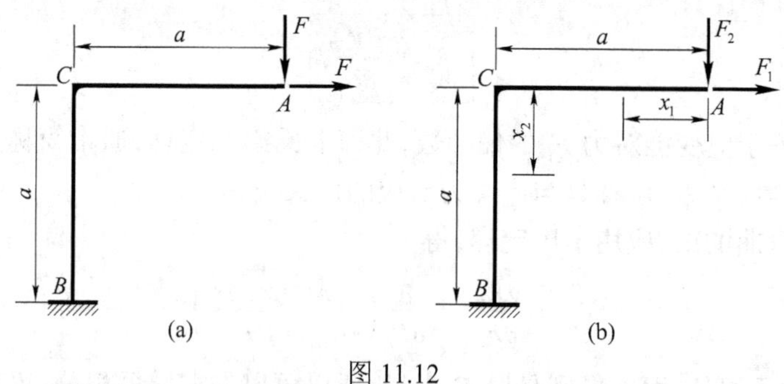

图 11.12

解: 刚架受两个外力 F,此时 $\frac{\partial V_\varepsilon}{\partial F}$ 既非 A 点的水平位移,也非 A 点的铅垂位移,而是 A 点水平位移和铅垂位移的代数和(读者可自行证明)。

可将两个外力 F 分别改写为 F_1 和 F_2[图 11.12(b)],在求偏导数之后(最好是在积分之前)令 $F_1 = F_2 = F$。

$$AC\text{段}:\quad M(x_1) = -F_2x_1,\qquad \frac{\partial M(x_1)}{\partial F_1} = 0,\qquad \frac{\partial M(x_1)}{\partial F_2} = -x_1$$

$$CB\text{段}:\quad M(x_2) = -F_1x_2 - F_2a,\qquad \frac{\partial M(x_2)}{\partial F_1} = -x_2,\qquad \frac{\partial M(x_2)}{\partial F_2} = -a$$

A 点的水平位移及铅垂位移分别为

$$\begin{aligned}\Delta_{AH} &= \int_0^a\left[\frac{M(x_1)}{EI}\frac{\partial M(x_1)}{\partial F_1}\right]_{F_1=F_2=F}\mathrm{d}x_1 + \int_0^a\left[\frac{M(x_2)}{EI}\frac{\partial M(x_2)}{\partial F_1}\right]_{F_1=F_2=F}\mathrm{d}x_2\\ &= \int_0^a\frac{F(x_2+a)}{EI}x_2\mathrm{d}x_2\\ &= \frac{5Fa^3}{6EI}\quad(\rightarrow)\end{aligned}$$

$$\begin{aligned}\Delta_{AV} &= \int_0^a\left[\frac{M(x_1)}{EI}\frac{\partial M(x_1)}{\partial F_2}\right]_{F_1=F_2=F}\mathrm{d}x_1 + \int_0^a\left[\frac{M(x_2)}{EI}\frac{\partial M(x_2)}{\partial F_2}\right]_{F_1=F_2=F}\mathrm{d}x_2\\ &= \int_0^a\frac{Fx_1^2}{EI}\mathrm{d}x_1 + \int_0^a\frac{F(x_2+a)}{EI}a\mathrm{d}x_2\\ &= \frac{11Fa^3}{6EI}\quad(\downarrow)\end{aligned}$$

例 11.7 如图 11.13(a) 所示曲杆 BC 的轴线为四分之三的圆周，曲杆的 EI 为常量，杆 AB 可视为刚体。求在力 F 作用下截面 A 的水平位移 Δ_{AH} 和铅垂位移 Δ_{AV}。轴力和剪力对变形的影响可略去不计。

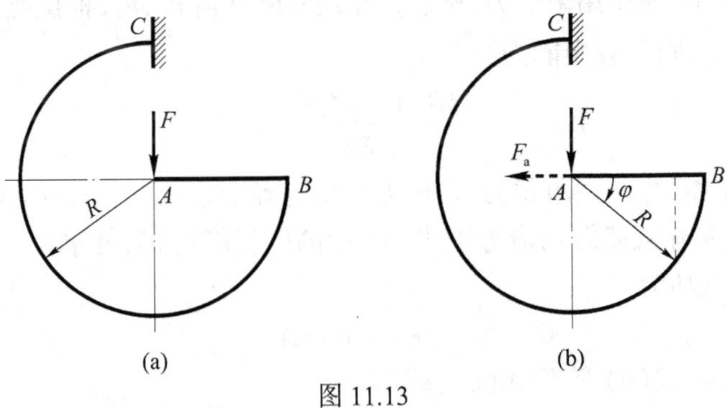

图 11.13

解： 截面 A 有铅垂力 F，但没有水平力。为了求截面 A 的水平位移，在截面 A 增加一个水平附加力 F_a，如图 11.13(b) 所示。在求偏导数之后（最好是积分之前）令 $F_a = 0$。曲杆任意截面上的弯矩及其偏导数分别为

$$M(\varphi) = F_aR\sin\varphi + FR\cos\varphi,\qquad \frac{\partial M(\varphi)}{\partial F_a} = R\sin\varphi,\qquad \frac{\partial M(\varphi)}{\partial F} = R\cos\varphi$$

A 点的水平位移和铅垂位移分别为

$$\Delta_{AH} = \int_0^{3\pi/2}\left[\frac{M(\varphi)}{EI}\frac{\partial M(\varphi)}{\partial F_a}\right]_{F_a=0}R\mathrm{d}\varphi = \int_0^{3\pi/2}\frac{FR\cos\varphi}{EI}R\sin\varphi R\mathrm{d}\varphi = \frac{FR^3}{2EI}\quad(\leftarrow)$$

$$\Delta_{AV} = \int_0^{3\pi/2}\left[\frac{M(\varphi)}{EI}\frac{\partial M(\varphi)}{\partial F}\right]_{F_a=0}R\mathrm{d}\varphi = \int_0^{3\pi/2}\frac{FR\cos\varphi}{EI}R\cos\varphi R\mathrm{d}\varphi = \frac{3\pi FR^3}{4EI}\quad(\downarrow)$$

11.5　单位载荷法

下面介绍的单位载荷法,是由功能原理导出的一种计算结构上任意一点处任意位移的方法。现以梁为例进行推导。

如图11.14(a)所示梁上作用着任意力系(图中只画了F_1、F_2作代表),现在要计算梁上任意截面A处的铅垂位移Δ。设在同一梁上的A点处假想作用一单位力,单位力的方向与所求位移Δ的方向一致[图11.14(b)]。

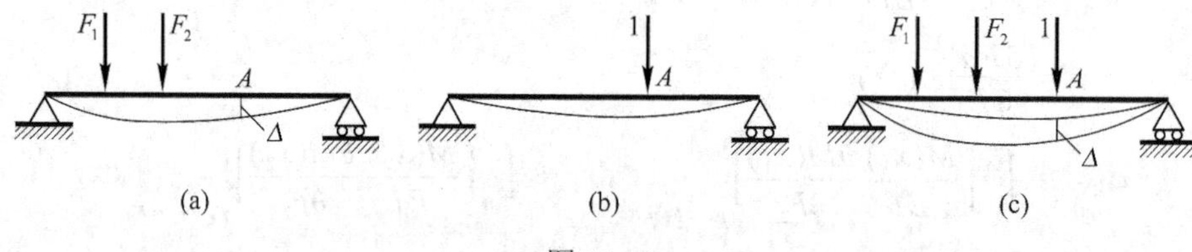

图11.14

图11.14(a)中,设实际载荷F_1、F_2引起的弯矩为$M(x)$,则其应变能为

$$V_\varepsilon = \int_l \frac{M^2(x)}{2EI}\mathrm{d}x \tag{a}$$

图11.14(b)中,设单位力引起的弯矩为$\overline{M}(x)$,则其应变能为

$$\overline{V}_\varepsilon = \int_l \frac{\overline{M}^2(x)}{2EI}\mathrm{d}x \tag{b}$$

图11.14(c)中,先作用单位力,然后再作用实际载荷F_1、F_2,根据叠加原理,梁的弯矩应为$M(x)+\overline{M}(x)$,则其应变能为

$$V_{\varepsilon1} = \int_l \frac{[M(x)+\overline{M}(x)]^2}{2EI}\mathrm{d}x \tag{c}$$

图11.14(c)中,先作用单位力,单位力做功应等于式(b)中的应变能$\overline{V}_\varepsilon$。然后再作用实际载荷F_1、F_2,实际载荷做功应等于式(a)中的应变能V_ε,另外单位力在位移Δ上做功为$1\cdot\Delta$。因此,总做功为

$$W_1 = \overline{V}_\varepsilon + V_\varepsilon + 1\cdot\Delta \tag{d}$$

根据功能原理,式(d)等于式(c),即

$$\overline{V}_\varepsilon + V_\varepsilon + 1\cdot\Delta = \int_l \frac{[M(x)+\overline{M}(x)]^2}{2EI}\mathrm{d}x$$

将上式中$[M(x)+\overline{M}(x)]^2$展开成三项,并注意到式(a)、式(b),整理后得

$$1\cdot\Delta = \int_l \frac{M(x)\overline{M}(x)}{EI}\mathrm{d}x$$

将上式中单位力做功$1\cdot\Delta$缩写成Δ,则上式变为

$$\Delta = \int_l \frac{M(x)\overline{M}(x)}{EI}\mathrm{d}x \tag{11.14}$$

上式是线弹性范围内单位载荷法的表达式,称为**莫尔定理**,公式中的积分也称为**莫尔积分**。公式中的Δ是广义位移,而单位力则是与广义位移Δ对应的广义力。

如果根据式(11.14)计算的结果为正,说明单位力在位移Δ上做正功,表示位移Δ的方向与单位力方向相同;如果计算结果为负,说明单位力在位移Δ上做负功,表示位移Δ的方向与单位力方向相反。

对于组合变形的情况,则有

$$\Delta = \int_l \frac{F_N(x)\overline{F}_N(x)}{EA}dx + \int_l \frac{T(x)\overline{T}(x)}{GI_p}dx + \int_l \frac{M(x)\overline{M}(x)}{EI}dx \tag{11.15}$$

式中,$F_N(x)$、$T(x)$、$M(x)$为实际载荷作用下的内力;而$\overline{F}_N(x)$、$\overline{T}(x)$、$\overline{M}(x)$则为单位力单独作用下的内力。

例 11.8 如图11.15(a)所示平面曲杆的轴线为四分之一圆周,EI为常量。该曲杆在自由端受铅垂集中力F作用,求B点的水平位移Δ_{BH}和铅垂位移Δ_{BV}。轴力和剪力对变形的影响可略去不计。

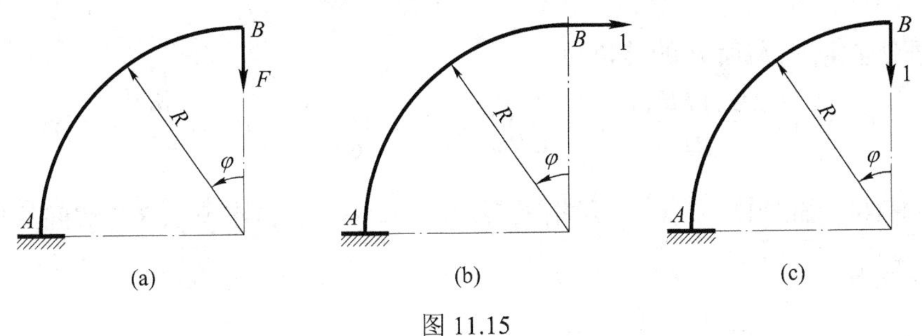

图 11.15

解:(1)为求B点的水平位移Δ_{BH},在B点作用水平方向的单位力[图11.15(b)],由图11.15(a)、(b)求得

$$M(\varphi) = FR\sin\varphi, \quad \overline{M}(\varphi) = R(1-\cos\varphi)$$

根据莫尔定理,B点的水平位移为

$$\Delta_{BH} = \int_0^{\pi/2} \frac{M(\varphi)\overline{M}(\varphi)}{EI}R\,d\varphi = \frac{FR^3}{EI}\int_0^{\pi/2}\sin\varphi(1-\cos\varphi)d\varphi = \frac{FR^3}{2EI} \quad (\rightarrow)$$

(2)为求B点的铅垂位移Δ_{BV},在B点作用铅垂方向的单位力[图11.15(c)],由图11.15(a)、(c)求得

$$M(\varphi) = FR\sin\varphi, \quad \overline{M}(\varphi) = R\sin\varphi$$

根据莫尔定理,B点的铅垂位移为

$$\Delta_{BV} = \int_0^{\pi/2} \frac{M(\varphi)\overline{M}(\varphi)}{EI}R\,d\varphi = \frac{FR^3}{EI}\int_0^{\pi/2}\sin^2\varphi\,d\varphi = \frac{\pi FR^3}{4EI} \quad (\downarrow)$$

例 11.9 如图11.16(a)所示简支梁受三角形分布载荷作用,梁的抗弯刚度EI为常量。试求梁两端截面的转角θ_A和θ_B。

解:(1)为求θ_A,在截面A作用一单位力偶[图11.16(b)],由图11.16(a)、(b)求得

$$M(x) = \frac{q_0 lx}{6} - \frac{q_0 x^3}{6l}, \quad \overline{M}(x) = 1 - \frac{x}{l}$$

根据莫尔定理,截面A的转角为

$$\theta_A = \int_0^l \frac{M(x)\overline{M}(x)}{EI}\mathrm{d}x = \frac{1}{EI}\int_0^l \left(\frac{q_0 lx}{6} - \frac{q_0 x^3}{6l}\right)\left(1 - \frac{x}{l}\right)\mathrm{d}x = \frac{7q_0 l^3}{360EI} \ (\curvearrowright)$$

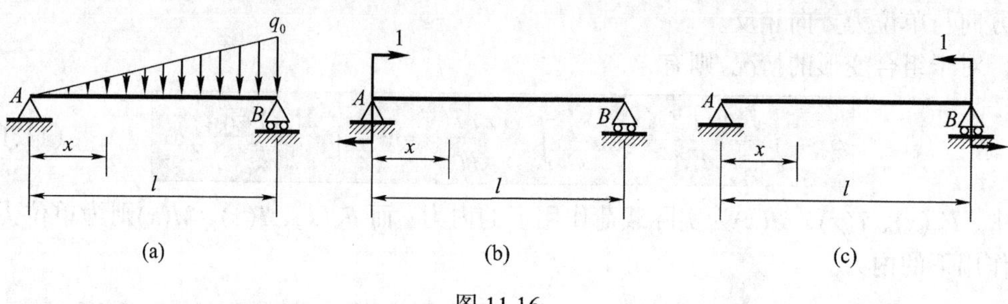

图 11.16

（2）为求 θ_B，在截面 B 作用一单位力偶[图 11.16(c)]，由图 11.16(a)、(c) 求得

$$M(x) = \frac{q_0 lx}{6} - \frac{q_0 x^3}{6l}, \quad \overline{M}(x) = \frac{x}{l}$$

根据莫尔定理，截面 B 的转角为

$$\theta_B = \int_0^l \frac{M(x)\overline{M}(x)}{EI}\mathrm{d}x = \frac{1}{EI}\int_0^l \left(\frac{q_0 lx}{6} - \frac{q_0 x^3}{6l}\right)\frac{x}{l}\mathrm{d}x = \frac{q_0 l^3}{45EI} \ (\circlearrowleft)$$

例 11.10 如图 11.17(a) 所示桁架，各杆 EA 均相同。试求节点 B 与 C 间的相对线位移 Δ_{BC}。

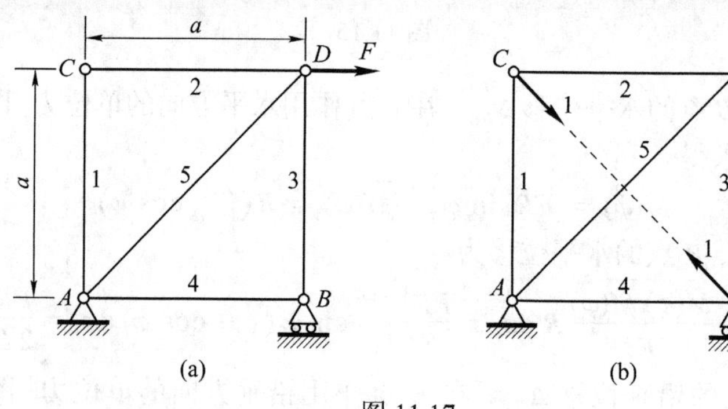

图 11.17

解：图 11.17(a) 中各杆的轴力分别为

$$F_{N1} = F_{N2} = F_{N4} = 0, \quad F_{N3} = -F, \quad F_{N5} = \sqrt{2}\ F$$

为求节点 B 与 C 间的相对线位移 Δ_{BC}，沿 BC 作用一对单位力[图 11.17(b)]。图 11.17(b) 中各杆的轴力分别为

$$\overline{F}_{N1} = \overline{F}_{N2} = \overline{F}_{N3} = \overline{F}_{N4} = -\frac{1}{\sqrt{2}}, \quad \overline{F}_{N5} = 1$$

根据莫尔定理，节点 B 与 C 间的相对线位移为

$$\Delta_{BC} = \int_l \frac{F_N(x)\overline{F}_N(x)}{EA}\mathrm{d}x = \sum_{i=1}^{n}\frac{F_{Ni}\overline{F}_{Ni}l_i}{EA}$$

$$= \left(2 + \frac{1}{\sqrt{2}}\right)\frac{Fl}{EA} \quad (\rightarrow \leftarrow)$$

11.6 计算莫尔积分的图乘法

对于等直杆,莫尔积分中的 EI 为常量,可以提到积分号外,故只需计算积分

$$\int_l M(x)\overline{M}(x)\,\mathrm{d}x \tag{a}$$

式中,$\overline{M}(x)$是单位力(或单位力偶)产生的弯矩,$\overline{M}(x)$图一定由一段或数段直线组成。对某一段梁 AB,见图 11.18,$M(x)$图为任意曲线,$\overline{M}(x)$为一条斜直线。选取如图 11.18 所示坐标,则

$$\overline{M}(x) = x\cdot\tan\alpha$$

将上式代入式(a),得

$$\int_l M(x)\overline{M}(x)\,\mathrm{d}x = \tan\alpha\int_l x\,M(x)\,\mathrm{d}x \tag{b}$$

等号右边积分中的 $M(x)\mathrm{d}x$ 是图中阴影部分的面积,$x\,M(x)\,\mathrm{d}x$ 则是该阴影面积对 M 轴的静矩。所以,$\int_l x\,M(x)\,\mathrm{d}x$ 就是整个 $M(x)$ 图的面积对 M 轴的静矩,它等于 $M(x)$ 图的面积 ω 与其形心坐标 x_C 的乘积,即

$$\int_l x\;M(x)\,\mathrm{d}x = \omega\cdot x_C$$

代入式(b),得

$$\int_l M(x)\overline{M}(x)\,\mathrm{d}x = \omega\cdot x_C\tan\alpha = \omega\overline{M}_C$$

式中,$\overline{M}_C$ 为 $\overline{M}(x)$ 图中与 $M(x)$ 图的形心 C 对应的纵坐标值。于是,对于等截面直梁,莫尔积分可以写成

$$\Delta = \int_l \frac{M(x)\overline{M}(x)}{EI}\mathrm{d}x = \frac{\omega\overline{M}_C}{EI} \tag{11.16}$$

以上对莫尔积分的简化运算方法称为图乘法。当然,上式积分中的函数也可以是轴力或扭矩。

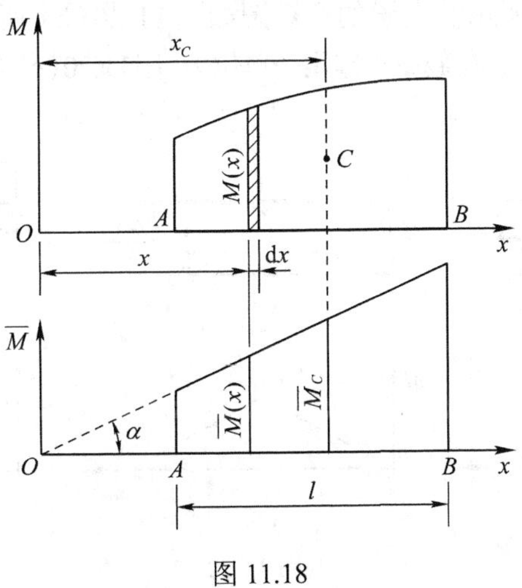

图 11.18

应用图乘法时，要计算弯矩图的面积和形心位置。图 11.19 中，给出了二次抛物线的面积和形心位置的计算公式。

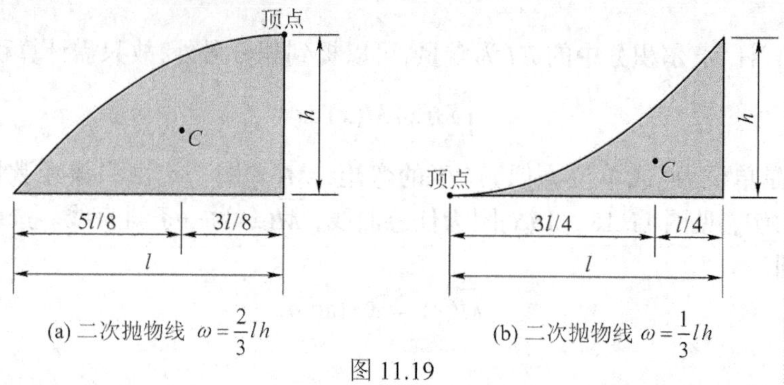

(a) 二次抛物线 $\omega=\frac{2}{3}lh$　　(b) 二次抛物线 $\omega=\frac{1}{3}lh$

图 11.19

应用图乘法时，需注意以下几点。

（1）应用公式(11.16)时，若 $\overline{M}(x)$图为折线时，必须分段进行计算，并以 $\overline{M}(x)$图的转折点作为分段的交界点。

（2）$M(x)$图的形状比较复杂时，可以将它划分为几个简单的图形。划分时，应注意使每一简单图形的形心坐标都比较容易确定，然后分别与 $\overline{M}(x)$图图乘，再求和。

（3）当载荷较多时，可把每个载荷单独作用下的弯矩图分别画出，分别与$\overline{M}(x)$图图乘后，再求和。

（4）当 $M(x)$图与 $\overline{M}(x)$图位于 x 轴同侧时图乘结果为正，若在 x 轴异侧则图乘结果为负。

（5）在 $M(x)$和 $\overline{M}(x)$中，只要有一个是线性的，就可以直接图乘。如果某段梁的 $\overline{M}(x)$图为折线，但 $M(x)$图为一条斜直线，$\int_l M(x)\,\overline{M}(x)\,\mathrm{d}x$ 等于 $\overline{M}(x)$ 图的面积乘以 $M(x)$ 图中与 $\overline{M}(x)$ 图的形心对应的纵坐标值。

例 11.11　如图 11.20(a) 所示简支梁，EI 为常量。试求梁的最大挠度 $w_{\max}$ 和最大转角 $\theta_{\max}$。

解： 如图 11.20(a) 所示简支梁的弯矩图如图 11.20(b) 所示。

最大挠度发生在截面 C，在截面 C 作用一单位力[图 11.20(c)]，其弯矩图如图 11.20(d) 所

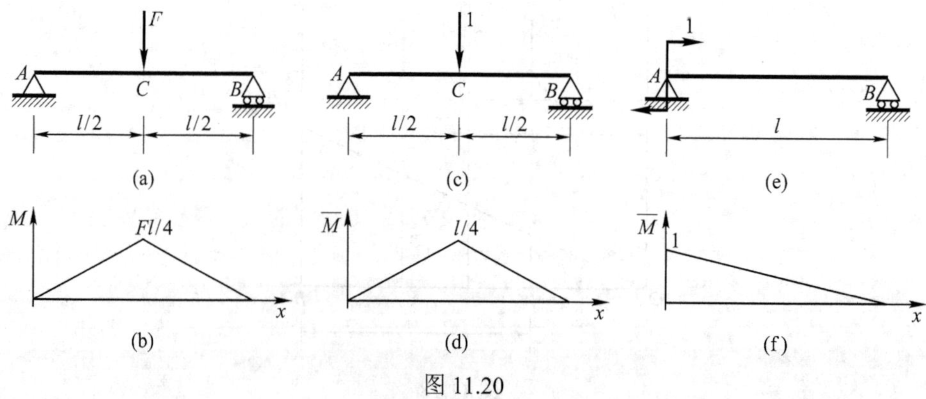

图 11.20

示。将图 11.20(b) 与图 11.20(d) 图乘,分左右两段图乘,得

$$w_{\max} = \frac{2}{EI}\left(\frac{1}{2} \times \frac{l}{2} \times \frac{Fl}{4} \times \frac{l}{6}\right) = \frac{Fl^3}{48EI}$$

最大转角发生在截面 A,在截面 A 作用一单位力偶[图 11.20(e)],其弯矩图如图 11.20(f) 所示。将图 11.20(b) 与图 11.20(f) 图乘,得

$$\theta_{\max} = \frac{1}{EI}\left(\frac{1}{2} \times l \times \frac{Fl}{4} \times \frac{1}{2}\right) = \frac{Fl^2}{16EI}$$

例 11.12 如图 11.21(a) 所示简支梁,EI 为常量。试求梁中点 C 的挠度 w_C 和截面 B 的转角 θ_B。

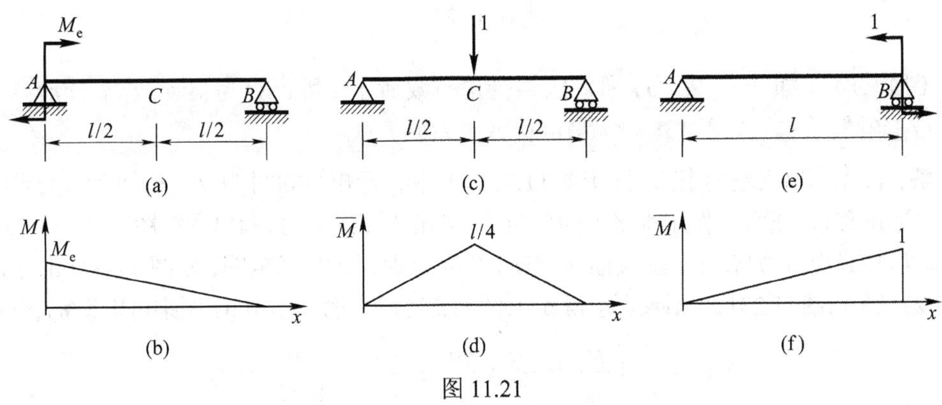

图 11.21

解: 如图 11.21(a) 所示简支梁的弯矩图如图 11.21(b) 所示。

为求 w_C,在截面 C 作用一单位力[图 11.21(c)],其弯矩图如图 11.21(d) 所示。将图 11.21(b) 与图 11.21(d) 图乘,此处 $M(x)$ 图为一条斜直线,$\int_l M(x)\overline{M}(x)\,\mathrm{d}x$ 等于 $\overline{M}(x)$ 图的面积乘以 $M(x)$ 图中与 $\overline{M}(x)$ 图的形心对应的纵坐标值。即

$$w_{\max} = \frac{1}{EI}\left(\frac{1}{2} \times l \times \frac{l}{4} \times \frac{M_e}{2}\right) = \frac{M_e l^2}{16EI} \quad (\downarrow)$$

为求 θ_B,在截面 B 作用一单位力偶[图 11.21(e)],其弯矩图如图 11.21(f) 所示。将图 11.21(b) 与图 11.21(f) 图乘,得

$$\theta_{\max} = \frac{1}{EI}\left(\frac{M_e l}{2} \times \frac{1}{3}\right) = \frac{M_e l}{6EI} \quad (↺)$$

例 11.13 如图 11.22(a) 所示外伸梁,EI 为常量。试求外伸端截面 C 的转角 θ_C。

解: 将外伸梁在均布载荷 q 和集中力 F 单独作用下的弯矩图分别画出[图 11.22(b)]。在截面 C 作用一单位力偶[图 11.22(c)],其弯矩图如图 11.22(d) 所示。把如图 11.22(b) 所示弯矩图分成三部分,分别与图 11.22(d) 中 $\overline{M}$ 图图乘,得

$$\begin{aligned}\theta_C &= \frac{1}{EI}\left(\frac{1}{2} \times 2a \times qa^2 \times \frac{2}{3} - \frac{2}{3} \times 2a \times \frac{qa^2}{2} \times \frac{1}{2} + \frac{1}{2} \times a \times qa^2 \times 1\right) \\ &= \frac{5ql^3}{6EI} \quad (↻)\end{aligned}$$

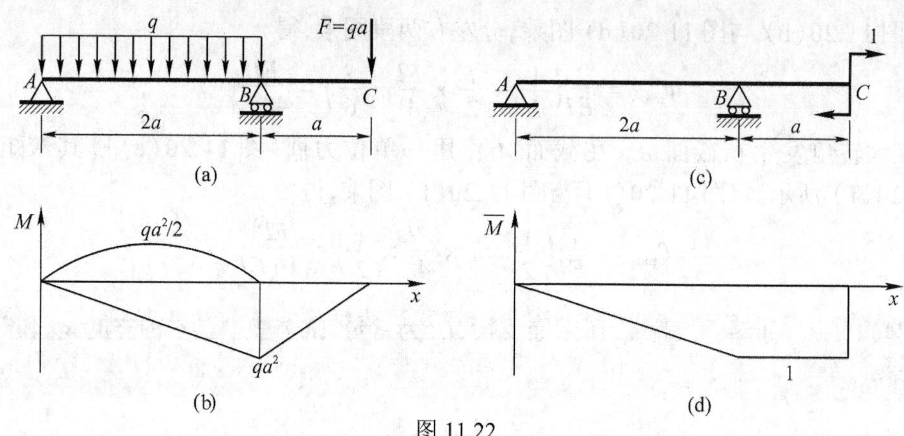

图 11.22

例 11.14 如图 11.23(a) 所示刚架受均布载荷 q 作用，EI 为常量。若不计轴力和剪力对位移的影响，试求截面 A 的水平位移 Δ_{AH} 及转角 θ_A。

解： 首先算出支座约束力[标于图 11.23(a) 中]，弯矩图如图 11.23(b) 所示。为求截面 A 的水平位移，在截面 A 作用水平方向单位力，求出支座约束力，画出弯矩图，如图 11.23(c) 所示。为求截面 A 的转角，在截面 A 作用单位力偶，画出弯矩图，如图 11.23(d) 所示。图 11.23(b) 与图 11.23(c) 图乘可求得 Δ_{AH}，图 11.23(b) 与图 11.23(d) 图乘可求得 θ_A，分别为

$$\Delta_{AH} = \frac{1}{EI}\left(\frac{qa^3}{4} \times \frac{2a}{3} + \frac{qa^3}{3} \times \frac{5a}{8}\right) = \frac{3qa^4}{8EI} \quad (\rightarrow)$$

$$\theta_A = \frac{1}{EI}\left(\frac{qa^3}{4} \times \frac{1}{3}\right) = \frac{qa^3}{12EI} \quad (\circlearrowleft)$$

(a) (b)

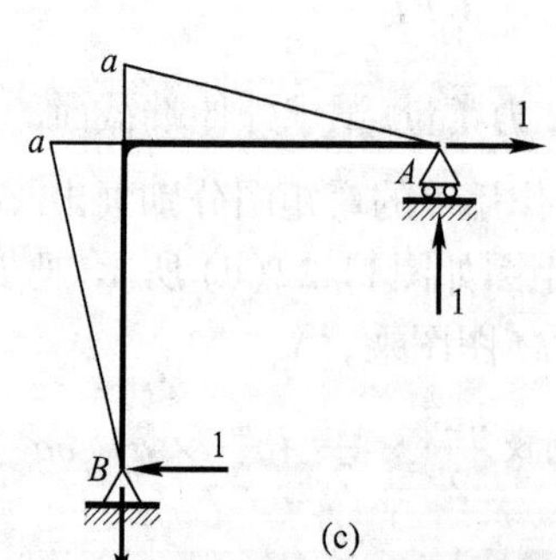

(c)

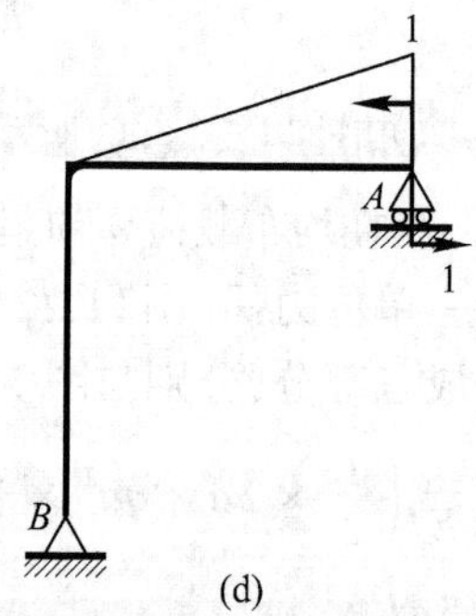

(d)

图 11.23

11.7 用能量法解超静定系统

应用能量法求解超静定系统，特别是对桁架、刚架等超静定系统，将更加有效。求解超静定问题的关键是建立补充方程，根据能量法，可以由变形协调条件直接建立起统一形式的补充方程，以便于掌握和应用。

超静定系统，可以分为外力超静定系统和内力超静定系统。

11.7.1 外力超静定系统

由于外部的多余约束而构成的超静定系统，一般称为外力超静定系统。求解外力超静定系统的基本方法是解除多余约束，代之以多余约束力，根据多余约束处的变形协调条件建立补充方程进行求解。

例 11.15 求解如图 11.24(a)所示超静定刚架。EI 为常量。

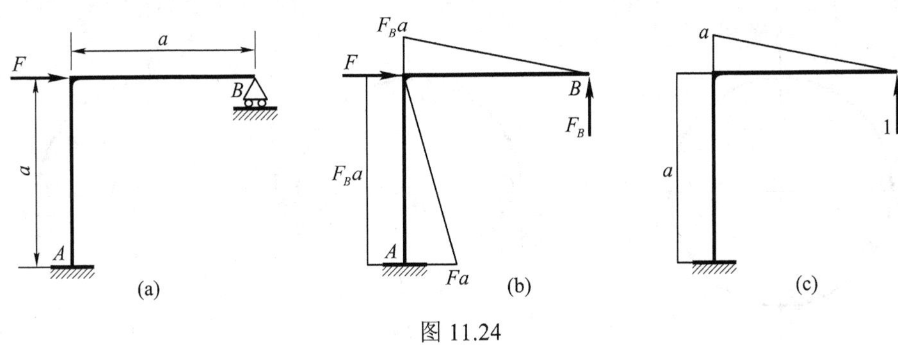

图 11.24

解： 将支座 B 看成多余约束，解除多余约束，代之以多余约束力 F_B，如图 11.24(b)所示。变形协调条件为 B 点铅垂位移等于零，即 $\Delta_{BV}=0$。

将载荷 F 和多余约束力 F_B 引起的弯矩图分开画[图 11.24(b)]。为求 Δ_{BV}，在 B 点作用一单位力，并画出其弯矩图[图 11.24(c)]，将图 11.24(b) 与图 11.24(c) 中弯矩图图乘，得

$$\Delta_{BV}=\frac{1}{EI}\left(\frac{F_Ba^2}{2}\frac{2a}{3}+F_Ba^2\cdot a-\frac{Fa^2}{2}\cdot a\right)=0$$

由此求得

$$F_B=\frac{3F}{8}\ (\uparrow)$$

也可将图 11.24(a) 中支座 A 处限制转动的约束解除，变成固定铰支座，多余约束力为 M_A，变形协调条件为 $\theta_A=0$。

11.7.2 内力超静定系统

有些结构，支座约束力可以由静力平衡条件全部求出，但是无法应用截面法求出所有内力，这类结构称为内力超静定系统。如图 11.25 所示的框架、封闭圆环、桁架等都是内力超静定系统。

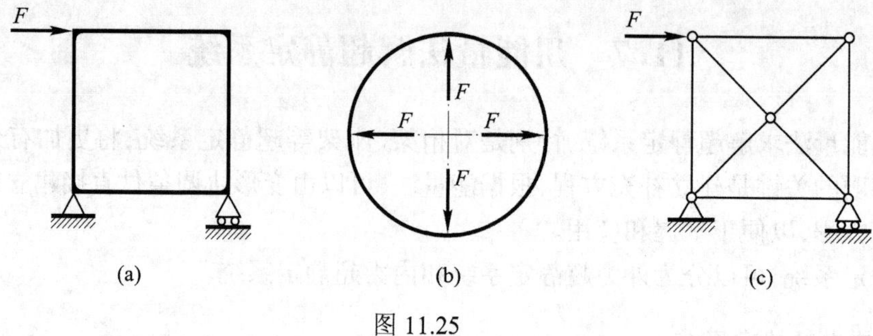

(a) (b) (c)

图 11.25

求解内力超静定系统，需要解除杆件或杆系的内部约束，下面通过例题说明具体求解方法。

例 11.16 如图 11.26(a)所示封闭圆环，抗弯刚度 EI 为常量。求 A、B 两点间的相对线位移 Δ_{AB}。

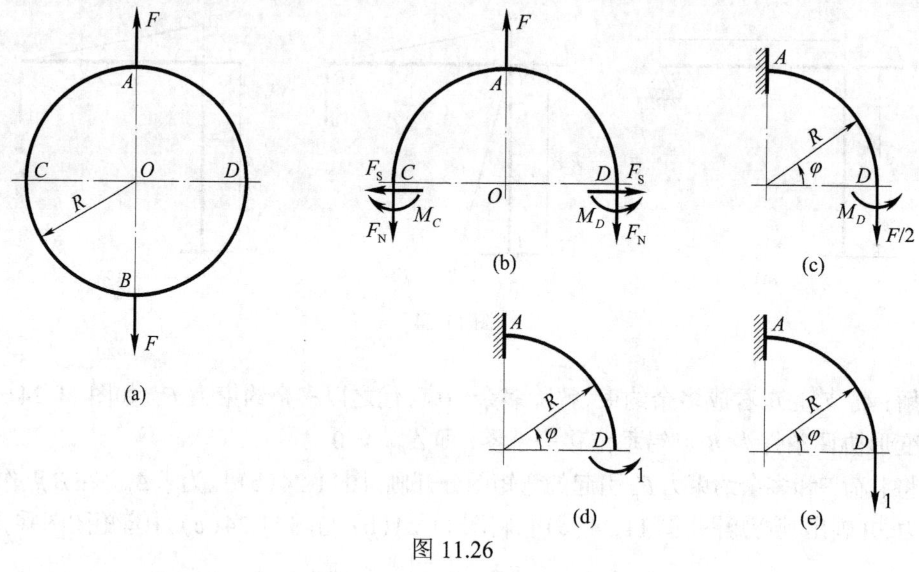

(a) (b) (c) (d) (e)

图 11.26

解：将圆环沿直径 CD 截开[图 11.26(b)]。结构左右对称，上下对称，对称截面 C、D 上的内力

$$F_S = 0,\quad F_N = \frac{F}{2},\quad M_C = M_D$$

结构的变形也是左右对称，上下对称。因此，对称截面的转角必为零，即有 $\theta_A = 0$，$\theta_D = 0$。可将截面 A 看成固定端，取四分之一圆环研究[图 11.26(c)]，变形协调条件为

$$\theta_D = 0$$

为求如图 11.26(c) 所示四分之一圆环的 θ_D，在截面 D 作用单位力偶[图 11.26(d)]，图 11.26(c)、(d) 所示圆环的弯矩方程分别为

$$M(\varphi) = \frac{FR}{2}(1 - \cos\varphi) - M_D,\quad \overline{M}(\varphi) = -1$$

则截面 D 的转角为

$$\theta_D = \int_0^{\pi/2} \frac{M(\varphi)\overline{M}(\varphi)}{EI} R\,\mathrm{d}\varphi = \frac{R}{EI}\left[M_D \cdot \frac{\pi}{2} - \frac{FR}{2}\left(\frac{\pi}{2} - 1\right)\right]$$

代入变形协调条件 $\theta_D = 0$，有

$$\frac{R}{EI}\left[M_D \cdot \frac{\pi}{2} - \frac{FR}{2}\left(\frac{\pi}{2} - 1\right)\right] = 0$$

由此求得

$$M_D = FR\left(\frac{1}{2} - \frac{1}{\pi}\right)$$

A、B 两点间的相对线位移 Δ_{AB} 等于如图 11.26(c) 所示圆环截面 D 铅垂位移的 2 倍。为求如图 11.26(c) 所示圆环的 Δ_{DV}，在截面 D 作用单位力[图 11.26(e)]，如图 11.26(c)、(e)所示圆环的弯矩方程分别为

$$M(\varphi) = \frac{FR}{2}(1 - \cos\varphi) - M_D = FR\left(\frac{1}{\pi} - \frac{\cos\varphi}{2}\right) \tag{a}$$

$$\overline{M}(\varphi) = R(1 - \cos\varphi)$$

则

$$\begin{aligned}\Delta_{AB} &= 2\Delta_{DV} = 2\int_0^{\pi/2} \frac{M(\varphi)\overline{M}(\varphi)}{EI} R\,\mathrm{d}\varphi \\ &= \frac{2FR^3}{EI}\int_0^{\pi/2}\left(\frac{1}{\pi} - \frac{\cos\varphi}{2}\right)(1 - \cos\varphi)\,\mathrm{d}\varphi \\ &= \frac{FR^3}{EI}\left(\frac{\pi}{4} - \frac{2}{\pi}\right)\end{aligned}$$

也可以根据圆环的弯矩方程式(a)，求得如图 11.26(a)所示整个圆环的应变能为

$$V_\varepsilon = 4\int_0^{\pi/2} \frac{M^2(\varphi)}{2EI} R\,\mathrm{d}\varphi = \frac{2F^2R^3}{EI}\int_0^{\pi/2}\left(\frac{1}{\pi} - \frac{\cos\varphi}{2}\right)^2 \mathrm{d}\varphi = \frac{F^2R^3}{EI}\left(\frac{\pi}{8} - \frac{1}{\pi}\right)$$

由卡氏定理，得

$$\Delta_{AB} = \frac{\partial V_\varepsilon}{\partial F} = \frac{FR^3}{EI}\left(\frac{\pi}{4} - \frac{2}{\pi}\right)$$

11.8 用力法解超静定系统

前面讨论超静定问题的求解时，都是以多余约束力作为基本未知量，一般称之为力法。用力法求解超静定系统，补充方程可写成标准形式，称为力法的**正则方程**。

以如图 11.27(a)所示三次超静定刚架为例，将支座 B 看成多余约束，解除多余约束，三个多余约束力分别用 X_1、X_2、X_3 表示[图 11.27(b)]。分别以 Δ_1、Δ_2 和 Δ_3 表示截面 B 的水平位移、铅垂位移和转角，亦即以 Δ_i 表示 X_i 作用点沿着 X_i 方向的位移。变形协调条件为

$$\Delta_1 = \Delta_2 = \Delta_3 = 0$$

由叠加法，图 11.27(b) 中截面 B 的水平位移 Δ_1 等于 X_1、X_2、X_3 以及原载荷 F 单独作用所引起的位移叠加，即

$$\Delta_1 = \Delta_{1X_1} + \Delta_{1X_2} + \Delta_{1X_3} + \Delta_{1F}$$

以 δ_{1i} 表示单位力 $X_i = 1$ 引起的 Δ_1 $(i = 1, 2, 3)$。这样，变形协调条件可写成

$$\Delta_1 = \delta_{11}X_1 + \delta_{12}X_2 + \delta_{13}X_3 + \Delta_{1F} = 0$$

按完全相同的方法写出另外两个协调条件，三个协调条件合在一起得一组线性方程

$$\left.\begin{aligned} \delta_{11}X_1 + \delta_{12}X_2 + \delta_{13}X_3 + \Delta_{1F} = 0 \\ \delta_{21}X_1 + \delta_{22}X_2 + \delta_{23}X_3 + \Delta_{2F} = 0 \\ \delta_{31}X_1 + \delta_{32}X_2 + \delta_{33}X_3 + \Delta_{3F} = 0 \end{aligned}\right\}$$

可以将上式推广到 n 次超静定，这时线性方程组为

$$\left.\begin{aligned} \delta_{11}X_1 + \delta_{12}X_2 + \cdots + \delta_{1n}X_n + \Delta_{1F} = 0 \\ \delta_{21}X_1 + \delta_{22}X_2 + \cdots + \delta_{2n}X_n + \Delta_{2F} = 0 \\ \vdots \\ \delta_{n1}X_1 + \delta_{n2}X_2 + \cdots + \delta_{nn}X_n + \Delta_{nF} = 0 \end{aligned}\right\} \tag{11.17}$$

或写成矩阵形式

$$\begin{bmatrix} \delta_{11} & \delta_{12} & \cdots & \delta_{1n} \\ \delta_{21} & \delta_{22} & \cdots & \delta_{2n} \\ \vdots & \vdots & & \vdots \\ \delta_{n1} & \delta_{n2} & \cdots & \delta_{nn} \end{bmatrix} \begin{Bmatrix} X_1 \\ X_2 \\ \vdots \\ X_n \end{Bmatrix} + \begin{Bmatrix} \Delta_{1F} \\ \Delta_{2F} \\ \vdots \\ \Delta_{nF} \end{Bmatrix} = 0 \tag{11.18}$$

式(11.17)或式(11.18)称为力法的**正则方程**。δ_{ij} 称为柔度系数，表示由单位力 $X_j = 1$ 引起的位移 Δ_i。根据位移互等定理，有 $\delta_{ij} = \delta_{ji}$。$\Delta_{iF}$ 为方程的常数项，称为自由项，表示由原载荷引起的位移 Δ_i。

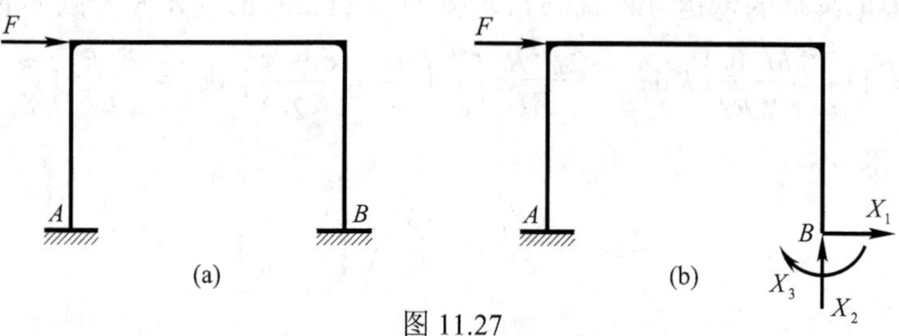

图 11.27

对于刚架或曲杆，一般有弯矩、剪力和轴力等内力，但剪力和轴力对位移的影响远小于弯矩，故只考虑弯矩的影响。对于梁，一般也只考虑弯矩的影响。设 $X_i = 1$ 引起的弯矩为 $\overline{M}_i$，$X_j = 1$ 引起的弯矩为 $\overline{M}_j$，原载荷引起的弯矩为 M_F，则

$$\left.\begin{aligned} \delta_{ij} = \delta_{ji} = \int_l \frac{\overline{M}_i\,\overline{M}_j}{EI}\mathrm{d}x \\ \Delta_{iF} = \int_l \frac{\overline{M}_i\,M_F}{EI}\mathrm{d}x \end{aligned}\right\} \tag{11.19}$$

对于桁架，设 $X_i = 1$ 引起的第 k 根杆的轴力为 $\overline{F}_{\mathrm{N}i,k}$，$X_j = 1$ 引起的第 k 根杆的轴力为 $\overline{F}_{\mathrm{N}j,k}$，原载荷引起的第 k 根杆的轴力为 $F_{\mathrm{N}F,k}$，则

$$\left.\begin{aligned}\delta_{ij}=\delta_{ji}&=\sum_{k=1}^{n}\frac{\overline{F}_{\mathrm{N}i,k}\overline{F}_{\mathrm{N}j,k}l_k}{E_kA_k}\\ \Delta_{iF}&=\sum_{k=1}^{n}\frac{\overline{F}_{\mathrm{N}i,k}F_{\mathrm{N}F,k}l_k}{E_kA_k}\end{aligned}\right\}\tag{11.20}$$

式中，l_k、E_k 和 A_k分别为第 k 根杆的长度、弹性模量和截面面积。

例 11.17 试求解如图 11.28(a)所示超静定刚架，EI为常量。

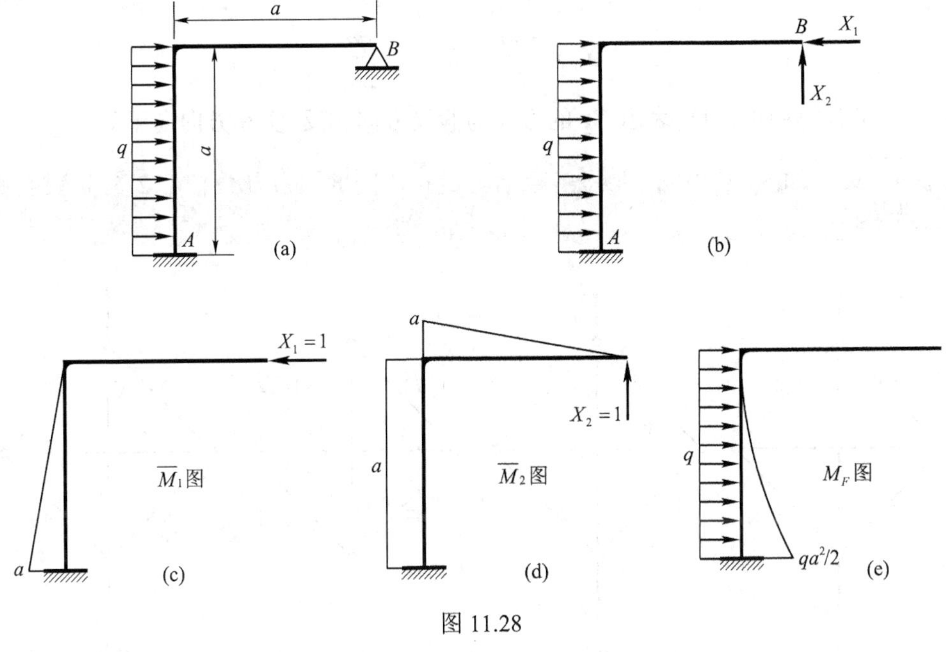

图 11.28

解：图示刚架为二次超静定结构，解除支座 B 的两个多余约束，代以多余约束力 X_1、X_2[图 11.28(b)]，变形协调条件为

$$\Delta_1=0,\quad \Delta_2=0$$

静定结构在单位力 $X_1=1$、$X_2=1$ 以及原载荷作用下的弯矩图分别如图11.28(c)、(d)、(e)所示。应用图乘法可以算出各个柔度系数和自由项分别为

$$\delta_{11}=\frac{1}{EI}\left(\frac{a^2}{2}\cdot\frac{2a}{3}\right)=\frac{a^3}{3EI},\quad \delta_{22}=\frac{1}{EI}\left(\frac{a^2}{2}\cdot\frac{2a}{3}+a^2\cdot a\right)=\frac{4a^3}{3EI}$$

$$\delta_{12}=\delta_{21}=\frac{1}{EI}\left(\frac{a^2}{2}\cdot a\right)=\frac{a^3}{2EI}$$

$$\Delta_{1F}=-\frac{1}{EI}\left(\frac{a^3}{6}\cdot\frac{3a}{4}\right)=-\frac{qa^4}{8EI},\quad \Delta_{2F}=-\frac{1}{EI}\left(\frac{a^3}{6}\cdot a\right)=-\frac{qa^4}{6EI}$$

代入力法正则方程

$$\left.\begin{aligned}\delta_{11}X_1+\delta_{12}X_2+\Delta_{1F}=0\\ \delta_{21}X_1+\delta_{22}X_2+\Delta_{2F}=0\end{aligned}\right\}$$

得

$$\left.\begin{aligned}\frac{a^3}{3EI}X_1+\frac{a^3}{2EI}X_2-\frac{qa^4}{8EI}=0\\\frac{a^3}{2EI}X_1+\frac{4a^3}{3EI}X_2-\frac{qa^4}{6EI}=0\end{aligned}\right\}$$

即

$$\left.\begin{aligned}8X_1+12X_2=3qa\\3X_1+8X_2=qa\end{aligned}\right\}$$

解得

$$X_1=\frac{3qa}{7},\quad X_2=-\frac{qa}{28}$$

其中，X_2 的计算结果为负，表示 X_2 的方向与假设方向相反，实际方向向下。

例 11.18 如图 11.29(a)所示桁架，各杆的拉压刚度均为 EA，杆 1、2、3、4 长度为 a。试求各杆轴力。

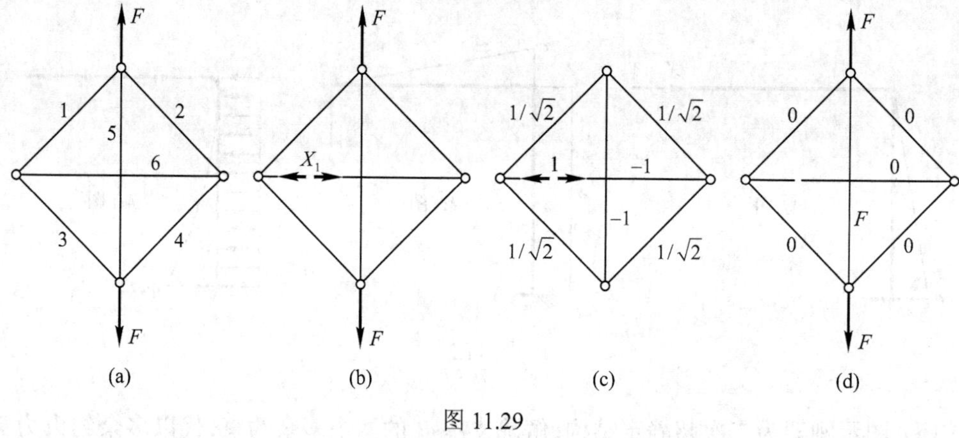

图 11.29

解：图示桁架为一次内力超静定，选取杆 6 的轴力(压力)为多余约束力[图 11.29(b)]。单位力作用下各杆的轴力标于图 11.29(c)中，原力系作用下各杆的轴力标于图 11.29(d)中。由式(11.20)，求得

$$\delta_{11}=\frac{1}{EA}\left(4\times\frac{1}{2}\times a+2\times1\times\sqrt{2}\,a\right)=\frac{a}{EA}(2+2\sqrt{2})$$

$$\Delta_{1F}=-\frac{\sqrt{2}\,Fa}{EA}$$

代入力法正则方程 $\delta_{11}X_1+\Delta_{1F}=0$，得

$$X_1=\frac{2-\sqrt{2}}{2}F$$

上式即为杆 6 的轴力(压力)，再由静力平衡方程求得其他杆的轴力分别为

$$F_{N1}=F_{N2}=F_{N3}=F_{N4}=\frac{\sqrt{2}-1}{2}F,\quad F_{N5}=\frac{F}{\sqrt{2}}$$

11.9 对称性的利用

首先介绍三个定义：

对称结构：若将结构绕对称轴对折后，结构在对称轴两边的部分将完全重合［图11.30(a)］。

正对称载荷：绕对称轴对折后，结构在对称轴两边的载荷的作用点和作用方向将重合，而且每对力数值相等［图 11.30(b)］。

反对称载荷：绕对称轴对折后，结构在对称轴两边的载荷的数值相等，作用点重合而作用方向相反［图 11.30(c)］。

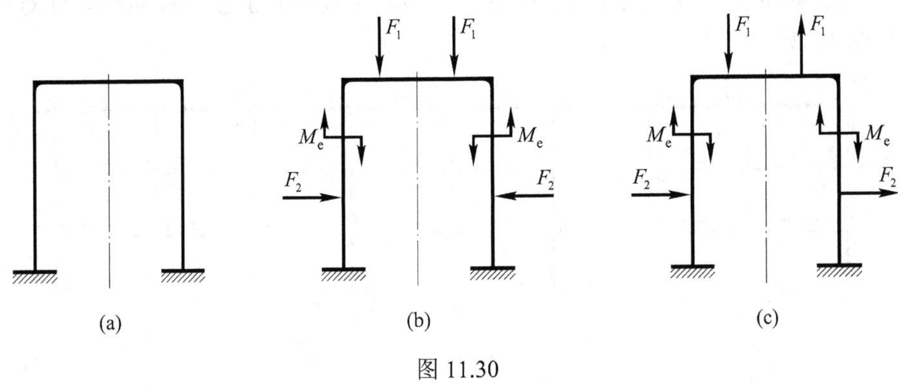

图 11.30

如图 11.31 所示显然为正对称载荷，而如图 11.32(a)所示则是一反对称载荷，这可能不太容易看出，可以将图 11.32(a)中的载荷 F 分成图 11.32(b)中的两个载荷，图 11.32(b)显然是反对称载荷。

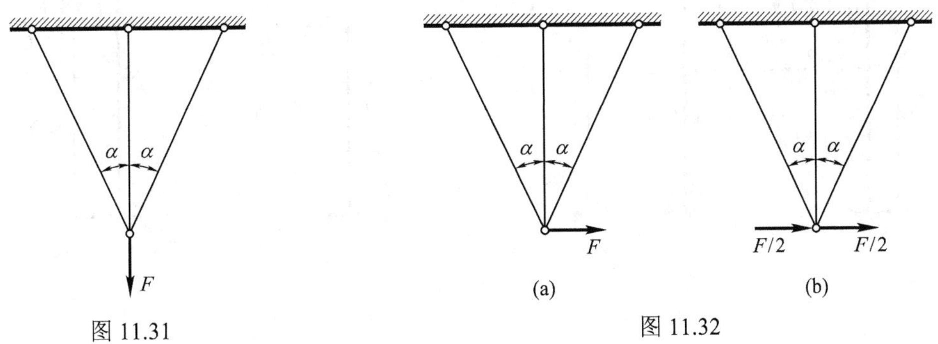

图 11.31　　图 11.32

对称结构在正对称载荷作用下(图 11.33)，结构的内力及变形都是正对称的，截面 C(位于对称轴上)的剪力 $F_{SC}=0$，只有轴力 F_{NC}和弯矩 M_C，而且截面 C 只有沿对称轴方向的位移，没有垂直于对称轴方向的位移。

对称结构在反对称载荷作用下(图 11.34)，结构的内力及变形都是反对称的，截面 C(位于对称轴上)的轴力 $F_{NC}=0$，弯矩 $M_C=0$，只有剪力 F_{SC}，而且截面 C 只有垂直于对称轴方向的位移，没有沿对称轴方向的位移。

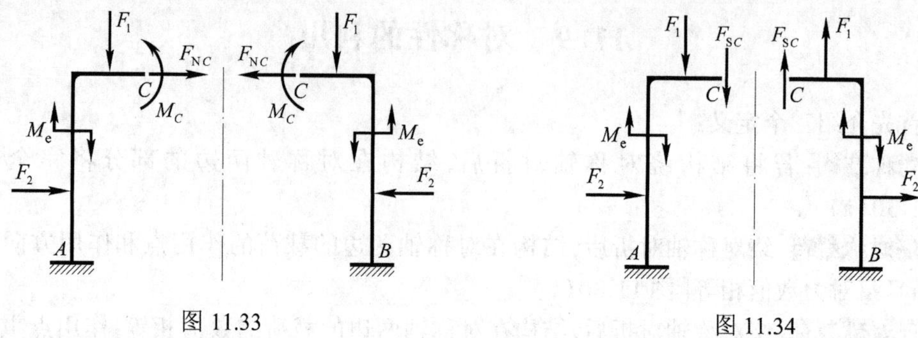

图 11.33　　图 11.34

对称结构承受任意载荷[图 11.35(a)],可以将载荷分解成正对称载荷与反对称载荷的叠加[图 11.35(b)、(c)]。

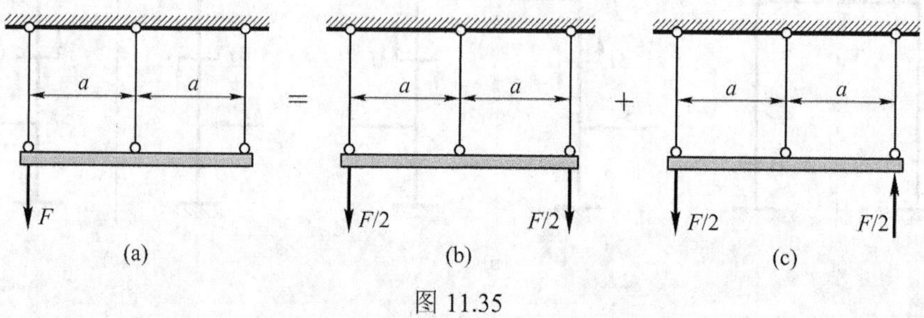

图 11.35

例 11.19　平面刚架受力如图 11.36(a)所示，EI 为常量。试求 C 处的约束力及支座 A 的约束力。

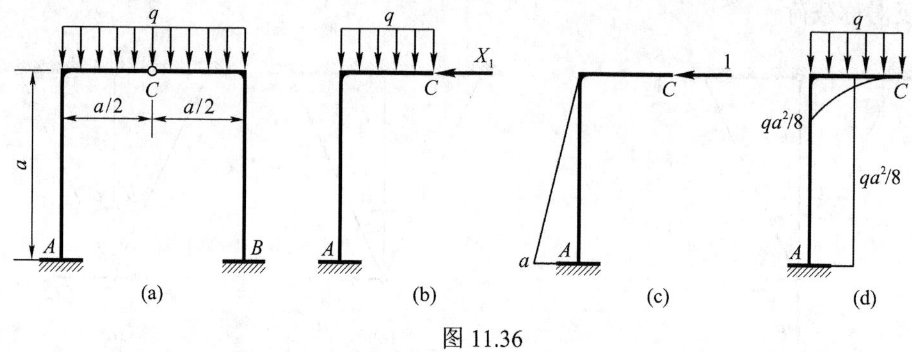

图 11.36

解：该刚架为对称结构，承受正对称载荷作用，取左半部分考虑[图 11.36(b)]，在铰 C 处只有轴力，设为 X_1。单位力及原载荷引起的弯矩图分别如图 11.36(c)、(d) 所示。δ_{11} 就等于如图 11.36(c) 所示弯矩图自乘，Δ_{1F} 就等于图 11.36(c)、(d) 相互图乘，即

$$\delta_{11} = \frac{1}{EI}\left(\frac{a^2}{2}\frac{2a}{3}\right) = \frac{a^3}{3EI},\quad \Delta_{1F} = -\frac{1}{EI}\left(\frac{a^2}{2}\frac{qa^2}{8}\right) = -\frac{qa^4}{16EI}$$

代入力法正则方程 $\delta_{11}X_1 + \Delta_{1F} = 0$，求得　$X_1 = \dfrac{3qa}{16}$

再由如图11.36(b)所示部分的平衡方程求得

$$F_{Ax}=\frac{3qa}{16}\ (\rightarrow),\quad F_{Ay}=\frac{qa}{2}\ (\uparrow),\quad M_A=\frac{qa^2}{16}\ (\circlearrowright)$$

例11.20 如图11.37(a)所示半圆曲杆的抗弯刚度为EI,试求支座约束力。

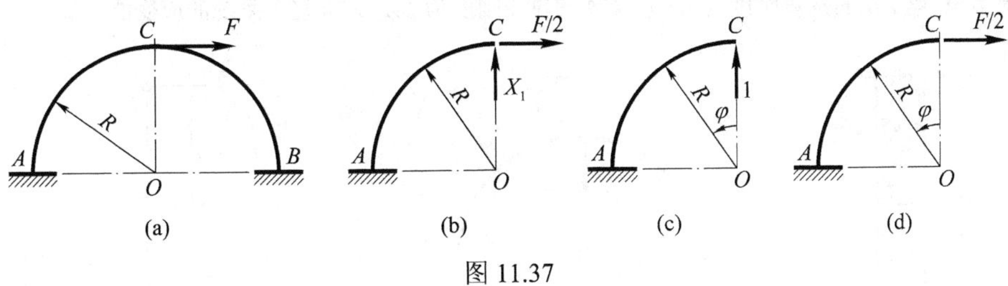

图11.37

解: 该曲杆左右对称,载荷反对称,取左半部分考虑[图11.37(b)],在C处只有剪力,设为X_1。单位力[图11.27(c)]及原载荷[图11.27(d)]引起的弯矩分别为

$$\overline{M}(\varphi)=-R\sin\varphi,\quad M_F(\varphi)=\frac{FR}{2}(1-\cos\varphi)$$

$$\delta_{11}=\int_0^{\pi/2}\frac{\overline{M}\,\overline{M}}{EI}R\,\mathrm{d}\varphi=\frac{\pi R^3}{4EI},\quad \Delta_{1F}=\int_0^{\pi/2}\frac{\overline{M}M_F}{EI}R\,\mathrm{d}\varphi=-\frac{FR^3}{4EI}$$

代入力法正则方程$\delta_{11}X_1+\Delta_{1F}=0$,求得 $X_1=\dfrac{F}{\pi}$

再由如图11.37(b)所示部分的平衡方程以及反对称性求得

$$F_{Ax}=F_{Bx}=\frac{F}{2}\ (\leftarrow),\quad F_{Ay}=\frac{F}{\pi}\ (\downarrow),\quad F_{By}=\frac{F}{\pi}\ (\uparrow)$$

$$M_A=M_B=FR\left(\frac{1}{2}-\frac{1}{\pi}\right)\ (\circlearrowleft)$$

例11.21 如图11.38(a)所示刚架的抗弯刚度为EI,试求刚架的最大弯矩。

解: 利用反对称性,沿对角线切开,得如图11.38(b)所示相当系统,由静力平衡方程求得$X_1=\dfrac{qa}{\sqrt{2}}$。最大弯矩发生在刚架四条边的正中间截面,其值$M_{\max}=\dfrac{qa^2}{8}$。

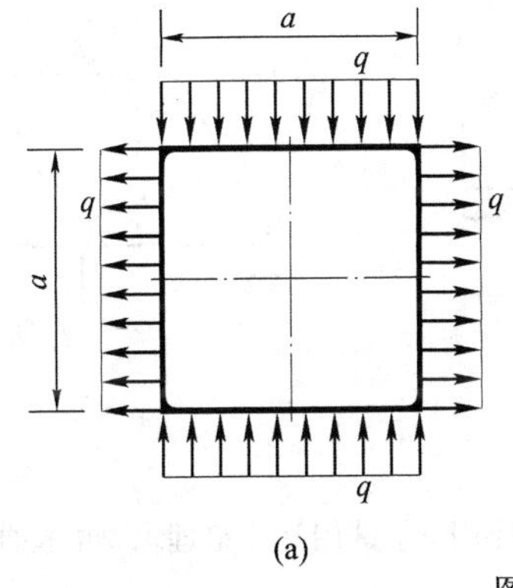

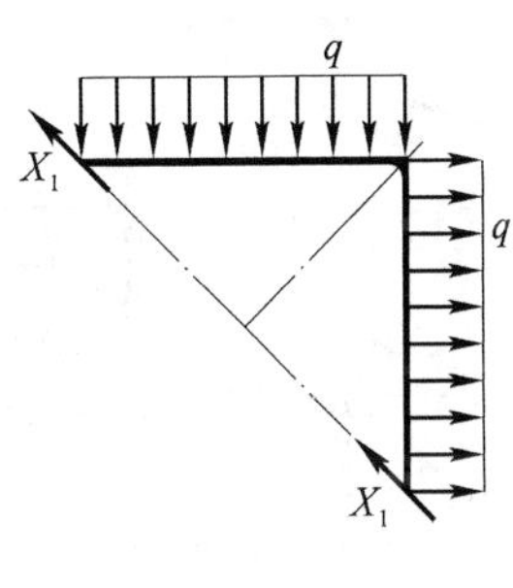

图11.38

习题提示

典型考题

习　题

1. 拉压刚度为 EA 的直杆受轴向拉伸如图所示。试求该杆的应变能。
2. 图示开口圆环，抗弯刚度为 EI。试求该圆环的应变能。
3. 图示系统，梁 AB 的抗弯刚度为 EI，杆 CD 的拉压刚度为 EA。试求整个系统的应变能。

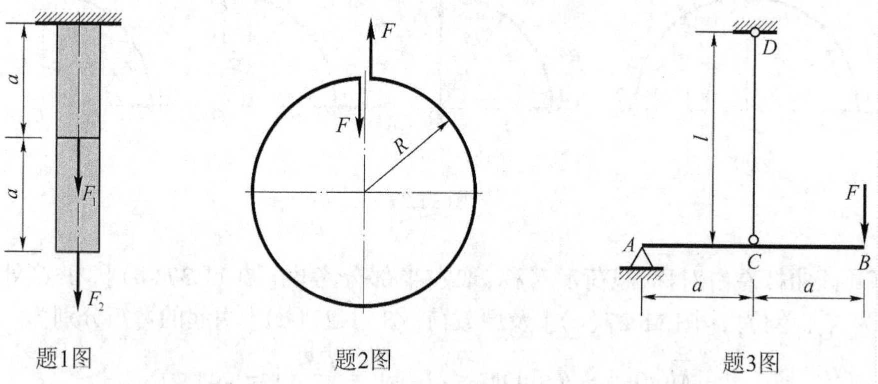

题1图　　题2图　　题3图

4. 图示各圆杆，材料的切变模量为 G。试计算各杆受扭时的应变能。

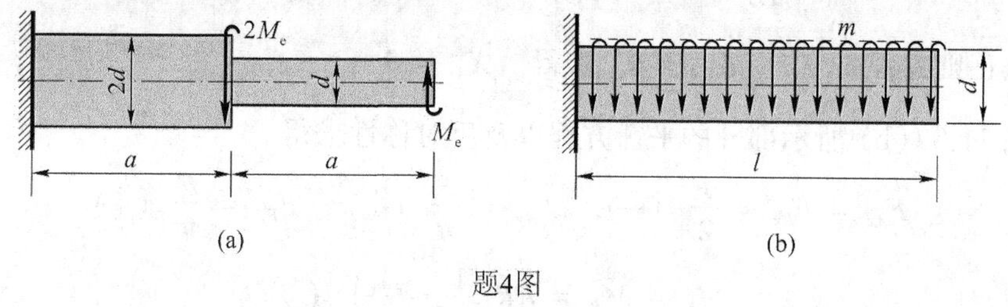

(a)　　(b)

题4图

5. 图示平面曲杆的轴线为四分之一圆周，EI 为常量。该曲杆在自由端受集中力偶 M_e 作用。试求该曲杆的应变能，并应用功能原理计算截面 B 的转角 θ_B。
6. 试计算图示变截面悬臂梁的应变能，并应用功能原理计算截面 C 的挠度 w_C。
7. 图示桁架，各杆的拉压刚度均为 EA，长度均为 l。试计算该桁架的应变能，并应用功能原理计算节点 A 的铅垂位移。

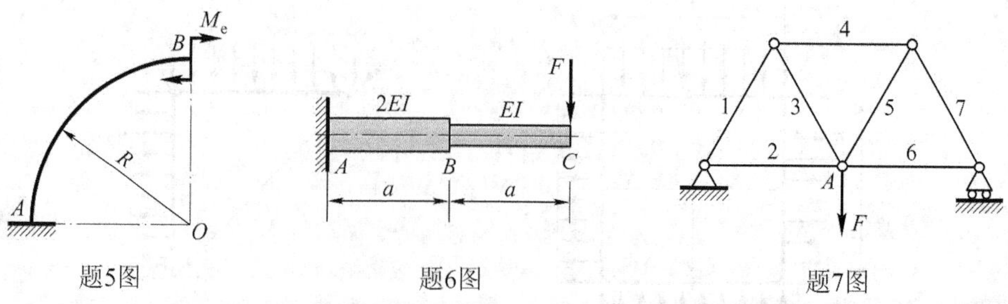

题5图　　题6图　　题7图

8. 图示简支梁，抗弯刚度为 EI，在中点 C 受集中力 F 作用下。试用互等定理求梁的挠曲线与梁变形前的轴线所围成的面积 ω。

9. 图示梁，力 F 可以在梁上自由移动。为了测定力 F 作用在点 C 时梁的挠曲线（即要测定任一截面 x 的挠度），可以利用千分表测各截面的铅垂位移。问：如果不移动千分表而移动力 F，则千分表应放在何处，其依据是什么。

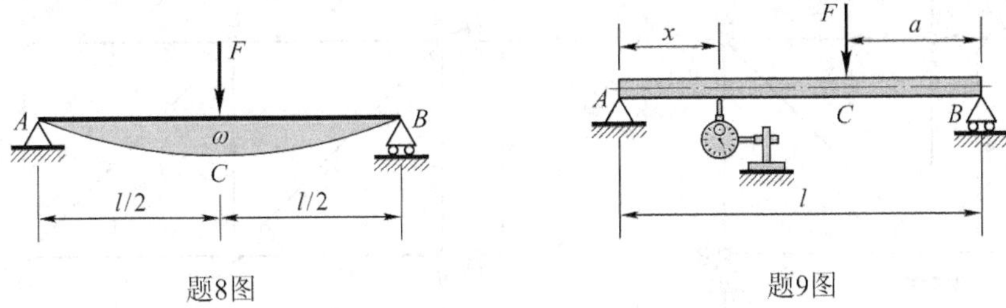

题8图　　题9图

10. 图示平面曲杆的轴线为四分之一圆周，EI 为常量。该曲杆在自由端受铅垂集中力 F 作用。试用卡氏定理求 B 点的水平位移 Δ_{BH} 和铅垂位移 Δ_{BV}。轴力和剪力对变形的影响可略去不计。

11. 图示半圆形曲杆，EI 为常量。试用卡氏定理求点 C 的铅垂位移 Δ_{CV} 和点 B 的水平位移 Δ_{BH}。轴力和剪力对变形的影响可略去不计。

12. 图示水平放置的圆截面半圆形曲杆，截面直径为 d，材料的弹性模量为 E，泊松比为 μ。该曲杆在其自由端 B 受铅垂力 F 的作用。试求截面 B 的铅垂位移 Δ_{BV}。

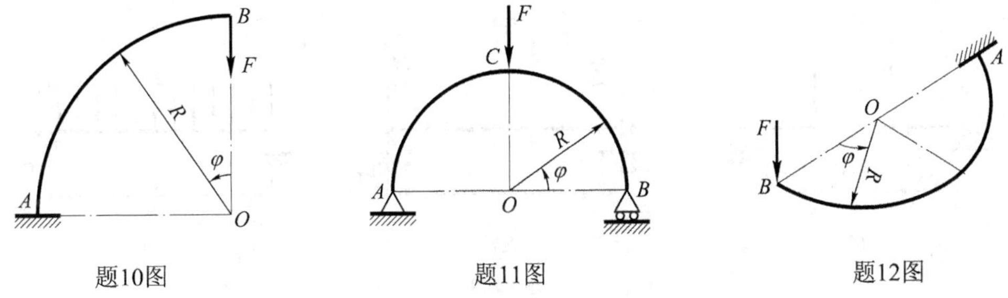

题10图　　题11图　　题12图

13. 图示简支梁在 AC 段受均布载荷 q 作用，梁的抗弯刚度 EI 为常量。试求截面 A 的转角 θ_A。

14. 图示梁 EI 为常量。试应用单位载荷法求截面 B 的转角 θ_B 和挠度 w_B。

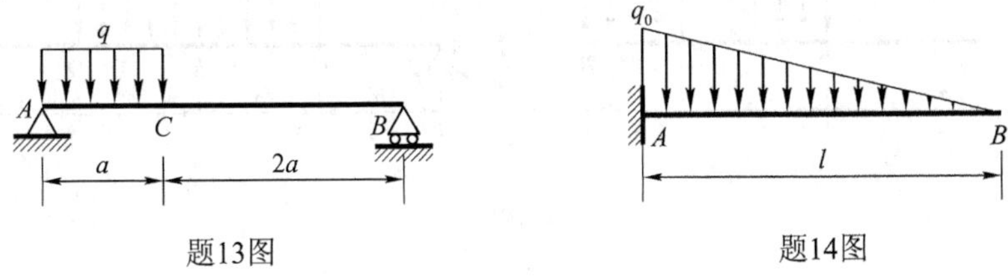

题13图　　题14图

15. 图示各梁 EI 为常量。试应用单位载荷法求截面 B 的挠度 w_B 和截面 C 的转角 θ_C。

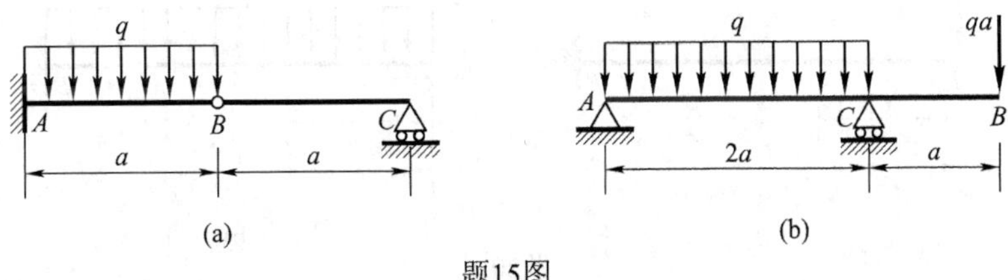

题15图

16. 图示桁架各杆拉压刚度 EA 相同。试求节点 D 的水平位移和铅垂位移。

17. 图示桁架各杆拉压刚度 EA 相同。试求节点 D、E 之间的相对位移 Δ_{DE}。

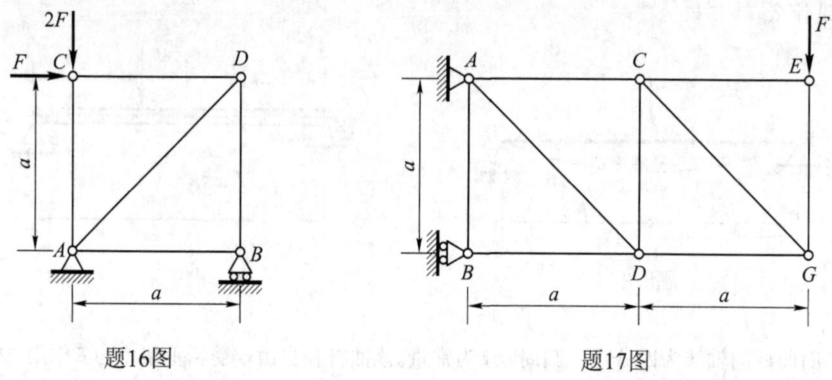

题16图　　题17图

18. 图示各梁 EI 为常量。试应用图乘法求梁的最大转角 θ_{max} 和最大挠度 w_{max}。

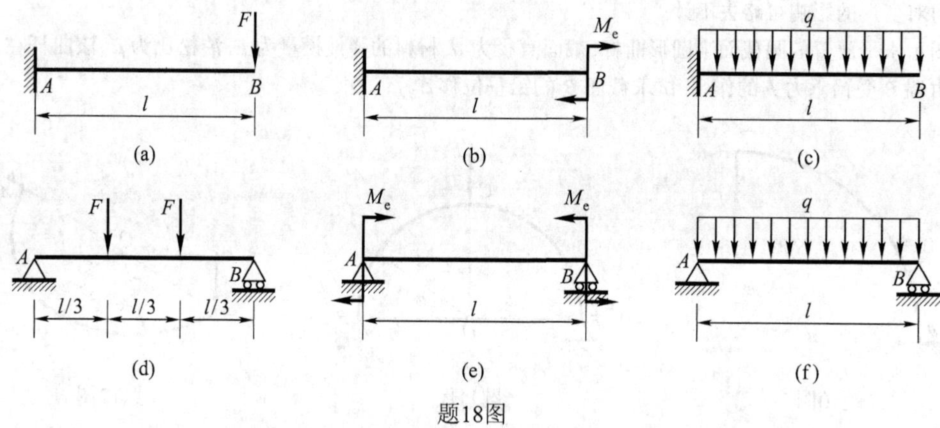

题18图

19. 图示各梁 EI 为常量。试应用图乘法求梁的最大转角 θ_{max} 和最大挠度 w_{max}。

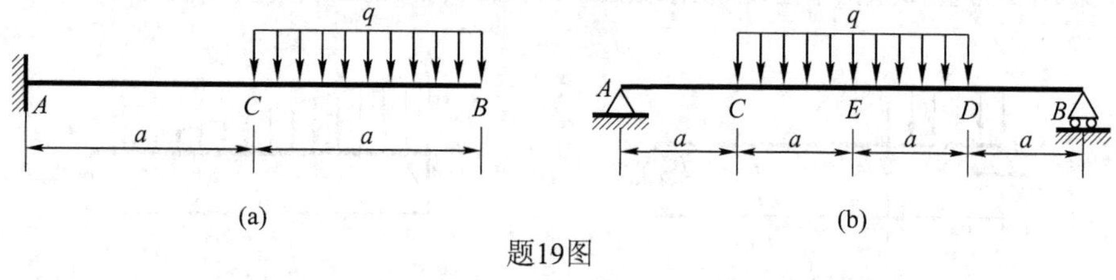

题19图

20. 图示各梁 EI 为常量。试应用图乘法求梁的转角方程和挠曲线方程。

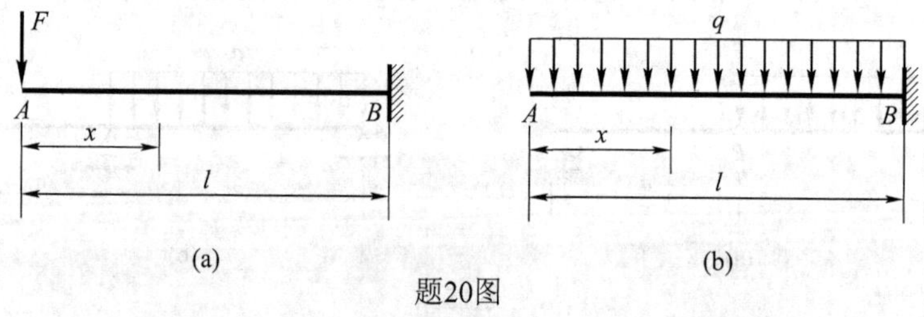

题20图

21. 图示各刚架 EI 为常量。试应用图乘法求刚架截面 B 的水平位移 Δ_{BH} 和转角 θ_B。

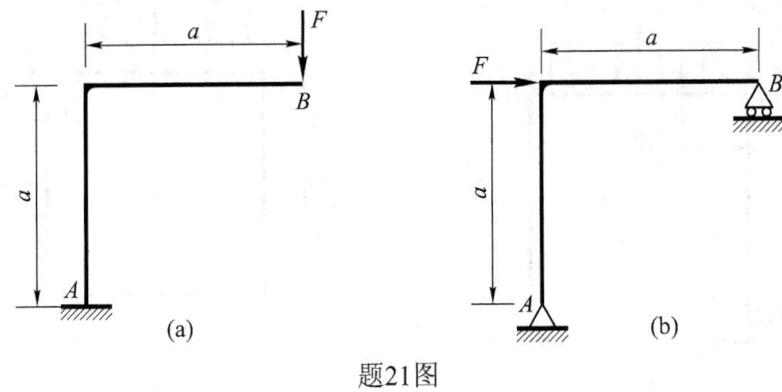

题21图

22. 图示刚架 EI 为常量。试应用图乘法求截面 A 的水平位移 Δ_{AH} 和截面 C 的转角 θ_C。

23. 图示刚架 EI 为常量。试应用图乘法求铰链 C 处的铅垂位移 Δ_{CV} 和左右两截面的相对转角 $\theta_{CC'}$。

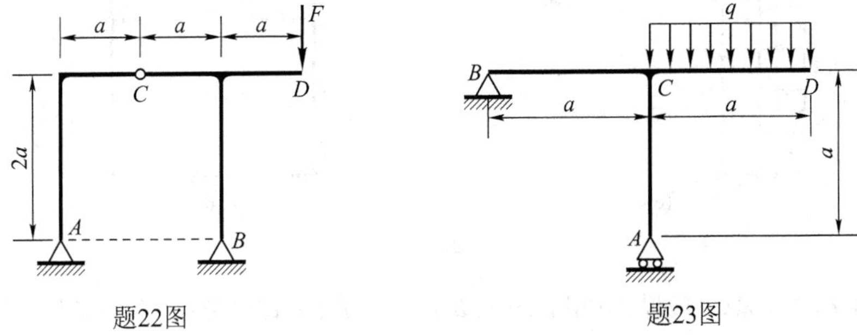

题22图　　题23图

24. 图示刚架在自由端受集中力 F 作用，EI 为常量。现欲使点 B 的位移发生在沿力 F 的方向。试问力 F 应沿什么方向？(用图乘法求解，规定 φ 角在 $0 < \varphi < \pi/2$ 区间内变化)

25. 图示刚架，抗弯刚度 EI 为常量。试用图乘法求钢架截面 A 的转角 θ_A 及中间铰 C 处的铅垂位移 Δ_{CV}。

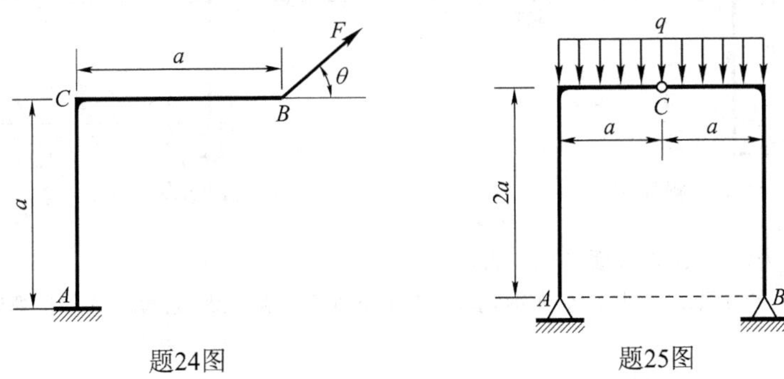

题24图　　题25图

26. 图示半圆环，EI 为常量。试用单位载荷法求截面 B 的水平位移 Δ_{BH} 和转角 θ_B。

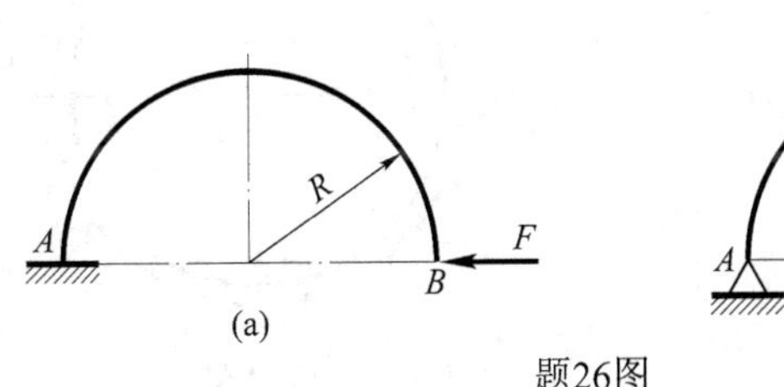

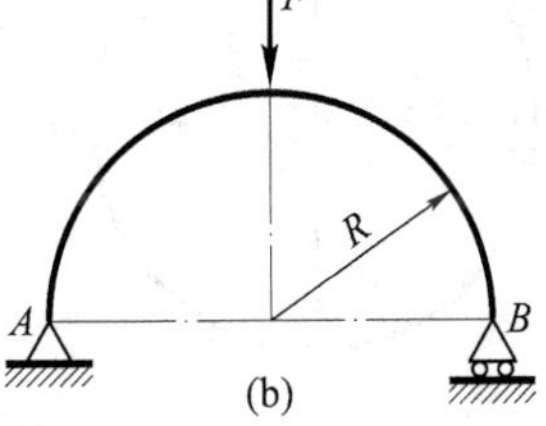

题26图

27. 已知图示各刚架 EI 为常量，画出刚架的弯矩图。

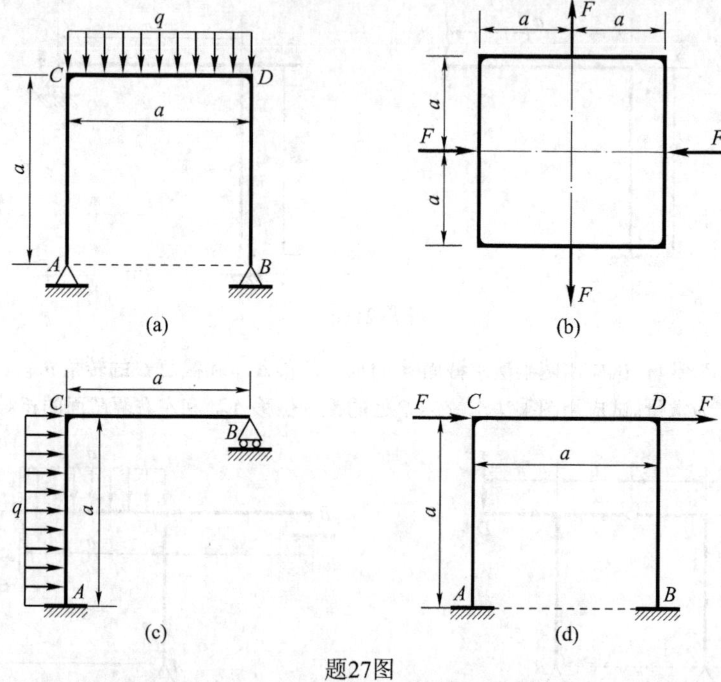

题27图

28. 图示刚架，EI 为常量，在载荷 F 作用下，支座 B 有一下陷量 Δ。试求支座 B 的约束力。

29. 图示刚架，EI 为常量，画出刚架的弯矩图。

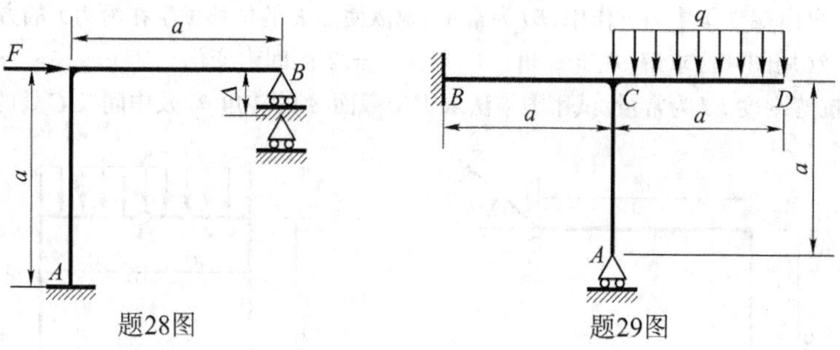

题28图　　题29图

30. 图示圆环，EI 为常量，试求截面 A 的内力。

31. 图示小曲率杆在力偶 M_e 与均匀分布剪切流 q 作用下处于平衡状态，已知 q、R 和抗弯刚度 EI。试求截面 A 的内力。

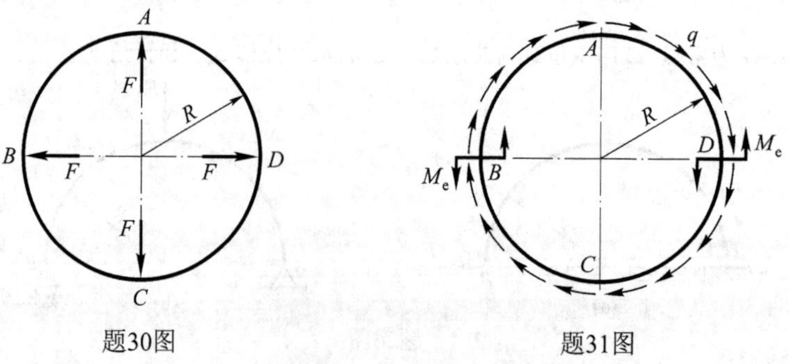

题30图　　题31图

32. 图示桁架，各杆的拉压刚度均为 EA，试求支座约束力。

33. 图示桁架，各杆的拉压刚度均为 EA，试求杆 CD 的轴力。(尽可能利用对称性以减小计算量)

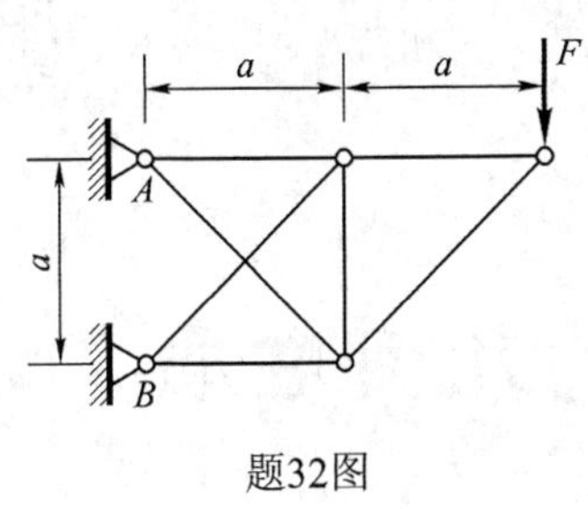

题32图

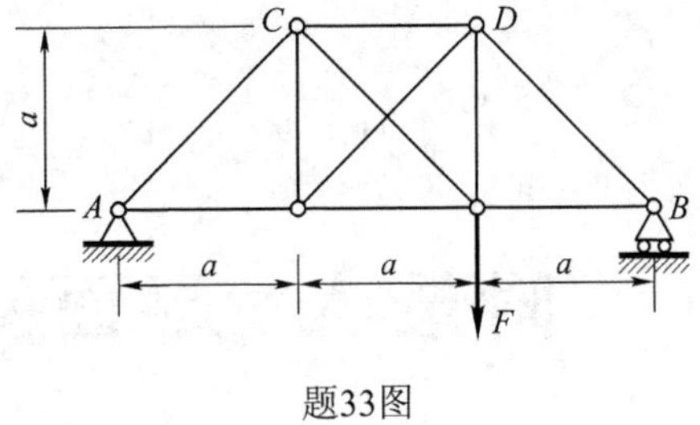

题33图

34. 图示刚架，EI 为常量，绘出刚架的弯矩图，并标出有关数值。

35. 图示正方形刚架，EI 为常量，各边剪力流集度均等于 q，$M_e = 2qa^2$。求刚架 B 处剪力 F_{SB} 的大小。

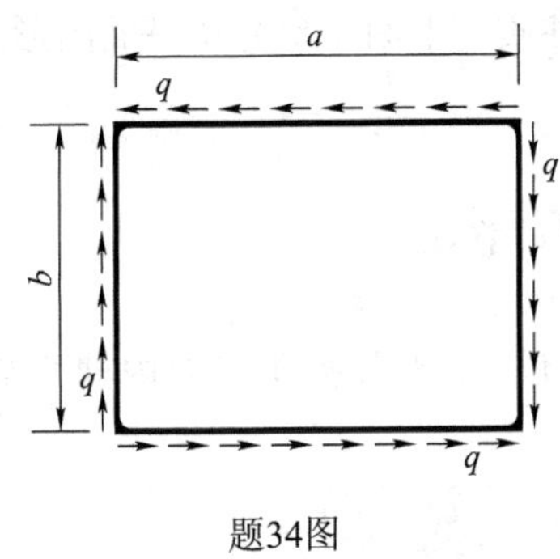

题34图

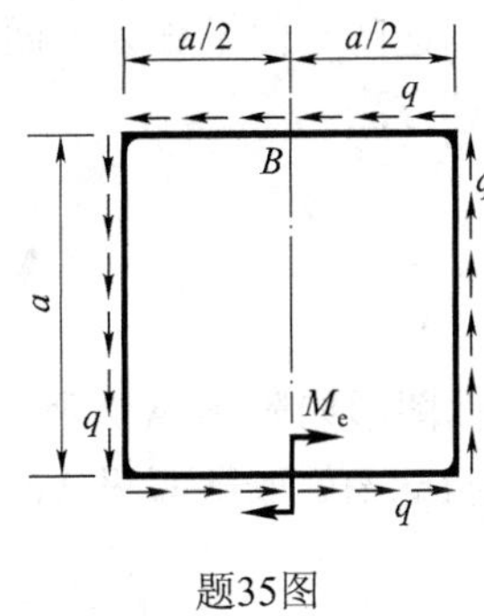

题35图

36. 图示刚架，EI 为常量，求支座 A 的约束力。

37. 图示刚架，EI 为常量，绘出刚架的弯矩图，并标出有关数值。

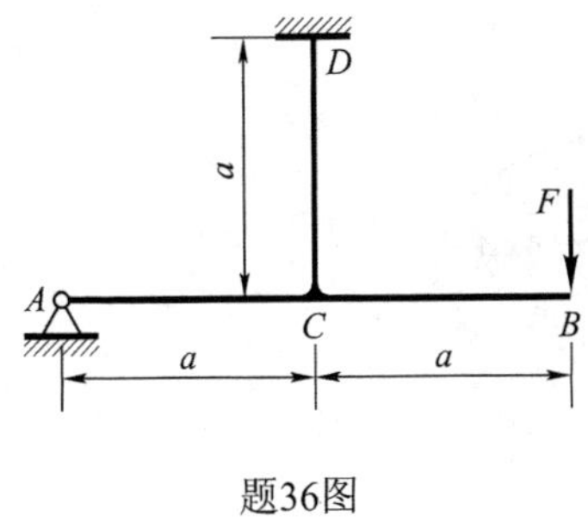

题36图

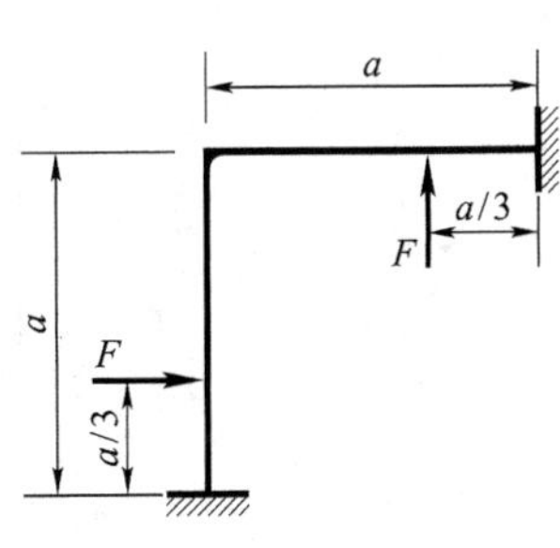

题37图

附录 A　平面图形的几何性质

计算构件在外力作用下的应力和变形时,要用到与横截面形状、尺寸有关的一些几何量,如拉压时用到横截面面积 A,扭转时用到极惯性矩 I_p,弯曲时用到静矩、惯性矩、惯性积等几何量。这些几何量称为平面图形的几何性质。下面主要介绍平面图形的几何性质的定义和计算方法。

A.1　静矩和形心

任意平面图形如附图 A.1 所示,其面积为 A。在图形所在平面内建立参考坐标系 yOz。在坐标(y,z)处取微面积 $\mathrm{d}A$,则积分

$$S_z = \int_A y\,\mathrm{d}A \quad , \quad S_y = \int_A z\,\mathrm{d}A \tag{A.1}$$

分别定义为图形对 z 轴和 y 轴的**静矩**。由式(A.1)看出,同一平面图形对于不同坐标轴,其静矩是不同的。静矩的数值可正、可负、也可以为零。静矩的量纲为 L^3,单位一般采用 mm^3 或 m^3。

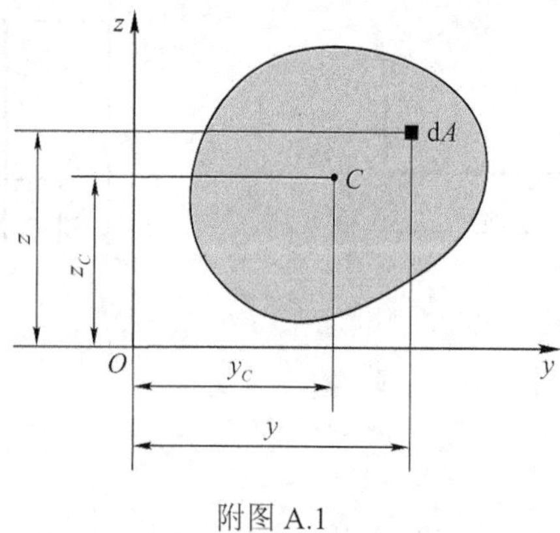

附图 A.1

对于均质薄板,形心与重心坐标相同。理论力学中关于均质薄板的重心坐标公式

$$y_C = \frac{\int_A y\,\mathrm{d}A}{A}, \quad z_C = \frac{\int_A z\,\mathrm{d}A}{A} \tag{A.2}$$

上式也就是平面图形形心坐标的计算公式。利用式(A.1)，可以把式(A.2)改写成

$$y_C = \frac{S_z}{A}, \quad z_C = \frac{S_y}{A} \tag{A.3}$$

若已知平面图形的面积及其对 z 轴和 y 轴的静矩，利用上式可以直接计算出其形心坐标。

将式(A.3)改写为

$$S_z = A \cdot y_C, \quad S_y = A \cdot z_C \tag{A.4}$$

上式表明，平面图形对 z 轴和 y 轴的静矩，分别等于其面积乘以形心的坐标 y_C 和 z_C。若已知平面图形的面积及其形心坐标，即可直接计算出静矩。若平面图形对某一轴的静矩等于零，则该轴必通过平面图形的形心。平面图形对通过其形心的坐标轴的静矩等于零。

当一个平面图形是由若干个简单图形(例如矩形、圆形、三角形等)组成时，由静矩的定义可知，整个图形对某轴的静矩等于所有简单图形对同一轴静矩的代数和，而简单图形的面积及形心坐标都不难确定，利用公式(A.4)较易算出静矩。

例 A.1　计算由抛物线 $z = h\left(1 - \frac{y^2}{b^2}\right)$、$y$ 轴和 z 轴所围成的平面图形[附图 A.2(a)]对 y 轴和 z 轴的静矩 S_y 和 S_z，并确定图形形心 C 的坐标 y_C 和 z_C。

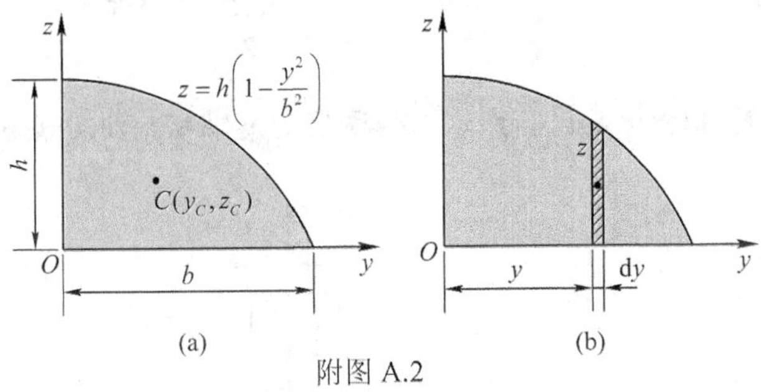

附图 A.2

解：在距 z 轴距离为 y 处取一宽为 $\mathrm{d}y$ 的狭长条作为微面积 $\mathrm{d}A$[附图 A.2(b)]。该狭长条可看成一矩形，面积 $\mathrm{d}A = z\mathrm{d}y$，对 y 轴的静矩为 $\frac{z}{2}\mathrm{d}A$，对 z 轴的静矩为 $y\mathrm{d}A$，故整个图形的面积及其对 y、z 轴的静矩分别为

$$S_y = \int_A \frac{z}{2}\mathrm{d}A = \int_0^b \frac{1}{2}h^2\left(1 - \frac{y^2}{b^2}\right)^2 \mathrm{d}y = \frac{4bh^2}{15}$$

$$S_z = \int_A y\mathrm{d}A = \int_0^b yh\left(1 - \frac{y^2}{b^2}\right)\mathrm{d}y = \frac{b^2h}{4}$$

$$A = \int_A \mathrm{d}A = \int_0^b h\left(1 - \frac{y^2}{b^2}\right)\mathrm{d}y = \frac{2bh}{3}$$

代入式(A.3)，得

$$y_C = \frac{S_z}{A} = \frac{3}{8}b$$

$$z_C = \frac{S_y}{A} = \frac{2}{5}h$$

例 A.2 半径为 R 的半圆图形，如附图 A.3(a)所示。试计算其对 y 轴和 z 轴的静矩及形心 C 位置。

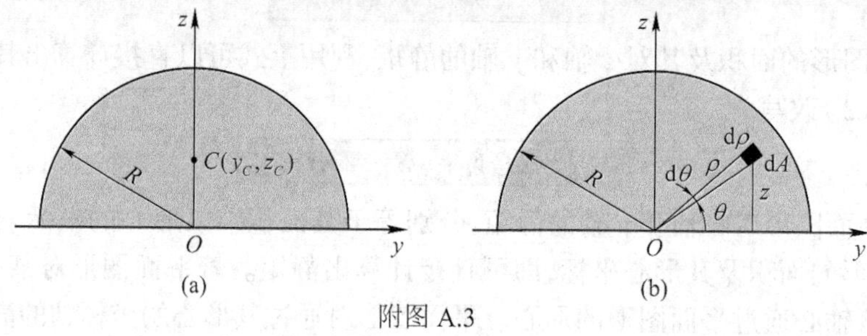

附图 A.3

解: 在点(ρ,θ)处[附图 A.3(b)]取微面积 $\mathrm{d}A=\rho\,\mathrm{d}\rho\,\mathrm{d}\theta$，该面积到 y 轴的距离 $z=\rho\sin\theta$，故

$$S_y=\int_A z\,\mathrm{d}A=\int_A(\rho\sin\theta)\,\rho\,\mathrm{d}\rho\,\mathrm{d}\theta=\int_0^{\pi}\sin\theta\,\mathrm{d}\theta\int_0^R\rho^2\,\mathrm{d}\rho=\frac{2R^3}{3}$$

由于 z 轴为对称轴，通过平面图形的形心，故 $S_z=0$。形心坐标为

$$y_C=0,\qquad z_C=\frac{S_y}{A}=\frac{\dfrac{2R^3}{3}}{\dfrac{\pi R^2}{2}}=\frac{4R}{3\pi}$$

例 A.3 试计算如图附 A.4(a)所示 L 形图形对 y 轴和 z 轴的静矩及形心 C 位置。

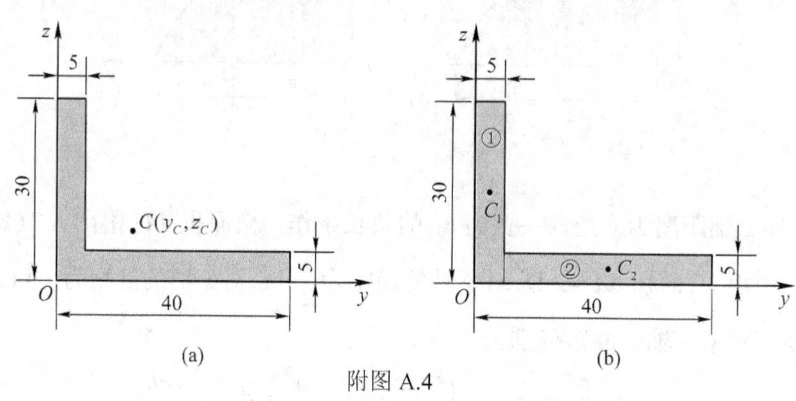

附图 A.4

解: 把图形看成由两个矩形①和②组成[附图 A.4(b)]，每一矩形的面积及静矩分别为

$$A_1=(30\ \text{mm})\times(5\ \text{mm})=150\ \text{mm}^2$$

$$S_{y1}=(150\ \text{mm}^2)\times(15\ \text{mm})=2\ 250\ \text{mm}^3$$

$$S_{z1}=(150\ \text{mm}^2)\times(2.5\ \text{mm})=375\ \text{mm}^3$$

$$A_2=(35\ \text{mm})\times(5\ \text{mm})=175\ \text{mm}^2$$

$$S_{y2}=(175\ \text{mm}^2)\times(2.5\ \text{mm})=437.5\ \text{mm}^3$$

$$S_{z2}=(175\ \text{mm}^2)\times(22.5\ \text{mm})=3\ 937.5\ \text{mm}^3$$

整个图形的面积及静矩分别为

$$A = A_1 + A_2 = 325\ \text{mm}^2$$

$$S_y = S_{y1} + S_{y2} = 2\ 687.5\ \text{mm}^3$$

$$S_z = S_{z1} + S_{z2} = 4\ 312.5\ \text{mm}^3$$

整个图形的形心坐标

$$y_C = \frac{S_z}{A} = \frac{4\ 312.5\ \text{mm}^3}{325\ \text{mm}^2} = 13.3\ \text{mm}$$

$$z_C = \frac{S_y}{A} = \frac{2\ 687.5\ \text{mm}^3}{325\ \text{mm}^2} = 8.27\ \text{mm}$$

A.2　惯性矩、极惯性矩和惯性积

任意平面图形如附图 A.5 所示，其面积为 A。在图形所在平面内建立参考坐标系 yOz。在坐标(y,z)处取微面积 $\mathrm{d}A$，则积分

$$I_z = \int_A y^2 \mathrm{d}A,\quad I_y = \int_A z^2 \mathrm{d}A \tag{A.5}$$

分别定义为图形对 z 轴和 y 轴的**惯性矩**。惯性矩的数值恒为正。积分

$$I_p = \int_A \rho^2 \mathrm{d}A \tag{A.6}$$

则定义为图形对坐标原点 O 的**极惯性矩**。在讲扭转时用到极惯性矩的概念。积分

$$I_{yz} = \int_A yz\ \mathrm{d}A \tag{A.7}$$

则定义为图形对 y、z 轴的**惯性积**。

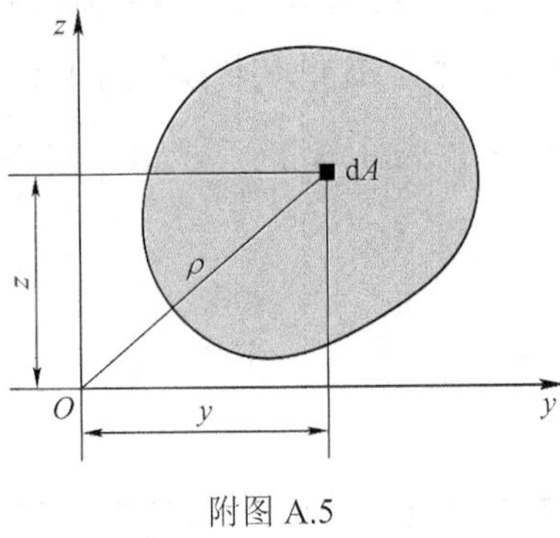

附图 A.5

惯性矩、极惯性矩和惯性积的量纲都是 L^4，常用单位为 mm^4 或 m^4。

有时把惯性矩表示为平面图形的面积与某一长度平方的乘积，即

$$I_y = A i_y^2,\quad I_z = A i_z^2 \tag{A.8}$$

或改写成

$$i_y = \sqrt{\frac{I_y}{A}},\quad i_z = \sqrt{\frac{I_z}{A}} \tag{A.9}$$

式中，i_y和i_z分别称为图形对y轴和z轴的**惯性半径**。惯性半径的量纲就是L,在讲压杆稳定时用到惯性半径的概念。

由附图A.5可见，$\rho^2 = y^2 + z^2$，所以从式(A.5)、式(A.6)的定义可得

$$I_{\mathrm{p}} = I_y + I_z \tag{A.10}$$

如果坐标轴y或z中有一根是图形的对称轴,则平面图形对该对坐标轴的惯性积必等于零。证明如下：

附图A.6中,z轴是对称轴,在与z轴对称的左、右两点处取微面积dA,左边的微面积dA对y、z轴的惯性积为$yz\,\mathrm{d}A$,其值为负;右边的微面积dA对y、z轴的惯性积为$yz\,\mathrm{d}A$,其值为正,二者相加为零。它们积分求和时互相抵消,故有

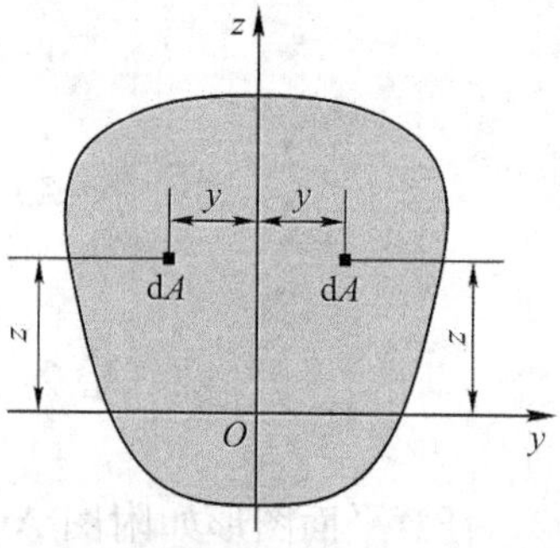

$$I_{yz} = \int_A yz\,\mathrm{d}A = 0$$

附图A.6

下面介绍几个主要定义。

（1）**主惯性轴**。当平面图形对某一对正交坐标轴y_0、z_0的惯性积$I_{y_0z_0}=0$时,则坐标轴y_0、z_0称为主惯性轴。因此,具有一个或两个对称轴的正交坐标轴一定是平面图形的主惯性轴。

（2）**主惯性矩**。平面图形对主惯性轴的惯性矩称为主惯性矩。

（3）**形心主惯性轴**。过形心的主惯性轴称为形心主惯性轴。可以证明:任意平面图形必定存在一对相互垂直的形心主惯性轴。

（4）**形心主惯性矩**。平面图形对形心主惯性轴的惯性矩称为形心主惯性矩。它在后面梁的强度、刚度和压杆稳定性计算中都要用到。

例A.4　试计算如附图A.7(a)所示矩形对其对称轴y和z的惯性矩。

解:在距y轴距离为z处,取宽为dz的狭长条[附图A.7(b)],其微面积d$A=b$dz,

$$I_y = \int_A z^2\,\mathrm{d}A = \int_{-h/2}^{h/2} z^2 b\,\mathrm{d}z = \frac{bh^3}{12}$$

用完全相似的方法可求得

$$I_z = \frac{hb^3}{12}$$

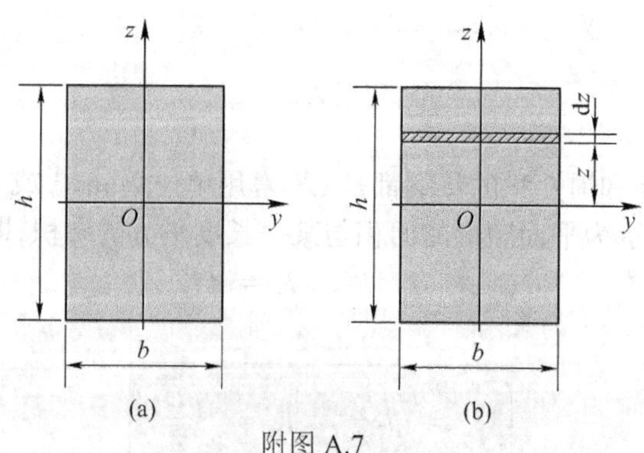

附图A.7

例 A.5 如附图 A.8 所示圆形，直径为 d，试计算该图形对其形心轴的惯性矩。

解： 显然 $I_y = I_z$，再注意到关系式（A.10）和式(3.9)，得

$$I_y = I_z = \frac{I_p}{2} = \frac{\pi d^4}{64}$$

也可以直接积分。如附图 A.8 所示，在任意点(ρ,θ)处取微面积 $\mathrm{d}A = \rho\mathrm{d}\rho\mathrm{d}\theta$，该微面积到 y 轴的距离 $z = \rho\sin\theta$，故

$$I_y = \int_A z^2\mathrm{d}A = \int_A (\rho\sin\theta)^2\rho\mathrm{d}\rho\mathrm{d}\theta = \int_0^{2\pi}\sin^2\theta\mathrm{d}\theta\int_{-d/2}^{d/2}\rho^3\mathrm{d}\rho = \frac{\pi d^4}{64}$$

对于如附图 A.9 所示的空心圆，可看作是由直径为 D 的大圆挖去直径为 d 的小圆所得的图形。根据惯性矩的定义，在空心圆上积分就等于在大圆上积分减去在小圆上积分。所以，该空心圆对形心轴的惯性矩为

$$I_y = I_z = \frac{\pi D^4}{64} - \frac{\pi d^4}{64} = \frac{\pi}{64}(D^4 - d^4)$$

若要计算如附图 A.10 所示工字型图形对其对称轴 y 的惯性矩 I_y，则可将工字形看作$B\times H$的大矩形挖去$(B-b)\times h$ 的小矩形所得。故

$$I_y = \frac{BH^3}{12} - \frac{(B-b)h^3}{12}$$

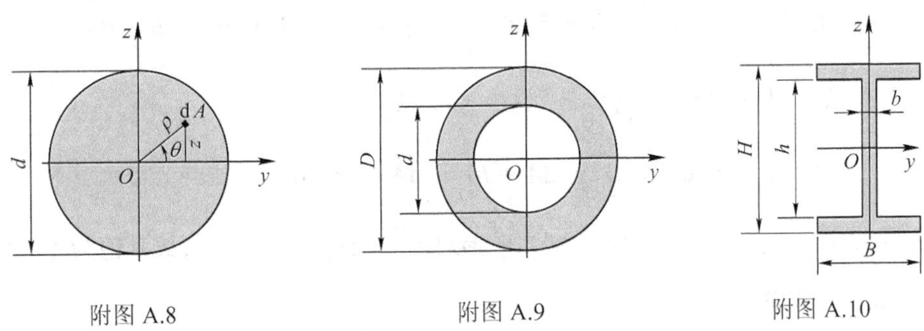

附图 A.8 附图 A.9 附图 A.10

A.3 平行移轴公式

同一平面图形对于平行的两对坐标轴的惯性矩和惯性积显然是不同的。若其中一对坐标轴通过图形的形心，则该平面图形对这两对坐标轴的惯性矩和惯性积之间存在着比较简单的关系。

在附图 A.11 中，C 为平面图形的形心，y_C 和 z_C 是通过形心 C 的坐标轴。图形对形心轴 y_C 和 z_C 的惯性矩和惯性积分别记为

$$I_{y_C} = \int_A z_C^2\mathrm{d}A,\quad I_{z_C} = \int_A y_C^2\mathrm{d}A,\quad I_{y_Cz_C} = \int_A y_Cz_C\mathrm{d}A \tag{a}$$

设 y 轴平行于 y_C 轴，两者距离为 a; z 轴平行于 z_C 轴，两者距离为 b。图形对 y、z 的惯性矩和惯性积分别为

$$I_y = \int_A z^2\mathrm{d}A,\quad I_z = \int_A y^2\mathrm{d}A,\quad I_{yz} = \int_A yz\mathrm{d}A \tag{b}$$

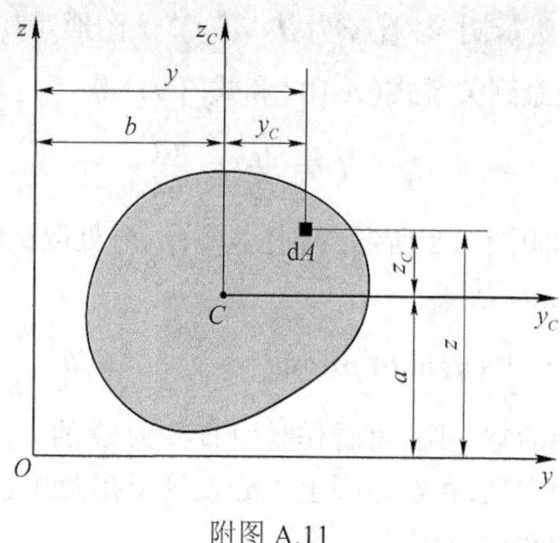

附图 A.11

从附图 A.11 可以看出

$$y = y_C + b, \qquad z = z_C + a$$

将上式代入式(b),得

$$I_y = \int_A z^2 \mathrm{d}A = \int_A (z_C + a)^2 \mathrm{d}A = \int_A z_C^2 \mathrm{d}A + 2a\int_A z_C \mathrm{d}A + a^2\int_A \mathrm{d}A$$

$$I_z = \int_A y^2 \mathrm{d}A = \int_A (y_C + b)^2 \mathrm{d}A = \int_A y_C^2 \mathrm{d}A + 2b\int_A y_C \mathrm{d}A + b^2\int_A \mathrm{d}A$$

$$I_{yz} = \int_A yz \mathrm{d}A = \int_A (y_C + b)(z_C + a) \mathrm{d}A$$

$$= \int_A y_C z_C \mathrm{d}A + a\int_A y_C \mathrm{d}A + b\int_A z_C \mathrm{d}A + ab\int_A \mathrm{d}A$$

在以上三式中,$\int_A z_C \mathrm{d}A$ 和 $\int_A y_C \mathrm{d}A$ 分别为图形对形心轴 y_C、z_C 的静矩,故其值为零。再应用式(a),则上三式简化为

$$\left.\begin{aligned} I_y &= I_{y_C} + a^2 A \\ I_z &= I_{z_C} + b^2 A \\ I_{yz} &= I_{y_C z_C} + abA \end{aligned}\right\} \tag{A.11}$$

上式称为惯性矩和惯性积的**平行移轴公式**。应用该式时要注意以下几点。

（1）式中的 a、b 是图形的形心 C 在 yOz 坐标系中的坐标,其值是有正负的。

（2）平行移轴公式中的两对坐标轴,其中一对必须过形心。即只能从形心轴往外移,或从外往形心移,不能从非形心轴移到非形心轴。

从式(A.11)可见,在一组相互平行的轴中,图形对形心轴的惯性矩最小。轴离形心越远,则图形对其惯性矩越大。

例 A.6 试求如附图 A.12(a)所示平面图形的形心主惯性矩。

解: 将平面图形分割为矩形①和②[附图 A.12(b)],两矩形的形心分别为 C_1 和 C_2。建立参考坐标 yC_1z,形心 C 到 y 轴的距离为

$$z_C = \frac{S_y}{A} = \frac{30 \times 10 \times 20\ \text{mm}^3}{30 \times 10 \times 2\ \text{mm}^2} = 10\ \text{mm}$$

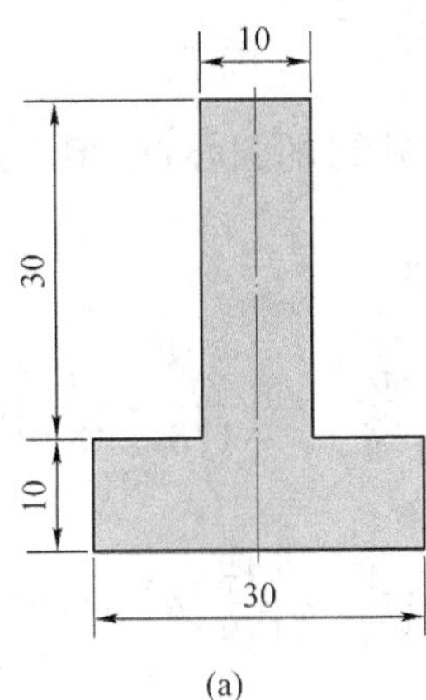

(a)

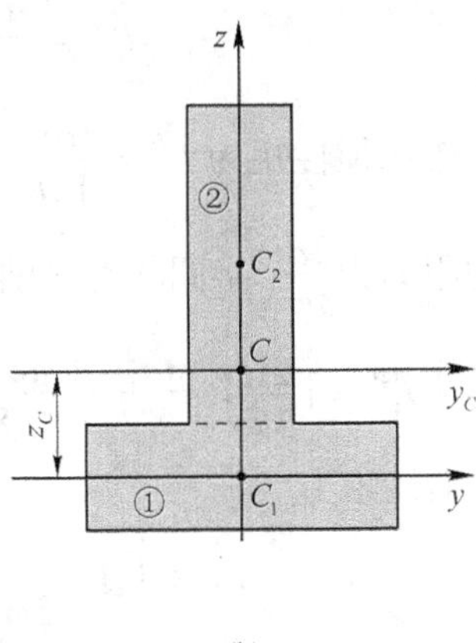

(b)

附图 A.12

因 z 轴是对称轴，故 y_C、z 轴是形心主惯性轴。利用平行移轴公式，分别算出矩形①、②对 y_C、z 轴的惯性矩分别为

$$I_{y_C}^{①} = \frac{30 \times 10^3}{12}\ \text{mm}^4 + 10^2 \times 30 \times 10\ \text{mm}^4 = 3.25 \times 10^4\ \text{mm}^4$$

$$I_{y_C}^{②} = \frac{10 \times 30^3}{12}\ \text{mm}^4 + 10^2 \times 10 \times 30\ \text{mm}^4 = 5.25 \times 10^4\ \text{mm}^4$$

$$I_z^{①} = \frac{10 \times 30^3}{12}\ \text{mm}^4 = 2.25 \times 10^4\ \text{mm}^4$$

$$I_z^{②} = \frac{30 \times 10^3}{12}\ \text{mm}^4 = 2.5 \times 10^3\ \text{mm}^4$$

整个图形的形心主惯性矩为

$$I_{y_C} = I_{y_C}^{①} + I_{y_C}^{②} = 8.5 \times 10^4\ \text{mm}^4$$

$$I_z = I_z^{①} + I_z^{②} = 2.5 \times 10^4\ \text{mm}^4$$

例 A.7　如附图 A.13(a)所示平面图形由中间一个矩形和左、右两个半圆组成。试求该图形对 z 轴的惯性矩 I_z。

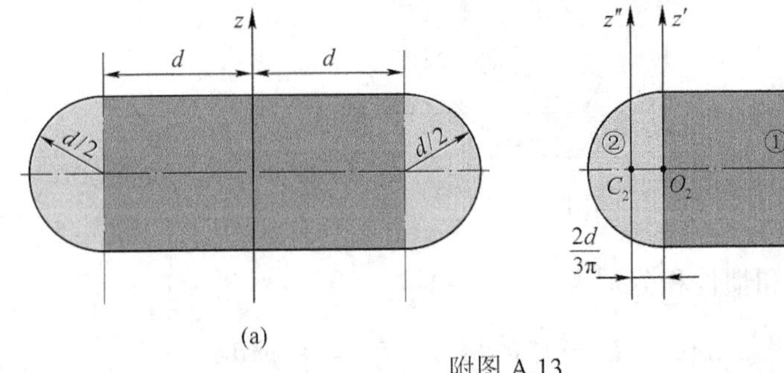

附图 A.13

解： 将平面图形分割为中间矩形①和左、右两个半圆②、③[附图 A.13(b)]，两个半圆对 z 轴的惯性矩是相等的。中间矩形①对 z 轴的惯性矩为

$$I_z^{①} = \frac{d(2d)^3}{12} = \frac{2d^4}{3}$$

半圆②对 z' 轴的惯性矩为 $I_{z'}^{②} = \dfrac{\pi d^4}{128}$，$z'$ 轴过半圆②的圆心 O_2，但不过形心 C_2，半圆的形心到圆心的距离为$\dfrac{2d}{3\pi}$，半圆②对 z'' 轴的惯性矩为

$$I_{z''}^{②} = I_{z'}^{②} - \left(\frac{2d}{3\pi}\right)^2 \frac{\pi d^2}{8} = \frac{\pi d^4}{128} - \left(\frac{2d}{3\pi}\right)^2 \frac{\pi d^2}{8} = \left(\frac{\pi}{128} - \frac{1}{18\pi}\right) d^4$$

半圆②对 z 轴的惯性矩为

$$I_z^{②} = I_{z''}^{②} + \left(d + \frac{2d}{3\pi}\right)^2 \frac{\pi d^2}{8} = \left(\frac{1}{6} + \frac{17\pi}{128}\right) d^4$$

整个图形对 z 轴的惯性矩为

$$I_z = I_z^{①} + 2I_z^{②} = \left(1 + \frac{17\pi}{64}\right) d^4 = 1.83 d^4$$

A.4 转轴公式

对于没有对称轴的平面图形，不能直接确定形心主惯性轴的方位和形心主惯性矩的大小。为此，本节主要研究一对正交坐标轴绕坐标原点转动时，平面图形的惯性矩和惯性积的变化规律。并利用这种变化规律来确定平面图形的主惯性轴的位置和主惯性矩的大小。

如附图 A.14 所示平面图形，将坐标系 yOz 绕原点 O 逆时针旋转 α 角，到达新的位置 y_1Oz_1。取微面积 $\mathrm{d}A$，微面积 $\mathrm{d}A$ 在新、旧两个坐标系中的坐标 (y_1, z_1) 和 (y, z) 之间的关系为

$$\left.\begin{aligned} y_1 &= y\cos\alpha + z\sin\alpha \\ z_1 &= z\cos\alpha - y\sin\alpha \end{aligned}\right\} \quad \text{(a)}$$

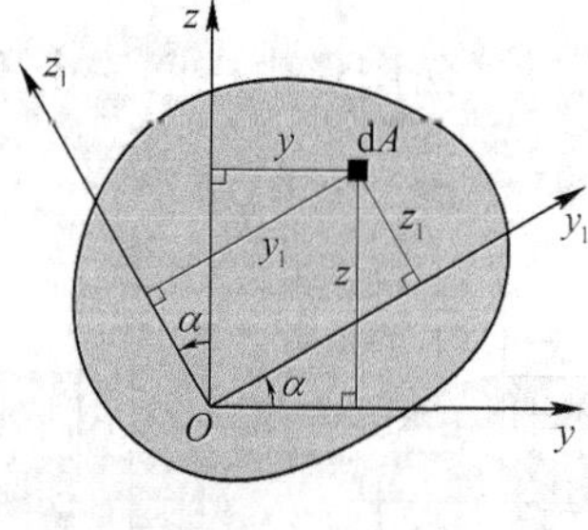

附图 A.14

图形对 y、z 的惯性矩和惯性积分别为

$$I_y = \int_A z^2 \mathrm{d}A, \quad I_z = \int_A y^2 \mathrm{d}A, \quad I_{yz} = \int_A yz \mathrm{d}A \quad \text{(b)}$$

图形对 y_1、z_1 的惯性矩和惯性积分别为

$$I_{y_1} = \int_A z_1^2 \, dA, \quad I_{z_1} = \int_A y_1^2 \, dA, \quad I_{y_1 z_1} = \int_A y_1 z_1 \, dA \tag{c}$$

将式(a)代入式(c),展开并整理得

$$\left.\begin{aligned} I_{y_1} &= I_y \cos^2\alpha + I_z \sin^2\alpha - I_{yz}\sin 2\alpha \\ I_{z_1} &= I_y \sin^2\alpha + I_z \cos^2\alpha + I_{yz}\sin 2\alpha \\ I_{y_1 z_1} &= \frac{I_y - I_z}{2}\sin 2\alpha + I_{yz}\cos 2\alpha \end{aligned}\right\} \tag{d}$$

以 $\cos^2\alpha = \dfrac{1+\cos 2\alpha}{2}$, $\sin^2\alpha = \dfrac{1-\cos 2\alpha}{2}$ 代入上式,得

$$\left.\begin{aligned} I_{y_1} &= \frac{I_y + I_z}{2} + \frac{I_y - I_z}{2}\cos 2\alpha - I_{yz}\sin 2\alpha \\ I_{z_1} &= \frac{I_y + I_z}{2} - \frac{I_y - I_z}{2}\cos 2\alpha + I_{yz}\sin 2\alpha \\ I_{y_1 z_1} &= \frac{I_y - I_z}{2}\sin 2\alpha + I_{yz}\cos 2\alpha \end{aligned}\right\} \tag{A.12}$$

上式称为惯性矩和惯性积的**转轴公式**。将上式中的 I_{y_1} 与 I_{z_1} 相加得

$$I_{y_1} + I_{z_1} = I_y + I_z = I_p \tag{A.13}$$

即图形对通过同一点的任意一对正交坐标轴的两个惯性矩之和恒为常数。

由式(A.12)可以看出,I_{y_1}、I_{z_1}、$I_{y_1 z_1}$ 都是 α 的函数,下面进一步讨论惯性矩的极值。

为求惯性矩 I_{y_1} 的极值,将式(A.12) 中的第一式对 α 求导数,得

$$\frac{dI_{y_1}}{d\alpha} = \frac{I_y - I_z}{2}\sin 2\alpha + I_{yz}\cos 2\alpha \tag{e}$$

若 $\alpha = \alpha_0$ 时,能使导数$\dfrac{dI_{y_1}}{d\alpha} = 0$,则

$$\frac{I_y - I_z}{2}\sin 2\alpha_0 + I_{yz}\cos 2\alpha_0 = 0 \tag{f}$$

$$\tan 2\alpha_0 = -\frac{2I_{yz}}{I_y - I_z} \tag{A.14}$$

由上式可以求出 2 个相差 $\pi/2$ 的角度 α_0,从而确定了一对正交坐标轴 y_0 和 z_0,图形对其中之一轴的惯性矩为极大值(也是最大值),对另一轴的惯性矩为极小值(也是最小值)。从上式可求出 $\sin 2\alpha_0$ 和 $\cos 2\alpha_0$ 的值,代入式(A.12)的前两式,求得惯性矩的极值为

$$\left.\begin{aligned} I_{y_0} &= \frac{I_y + I_z}{2} + \sqrt{\left(\frac{I_y - I_z}{2}\right)^2 + I_{yz}^2} \\ I_{z_0} &= \frac{I_y + I_z}{2} - \sqrt{\left(\frac{I_y - I_z}{2}\right)^2 + I_{yz}^2} \end{aligned}\right\}$$

或简写成

$$\left.\begin{matrix} I_{y_0} \\ I_{z_0} \end{matrix}\right\} = \frac{I_y + I_z}{2} \pm \sqrt{\left(\frac{I_y - I_z}{2}\right)^2 + I_{yz}^2} \tag{A.15}$$

比较式(f)与式(A.12)的第三式,发现两式完全相同,这说明,惯性矩取极值时惯性积正好等于零。故以上求得的惯性矩的极值就是主惯性矩,式(A.15)就是主惯性矩的计算公式,利用式(A.14)可确定主惯性轴的方位。

求形心主惯性轴的位置及形心主惯性矩大小的步骤如下。

(1) 确定图形的形心位置。

(2) 通过形心建立参考坐标 yOz,求出 I_y、I_z、I_{yz}。

(3) 利用式(A.14)、式(A.15)求出形心主惯性轴的方位及形心主惯性矩的大小。

例 A.8 确定如附图 A.15(a)所示平面图形的形心主惯性轴的位置,并计算形心主惯性矩的大小。

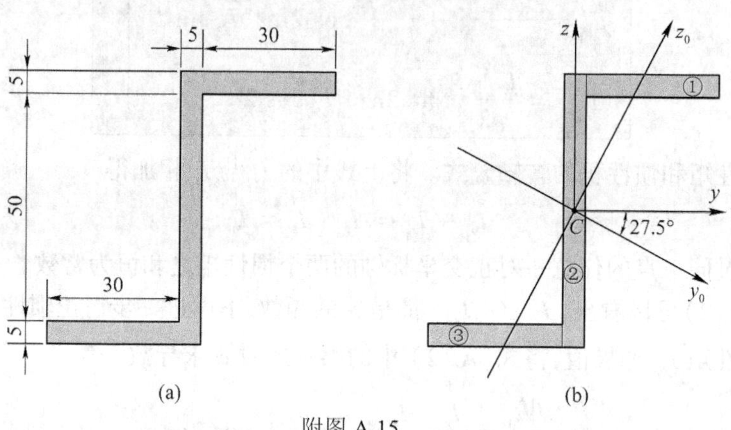

附图 A.15

解:将原图形分成①、②、③三个矩形[附图 A.15(b)],过形心 C 建立坐标系 yCz。

$$I_y = 2I_y^{①} + I_y^{②} = \left(\frac{30 \times 60^3 - 30 \times 50^3}{12} + \frac{5 \times 60^3}{12}\right)\ \text{mm}^4 = 3.175 \times 10^5\ \text{mm}^4$$

$$I_z = 2I_z^{①} + I_z^{②} = \left(\frac{5 \times 65^3 + 55 \times 5^3}{12}\right)\ \text{mm}^4 = 1.15 \times 10^5\ \text{mm}^4$$

$$I_{yz} = 2I_{yz}^{①} = 2 \times (30 \times 5 \times 17.5 \times 27.5)\ \text{mm}^4 = 1.444 \times 10^5\ \text{mm}^4$$

由

$$\tan 2\alpha_0 = -\frac{2I_{yz}}{I_y - I_z} = -\frac{2 \times 1.444}{3.175 - 1.15} = -1.426$$

得形心主惯性轴的方位角

$$\alpha_0 = -27.5° \quad 或 \quad \alpha_0 = 62.5°$$

形心主惯性矩大小为

$$\left.\begin{matrix} I_{y_0} \\ I_{z_0} \end{matrix}\right\} = \frac{I_y + I_z}{2} \pm \sqrt{\left(\frac{I_y - I_z}{2}\right)^2 + I_{yz}^2} = \begin{matrix} 3.93 \times 10^5\ \text{mm}^4 \\ 3.99 \times 10^4\ \text{mm}^4 \end{matrix}$$

注意:为方便求解 I_z,可将矩形③上移与矩形①平行,最后变成两个矩形。

习　题

习题提示

典型考题

1. 试确定图示各图形的形心位置。

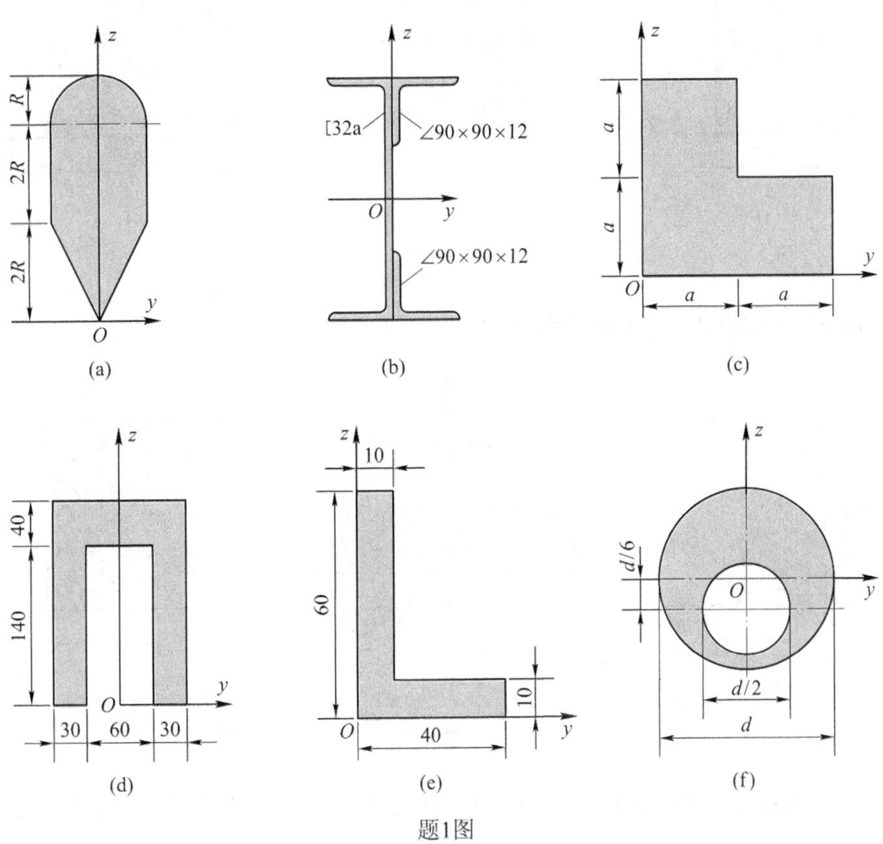

题1图

2. 试求图示阴影部分的面积对 y 轴的静矩。

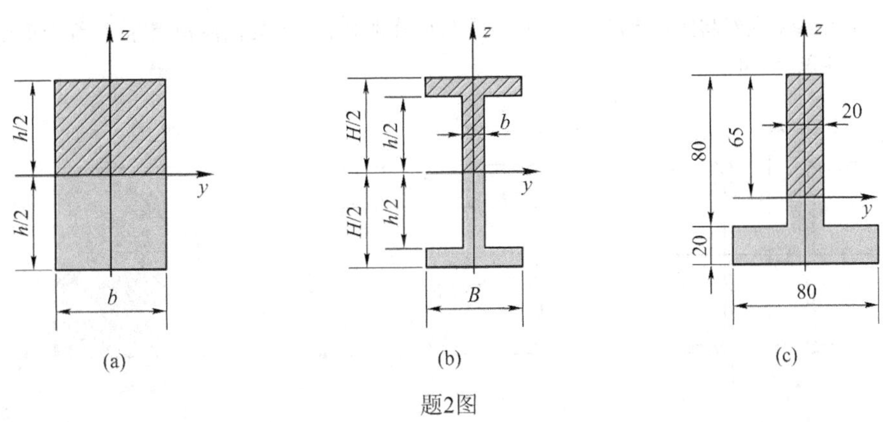

题2图

3. 薄壁圆环的平均半径为 r，厚度为 δ，$\delta \ll r$。试求薄壁圆环对任意直径的惯性矩 I 以及对圆心的极惯性矩 I_p。

4. 试求图示各平面图形对 y、z 轴的惯性矩 I_y、I_z 及惯性积 I_{yz}。

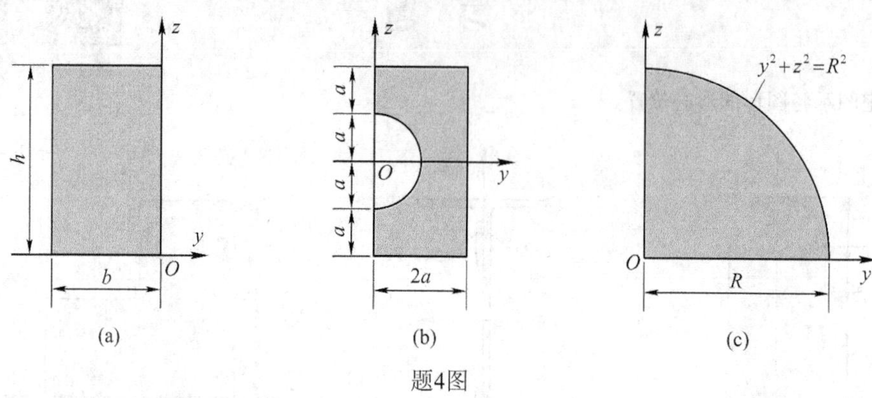

题4图

5. 试求图示各平面图形对 y、z 轴的惯性矩 I_y、I_z。

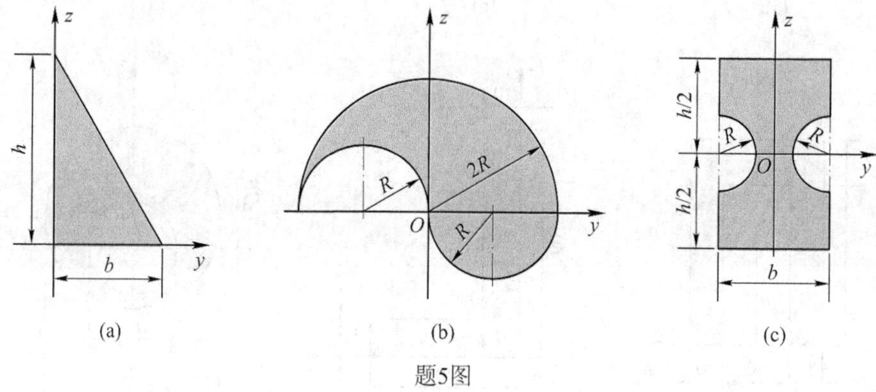

题5图

6. 图示为两个 No.22a 槽钢组成的平面图形，若要使该图形的形心主惯性矩 $I_y = I_z$，试求间距 a 应为多大？

7. 图示平面图形的边界 BO 为 1/4 圆弧曲线，轴 y_C 为平行于 y 轴的形心轴。试计算该图形对 y_C 轴的惯性矩 I_{y_C}。

8. 图示试证明由对角线将图示矩形分成的两个三角形分别对 y、z 轴的惯性积相等，且等于矩形截面对 y、z 轴惯性积的一半。

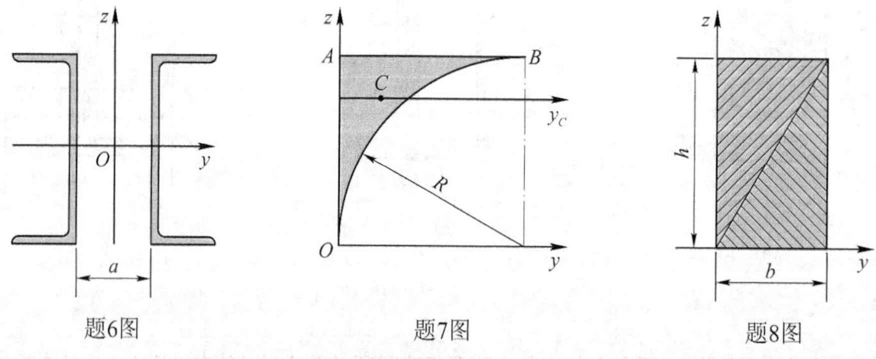

题6图　　题7图　　题8图

9. 试确定题 1 图中各平面图形形心主惯性轴的位置，并计算形心主惯性矩的大小。

附录 B　热轧型钢常用参数表

附表 B.1　等边角钢截面尺寸、截面面积、理论重量及截面特性（GB/T 706—2016）

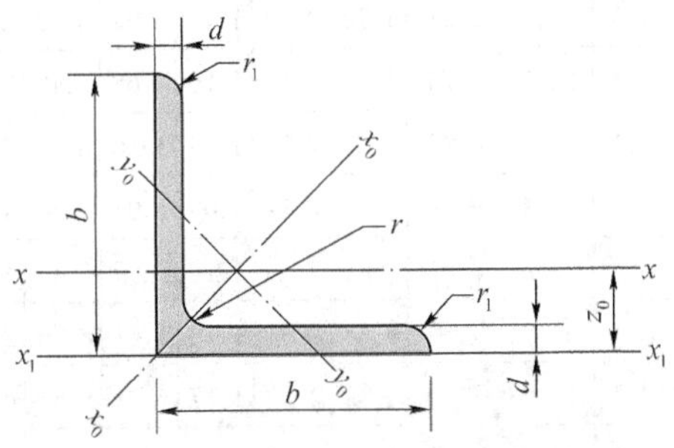

说明：

b——边宽度；

d——边厚度；

r——内圆弧半径；

r_1——边端圆弧半径；

z_0——重心距离。

型号	截面尺寸/mm			截面面积/cm^2	理论重量/(kg/m)	外表面积/(m^2/m)	惯性矩/cm^4				惯性半径/cm			截面模数/cm^3			重心距离/cm
	b	d	r				I_x	I_{x1}	I_{x0}	I_{y0}	i_x	i_{x0}	i_{y0}	W_x	W_{x0}	W_{y0}	z_0
2	20	3	3.5	1.132	0.89	0.078	0.40	0.81	0.63	0.17	0.59	0.75	0.39	0.29	0.45	0.20	0.60
		4		1.459	1.15	0.077	0.50	1.09	0.78	0.22	0.58	0.73	0.38	0.36	0.55	0.24	0.64
2.5	25	3		1.432	1.12	0.098	0.82	1.57	1.29	0.34	0.76	0.95	0.49	0.46	0.73	0.33	0.73
		4		1.859	1.46	0.097	1.03	2.11	1.62	0.43	0.74	0.93	0.48	0.59	0.92	0.40	0.76
3.0	30	3	4.5	1.749	1.37	0.117	1.46	2.71	2.31	0.61	0.91	1.15	0.59	0.68	1.09	0.51	0.85
		4		2.276	1.79	0.117	1.84	3.63	2.92	0.77	0.90	1.13	0.58	0.87	1.37	0.62	0.89
3.6	36	3		2.109	1.66	0.141	2.58	4.68	4.09	1.07	1.11	1.39	0.71	0.99	1.61	0.76	1.00
		4		2.756	2.16	0.141	3.29	6.25	5.22	1.37	1.09	1.38	0.70	1.28	2.05	0.93	1.04
		5		3.382	2.65	0.141	3.95	7.84	6.24	1.65	1.08	1.36	0.70	1.56	2.45	1.00	1.07
4.0	40	3	5	2.359	1.85	0.157	3.59	6.41	5.69	1.49	1.23	1.55	0.79	1.23	2.01	0.96	1.09
		4		3.086	2.42	0.157	4.60	8.56	7.29	1.91	1.22	1.54	0.79	1.60	2.58	1.19	1.13
		5		3.792	2.98	0.156	5.53	10.7	8.76	2.30	1.21	1.52	0.78	1.96	3.10	1.39	1.17
4.5	45	3		2.659	2.09	0.177	5.17	9.12	8.20	2.14	1.40	1.76	0.89	1.58	2.58	1.24	1.22
		4		3.486	2.74	0.177	6.65	12.2	10.6	2.75	1.38	1.74	0.89	2.05	3.32	1.54	1.26
		5		4.292	3.37	0.176	8.04	15.2	12.7	3.33	1.37	1.72	0.88	2.51	4.00	1.81	1.30
		6		5.077	3.99	0.176	9.33	18.4	14.8	3.89	1.36	1.70	0.80	2.95	4.64	2.06	1.33
5	50	3	5.5	2.971	2.33	0.197	7.18	12.5	11.4	2.98	1.55	1.96	1.00	1.96	3.22	1.57	1.34
		4		3.897	3.06	0.197	9.26	16.7	14.7	3.82	1.54	1.94	0.99	2.56	4.16	1.96	1.38
		5		4.803	3.77	0.196	11.2	20.9	17.8	4.64	1.53	1.92	0.98	3.13	5.03	2.31	1.42
		6		5.688	4.46	0.196	13.1	25.1	20.7	5.42	1.52	1.91	0.98	3.68	5.85	2.63	1.46

续表

型号	截面尺寸/mm			截面面积/cm^2	理论重量/(kg/m)	外表面积/(m^2/m)	惯性矩/cm^4				惯性半径/cm			截面模数/cm^3			重心距离/cm
	b	d	r				I_x	I_{x1}	I_{x0}	I_{y0}	i_x	i_{x0}	i_{y0}	W_x	W_{x0}	W_{y0}	z_0
5.6	56	3	6	3.343	2.62	0.221	10.2	17.6	16.1	4.24	1.75	2.20	1.13	2.48	4.08	2.02	1.48
		4		4.390	3.45	0.220	13.2	23.4	20.9	5.46	1.73	2.18	1.11	3.24	5.28	2.52	1.53
		5		5.415	4.25	0.220	16.0	29.3	25.4	6.61	1.72	2.17	1.10	3.97	6.42	2.98	1.57
		6		6.420	5.04	0.220	18.7	35.3	29.7	7.73	1.71	2.15	1.10	4.68	7.49	3.40	1.61
		7		7.404	5.81	0.219	21.2	41.2	33.6	8.82	1.69	2.13	1.09	5.36	8.49	3.80	1.64
		8		8.367	6.57	0.219	23.6	47.2	37.4	9.89	1.68	2.11	1.09	6.03	9.44	4.16	1.68
6	60	5	6.5	5.829	4.58	0.236	19.9	36.1	31.6	8.21	1.85	2.33	1.19	4.59	7.44	3.48	1.67
		6		6.914	5.43	0.235	23.4	43.3	36.9	9.60	1.83	2.31	1.18	5.41	8.70	3.98	1.70
		7		7.977	6.26	0.235	26.4	50.7	41.9	11.0	1.82	2.29	1.17	6.21	9.88	4.45	1.74
		8		9.020	7.08	0.235	29.5	58.0	46.7	12.3	1.81	2.27	1.17	6.98	11.0	4.88	1.78
6.3	63	4	7	4.978	3.91	0.248	19.0	33.4	30.2	7.89	1.96	2.46	1.26	4.13	6.78	3.29	1.70
		5		6.143	4.82	0.248	23.2	41.7	36.8	9.57	1.94	2.45	1.25	5.08	8.25	3.90	1.74
		6		7.288	5.72	0.247	27.1	50.1	43.0	11.2	1.93	2.43	1.24	6.00	9.66	4.46	1.78
		7		8.412	6.60	0.247	30.9	58.6	49.0	12.8	1.92	2.41	1.23	6.88	11.0	4.98	1.82
		8		9.515	7.47	0.247	34.5	67.1	54.6	14.3	1.90	2.40	1.23	7.75	12.3	5.47	1.85
		10		11.66	9.15	0.246	41.1	84.3	64.9	17.3	1.88	2.36	1.22	9.39	14.6	6.36	1.93
7	70	4	8	5.570	4.37	0.275	26.4	45.7	41.8	11.0	2.18	2.74	1.40	5.14	8.44	4.17	1.86
		5		6.875	5.40	0.275	32.2	57.2	51.1	13.3	2.16	2.73	1.39	6.32	10.3	4.95	1.91
		6		8.160	6.41	0.275	37.8	68.7	59.9	15.6	2.15	2.71	1.38	7.48	12.1	5.67	1.95
		7		9.424	7.40	0.275	43.1	80.3	68.4	17.8	2.14	2.69	1.38	8.59	13.8	6.34	1.99
		8		10.67	8.37	0.274	48.2	91.9	76.4	20.0	2.12	2.68	1.37	9.68	15.4	6.98	2.03
7.5	75	5	9	7.412	5.82	0.295	40.0	70.6	63.3	16.6	2.33	2.92	1.50	7.32	11.9	5.77	2.04
		6		8.797	6.91	0.294	47.0	84.6	74.4	19.5	2.31	2.90	1.49	8.64	14.0	6.67	2.07
		7		10.16	7.98	0.294	53.6	98.7	85.0	22.2	2.30	2.89	1.48	9.93	16.0	7.44	2.11
		8		11.50	9.03	0.294	60.0	113	95.1	24.9	2.28	2.88	1.47	11.2	17.9	8.19	2.15
		9		12.83	10.1	0.294	66.1	127	105	27.5	2.27	2.86	1.46	12.4	19.8	8.89	2.18
		10		14.13	11.1	0.293	72.0	142	114	30.1	2.26	2.84	1.46	13.6	21.5	9.56	2.22
8	80	5		7.912	6.21	0.315	48.8	85.4	77.3	20.3	2.48	3.13	1.60	8.34	13.7	6.66	2.15
		6		9.397	7.38	0.314	57.4	103	91.0	23.7	2.47	3.11	1.59	9.87	16.1	7.65	2.19
		7		10.86	8.53	0.314	65.6	120	104	27.1	2.46	3.10	1.58	11.4	18.4	8.58	2.23
		8		12.30	9.66	0.314	73.5	137	117	30.4	2.44	3.08	1.57	12.8	20.6	9.46	2.27
		9		13.73	10.8	0.314	81.1	154	129	33.6	2.43	3.06	1.56	14.3	22.7	10.3	2.31
		10		15.13	11.9	0.313	88.4	172	140	36.8	2.42	3.04	1.56	15.6	24.8	11.1	2.35

续表

型号	截面尺寸/mm			截面面积/cm^2	理论重量/(kg/m)	外表面积/(m^2/m)	惯性矩/cm^4				惯性半径/cm			截面模数/cm^3			重心距离/cm
	b	d	r				I_x	I_{x1}	I_{x0}	I_{y0}	i_x	i_{x0}	i_{y0}	W_x	W_{x0}	W_{y0}	z_0
9	90	6	10	10.64	8.35	0.354	82.8	146	131	34.3	2.79	3.51	1.80	12.6	20.6	9.95	2.44
		7		12.30	9.66	0.354	94.8	170	150	39.2	2.78	3.50	1.78	14.5	23.6	11.2	2.48
		8		13.94	10.9	0.353	106	195	169	44.0	2.76	3.48	1.78	16.4	26.6	12.4	2.52
		9		15.57	12.2	0.353	118	219	187	48.7	2.75	3.46	1.77	18.3	29.4	13.5	2.56
		10		17.17	13.5	0.353	129	244	204	53.3	2.74	3.45	1.76	20.1	32.0	14.5	2.59
		12		20.31	15.9	0.352	149	294	236	62.2	2.71	3.41	1.75	23.6	37.1	16.5	2.67
10	100	6	12	11.93	9.37	0.393	115	200	182	47.9	3.10	3.90	2.00	15.7	25.7	12.7	2.67
		7		13.80	10.8	0.393	132	234	209	54.7	3.09	3.89	1.99	18.1	29.6	14.3	2.71
		8		15.64	12.3	0.393	148	267	235	61.4	3.08	3.88	1.98	20.5	33.2	15.8	2.76
		9		17.46	13.7	0.392	164	300	260	68.0	3.07	3.86	1.97	22.8	36.8	17.2	2.80
		10		19.26	15.1	0.392	180	334	285	74.4	3.05	3.84	1.96	25.1	40.3	18.5	2.84
		12		22.80	17.9	0.391	209	402	331	86.8	3.03	3.81	1.95	29.5	46.8	21.2	2.91
		14		26.26	20.6	0.391	237	471	374	99.0	3.00	3.77	1.94	33.7	52.9	23.4	2.99
		16		29.63	23.3	0.390	263	540	414	111	2.98	3.74	1.94	37.8	58.6	25.6	3.06
11	110	7	12	15.20	11.9	0.433	177	311	281	73.4	3.41	4.30	2.20	22.1	36.1	17.5	2.96
		8		17.24	13.5	0.433	199	355	316	82.4	3.40	4.28	2.19	25.0	40.7	19.4	3.01
		10		21.26	16.7	0.432	242	445	384	100	3.38	4.25	2.17	30.6	49.4	22.9	3.09
		12		25.20	19.8	0.431	283	535	448	117	3.35	4.22	2.15	36.1	57.6	26.2	3.16
		14		29.06	22.8	0.431	321	625	508	133	3.32	4.18	2.14	41.3	65.3	29.1	3.24
12.5	125	8	14	19.75	15.5	0.492	297	521	471	123	3.88	4.88	2.50	32.5	53.3	25.9	3.37
		10		24.37	19.1	0.491	362	652	574	149	3.85	4.85	2.48	40.0	64.9	30.6	3.45
		12		28.91	22.7	0.491	423	783	671	175	3.83	4.82	2.46	41.2	76.0	35.0	3.53
		14		33.37	26.2	0.490	482	916	764	200	3.80	4.78	2.45	54.2	86.4	39.1	3.61
		16		37.74	29.6	0.489	537	1 050	851	224	3.77	4.75	2.43	60.9	96.3	43.0	3.68
14	140	10		27.37	21.5	0.551	515	915	817	212	4.34	5.46	2.78	50.6	82.6	39.2	3.82
		12		32.51	25.5	0.551	604	1 100	959	249	4.31	5.43	2.76	59.8	96.9	45.0	3.90
		14		37.57	29.5	0.550	689	1 280	1 090	284	4.28	5.40	2.75	68.8	110	50.5	3.98
		16		42.54	33.4	0.549	770	1 470	1 220	319	4.26	5.36	2.74	77.5	123	55.6	4.06
15	150	8		23.75	18.6	0.592	521	900	827	215	4.69	5.90	3.01	47.4	78.0	38.1	3.99
		10		29.37	23.1	0.591	638	1 130	1 010	262	4.66	5.87	2.99	58.4	95.5	45.5	4.08
		12		34.91	27.4	0.591	749	1 350	1 190	308	4.63	5.84	2.97	69.0	112	52.4	4.15
		14		40.37	31.7	0.590	856	1 580	1 360	352	4.60	5.80	2.95	79.5	128	58.8	4.23
		15		43.06	33.8	0.590	907	1 690	1 440	374	4.59	5.78	2.95	84.6	136	61.9	4.27
		16		45.74	35.9	0.589	958	1 810	1 520	395	4.58	5.77	2.94	89.6	143	64.9	4.31

续表

型号	截面尺寸/mm			截面面积/cm²	理论重量/(kg/m)	外表面积/(m²/m)	惯性矩/cm⁴				惯性半径/cm			截面模数/cm³			重心距离/cm
	b	d	r				I_x	I_{x_1}	I_{x_0}	I_{y_0}	i_x	i_{x_0}	i_{y_0}	W_x	W_{x_0}	W_{y_0}	z_0
16	160	10	16	31.50	24.7	0.630	780	1 370	1 240	322	4.98	6.27	3.20	66.7	109	52.8	4.31
		12		37.44	29.4	0.630	917	1 640	1 460	377	4.95	6.24	3.18	79.0	129	60.7	4.39
		14		43.30	34.0	0.629	1 050	1 910	1 670	432	4.92	6.20	3.16	91.0	147	68.2	4.47
		16		49.07	38.5	0.629	1 180	2 190	1 870	485	4.89	6.17	3.14	103	165	75.3	4.55
18	180	12		42.24	33.2	0.710	1 320	2 330	2 100	543	5.59	7.05	3.58	101	165	78.4	4.89
		14		48.90	38.4	0.709	1 510	2 720	2 410	622	5.56	7.02	3.56	116	189	88.4	4.97
		16		55.47	43.5	0.709	1 700	3 120	2 700	699	5.54	6.98	3.55	131	212	97.8	5.05
		18		61.96	48.6	0.708	1 880	3 500	2 990	762	5.50	6.94	3.51	146	235	105	5.13
20	200	14	18	54.64	42.9	0.788	2 100	3 730	3 340	864	6.20	7.82	3.98	145	236	112	5.46
		16		62.01	48.7	0.788	2 370	4 270	3 760	971	6.18	7.79	3.96	164	266	124	5.54
		18		69.30	54.4	0.787	2 620	4 810	4 160	1 080	6.15	7.75	3.94	182	294	136	5.62
		20		76.51	60.1	0.787	2 870	5 350	4 550	1 180	6.12	7.72	3.93	200	322	147	5.69
		24		90.66	71.2	0.785	3 340	6 460	5 290	1 380	6.07	7.64	3.90	236	374	167	5.87
22	220	16	21	68.67	53.9	0.866	3 190	5 680	5 060	1 310	6.81	8.59	4.37	200	326	154	6.03
		18		76.75	60.3	0.866	3 540	6 400	5 620	1 450	6.79	8.55	4.35	223	361	168	6.11
		20		84.76	66.5	0.865	3 870	7 110	6 150	1 590	6.76	8.52	4.34	245	395	182	6.18
		22		92.68	72.8	0.865	4 200	7 830	6 670	1 730	6.73	8.48	4.32	267	429	195	6.26
		24		100.5	78.9	0.864	4 520	8 550	7 170	1 870	6.71	8.45	4.31	289	461	208	6.33
		26		108.3	85.0	0.864	4 830	9 280	7 690	2 000	6.68	8.41	4.30	310	462	221	6.41
25	250	18	24	87.84	69.0	0.985	5 270	9 380	8 370	2 170	7.75	9.76	4.97	290	473	224	6.84
		20		97.05	76.2	0.984	5 780	10 400	9 180	2 380	7.72	9.73	4.95	320	519	243	6.92
		22		106.2	83.3	0.983	6 280	11 500	9 970	2 580	7.69	9.69	4.93	349	564	261	7.00
		24		115.2	90.4	0.983	6 770	12 500	10 700	2 790	7.67	9.66	4.92	378	608	278	7.07
		26		124.2	97.5	0.982	7 240	13 600	11 500	2 980	7.64	9.62	4.90	406	650	295	7.15
		28		133.0	104	0.982	7 700	14 600	12 200	3 180	7.61	9.58	4.89	433	691	311	7.22
		30		141.8	111	0.981	8 160	15 700	12 900	3 380	7.58	9.55	4.88	461	731	327	7.30
		32		150.5	118	0.981	8 600	16 800	13 600	3 570	7.56	9.51	4.87	488	770	342	7.37
		35		163.4	128	0.980	9 240	18 400	14 600	3 850	7.52	9.46	4.86	527	827	364	7.48

注：截面图中的 $r_1=1/3d$ 及表中 r 的数据用于孔型设计，不做交货条件。

附表 B.2 不等边角钢截面尺寸、截面面积、理论重量及截面特性(GB/T 706—2016)

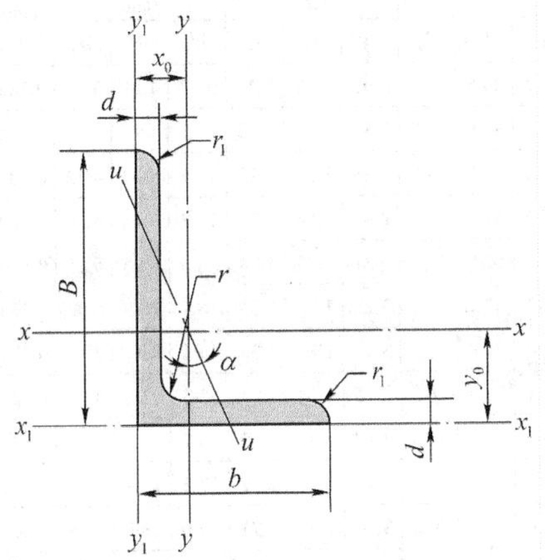

符号意义:

B——长边宽度;

b——短边宽度;

d——边厚度;

r——内圆弧半径;

r_1——边端圆弧半径;

x_0——重心距离;

y_0——重心距离。

型号	截面尺寸/mm				截面面积/cm²	理论重量/(kg/m)	外表面积/(m²/m)	惯性矩/cm⁴					惯性半径/cm			截面模数/cm³			tanα	重心距离/cm	
	B	b	d	r				I_x	I_{x_1}	I_y	I_{y_1}	I_u	i_x	i_y	I_u	W_x	W_y	W_u		x_0	y_0
2.5/1.6	25	16	3	3.5	1.162	0.91	0.080	0.70	1.56	0.22	0.43	0.14	0.78	0.44	0.34	0.43	0.19	0.16	0.392	0.42	0.85
			4		1.499	1.18	0.079	0.88	2.09	0.27	0.59	0.17	0.77	0.43	0.34	0.55	0.24	0.20	0.381	0.46	0.90
3.2/2	32	20	3	3.5	1.492	1.17	0.102	1.53	3.27	0.46	0.82	0.28	1.01	0.55	0.43	0.72	0.30	0.25	0.382	0.43	1.08
			4		1.939	1.52	0.101	1.93	4.37	0.57	1.12	0.35	1.00	0.54	0.42	0.93	0.39	0.32	0.374	0.53	1.12
4/2.5	40	25	3	4	1.890	1.48	0.127	3.08	5.39	0.93	1.59	0.56	1.28	0.70	0.54	1.15	0.49	0.40	0.385	0.59	1.32
			4		2.467	1.94	0.127	3.93	8.53	1.18	2.14	0.71	1.36	0.69	0.54	1.49	0.63	0.52	0.381	0.63	1.37
4.5/2.8	45	28	3	5	2.149	1.69	0.143	4.45	9.10	1.34	2.23	0.80	1.44	0.79	0.61	1.47	0.62	0.51	0.383	0.64	1.47
			4		2.806	2.20	0.143	5.69	12.1	1.70	3.00	1.02	1.42	0.78	0.60	1.91	0.80	0.66	0.380	0.68	1.51
5/3.2	50	32	3	5.5	2.431	1.91	0.161	6.24	12.5	2.02	3.31	1.20	1.60	0.91	0.70	1.84	0.82	0.68	0.404	0.73	1.60
			4		3.177	2.49	0.160	8.02	16.7	2.58	4.45	1.53	1.59	0.90	0.69	2.39	1.06	0.87	0.402	0.77	1.65
5.6/3.6	56	36	3	6	2.743	2.15	0.181	8.88	17.5	2.92	4.7	1.73	1.80	1.03	0.79	2.32	1.05	0.87	0.408	0.80	1.78
			4		3.590	2.82	0.180	11.5	23.4	3.76	6.33	2.23	1.79	1.02	0.79	3.03	1.37	1.13	0.408	0.85	1.82
			5		4.415	3.47	0.180	13.9	29.3	4.49	7.94	2.67	1.77	1.01	0.78	3.71	1.65	1.36	0.404	0.88	1.87
6.3/4	63	40	4	7	4.058	3.19	0.202	16.5	33.3	5.23	8.63	3.12	2.02	1.14	0.88	3.87	1.70	1.40	0.398	0.92	2.04
			5		4.993	3.92	0.202	20.0	41.6	6.31	10.9	3.76	2.00	1.12	0.87	4.74	2.07	1.71	0.396	0.95	2.08
			6		5.908	4.64	0.201	23.4	50.0	7.29	13.1	4.34	1.96	1.11	0.86	5.59	2.43	1.99	0.393	0.99	2.12
			7		6.802	5.34	0.201	26.5	58.1	8.24	15.5	4.97	1.98	1.10	0.86	6.40	2.78	2.29	0.389	1.03	2.15
7/4.5	70	45	4	8	4.553	3.57	0.226	23.2	45.9	7.55	12.3	4.40	2.26	1.29	0.98	4.86	2.17	1.77	0.410	1.02	2.24
			5		5.609	4.40	0.225	28.0	57.1	9.13	15.4	5.40	2.23	1.28	0.98	5.92	2.65	2.19	0.407	1.06	2.28
			6		6.644	5.22	0.225	32.5	68.4	10.6	18.6	6.35	2.21	1.26	0.98	6.95	3.12	2.59	0.404	1.09	2.32
			7		7.658	6.01	0.225	37.2	80.0	12.0	21.8	7.16	2.20	1.25	0.97	8.03	3.57	2.94	0.402	1.13	2.36
7.5/5	75	50	5		6.126	4.81	0.245	34.9	70.0	12.6	21.0	7.41	2.39	1.44	1.10	6.83	3.3	2.74	0.435	1.17	2.40
			6		7.260	5.70	0.245	41.1	84.3	14.7	25.4	8.54	2.38	1.42	1.08	8.12	3.88	3.19	0.435	1.21	2.44
			8		9.467	7.43	0.244	52.4	113	18.5	34.2	10.9	2.35	1.40	1.07	10.5	4.99	4.10	0.429	1.29	2.52
			10		11.59	9.10	0.244	62.7	141	22.0	43.4	13.1	2.33	1.38	1.06	12.8	6.04	4.99	0.423	1.36	2.60
8/5	80	50	5		6.376	5.00	0.255	42.0	85.2	12.8	21.1	7.66	2.56	1.42	1.10	7.78	3.32	2.74	0.388	1.14	2.60
			6		7.560	5.93	0.255	49.5	103	15.0	25.4	8.85	2.56	1.41	1.08	9.25	3.91	3.20	0.387	1.18	2.65
			7		8.724	6.85	0.255	56.2	119	17.0	29.8	10.2	2.54	1.39	1.08	10.6	4.48	3.70	0.384	1.21	2.69
			8		9.867	7.75	0.254	62.8	136	18.9	34.3	11.4	2.52	1.38	1.07	11.9	5.03	4.16	0.381	1.25	2.73

续表

型号	截面尺寸/mm				截面面积/cm²	理论重量/(kg/m)	外表面积/(m²/m)	惯性矩/cm⁴					惯性半径/cm			截面模数/cm³			tanα	重心距离/cm	
	B	b	d	r				I_x	I_{x_1}	I_y	I_{y_1}	I_u	i_x	i_y	I_u	W_x	W_y	W_u		x_0	y_0
9/5.6	90	56	5	9	7.212	5.66	0.287	60.5	121	18.3	29.5	11.0	2.90	1.59	1.23	9.92	4.21	3.49	0.385	1.25	2.91
			6		8.557	6.72	0.286	71.0	146	21.4	35.6	12.9	2.88	1.58	1.23	11.7	4.96	4.13	0.384	1.29	2.95
			7		9.881	7.76	0.286	81.0	170	24.4	41.7	14.7	2.86	1.57	1.22	13.5	5.70	4.72	0.382	1.33	3.00
			8		11.18	8.78	0.286	91.0	194	27.2	47.9	16.3	2.85	1.56	1.21	15.3	6.41	5.29	0.380	1.36	3.04
10/6.3	100	63	6	10	9.618	7.55	0.320	99.1	200	30.9	50.5	18.4	3.21	1.79	1.38	14.6	6.35	5.25	0.394	1.43	3.24
			7		11.11	8.72	0.320	113	233	35.3	59.1	21.0	3.20	1.78	1.38	16.9	7.29	6.02	0.394	1.47	3.28
			8		12.58	9.88	0.319	127	266	39.4	67.9	23.5	3.18	1.77	1.37	19.1	8.21	6.78	0.391	1.50	3.32
			10		15.47	12.1	0.319	154	333	47.1	85.7	28.3	3.15	1.74	1.35	23.3	9.98	8.24	0.387	1.58	3.40
10/8	100	80	6	10	10.64	8.35	0.354	107	200	61.2	103	31.7	3.17	2.40	1.72	15.2	10.2	8.37	0.627	1.97	2.95
			7		12.30	9.66	0.354	123	233	70.1	120	36.2	3.16	2.39	1.72	17.5	11.7	9.60	0.626	2.01	3.00
			8		13.94	10.9	0.353	138	267	78.6	137	40.6	3.14	2.37	1.71	19.8	13.2	10.8	0.625	2.05	3.04
			10		17.17	13.5	0.353	167	334	94.7	172	49.1	3.12	2.35	1.69	24.2	16.1	13.1	0.622	2.13	3.12
11/7	110	70	6	10	10.64	8.35	0.354	133	266	42.9	69.1	25.4	3.54	2.01	1.54	17.9	7.90	6.53	0.403	1.57	3.53
			7		12.30	9.66	0.354	153	310	49.0	80.8	29.0	3.53	2.00	1.53	20.6	9.09	7.50	0.402	1.61	3.57
			8		13.94	10.9	0.353	172	354	54.9	92.7	32.5	3.51	1.98	1.53	23.3	10.3	8.45	0.401	1.65	3.62
			10		17.17	13.5	0.353	208	443	65.9	117	39.2	3.48	1.96	1.51	28.5	12.5	10.3	0.397	1.72	3.70
12.5/8	125	80	7	11	14.10	11.1	0.403	228	455	74.4	120	43.8	4.02	2.30	1.76	26.9	12.0	9.92	0.408	1.80	4.01
			8		15.99	12.6	0.403	257	520	83.5	138	49.2	4.01	2.28	1.75	30.4	13.6	11.2	0.407	1.84	4.06
			10		19.71	15.5	0.402	312	650	101	173	59.5	3.98	2.26	1.74	37.3	16.6	13.6	0.404	1.92	4.14
			12		23.35	18.3	0.402	364	780	117	210	69.4	3.95	2.24	1.72	44.0	19.4	16.0	0.400	2.00	4.22
14/9	140	90	8	12	18.04	14.2	0.453	366	731	121	196	70.8	4.50	2.59	1.98	38.5	17.3	14.3	0.411	2.04	4.50
			10		22.26	17.5	0.452	446	913	140	246	85.8	4.47	2.56	1.96	47.3	21.2	17.5	0.409	2.12	4.58
			12		26.40	20.7	0.451	522	1 100	170	297	100	4.44	2.54	1.95	55.9	25.0	20.5	0.406	2.19	4.66
			14		30.46	23.9	0.451	594	1 280	192	349	114	4.42	2.51	1.94	64.2	28.5	23.5	0.403	2.27	4.74
15/9	150	90	8		18.84	14.8	0.473	442	898	123	196	74.1	4.84	2.55	1.98	43.9	17.5	14.5	0.364	1.97	4.92
			10		23.26	18.3	0.472	539	1 120	149	246	89.9	4.81	2.53	1.97	54.0	21.4	17.7	0.362	2.05	5.01
			12		27.60	21.7	0.471	632	1 350	173	297	105	4.79	2.50	1.95	63.8	25.1	20.8	0.359	2.12	5.09
			14		31.86	25.0	0.471	721	1 570	196	350	120	4.76	2.48	1.94	73.3	28.8	23.8	0.356	2.20	5.17
			15		33.95	26.7	0.471	764	1 680	207	376	127	4.74	2.47	1.93	78.0	30.5	25.3	0.354	2.24	5.21
			16		36.03	28.3	0.470	806	1 800	217	403	134	4.73	2.45	1.93	82.6	32.3	26.8	0.352	2.27	5.25
16/10	160	100	10	13	25.32	19.9	0.512	669	1 360	205	337	122	5.14	2.85	2.19	62.1	26.6	21.9	0.390	2.28	5.24
			12		30.05	23.6	0.511	785	1 640	239	406	142	5.11	2.82	2.17	73.5	31.3	25.8	0.388	2.36	5.32
			14		34.71	27.2	0.510	896	1 910	271	476	162	5.08	2.80	2.16	84.6	35.8	29.6	0.385	2.43	5.40
			16		39.28	30.8	0.510	1 000	2 180	302	548	183	5.05	2.77	2.16	95.3	40.2	33.4	0.382	2.51	5.48
18/11	180	110	10	14	28.37	22.3	0.571	956	1 940	278	447	167	5.80	3.13	2.42	79.0	32.5	26.9	0.376	2.44	5.89
			12		33.71	26.5	0.571	1 120	2 330	325	539	195	5.78	3.10	2.40	93.5	38.3	31.7	0.374	2.52	5.98
			14		38.97	30.6	0.570	1 290	2 720	370	632	222	5.75	3.08	2.39	108	44.0	36.3	0.372	2.59	6.06
			16		44.14	34.6	0.569	1 440	3 110	412	726	249	5.72	3.06	2.38	122	49.4	40.9	0.369	2.67	6.14
20/12.5	200	125	12		37.91	29.8	0.641	1 570	3 190	483	788	286	6.44	3.57	2.74	117	50.0	41.2	0.392	2.83	6.54
			14		43.87	34.4	0.640	1 800	3 730	551	922	327	6.41	3.54	2.73	135	57.4	47.3	0.390	2.91	6.62
			16		49.74	39.0	0.639	2 020	4 260	615	1 060	366	6.38	3.52	2.71	152	64.9	53.3	0.388	2.99	6.70
			18		55.53	43.6	0.639	2 240	4 790	677	1 200	405	6.35	3.49	2.70	169	71.7	59.2	0.385	3.06	6.78

注：截面图中的 $r_1=1/3d$ 及表中 r 的数据用于孔型设计，不做交货条件。

附表 B.3　工字钢截面尺寸、截面面积、理论重量及截面特性(GB/T 706—2016)

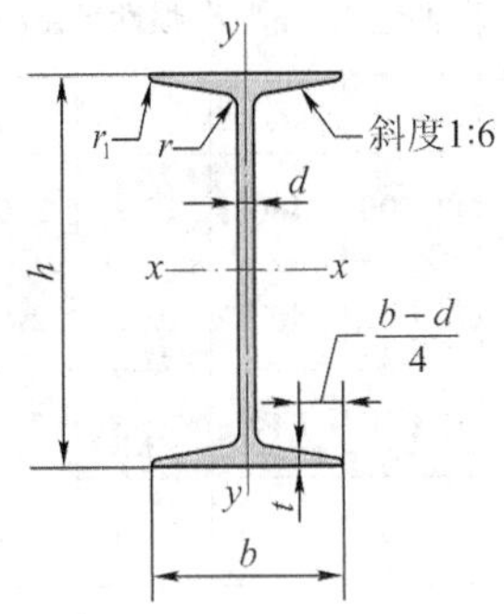

符号意义：
h——高度；
b——腿宽度；
d——腰厚度；
t——腿中间厚度；
r——内圆弧半径；
r_1——腿端圆弧半径。

型号	截面尺寸/mm						截面面积/cm^2	理论重量/(kg/m)	外表面积/(m^2/m)	惯性矩/cm^4		惯性半径/cm		截面模数/cm^3	
	h	b	d	t	r	r_1				I_x	I_y	i_x	i_y	W_x	W_y
10	100	68	4.5	7.6	6.5	3.3	14.33	11.3	0.432	245	33.0	4.14	1.52	49.0	9.72
12	120	74	5.0	8.4	7.0	3.5	17.80	14.0	0.493	436	46.9	4.95	1.62	72.7	12.7
12.6	126	74	5.0	8.4	7.0	3.5	18.10	14.2	0.505	488	46.9	5.20	1.61	77.5	12.7
14	140	80	5.5	9.1	7.5	3.8	21.50	16.9	0.553	712	64.4	5.76	1.73	102	16.1
16	160	88	6.0	9.9	8.0	4.0	26.11	20.5	0.621	1 130	93.1	6.58	1.89	141	21.2
18	180	94	6.5	10.7	8.5	4.3	30.74	24.1	0.681	1 660	122	7.36	2.00	185	26.0
20a	200	100	7.0	11.4	9.0	4.5	35.55	27.9	0.742	2 370	158	8.15	2.12	237	31.5
20b		102	9.0				39.55	31.1	0.746	2 500	169	7.96	2.06	250	33.1
22a	220	110	7.5	12.3	9.5	4.8	42.10	33.1	0.817	3 400	225	8.99	2.31	309	40.9
22b		112	9.5				46.50	36.5	0.821	3 570	239	8.78	2.27	325	42.7
24a	240	116	8.0	13.0	10.0	5.0	47.71	37.5	0.878	4 570	280	9.77	2.42	381	48.4
24b		118	10.0				52.51	41.2	0.882	4 800	297	9.57	2.38	400	50.4
25a	250	116	8.0				48.51	38.1	0.898	5 020	280	10.2	2.40	402	48.3
25b		118	10.0				53.51	42.0	0.902	5 280	309	9.94	2.40	423	52.4
27a	270	116	8.0	13.7	10.5	5.3	54.52	42.8	0.958	6 550	345	10.9	2.51	485	56.6
27b		118	10.0				59.92	47.0	0.962	6 870	366	10.7	2.47	509	58.9
28a	280	122	8.5				55.37	43.5	0.978	7 110	345	11.3	2.50	508	56.6
28b		124	10.5				60.97	47.9	0.982	7 480	379	11.1	2.49	534	61.2
30a	300	126	9.0	14.4	11.0	5.5	61.22	48.1	1.031	8 950	400	12.1	2.55	597	63.5
30b		128	11.0				67.22	52.8	1.035	9 400	422	11.8	2.50	627	65.9
30c		130	13.0				73.22	57.5	1.039	9 850	445	11.6	2.46	657	68.5

续表

型号	截面尺寸/mm						截面面积/cm^2	理论重量/(kg/m)	外表面积/(m^2/m)	惯性矩/cm^4		惯性半径/cm		截面模数/cm^3	
	h	b	d	t	r	r_1				I_x	I_y	i_x	i_y	W_x	W_y
32a	320	130	9.5	15.0	11.5	5.8	67.12	52.7	1.084	11 100	460	12.8	2.62	692	70.8
32b		132	11.5				73.52	57.7	1.088	11 600	502	12.6	2.61	726	76.0
32c		134	13.5				79.92	62.7	1.092	12 200	544	12.3	2.61	760	81.2
36a	360	136	10.0	15.8	12.0	6.0	76.44	60.0	1.185	15 800	552	14.4	2.69	875	81.2
36b		138	12.0				83.64	65.7	1.189	16 500	582	14.1	2.64	919	84.3
36c		140	14.0				90.84	71.3	1.193	17 300	612	13.8	2.60	962	87.4
40a	400	142	10.5	16.5	12.5	6.3	86.07	67.6	1.285	21 700	660	15.9	2.77	1 090	93.2
40b		144	12.5				94.07	73.8	1.289	22 800	692	15.6	2.71	1 140	96.2
40c		146	14.5				102.1	80.1	1.293	23 900	727	15.2	2.65	1 190	99.6
45a	450	150	11.5	18.0	13.5	6.8	102.4	80.4	1.411	32 200	855	17.7	2.89	1 430	114
45b		152	13.5				111.4	87.4	1.415	33 800	894	17.4	2.84	1 500	118
45c		154	15.5				120.4	94.5	1.419	35 300	938	17.1	2.79	1 570	122
50a	500	158	12.0	20.0	14.0	7.0	119.2	93.6	1.539	46 500	1 120	19.7	3.07	1 860	142
50b		160	14.0				129.2	101	1.543	48 600	1 170	19.4	3.01	1 940	146
50c		162	16.0				139.2	109	1.547	50 600	1 220	19.0	2.96	2 080	151
55a	550	166	12.5	21.0	14.5	7.3	134.1	105	1.667	62 900	1 370	21.6	3.19	2 290	164
55b		168	14.5				145.1	114	1.671	65 600	1 420	21.2	3.14	2 390	170
55c		170	16.5				156.1	123	1.675	68 400	1 480	20.9	3.08	2 490	175
56a	560	166	12.5				135.4	106	1.687	65 600	1 370	22.0	3.18	2 340	165
56b		168	14.5				146.6	115	1.691	68 500	1 490	21.6	3.16	2 450	174
56c		170	16.5				157.8	124	1.695	71 400	1 560	21.3	3.16	2 550	183
63a	630	176	13.0	22.0	15.0	7.5	154.6	121	1.862	93 900	1 700	24.5	3.31	2 980	193
63b		178	15.0				167.2	131	1.866	98 100	1 810	24.2	3.29	3 160	204
63c		180	17.0				179.8	141	1.870	10 2000	1 920	23.8	3.27	3 300	214

注：表中 r、r_1 的数据用于孔型设计，不做交货条件。

附表 B.4　槽钢截面尺寸、截面面积、理论重量及截面特性(GB/T 706—2016)

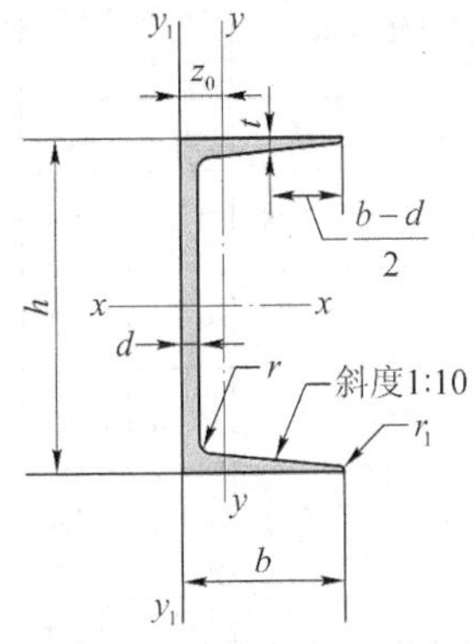

符号意义：
h——高度；
b——腿宽度；
d——腰厚度；
t——腿中间厚度；
r——内圆弧半径；
r_1——腿端圆弧半径；
z_0——重心距离。

型号	截面尺寸/mm						截面面积/cm^2	理论重量/(kg/m)	外表面积/(m^2/m)	惯性矩/cm^4			惯性半径/cm		截面模数/cm^3		重心距离/cm
	h	b	d	t	r	r_1				I_x	I_y	I_{y1}	i_x	i_y	W_x	W_y	z_0
5	50	37	4.5	7.0	7.0	3.5	6.925	5.44	0.226	26.0	8.30	20.9	1.94	1.10	10.4	3.55	1.35
6.3	63	40	4.8	7.5	7.5	3.8	8.446	6.63	0.262	50.8	11.9	28.4	2.45	1.19	16.1	4.50	1.36
6.5	65	40	4.3	7.5	7.5	3.8	8.292	6.51	0.267	55.2	12.0	28.3	2.54	1.19	17.0	4.59	1.38
8	80	43	5.0	8.0	8.0	4.0	10.24	8.04	0.307	101	16.6	37.4	3.15	1.27	25.3	5.79	1.43
10	100	48	5.3	8.5	8.5	4.2	12.74	10.0	0.365	198	25.6	54.9	3.95	1.41	39.7	7.80	1.52
12	120	53	5.5	9.0	9.0	4.5	15.36	12.1	0.423	346	37.4	77.7	4.75	1.56	57.7	10.2	1.62
12.6	126	53	5.5	9.0	9.0	4.5	15.69	12.3	0.135	391	38.0	77.1	4.95	1.57	62.1	10.2	1.59
14a	140	58	6.0	9.5	9.5	4.8	18.51	14.5	0.480	564	53.2	107	5.52	1.70	80.5	13.0	1.71
14b		60	8.0				21.31	16.7	0.484	609	61.1	121	5.35	1.69	87.1	14.1	1.67
16a	160	63	6.5	10.0	10.0	5.0	21.95	17.2	0.538	866	73.3	144	6.28	1.83	108	16.3	1.80
16b		65	8.5				25.15	19.8	0.542	935	83.4	161	6.10	1.82	117	17.6	1.75
18a	180	68	7.0	10.5	10.5	5.2	25.69	20.2	0.596	1 270	98.6	190	7.04	1.96	141	20.0	1.88
18b		70	9.0				29.29	23.0	0.600	1 370	111	210	6.84	1.95	152	21.5	1.84
20a	200	73	7.0	11.0	11.0	5.5	28.83	22.6	0.654	1 780	128	244	7.86	2.11	178	24.2	2.01
20b		75	9.0				32.83	25.8	0.658	1 910	144	268	7.64	2.09	191	25.9	1.95
22a	220	77	7.0	11.5	11.5	5.8	31.83	25.0	0.709	2 390	158	298	8.67	2.23	218	28.2	2.10
22b		79	9.0				36.23	28.5	0.713	2 570	176	326	8.42	2.21	234	30.1	2.03

续表

型号	截面尺寸/mm						截面面积/cm^2	理论重量/(kg/m)	外表面积/(m^2/m)	惯性矩/cm^4			惯性半径/cm		截面模数/cm^3		重心距离/cm
	h	b	d	t	r	r_1				I_x	I_y	I_{y_1}	i_x	i_y	W_x	W_y	z_0
24a		78	7.0				34.21	26.9	0.752	3 050	174	325	9.45	2.25	254	30.5	2.10
24b	240	80	9.0				39.01	30.6	0.756	3 280	194	355	9.17	2.23	274	32.5	2.03
24c		82	11.0	12.0	12.0	6.0	43.81	34.4	0.760	3 510	213	388	8.96	2.21	293	34.4	2.00
25a		78	7.0				34.91	27.4	0.722	3 370	176	322	9.82	2.24	270	30.6	2.07
25b	250	80	9.0				39.91	31.3	0.776	3 530	196	353	9.41	2.22	282	32.7	1.98
25c		82	11.0				44.91	35.3	0.780	3 690	218	384	9.07	2.21	295	35.9	1.92
27a		82	7.5				39.27	30.8	0.826	4 360	216	393	10.5	2.34	323	35.5	2.13
27b	270	84	9.5				44.67	35.1	0.830	4 690	239	428	10.3	2.31	347	37.7	2.06
27c		86	11.5	12.5	12.5	6.2	50.07	39.3	0.834	5 020	261	467	10.1	2.28	372	39.8	2.03
28a		82	7.5				40.02	31.4	0.846	4 760	218	388	10.9	2.33	340	35.7	2.10
28b	280	84	9.5				45.62	35.8	0.850	5 130	242	428	10.6	2.30	366	37.9	2.02
28c		86	11.5				51.22	40.2	0.854	5 500	268	463	10.4	2.29	393	40.3	1.95
30a		85	7.5				43.89	34.5	0.897	6 050	260	467	11.7	2.43	403	41.1	2.17
30b	300	87	9.5	13.5	13.5	6.8	49.89	39.2	0.901	6 500	289	515	11.4	2.41	433	44.0	2.13
30c		89	11.5				55.89	43.9	0.905	6 950	316	560	11.2	2.38	463	46.4	2.09
32a		88	8.0				48.50	38.1	0.947	7 600	305	552	12.5	2.50	475	46.5	2.24
32b	320	90	10.0	14.0	14.0	7.0	54.90	43.1	0.951	8 140	336	593	12.2	2.47	509	49.2	2.16
32c		92	12.0				61.30	48.1	0.955	8 690	374	643	11.9	2.47	543	52.6	2.09
36a		96	9.0				60.89	47.8	1.053	11 900	455	818	14.0	2.73	660	63.5	2.44
36b	360	98	11.0	16.0	16.0	8.0	68.09	53.5	1.057	12 700	497	880	13.6	2.70	703	66.9	2.37
36c		100	13.0				75.29	59.1	1.061	13 400	536	948	13.4	2.67	746	70.0	2.34
40a		100	10.5				75.04	58.9	1.144	17 600	592	1 070	15.3	2.81	879	78.8	2.49
40b	400	102	12.5	18.0	18.0	9.0	83.04	65.2	1.148	18 600	640	1 140	15.0	2.78	932	82.5	2.44
40c		104	14.5				91.04	71.5	1.152	19 700	688	1 220	14.7	2.75	986	86.2	2.42

注：表中 r、r_1 的数据用于孔型设计，不做交货条件。

习题答案

1　绪　论

1. $\varepsilon = 3 \times 10^{-4}$, $\varepsilon' = -9 \times 10^{-5}$　　2. $\varepsilon_{径} = \varepsilon_{周} = 2.4 \times 10^{-4}$

3. (a) $\gamma = 2\alpha$; (b) $\gamma = 0$; (c) $\gamma = \alpha - \beta$　　4. $\varepsilon_m = 1.5 \times 10^{-4}$, $\gamma = 1.5 \times 10^{-4}$ rad

5. $\varepsilon_{AC} = \gamma/2$

2　拉伸、压缩与剪切

1. (a) $-F$, 0, $-F$; (b) 0, 2 kN, -3 kN; (c) $3F$, F, $2F$; (d) $-2F$, $-F$, $-F$

2. 100 MPa, 33.3 MPa, 62.5 MPa

3. $\sigma_{0°} = 100$ MPa, $\tau_{0°} = 0$;　$\sigma_{30°} = 75$ MPa, $\tau_{30°} = 43.3$ MPa;
   $\sigma_{45°} = 50$ MPa, $\tau_{45°} = 50$ MPa;　$\sigma_{60°} = 25$ MPa, $\tau_{60°} = 43.3$ MPa;
   $\sigma_{90°} = 0$, $\tau_{90°} = 0$

4. 21.2 mm

5. $A_{AC} \geqslant 10.8\ \text{cm}^2$,选2根80×80×7的角钢; $A_{CD} \geqslant 8.63\ \text{cm}^2$,选2根75×75×6的角钢

6. $\sigma_{AB} = -47.4$ MPa, $\sigma_{BC} = 104$ MPa　　7. 36.3 kN

8. (1) $\sigma = 11.2$ MPa,绳索强度不够; (2) $\sigma = 9.16$ MPa,绳索满足强度要求

9. (1) $\sigma = 75.9$ MPa, $n = 3.95$; (2) $m = 14$

10. $\theta = 45°$　　11. $\sigma = 37.7\ \text{MPa} < [\sigma]$, 安全

12. (1) $d_{max} \leqslant 17.8$ mm; (2) $A_{CD} \geqslant 833\ \text{mm}^2$; (3) $F_{max} \leqslant 15.7$ kN

13. (1) $\sigma_{铁} = 5$ MPa; (2) $p = 0.5$ MPa

14. 54.7°　　15. $\sigma_{max} = \rho g l$, $\Delta l = \dfrac{\rho g l^2}{2E}$

16. $\Delta_{AV} = \dfrac{3Fl}{E_1 A} + \dfrac{8Fl}{\sqrt{3}\ E_2 A}$　　17. $\Delta l = \dfrac{Fl}{E\delta(b_2 - b_1)} \ln\left(\dfrac{b_2}{b_1}\right)$

18. (1) $\sigma_1 = 127$ MPa, $\sigma_2 = 63.7$ MPa; (2) $\Delta_{CV} = 2.43$ mm

19. (1) 轴力图略;
    (2) $\sigma_{B1} = -0.06$ MPa, $\sigma_{B2} = -0.16$ MPa, $\sigma_{B3} = -0.26$ MPa;
    (3) $\Delta l_{AB1} = 9 \times 10^{-7}$ m, $\Delta l_{AB2} = 2.9 \times 10^{-6}$ m, $\Delta l_{AB3} = 5.9 \times 10^{-6}$ m

20. $E = 70$ GPa, $\mu = 0.327$　　21. $F = 160$ kN　　22. $F_{max} = 11.7$ kN

23. $x = \frac{6l}{7}$　24. $\Delta l_p = 2.5$ mm　25. $\Delta_{CH} = \frac{\sqrt{3}\,Fl}{EA}$, $\Delta_{CV} = \frac{Fl}{EA}$

26.（1）$\alpha = 26.6°$；（2）$F = 50$ kN　27.（1）$x = \frac{l}{3}$, $[F]_{max} = 3[\sigma]_2 A$；（2）$[F] = [\sigma]_2 A$

28. $\Delta_{CH} = \Delta_{CV} = \frac{Fl}{2EA}$

29. $h = \frac{l}{4}$ 时, $F_{NBC} = 30$ kN, $F_{NAC} = 0$；　$h = \frac{3l}{4}$ 时, $F_{NBC} = 42.5$ kN, $F_{NAC} = 12.5$ kN

30.(1) 略;(2) $F_N(y) = -\frac{Fy^3}{l^3}$, $\Delta l = 1.43$ mm　31. $\Delta T = \frac{F}{E_c A_c(\alpha_{lc} - \alpha_{ls})}$

32. $\Delta_{AV} = \frac{l}{B\cos\alpha}\left(\frac{F}{2A\cos\alpha}\right)^n$　33. $\sigma_1 = 100$ MPa, $\sigma_2 = -50$ MPa

34. $F_{RA} = F_{RB} = \frac{F}{3}$　35. $F_{NAC} = \frac{7F}{4}$

36. $F_{N1} = \frac{F}{12}$, $F_{N2} = \frac{F}{3}$, $F_{N3} = \frac{7F}{12}$　37. $[F] = \frac{5}{2}[\sigma]A$

38. $\sigma_1 = 61.4$ MPa, $\sigma_2 = 102$ MPa

39.（1）28.4%；（2）$[F] = 695$ kN；（3）0.4 mm, $[F] = 948$ kN

40. $e = \frac{b(E_1 - E_2)}{2(E_1 + E_2)}$　41. $\sigma_1 = \sigma_3 = -35$ MPa, $\sigma_2 = 70$ MPa

42. $F_{N1} = \frac{F}{5}$ (拉), $F_{N2} = \frac{2F}{5}$ (压)　43. $\sigma_1 = -70$ MPa, $\sigma_2 = -35$ MPa

44. $d \geqslant 15$ mm　45. $\sigma_b = 89.1$ MPa, $n = 1.27$

46. $\frac{d}{h} = 2.4$　47. $F \geqslant 679$ kN　48. $\tau = \frac{8F}{9\pi d\delta}$

49. $d \geqslant 19.9$ mm　50. $\tau = \frac{F}{lb}$, $\sigma_{bs} = \frac{F}{ab}$　51. $\tau = 43.3$ MPa, $\sigma_{bs} = 59.5$ MPa

52. $\tau = 162$ MPa　53. $\delta_{min} = 80$ mm　54. $t = 20$ mm, $l = 200$ mm, $h = 80$ mm

3　扭　转

1. 略

2. $T_{max} = 152.8$ N·m;轮 A 与 B 互换位置后 $T_{max} = 267.4$ N·m,故互换不合理

3.（1）$\tau_{max} = 61.1$ MPa；（2）$\tau = 48.9$ MPa；（3）轮 A 与 B 互换位置较合理

4. $\varphi = 0.044\,8$ rad; 轮 A 与 B 互换位置后, $\varphi = -0.016\,3$ rad

5. $D = 82.4$ mm, $d = 57.7$ mm, $\frac{P_{空}}{P_{实}} = 0.612$　6. 略

7. $\tau_{max} = 75.1$ MPa, $d \geqslant 11.2$ mm

8.（1）$m = 12.4$ N·m/m;（2）$\tau_{max} = 36.2$ MPa;（3）$\varphi_{AB} = -0.416$ rad

9. $T' = \frac{T}{16}$

10. 合力大小 $F_S' = \frac{4\sqrt{2}\,T}{3\pi d}$；作用点在对称轴上,至圆心的距离 $\rho = \frac{3\pi d}{16\sqrt{2}}$

11. $\varphi_B = \frac{ml^2}{2GI_p}$　12. $\varphi = \frac{32M_e l}{3\pi G}\cdot\frac{d_1^2 + d_1 d_2 + d_2^2}{d_1^3 d_2^3}$

13. 空心轴比实心轴省材料48.8%

14. $d(x) = \sqrt[3]{\dfrac{16mx}{\pi[\tau]}}$

15. 略

16. $M_A = \dfrac{3ml}{8}$，$M_B = \dfrac{ml}{8}$

17. $d_2 = \sqrt[3]{\dfrac{16M_e}{9\pi[\tau]}}$, $d_1 = 2d_2$

18. $\dfrac{d_B}{d_A} = \dfrac{G_A}{G_B}$

19. $a \leqslant 39.5$ mm

20. $E = 216$ GPa, $G = 81.5$ GPa, $\mu = 0.325$

21. $F_E = \dfrac{F}{4}$

22. $\tau_{管\max} = \dfrac{16M_e}{\pi D^3}$，$\tau_{轴\max} = \dfrac{16M_e}{\pi d^3}\left(1 - \dfrac{d^4}{D^4}\right)$

23. $\tau_{圆} : \tau_{方} : \tau_{矩} = 1 : 1.36 : 1.62$

24. $\dfrac{T_s}{T_u} = \dfrac{45}{56}$

4 弯曲内力

1. (a) $F_{S1} = 2qa$, $F_{S2} = qa$, $F_{S3} = 0$，$M_1 = M_2 = -\dfrac{3}{2}qa^2$，$M_3 = 0$；

(b) $F_{S1} = -qa$, $F_{S2} = F_{S3} = -2qa$, $M_1 = 0$，$M_2 = M_3 = -\dfrac{3}{2}qa^2$；

(c) $F_{S1} = F_{S2} = qa$, $F_{S3} = 0$，$M_1 = \dfrac{3}{2}qa^2$，$M_2 = \dfrac{1}{2}qa^2$，$M_3 = qa^2$；

(d) $F_{S1} = F_{S2} = F_{S3} = -\dfrac{3}{2}q_0 a$, $M_1 = M_2 = -\dfrac{5}{6}q_0 a^2$，$M_3 = -\dfrac{7}{3}q_0 a^2$；

(e) $F_{S1} = \dfrac{1}{2}q_0 a$, $F_{S2} = 0$，$F_{S3} = -\dfrac{1}{2}q_0 a$, $M_1 = 0$，$M_2 = \dfrac{1}{6}q_0 a^2$，$M_3 = 0$；

(f) $F_{S1} = F_{S3} = \dfrac{1}{2}qa$, $F_{S2} = -\dfrac{1}{2}qa$, $M_1 = M_2 = M_3 = 0$；

(g) $F_{S1} = -\dfrac{1}{12}q_0 a$, $F_{S2} = \dfrac{1}{2}q_0 a$, $F_{S3} = 0$，$M_1 = M_2 = -\dfrac{1}{6}q_0 a^2$，$M_3 = 0$；

(h) $F_{S1} = 0$，$F_{S2} = \dfrac{1}{2}qa$, $F_{S3} = qa$, $M_1 = -qa^2$，$M_2 = M_3 = -\dfrac{1}{2}qa^2$；

(i) $F_{S1} = F_{S2} = F_{S3} = F$, $M_1 = 2Fa$, $M_2 = -Fa$, $M_3 = 0$；

(j) $F_{S1} = -qa$, $F_{S2} = F_{S3} = qa$, $M_1 = M_2 = -qa^2$，$M_3 = 0$

2. (a) $|F_S|_{\max} = qa$,　$|M|_{\max} = \dfrac{3}{2}qa^2$；　(b) $|F_S|_{\max} = F$,　$|M|_{\max} = Fa$;

(c) $|F_S|_{\max} = qa$,　$|M|_{\max} = \dfrac{1}{2}qa^2$；　(d) $|F_S|_{\max} = qa$,　$|M|_{\max} = \dfrac{1}{2}qa^2$；

(e) $|F_S|_{\max} = 2F$,　$|M|_{\max} = Fa$;　(f) $|F_S|_{\max} = qa$,　$|M|_{\max} = \dfrac{3}{2}qa^2$；

(g) $|F_S|_{\max} = F$,　$|M|_{\max} = Fa$;　(h) $|F_S|_{\max} = F$,　$|M|_{\max} = Fa$;

(i) $|F_S|_{\max} = 5$ kN, $|M|_{\max} = 6$ kN·m;　(j) $|F_S|_{\max} = 5$ kN, $|M|_{\max} = 5$ kN·m;

(k) $|F_S|_{\max} = 4$ kN, $|M|_{\max} = 8$ kN·m;　(l) $|F_S|_{\max} = \dfrac{5}{3}F$, $|M|_{\max} = \dfrac{5}{3}Fa$;

(m) $|F_S|_{\max} = qa$,　$|M|_{\max} = \dfrac{1}{2}qa^2$；　(n) $|F_S|_{\max} = F$,　$|M|_{\max} = Fa$

3. (a) $|F_S|_{\max} = \dfrac{1}{2}qa$, $|M|_{\max} = \dfrac{5}{8}qa^2$；　(b) $|F_S|_{\max} = \dfrac{3}{8}qa$, $|M|_{\max} = \dfrac{9}{128}qa^2$；

（c）$|F_S|_{max}=qa$, $|M|_{max}=\frac{1}{2}qa^2$；（d）$|F_S|_{max}=qa$, $|M|_{max}=qa^2$；

（e）$|F_S|_{max}=qa$, $|M|_{max}=\frac{1}{2}qa^2$；（f）$|F_S|_{max}=qa$, $|M|_{max}=qa^2$；

（g）$|F_S|_{max}=qa$, $|M|_{max}=\frac{1}{2}qa^2$；（h）$|F_S|_{max}=qa$, $|M|_{max}=\frac{1}{2}qa^2$；

(i) $|F_S|_{max}=\frac{M_e}{a}$, $|M|_{max}=M_e$；(j) $|F_S|_{max}=\frac{5}{8}qa$, $|M|_{max}=\frac{1}{8}qa^2$；

（k）$|F_S|_{max}=2qa$, $|M|_{max}=2qa^2$；（l）$|F_S|_{max}=qa$, $|M|_{max}=\frac{1}{2}qa^2$；

（m）$|F_S|_{max}=\frac{5}{4}qa$, $|M|_{max}=qa^2$；（n）$|F_S|_{max}=qa$, $|M|_{max}=\frac{3}{4}qa^2$

4. 略　　5. $x=\frac{l}{5}$

6.（a）$|F_S|_{max}=\frac{F}{2}$, $|M|_{max}=\frac{1}{2}Fa$;（b）$|F_S|_{max}=\frac{1}{2}qa$, $|M|_{max}=\frac{1}{2}qa^2$；

（c）$|F_S|_{max}=qa$, $|M|_{max}=\frac{1}{2}qa^2$；（d）$|F_S|_{max}=qa$, $|M|_{max}=\frac{1}{2}qa^2$

7.（a）$|M|_{max}=\frac{1}{2}qa^2$；（b）$|M|_{max}=\frac{7}{4}Fa$;（c）$|M|_{max}=\frac{9}{2}qa^2$；

（d）$|M|_{max}=2Fa$;（e）$|M|_{max}=\frac{8}{9}qa^2$

8.（a）$|M|_{max}=FR$；（b）$|M|_{max}=M_e$；（c）$|M|_{max}=FR$；

（d）$|M|_{max}=\frac{FR}{2}(\sqrt{2}-1)$；（e）$|M|_{max}=2FR$；（f）$|M|_{max}=\frac{3}{2}qa^2$

9.（a）$|F_S|_{max}=\frac{3}{2}qa$, $|M|_{max}=\frac{7}{6}qa^2$；（b）$|F_S|_{max}=\frac{1}{2}q_0a$, $|M|_{max}=\frac{1}{3}q_0a^2$；

（c）$|F_S|_{max}=\frac{1}{3}q_0a$, $|M|_{max}=\frac{q_0a^2}{9\sqrt{3}}$;（d）$|F_S|_{max}=\frac{1}{2}q_0a$, $|M|_{max}=\frac{q_0a^2}{6}$

5　弯曲应力

1. σ_{max} = 100 MPa　　2. σ_{max} = 63.2 MPa

3. 实心圆截面 σ_{max} = 119 MPa, 空心圆截面 σ_{max} = 70.2 MPa, 减小 41%

4. 圆形 d = 108 mm, 矩形 h = 114 mm, 工字钢型号 No 16

5. σ_t = 37.9 MPa, σ_c = 60.3 MPa　　6. σ_{max} = 28.3 MPa

7.（1）σ_a = 24 MPa, τ_a = 1.28 MPa;

（2）σ_{max1} = 40 MPa, τ_{max1} = 2 MPa;

（3）σ_{max} = 160 MPa, τ_{max} = 4 MPa

8. 略

9. $[M]$ = 7.23 kN·m　　10. b = 316 mm　　11. a = 1.2 m

12. $F=\frac{2bh^2E\varepsilon}{3l}$　　13. $F=\frac{4bh^2E\delta}{3l^2}$　　14. $\frac{h}{b}=\sqrt{2}$，$d\geqslant$ 198 mm

15. σ_t = 23.3 MPa, σ_c = 35 MPa; 倒置后 σ_t = 35 MPa

16. F = 491 N, σ_{max} = 125 MPa

17. $x = \frac{l}{2}$ ，$\sigma_{\max} = \frac{128Fl}{27\pi d_A^3}$

18. $a = b = 2$ m，$[F] = 14.8$ kN

19. $[F] = 4.2$ kN

20. $b(x) = \frac{3Fx}{h^2[\sigma]}$ ，$b_{\min} = \frac{3F}{4h[\tau]}$

21. $\tau_{\max} = \frac{F_S}{\pi R\delta}$

22. $a = \frac{2l}{3}$ ，$\sigma_{\max} = \frac{16Pl}{9\pi d^3}$

23. 143 kN(压力)，作用于距中性轴 70 mm 处

24. $n = \frac{1}{9}$

25. (1) $\sigma_t = 7.29$ MPa，$\sigma_c = 4.38$ MPa；(2) 22.8 kN；(3) 略

26. $[F] = 3.75$ kN

27. $\sigma_{\max} = 138$ MPa，$\tau_{\max} = 13.9$ MPa

28. 每 1 mm 长度焊缝传递 473 N 的力

29. 中性层上有均布切应力 $\tau' = \frac{3F}{2bh}$，其合力为 $F' = \frac{3Fl}{2h}$

30. (1) $\sigma_C = 150$ MPa，$\sigma_D = 213$ MPa；(2) $\tau_{\max} = 41.5$ MPa；(3) $a = 3.28$ m

6　弯曲变形

1. $M(x) = \frac{q_0 x}{6l}(l^2 - x^2)$，$F_S(x) = \frac{q_0}{6l}(l^2 - 3x^2)$，$M_{\max} = \frac{q_0 l^2}{9\sqrt{3}}$

2. (a) 拐点距左支座 A 的距离为$\frac{a}{2}$；(b) 拐点距左支座 A 的距离为$\frac{4a}{3}$

3. 略

4. (a) $\theta_C = -\frac{3Fa^2}{2EI}$ ，$w_C = -\frac{23Fa^3}{12EI}$ ；　(b) $\theta_C = -\frac{5Fa^2}{6EI}$ ，$w_C = -\frac{2Fa^3}{3EI}$ ；

(c) $\theta_C = -\frac{q_0 a^3}{24EI}$ ，$w_C = -\frac{q_0 a^4}{30EI}$ ；　(d) $\theta_C = -\frac{13qa^3}{6EI}$ ，$w_C = -\frac{71qa^4}{24EI}$

5. 相对误差为$\frac{1}{3}\left(\frac{w_{\max}}{l}\right)^2$

6. $A = \frac{ql}{12}$ ，$B = -\frac{ql^2}{12}$ ，$C = D = 0$

7. (a) $\theta_A = -\frac{3ql^3}{128EI}$ ，$\theta_B = \frac{7ql^3}{384EI}$ ，$w_C = -\frac{5ql^4}{768EI}$ ；(b) $\theta_A = \theta_B = \frac{M_e l}{24EI}$ ，$w_C = 0$ ；

(c) $\theta_A = -\frac{7q_0 l^3}{360EI}$ ，$\theta_B = \frac{q_0 l^3}{45EI}$ ，$w_C = -\frac{5q_0 l^4}{768EI}$ ；(d) $\theta_A = -\frac{M_e l}{24EI}$ ，$\theta_B = \frac{11M_e l}{24EI}$ ，$w_C = -\frac{M_e l^2}{8EI}$

8. $y = \frac{Fx^3}{3EI}$　　9. $w_B = \frac{5ql^4}{24EI}$ (↓)　　10. $w_B = \frac{4ql^3}{Eh^2}$ (↑)

11. (a) $w_C = \frac{5q_0 l^4}{768EI}$ (↓)；　(b) $w_C = \frac{5(q_1 + q_2)l^4}{768EI}$ (↓)

12. (a) $w_C = \frac{qa^4}{24EI}$ (↓)，　$\theta_D = \frac{qa^3}{4EI}$ (↻)，　$w_D = \frac{5qa^4}{24EI}$ (↓)；

(b) $w_C = \frac{Fa^3}{12EI}$ (↑)，　$\theta_D = \frac{17Fa^2}{12EI}$ (↻)，　$w_D = \frac{11Fa^3}{12EI}$ (↓)；

(c) $w_C = \frac{qa^4}{12EI}$ (↓)，　$\theta_D = \frac{qa^3}{6EI}$ (↻)，　$w_D = \frac{qa^4}{8EI}$ (↓)；

(d) $w_C = \frac{Fa^3}{4EI}$ (↑)，　$\theta_D = \frac{5Fa^2}{4EI}$ (↻)，　$w_D = \frac{13Fa^3}{12EI}$ (↓)

13. (a) $\theta_{max} = \frac{5Fa^2}{6EI}$ (↻), $w_{max} = \frac{2Fa^3}{3EI}$ (↓); (b) $\theta_{max} = \frac{3qa^3}{2EI}$ (↻), $w_{max} = \frac{55qa^4}{24EI}$ (↓);

(c) $\theta_{max} = \frac{11qa^3}{6EI}$ (↻), $w_{max} = \frac{19qa^4}{8EI}$ (↓); (d) $\theta_{max} = \frac{q_0 l^3}{10EI}$ (↻), $w_{max} = \frac{13q_0 l^4}{180EI}$ (↓)

14. $w_C = 0.043\ 2$ mm (↓)

15. $w_D = \frac{11Fa^3}{3EI}$ (↓), $w_E = \frac{13Fa^3}{3EI}$ (↓)

16. (a) $w_C = \frac{14qa^4}{3EI}$ (↓), $w_D = \frac{7qa^4}{3EI}$ (↓); (b) $w_C = \frac{8qa^4}{EI}$ (↓), $w_D = \frac{101qa^4}{24EI}$ (↓)

17. (1) $\frac{a}{l} = \frac{2}{3}$; (2) $\frac{a}{l} = \frac{1}{2}$

18. $\delta_{AB} = \frac{Fl^2(2l+3a)}{3EI}$

19. 在梁的自由端应加方向向上的集中力 $F = 6AEI$ 和顺时针方向的集中力偶 $M_e = 6AlEI$

20. $\Delta = \frac{19Pa^3}{1\ 152EI}$

21. 由强度条件得 $W_z \geqslant 400\ \text{cm}^3$，由刚度条件得 $I \geqslant 794\ \text{cm}^4$，应选用 No.32a 工字钢

22. $\Delta_{CV} = 8.63$ mm

23. (a) $F_{By} = \frac{7qa}{4}$ (↑); (b) $M_A = \frac{qa^2}{8}$ (↻); (c) $F_{Cy} = \frac{5qa}{8}$ (↑); (d) $M_A = \frac{Fa}{4}$ (↺)

24. $M_B = \frac{3EI\delta}{2l^2}$, $M_B = -\frac{3EI\delta}{l^2}$

25. $a = 2\left(l - \sqrt{\frac{2EI}{Rq}}\right)$

26. $\delta = \frac{7qa^4}{72EI}$

27. $\delta = \frac{8\sqrt{2}-11}{24}\frac{ql^4}{EI} = \frac{0.013\ 1ql^4}{EI}$

28. $F_N = \frac{3ql}{4\left(4 + \frac{3I}{l^2A}\right)}$

29. $M_{max} = \frac{3EAI\alpha_l l\Delta T}{3I + Al^2}$

7 应力状态分析与强度理论

1. 略

2. (a) $\sigma_\alpha = 50$ MPa, $\tau_\alpha = 20$ MPa;

(b) $\sigma_\alpha = -10$ MPa, $\tau_\alpha = 52$ MPa;

(c) $\sigma_\alpha = 22.3$ MPa, $\tau_\alpha = 16.0$ MPa

3. (a) $\sigma_1 = 70$ MPa, $\sigma_2 = 20$ MPa, $\sigma_3 = 0$, $\alpha_0 = 26.6°$, $\tau_{max} = 25$ MPa;

(b) $\sigma_1 = 50$ MPa, $\sigma_2 = 0$, $\sigma_3 = -50$ MPa, $\alpha_0 = -45°$, $\tau_{max} = 50$ MPa;

(c) $\sigma_1 = 30$ MPa, $\sigma_2 = 0$, $\sigma_3 = -20$ MPa, $\alpha_0 = -63.4°$, $\tau_{max} = 25$ MPa;

(d) $\sigma_1 = 67.0$ MPa, $\sigma_2 = 2.98$ MPa, $\sigma_3 = 0$, $\alpha_0 = -19.3°$, $\tau_{max} = 32.0$ MPa;

(e) $\sigma_1 = 6.06$ MPa, $\sigma_2 = 0$, $\sigma_3 = -66.1$ MPa, $\alpha_0 = -16.8°$, $\tau_{max} = 36.1$ MPa;

(f) $\sigma_1 = 0$, $\sigma_2 = -1.46$ MPa, $\sigma_3 = -68.5$ MPa, $\alpha_0 = -58.3°$, $\tau_{max} = 33.5$ MPa

4. $\sigma_x = 120$ MPa, $\tau_{xy} = 40\sqrt{3}$ MPa $= 69.3$ MPa

5. A 点 $\sigma_1 = 0.008\ 43$ MPa, $\sigma_2 = 0$, $\sigma_3 = -24$ MPa;

B 点 $\sigma_1 = 24$ MPa, $\sigma_2 = 0$, $\sigma_3 = -0.008\ 43$ MPa

6、7. 略

8. $\sigma_1 = 74.6$ MPa, $\sigma_2 = 28.5$ MPa, $\sigma_3 = 0$

9. $\sigma_1 = 86.5$ MPa, $\sigma_2 = 18.5$ MPa, $\sigma_3 = 0$

10. $\varepsilon_x = 380 \times 10^{-6}$, $\varepsilon_y = 250 \times 10^{-6}$, $\gamma_{xy} = 650 \times 10^{-6}$ rad, $\varepsilon_{30°} = 66.0 \times 10^{-6}$

11. $\sigma_1 = 100$ MPa, $\sigma_2 = 0$, $\sigma_3 = -200$ MPa

12. 略

13. $\sigma_{r3} = 170\ \text{MPa}$，$\sigma_{r4} = 159\ \text{MPa}$

14. $F = \dfrac{4bhE\varepsilon}{3(1+\mu)}$

15. $F = 503\ \text{kN}$，$M_e = 3.48\ \text{kN·m}$

16. (a) $\sigma_1 = 57.7\ \text{MPa}$，$\sigma_2 = 50\ \text{MPa}$，$\sigma_3 = -27.7\ \text{MPa}$，$\tau_{max} = 42.7\ \text{MPa}$；
(b) $\sigma_1 = 60\ \text{MPa}$，$\sigma_2 = 60\ \text{MPa}$，$\sigma_3 = -60\ \text{MPa}$，$\tau_{max} = 60\ \text{MPa}$；
(c) $\sigma_1 = 37.0\ \text{MPa}$，$\sigma_2 = 30\ \text{MPa}$，$\sigma_3 = -27.0\ \text{MPa}$，$\tau_{max} = 32.0\ \text{MPa}$

17. 直径减小 $\Delta d = 0.01\ \text{mm}$；体积减小 $\Delta V = 157\ \text{mm}^3$

18. (1) $\varepsilon_x = -6.5\times10^{-4}$，$\varepsilon_y = 6.5\times10^{-4}$；(2) 圆筒厚度不变

19. (1) $\Delta l_{AB} = \dfrac{\sqrt{2}F(1-\mu)}{2Eb}$；(2) $\varphi_{AB} = \dfrac{F(1+\mu)}{2bhE}$ (↻)

20. $\gamma_{ABC} = \dfrac{\sqrt{3}}{2}(1+\mu)\dfrac{F}{bhE}$ (直角增大)；$\Delta l_{BC} = \dfrac{F}{2bE}(3-\mu)$

21. $\sigma = 28\ \text{MPa}$

22. $\sigma_{r2} = 26.8\ \text{MPa} < [\sigma_t]$，$\sigma_{rM} = 25.8\ \text{MPa} < [\sigma_t]$，安全

23. $\delta \geqslant 14.2\ \text{mm}$

8 组合变形

1. $\sigma_{max} = 90.9\ \text{MPa}$

2. $\sigma_t = 6.75\ \text{MPa}$，$\sigma_c = 6.99\ \text{MPa}$

3. (1) $\sigma_t = \dfrac{8F}{a^2}$，$\sigma_c = -\dfrac{4F}{a^2}$；(2) $\sigma_t = \dfrac{9.11F}{a^2}$，$\sigma_c = -\dfrac{6.36F}{a^2}$

4. $\sigma_{max} = 74.4\ \text{MPa}$

5. $a = 5.21\ \text{mm}$

6. $F_{max} = 141\ \text{kN}$

7. $\sigma_t = 0.481\ \text{MPa}$，$\sigma_c = -0.93\ \text{MPa}$

8. $\sigma_{max} = \dfrac{4ql}{bh}$；$\Delta l_{AB} = -\dfrac{ql^2}{bhE}$

9. (1) $\sigma_{max} = -1.33\ \text{MPa}$，$\sigma_{min} = -1.53\ \text{MPa}$；(2) $\sigma_{max} = -0.246\ \text{MPa}$，$\sigma_{min} = -2.61\ \text{MPa}$

10. $b = 1.35\ \text{m}$

11. 按第三强度理论 $F_{max} = 788\ \text{N}$；按第四强度理论 $F_{max} = 836\ \text{N}$

12. A 点处 $\sigma_1 = 139\ \text{MPa}$，$\sigma_2 = -1.4\ \text{MPa}$，$\sigma_3 = 0$；$\tau_B = 12.7\ \text{MPa}$，$\tau_C = 14.9\ \text{MPa}$

13. $\sigma_{max} = 176\ \text{MPa}$

14. $\sigma_{r3} = 123\ \text{MPa}$，$\sigma_{r4} = 120\ \text{MPa}$

15. $\sigma_{r3} = 156\ \text{MPa}$

16. $\sigma_{r3} = 71.2\ \text{MPa}$

17. $d \geqslant 159\ \text{mm}$

18. $F_C = \dfrac{8F}{9+3E/G}$

19. $b = 55\ \text{mm}$，$h = 110\ \text{mm}$

20. (1) $\alpha = 25.5°$；(2) $\sigma_{max} = 11.6\ \text{MPa}$；(3) $w = 6.02\ \text{mm}$

21. $\sigma_{max} = 62.5\ \text{MPa}$；$w_{max} = 5.70\ \text{mm}$

22. $b = 90\ \text{mm}$，$h = 180\ \text{mm}$

23. $\sigma_{max} = \dfrac{32\sqrt{2}Fl}{\pi d^3}$

24. 略

25. $s = \dfrac{h^2}{12(l-x)}$

26. $d \geqslant 23\ \text{mm}$

9 压杆稳定

1. $F_{cr} = 125\ \text{kN}$

2. $F_{cr\,a} = 2\,540\ \text{kN}$；$F_{cr\,b} = 2\,645\ \text{kN}$；$F_{cr\,c} = 3\,136\ \text{kN}$

3. $I_a = 0.055\,6A^2$，$I_b = 0.083\,3A^2$，$I_c = 0.079\,6A^2$，$I_d = 0.133A^2$，$F_{cr\,d} > F_{cr\,b} > F_{cr\,c} > F_{cr\,a}$

4.（1）$F_{max} = \dfrac{\pi^3 E d^4}{128a^2}$；（2）$F_{max} = \dfrac{\sqrt{2}\ \pi^3 E d^4}{64a^2}$

5. $\dfrac{l_a}{l_b} = 2$　　6. $\theta = \arctan(\cot^2\beta)$　　7. $n_{st} = 6.5 > [n_{st}]$

8.（1）$F_{cr} = 106$ kN；（2）$F_{cr} = 456$ kN；（3）$a = 35.7$ mm，$F_{cr} = 754$ kN

9. $n_{st} = 3.7$　　10. $F_{cr\,1} = 2\ 616$ kN，$F_{cr\,2} = 4\ 705$ kN，$F_{cr\,3} = 4\ 725$ kN

11. $[F] = 160$ kN　　12. $[F] = 7.50$ kN

13. 梁 $\sigma_{max} = 137$ MPa，柱 $F_{cr} = 406$ kN　　14. $d_{AB} = 25.8$ mm，$d_{AC} = 39.3$ mm

15. $n_{st} = 3.27$

16. 由梁的强度得 $F \leqslant 130$ kN，由压杆的稳定性条件得 $F \leqslant 78.5$ kN，所以 $[F] = 78.5$ kN

17.（1）$[F] = 287$ kN；（2）$a = 102$ mm；（3）$D = 145$ mm

18. $t = 56.6$ ℃　　19. $\theta = 54.7°$　　20. $T_2 = 51.4$ ℃

21.（1）$[F] = 316$ kN；（2）$[F] = 659$ kN，2.09 倍

22. 略　　23. $F_{cr} = \dfrac{\pi^3 E d^4}{128 l^2}$　　24. $\dfrac{h}{b} = 2$

10　动载荷与交变应力

1. $F_N(x) = \dfrac{\gamma A a}{g} x$　　2. 吊索 $\sigma_d = 63.1$ MPa，工字钢 $\sigma_{d\max} = 87.8$ MPa

3.（1）$\sigma_{d\max} = \dfrac{\rho\omega^2 l^2}{2}$；（2）$\Delta l_{CD} = \dfrac{\rho\omega^2 l^3}{3E}$　　4. $\sigma = 4.63$ MPa

5. $M_{max} = \dfrac{Pl}{3}\left(1 + \dfrac{h\omega^2}{3g}\right)$　　6. $\sigma_{max} = \dfrac{4\rho\delta(d_1 a\omega)^2}{d^3}$

7. $\sigma_{d\max} = 145$ MPa

8. 有弹簧时 $\sigma_d = 66.2$ MPa；　无弹簧时 $\sigma_d = 173$ MPa

9. $\sigma_{d\max} = 59.1$ MPa

10.（1）$\sigma_{st} = 0.070\ 7$ MPa；（2）$\sigma_d = 15.4$ MPa；（3）$\sigma_d = 2.69$ MPa

11. $h \leqslant 86.6$ mm　　12. $\sigma_{d\max} = 43.1$ MPa

13. $\sigma_d = \dfrac{P}{A}\left(1 + \dfrac{v}{\sqrt{g\Delta_{st}}}\right)$，其中 $\Delta_{st} = \dfrac{Pl^3}{3EI} + \dfrac{Pa}{EA}$

14. $\dfrac{(K_d)_a}{(K_d)_b} = \dfrac{1}{2}$，　$\dfrac{(\sigma_{d\max})_a}{(\sigma_{d\max})_b} = 1$

15. $\sigma_{d\max} = 121$ MPa；　弹簧置于梁下时 $\sigma_{d\max} = 50.6$ MPa

16. $\Delta_d = \Delta_{st}\left(1 + \sqrt{1 + \dfrac{2h}{\Delta_{st}}}\right)$，其中 $\Delta_{st} = \dfrac{5Pa^3}{6EI} + \dfrac{16P}{9k_2} + \dfrac{P}{9k_1}$

17. $\sigma_{d\max} = \dfrac{Pl}{4W}\left(1 + \sqrt{1 + \dfrac{48EI(v^2 + gl)}{gPl^3}}\right)$

18.（1）$K_d = 1 + \sqrt{1 + \dfrac{384EI}{175Pl^2}}$；（2）$K_d$ 变小

19. 杆的轴力 $F_{Nd} = 40.3$ kN，工作安全因数 $n = 4.27$；　梁 $\sigma_{max} = 140$ MPa；

20. $\sigma_{max} = 75.5$ MPa，$\sigma_{min} = -75.5$ MPa，$r = -1$

21. $\sigma_m = 20$ MPa，$\sigma_a = 40$ MPa，$r = -\dfrac{1}{3}$

22. $\sigma_{m} = -70.8$ MPa, $\sigma_{a} = 113$ MPa, $r = -4.33$

23. $\sigma_{a} = \frac{8Fl}{\pi d^3}$, $\sigma_{m} = \frac{4F}{\pi d^2}$

11 能量法

1. $V_{\varepsilon} = \frac{(F_1 + F_2)^2 a}{2EA} + \frac{F_2^2 a}{2EA}$

2. $V_{\varepsilon} = \frac{\pi F^2 R^3}{2EI}$

3. $V_{\varepsilon} = \frac{F^2 a^3}{3EI} + \frac{2F^2 l}{EA}$

4. (a) $V_{\varepsilon} = \frac{17 M_e^2 a}{\pi G d^4}$; (b) $V_{\varepsilon} = \frac{16 m^2 l^3}{3\pi G d^4}$

5. $V_{\varepsilon} = \frac{M_e^2 \pi R}{4EI}$, $\theta_B = \frac{M_e \pi R}{2EI}$

6. $V_{\varepsilon} = \frac{3F^2 a^3}{4EI}$, $w_B = \frac{3Fa^3}{2EI}$

7. $\Delta_{AV} = \frac{11Fl}{6EA}(\downarrow)$

8. $\omega = \frac{5Fl^4}{384EI}$

9. 千分表放在 $x = l - a$,即 C 点,其依据是位移互等定理

10. $\Delta_{BH} = \frac{FR^3}{2EI}(\rightarrow)$, $\Delta_{BV} = \frac{\pi FR^3}{4EI}(\downarrow)$

11. $\Delta_{CV} = \frac{(3\pi - 8)FR^3}{8EI}(\downarrow)$, $\Delta_{BH} = \frac{FR^3}{2EI}(\rightarrow)$

12. $\Delta_{BV} = \frac{\pi FR^3}{2EI} + \frac{3\pi FR^3}{2GI_p} = (128 + 96\mu)\frac{FR^3}{Ed^4}$

13. $\theta_A = \frac{25qa^3}{72EI}$

14. $\theta_B = \frac{q_0 l^3}{24EI}(\circlearrowright)$, $w_B = \frac{q_0 l^4}{30EI}(\downarrow)$

15. (a) $w_B = \frac{qa^4}{8EI}(\downarrow)$, $\theta_C = \frac{qa^3}{8EI}(\circlearrowleft)$; (b) $w_B = \frac{2qa^4}{3EI}(\downarrow)$, $\theta_C = \frac{qa^3}{3EI}(\circlearrowright)$

16. $\Delta_{CH} = (1 + 2\sqrt{2})\frac{Fa}{EA}(\rightarrow)$, $\Delta_{CV} = \frac{Fa}{EA}(\downarrow)$

17. $\Delta_{DE} = \left(2 + \frac{3}{\sqrt{2}}\right)\frac{Fa}{EA}(\rightarrow\leftarrow)$

18. (d) $\theta_{max} = \frac{Fl^2}{9EI}$, $w_{max} = \frac{23Fl^3}{648EI}$

19. (a) $\theta_{max} = \frac{7qa^3}{6EI}$, $w_{max} = \frac{41qa^4}{24EI}$; (b) $\theta_{max} = \frac{11qa^3}{6EI}$, $w_{max} = \frac{19qa^4}{8EI}$

20. (a) $\theta(x) = \frac{F}{2EI}(l^2 - x^2)(\circlearrowleft)$, $w(x) = \frac{F}{6EI}(x^3 - 3l^2 x + 2l^3)(\downarrow)$;

(b) $\theta(x) = \frac{q}{6EI}(l - x)(x^2 + lx + l^2)(\circlearrowleft)$, $w(x) = \frac{q}{24EI}(l - x)^2(x^2 + 2lx + 3l^2)(\downarrow)$

21. (a) $\Delta_{BH} = \frac{Fa^3}{2EI}(\rightarrow)$, $\theta_B = \frac{3Fa^2}{2EI}(\circlearrowright)$; (b) $\Delta_{BH} = \frac{2Fa^3}{3EI}(\rightarrow)$, $\theta_B = \frac{Fa^2}{6EI}(\circlearrowleft)$

22. $\Delta_{AH} = \frac{qa^4}{6EI}(\leftarrow)$, $\theta_C = \frac{qa^3}{6EI}(\circlearrowright)$

23. $\Delta_{CV} = \frac{Fa^3}{3EI}(\uparrow)$, $\theta_{CC'} = \frac{2Fa^2}{3EI}(\circlearrowleft\circlearrowright)$

24. $\varphi = \frac{\pi}{8}$

25. $\theta_A = \dfrac{qa^3}{6EI}$ (↺)， $\Delta_{CV} = \dfrac{11qa^4}{24EI}$ (↓)

26. (a) $\Delta_{BH} = \dfrac{\pi FR^3}{2EI}$ (←), $\theta_B = \dfrac{2FR^2}{EI}$ (↻)； (b) $\Delta_{BH} = \dfrac{FR^3}{2EI}$ (→), $\theta_B = \dfrac{(\pi-2)FR^2}{4EI}$ (↺)

27. (a) $M_{max} = \dfrac{3qa^2}{40}$ ； (b) $M_{max} = \dfrac{Fa}{2}$ ； (c) $M_{max} = \dfrac{3qa^2}{8}$ ； (d) $M_{max} = \dfrac{4Fa}{7}$

28. $F_{By} = \dfrac{3F}{8} - \dfrac{3EI\Delta}{4a^3}$ (↑)

29. $M_B = \dfrac{qa^2}{4}$, $M_{max} = \dfrac{qa^2}{2}$

30. $F_{NA} = \dfrac{F}{2}$, $F_{SA} = 0$, $M_A = \left(\dfrac{2}{\pi} - \dfrac{1}{2}\right)Fa$

31. $F_{NA} = 0$, $F_{SA} = qR$, $M_A = 0$

32. $F_{By} = \dfrac{1+2\sqrt{2}}{3+4\sqrt{2}}F = \dfrac{13-2\sqrt{2}}{23}F$ (↑)

33. $F_{NCD} = \dfrac{3+2\sqrt{2}}{4(1+\sqrt{2})}F = \dfrac{\sqrt{2}+1}{4}F$ (压)

34. $M_{max} = \dfrac{qab}{4}$

35. $F_{SB} = \dfrac{5qa}{8}$

36. $F_{Ax} = \dfrac{6F}{7}$ (→), $F_{Ay} = \dfrac{3F}{7}$ (↓)

37. $M_{max} = \dfrac{5Fa}{27}$

附录 A　平面图形的几何性质

1. (a) $z_C = 2.86R$； (b) $y_C = -0.026\,4$ mm； (c) $y_C = z_C = \dfrac{5a}{6}$；

   (d) $z_C = 103$ mm； (e) $y_C = 11.7$ mm, $z_C = 21.7$ mm； (f) $z_C = \dfrac{d}{18}$

2. (a) $S_y = \dfrac{bh^2}{8}$ ； (b) $S_y = \dfrac{B}{8}(H^2 - h^2) + \dfrac{bh^2}{8}$； (c) $S_y = 42\,250\ \text{mm}^3$

3. $I = \pi r^3\delta$, $I_p = 2\pi r^3\delta$

4. (a) $I_y = \dfrac{bh^3}{3}$, $I_z = \dfrac{hb^3}{3}$, $I_{yz} = -\dfrac{b^2h^2}{4}$ ； (b) $I_y = I_z = \left(\dfrac{32}{3} - \dfrac{\pi}{8}\right)a^4 = 10.3a^4$, $I_{yz} = 0$；

   (c) $I_y = I_z = \dfrac{\pi R^4}{16}$, $I_{yz} = \dfrac{R^4}{8}$

5. (a) $I_y = \dfrac{bh^3}{12}$, $I_z = \dfrac{hb^3}{12}$； (b) $I_y = I_z = 2\pi R^4$；

   (c) $I_y = \dfrac{bh^3}{12} - \dfrac{\pi R^4}{4}$, $I_z = \dfrac{hb^3}{12} - \dfrac{R^2}{12}(3\pi R^2 - 16bR + 3\pi b^2)$

6. $a = 125$ mm

7. $I_{y_C} = 7.55 \times 10^{-3}R^4$

8. 略

9. (a) $I_{y_0} = 10.4R^4$, $I_{z_0} = 2.06R^4$；

   (b) $I_{y_0} = 1.51 \times 10^{-4}\ \text{m}^4$, $I_{z_0} = 1.14 \times 10^{-5}\ \text{m}^4$；

   (c) $I_{y_0} = \dfrac{5}{4}a^4$, $I_{z_0} = \dfrac{7}{12}a^4$；

   (d) $I_{y_0} = 3.91 \times 10^{-5}\ \text{m}^4$, $I_{z_0} = 2.34 \times 10^{-5}\ \text{m}^4$；

   (e) $I_{y_0} = 3.49 \times 10^5\ \text{m}^4$, $I_{z_0} = 6.61 \times 10^4\ \text{m}^4$, $\alpha_0 = 22.5°$ 或 $112.5°$；

   (f) $I_{y_0} = 0.038\,7d^4$, $I_{z_0} = 0.046d^4$

主要参考文献

陈智纯，王泉祥，王晋平，1994．材料力学[M]．徐州：中国矿业大学出版社.
邓宗白，2013．材料力学[M]．北京：科学出版社.
范钦珊，2012．工程力学[M]．2 版．北京：清华大学出版社.
胡增强，1994．材料力学 800 题[M]．徐州：中国矿业大学出版社.
江苏省力学学会，1991．材料力学试题库试题精选[M]．南京：东南大学出版社.
江苏省力学学会，2011．理论力学材料力学考研与竞赛试题精解[M]．徐州：中国矿业大学出版社.
江苏省力学学会，2015．基础力学竞赛与考研试题精解[M]．徐州：中国矿业大学出版社.
景荣春，2006．材料力学简明教程[M]．北京：清华大学出版社.
刘鸿文，2017．材料力学Ⅰ[M]．6 版．北京：高等教育出版社.
刘鸿文，2017．材料力学Ⅱ[M]．6 版．北京：高等教育出版社.
秦飞，2012．材料力学[M]．北京：科学出版社.
吴永端，邓宗白，周克印，2011．材料力学[M]．北京：高等教育出版社.
严圣平，2013．工程力学[M]．北京：高等教育出版社.
HIBBELER R C, 2004 . Mechanics of materials [M]．5th ed．北京：高等教育出版社.